세상의 속도를
따라잡고 싶다면

만들면서 배우는 **웹 개발** A to Z

장고 + 부트스트랩
파이썬 웹 개발의 정석

웹 기초부터 블로그 개발 · 배포 · 운영까지!

이성용 · 김태곤 지음

이지스 퍼블리싱

세상의 속도를 따라잡고 싶다면 **Do it!**
변화의 속도를 즐기게 될 것입니다.

Do it!

Do it!
장고+부트스트랩 파이썬 웹 개발의 정석

초판 발행 • 2021년 1월 18일
초판 4쇄 • 2022년 11월 24일

지은이 • 이성용, 김태곤
펴낸이 • 이지연
펴낸곳 • 이지스퍼블리싱(주)
출판사 등록번호 • 제313-2010-123호
주소 • 서울특별시 마포구 잔다리로 109 이지스빌딩 4층(우편번호 04003)
대표전화 • 02-325-1722 | 팩스 • 02-326-1723
홈페이지 • www.easyspub.co.kr | 페이스북 • www.facebook.com/easyspub
Do it! 스터디룸 카페 • cafe.naver.com/doitstudyroom | 인스타그램 • instagram.com/easyspub_it

기획 및 책임 편집 • 한승우 | 베타 테스터 • 김재훈, 이동원, 전준형
교정교열 • 김연숙 | 표지 및 본문 디자인 • 트인글터 | 인쇄 • 보광문화사
마케팅 • 박정현, 한송이 | 독자지원 • 오경신 | 영업 및 교재 문의 • 이주동, 김요한, 이나리(support@easyspub.co.kr)

ISBN 979-11-6303-206-9 13000
가격 32,000원

시도하지 않은
숏의 실패율은 100%이다.

**You miss 100% of the shots
you don't take.**

웨인 그레츠키
Wayne Gretzky

웹 페이지 하나부터 AWS 배포까지, 웹 개발을 한 권으로!
여러분이 상상하는 위대한 서비스의 시작이 되길 바랍니다.

이 책은 파이썬을 막 배운 사람도 큰 무리 없이 따라 하며 웹 개발 기초부터 배포까지 익힐 수 있도록 구성했습니다. 웹 사이트의 작동 원리와 구조부터 화면 디자인을 예쁘고 실용적으로 만드는 법, 직접 만든 웹 사이트를 아마존 웹 서비스에 올리고 도메인을 연결해 인터넷에 배포하는 법까지 모두 다룹니다. 이 책을 끝까지 읽고 나면 여러분 스스로 개발 실력이 여러 단계 성장했음을 느낄 수 있을 뿐만 아니라 주변 사람들에게 자랑할 수 있는 나만의 블로그까지 가지게 됩니다. 물론 이 책 한 권을 읽는다고 해서 페이스북, 인스타그램, 넷플릭스, 에어비앤비 같은 수준의 서비스를 처음부터 만들 수는 없습니다. 그렇지만 이 책으로 웹 개발 전반을 이해함으로써 여러분이 상상하고 꿈꾸는 위대한 서비스로 뻗어 나갈 수 있는 시작점이 되길 바라는 마음으로 내용을 구성했습니다.

큰 의미를 부여하지 않았던 작은 시작이 때로는 인생의 큰 변곡점을 만듭니다. 대학원 시절 자바만 애용하던 저는 영상 동아리 친구들이 동아리 웹 사이트를 만들 때 사용하던 파이썬이 단지 재미있어 보여서 시작했습니다. 대학교 졸업 후 입사한 공공 기관에서 데이터를 다루고 분석하는 부서에 배치받았고, 대부분 단순 업무여서 재미 삼아 파이썬으로 자동화하기 시작했습니다. 동료와 함께 쓰고 싶어서 장고를 이용해 웹 사이트 구조로 프로그램을 만들었고요. 이런 경험이 쌓이면서 국내 최대 파이썬 컨퍼런스인 '파이콘 한국 2017'에서 발표까지 할 수 있었습니다.

그 후 몇 년 사이에 제 인생에 많은 변화가 있었습니다. IT 분야에서 본격적으로 일할 기회를 얻었고, 현재는 대기업에서 데이터 분석가로 일하고 있습니다. '인프런'의 이형주 대표님이 제안한 동영상 강의 덕분에 많은 학생들을 만날 수 있었습니다. 지금은 좋은 출판사를 만난 덕분에 책으로 독자 여러분을 만나고 있네요. 여러분에게도 이 책이 먼 훗날 큰 변화를 가져올 작은 시작이 되길 바랍니다.

먼저 한승우 편집자님께 감사의 말씀을 드립니다. 집필하는 1년 남짓한 기간 동안 이메일을 수백 번 주고받으면서 매번 전문적이면서도 꼼꼼하게 조언해 주셨습니다. 미국에서 육아와 업무로 바쁜 상황에서도 내색하지 않고 공동 저자로서 무게를 함께 짊어졌던 김태곤 박사님께도 마음 깊이 감사드립니다. 어떤 책의 서문에서 봤는지 기억이 나지 않지만, 집필 과정에서 저자보다 더 고생하는 사람이 가족이라고 합니다. 마지막으로 무한한 응원과 배려와 사랑을 보내 주는 가족에게 고맙다는 말을 전합니다.

이성용 드림

웹 사이트 구축이라는 목표를 향해 나아가면서
웹 개발을 정복하고 문제 해결력까지 키워 보세요!

두 필자는 모두 개발자로 커리어를 시작하지 않았습니다. 그래서 한편으로는 웹 개발을 처음 시작하는 여러분의 마음을 더 잘 이해할 수 있다고 생각합니다. 저희 역시 컴퓨터 기본 지식을 많이 갖춘 상태에서 개발을 배우지 않았으니까요. 우리 두 사람은 프로그래밍을 할 때, 혹은 연구를 할 때 늘 '문제 해결'에 목표를 두고 그에 맞춰 필요한 기술을 하나씩 익혀 나갔습니다. 그래서 이 책을 집필할 때도 단순히 지식을 쌓는 수준을 넘어 문제를 해결할 수 있는 능력을 기를 수 있게 내용을 구성하려고 노력했습니다.

대학생 때 거의 세 시간 동안 웹에서 자료를 복사해 엑셀 파일에 붙여 넣어야 했던 적이 있습니다. 단순한 반복 작업이 너무 싫어서 프로그래밍으로 해결하려 했죠. 하지만 프로그래밍이 익숙하지 않다 보니, 프로그램을 완성했을 때는 이미 세 시간을 훌쩍 넘긴 뒤였습니다. 그렇지만 '코드를 완성했다'는 뿌듯함을 느꼈고, 이듬해부터 매년 후배들이 제가 만든 코드를 활용하는 것을 보면서 더 큰 보람과 더불어 자신감이 생겼습니다. 그 뒤로 연구 활동에서 어려운 문제에 부딪힐 때마다 프로그래밍을 활용하고 있습니다.

제가 과제를 해결하며 수많은 시행착오를 겪었듯, 웹 사이트 구축이라는 목표를 달성해 나가는 과정에서 맞닥뜨리는 수많은 어려움을 피하지 않고 하나씩 풀어 가는 과정을 이 책에 담았습니다. 코드를 작성하고 고치기를 반복하다 보면 웹 개발에서 이 과정이 왜 필요한지 자연스럽게 이해할 수 있습니다. 그러니 순식간에 훑어보기보다는 필자의 호흡과 함께 진득하게 공부해 주기를 바랍니다. 단지 블로그가 필요하다면 워드프레스나 네이버 블로그를 활용하면 됩니다. 웹 개발을 배워가며 블로그를 직접 개발하려면 훨씬 더 많은 시간과 노력을 투자해야 하니까요. 그럼에도 불구하고, 이 책을 선택해 완독했을 때에는 지금보다 더 많은 일을 자신 있게 해내는 자신의 모습을 발견할 것입니다.

이 책을 선택한 독자 여러분에게 감사드립니다. 수많은 온라인 강의와 웹 사이트, 그리고 책들 속에서 이 책이 선택되었다는 사실이 저에게 큰 기쁨입니다. 이 책이 여러분에게도 큰 행운이길 바랍니다. 이 책이 나오기까지 도움을 주신 이지스퍼블리싱 한승우 편집자님과 이지연 대표님에게 감사의 말씀을 드립니다. 특히 편집자님의 헌신적인 노력이 없었다면 이 책은 세상 밖으로 나올 수 없었을 겁니다. 기획과 아이디어 단계에 머물던 것을 현실 세계로 구현해 낸 이성용 저자에게도 감사와 존경의 마음을 보냅니다. 마지막으로 곁을 지키며 응원해 주는 아내 박계빈과 둥이 종혁, 소희에게 사랑을 전하며 이 글을 마칩니다.

김태곤 드림

이 책에서 만드는 블로그를 소개합니다!

단지 연습을 위한 사이트가 아니라 실제로 나만의 블로그로 활용할 수 있는 실용적인 웹 사이트를 만듭니다.
다음 링크로 들어가 어떤 기능이 있는지 직접 살펴보세요!

완성된 블로그: doitdjango.com

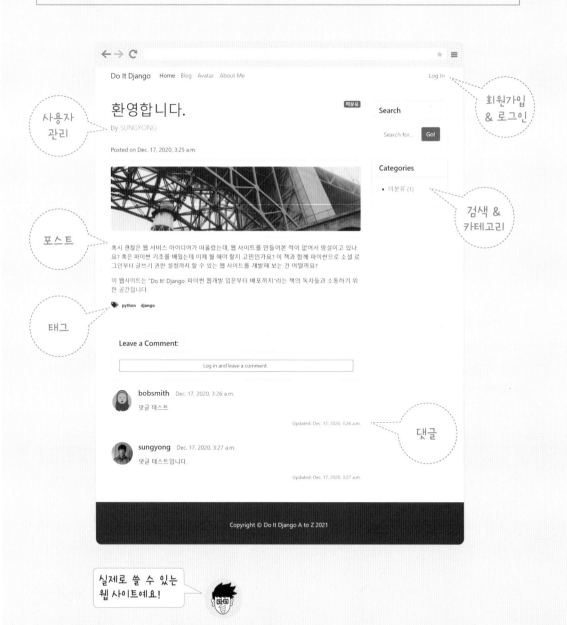

파이썬 웹 개발 A to Z, 이렇게 배운다!

첫째마당
웹 개발 기초 다지기

웹 개발을 시작하기 전에 필요한 기초 지식과 환경을 준비합니다.

#깃 #깃허브 #HTML #CSS #자바스크립트 #부트스트랩

둘째마당
장고로 블로그 웹 사이트 만들기

장고 웹 프레임워크의 기본 구조(MTV)를 익히며 웹 사이트 구축을 시작합니다.

#Django #DB #Model #FBV #CBV #ListView #DetailView

셋째마당
테스트하며 블로그 핵심 기능 구현하기

테스트 코드를 먼저 만드는 개발법을 적용해 더 복잡한 기능을 구현합니다.

#테스트주도개발 #템플릿모듈화 #ForeignKey #CreateView

넷째마당
웹 사이트 배포하기

완성된 웹 사이트를 전 세계에 배포합니다.

#Docker #PostgreSQL #Gunicorn #Nginx #AWS #HTTPS

인프런 동영상 강의 안내!

'인프런'에서 《Do it! 장고+부트스트랩 파이썬 웹 개발의 정석》으로 진행하는 저자 강의 영상을 시청할 수 있습니다(유료). 동영상과 함께 책을 더 효과적으로 공부해 보세요(2021년 3월 오픈 예정).

인프런 동영상 강의: www.inflearn.com/course/두잇-파이썬-웹개발?inst=94f0ec66

이 책을 미리 읽어 본 베타 테스터의 소감!

이 책은 출간하기 전에 파이썬 웹 개발을 배우고 싶어 하는 베타 테스터를 모집하여 본문의 완성도를 높였습니다. 미리 원고를 읽고 독자를 위해 의견을 남겨 준 베타 테스터 여러분께 감사드립니다.

웹 개발을 하나부터 열까지 빠르게 경험하고 싶은 분에게 최적의 교재!

웹 개발을 처음부터 끝까지 체험해 볼 수 있다는 점이 무척 좋았습니다. 기존에 장고 웹 개발과 AWS 배포 등의 경험이 있지만 이 책의 실습을 따라 하면서 새롭게 배운 부분이 많았습니다. 특히 단순한 웹 페이지 하나를 만들어 보는 것이 아니라 실용적으로 활용할 수 있는 웹 사이트를 만드는 점이 좋았습니다. 컴퓨터 공학을 전공하거나 웹 개발을 공부하는 학생들에게 필독서로 꼭 추천하고 싶습니다!

이 책을 읽으며 학부 전공 수업에서 팀 프로젝트를 위해 웹 개발을 공부할 때가 떠올랐습니다. 그때는 어떻게 공부할지 몰라 부랴부랴 대외 활동을 하면서 웹 개발을 배웠는데, 그때 이 책이 있었다면 정말 큰 도움을 받았을 거예요.

김재훈 님(개발 블로그를 만들고 싶은 대학생)

그 어떤 책보다 실습이 알차고 풍성합니다!

책의 내용이나 짜임새가 알차고 실습의 완성도가 굉장히 높습니다. 책으로 개발을 공부할 때 실습을 따라 하다가 안내가 제대로 되어 있지 않아 길을 잃어버리는 당황스러운 경험하는 경우가 적지 않은데, 이 책은 누구나 손쉽게 따라 할 수 있도록 독자를 배려하는 요소가 참 많다고 느꼈습니다. 다른 독자 여러분도 이 책과 함께 웹 개발을 정복하고 나만의 블로그까지 만들어 보는 즐거운 경험을 하길 바랍니다.

이동원 님(장고에 관심이 많은 12년 차 직장인)

실제 개발할 때 놓치기 쉬운 부분도 바로바로 잡아 줘요!

파이썬을 이제 막 학습한 초보 개발자도 장고 웹 프레임워크로 자신만의 웹 사이트를 쉽게 만들어 볼 수 있도록 도와줍니다. 웹 개발 초보가 실제로 사용할 웹 사이트를 개발할 경우 실수하기 쉬운 부분이 나올 때마다 '알아두면 좋아요' 코너에서 바로 잡아줘서 좋았습니다! .

전준형 님(파이썬으로 열일하는 4년 차 개발자)

실습 파일을 내려받고 공부를 시작하세요

이 책을 공부할 때 필요한 실습 파일을 먼저 내려받으세요. 이지스퍼블리싱 홈페이지 자료실 또는 저자 깃허브에서 실습 파일을 제공합니다.

> 이지스퍼블리싱 자료실: www.easyspub.co.kr → 자료실 검색
>
> 저자 깃허브: github.com/saintdragon2/do_it_django_a_to_z

① 확인하고 싶은 실습의 커밋 메시지를 클릭하세요.

② 원하는 파일의 수정 내역을 확인하세요.

③ 〈Browse files〉을 클릭해 해당 버전의 프로젝트 전체 구조와 내용을 확인하세요.

'이달의 전자책'을 무료로 받을 수 있어요!

이지스퍼블리싱 홈페이지에서 회원가입을 하여 매달 정기 소식지를 받아 보세요. 신간과 책 관련 이벤트 소식을 누구보다 빠르게 확인할 수 있습니다. 매달 전자책 한 권을 공개하는 이벤트도 진행하고 있습니다.

두잇 스터디룸에서 친구와 함께 공부하고 책 선물도 받아 가세요!

이지스퍼블리싱에서 운영하는 네이버 카페 '두잇 스터디룸'에서 같은 고민을 하는 친구들과 함께 공부해 보세요. 내가 잘 이해한 내용은 남을 도와주고 내가 잘 이해하지 못한 내용은 도움을 받으면서 공부하면 복습 효과도 누릴 수 있습니다. 서로서로 코드와 개념 리뷰를 하며 훌륭한 개발자로 성장해 보세요 (회원가입과 등업 필수).

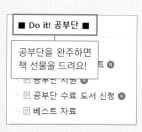

■ Do it! 공부단 ■

공부단을 완주하면
책 선물을 드려요!

☑ 공부단 지원 N
☑ 공부단 수료 도서 신청 N
☐ 베스트 자료

> 두잇 스터디룸: cafe.naver.com/doitstudyroom

도전! 30일 완성

하루에 한 시간씩 한 달만 공부하면 누구나 파이썬 웹 개발을 정복할 수 있습니다.
진도표에 여러분이 공부할 날짜를 기록하며 계획을 세워 보세요.

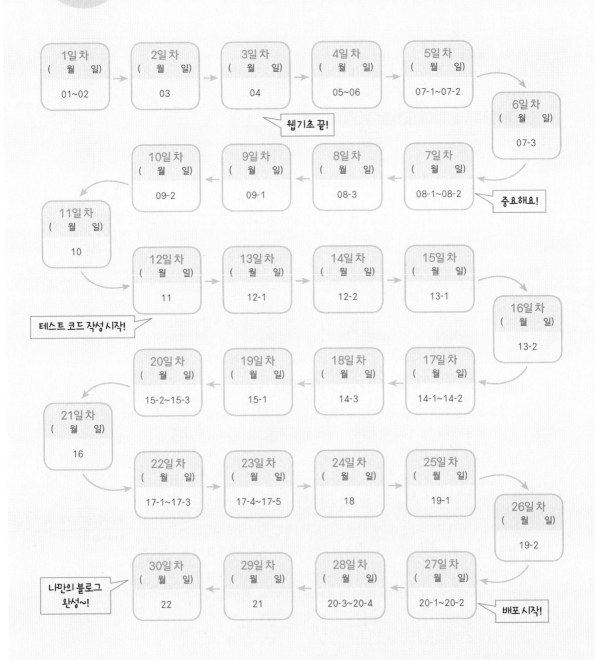

1일차
(월 일)
01~02

2일차
(월 일)
03

3일차
(월 일)
04

4일차
(월 일)
05~06

5일차
(월 일)
07-1~07-2

6일차
(월 일)
07-3

웹 기초 끝!

10일차
(월 일)
09-2

9일차
(월 일)
09-1

8일차
(월 일)
08-3

7일차
(월 일)
08-1~08-2

중요해요!

11일차
(월 일)
10

12일차
(월 일)
11

13일차
(월 일)
12-1

14일차
(월 일)
12-2

15일차
(월 일)
13-1

16일차
(월 일)
13-2

테스트 코드 작성 시작!

20일차
(월 일)
15-2~15-3

19일차
(월 일)
15-1

18일차
(월 일)
14-3

17일차
(월 일)
14-1~14-2

21일차
(월 일)
16

22일차
(월 일)
17-1~17-3

23일차
(월 일)
17-4~17-5

24일차
(월 일)
18

25일차
(월 일)
19-1

26일차
(월 일)
19-2

30일차
(월 일)
22

29일차
(월 일)
21

28일차
(월 일)
20-3~20-4

27일차
(월 일)
20-1~20-2

나만의 블로그 완성~!

배포 시작!

한 학기 강의용으로 16주 동안 계획을 세우고 학습을 진행해 보세요.
현직 개발자라면 16일 안에 빠르게 학습해 보세요.

16주 완성

주	진행	완료 날짜
1주차	01장~02장 이 책의 목표를 알아보고 개발 환경 준비하기	/
2주차	03장~04장 웹 프런트엔드 기초와 부트스트랩 활용법 알아보기	/
3주차	05장~06장 장고의 역할을 이해하고 장고 프로젝트 만들기	/
4주차	07장 장고 프로젝트에서 앱 개발하기	/
5주차	08장 웹 페이지 만들기	/
6주차	09장 정적 파일과 미디어 파일 관리하기	/
7주차	10장 페이지 구성 개선하기	/
8주차	11장~12장 테스트 주도 개발법으로 템플릿 모듈화하기	/
9주차	13장 다대일 관계 구현하기	/
10주차	14장 다대다 관계 구현하기	/
11주차	15장 폼으로 포스트 작성과 수정 기능 구현하기	/
12주차	16장 외부 라이브러리를 블로그에 활용하기	/
13주차	17장 폼으로 댓글 기능 구현하기	/
14주차	18장 기타 편의 기능 구현하기	/
15주차	19장 대문 페이지와 자기소개 페이지 완성하기	/
16주차	20장~22장 웹 사이트 공개하기	/

차례

셋째 마당

테스트하며 블로그 핵심 기능 구현하기

넷째 마당

웹 사이트 배포하기

첫째
마당

웹 개발
기초 다지기

혹시 괜찮은 웹 서비스 아이디어가 떠올랐는데, 웹 사이트를 만들어본 적
이 없어서 망설이고 있나요? 혹은 파이썬 기초를 배웠는데 이제 뭘 해야
할지 고민인가요? 이 책과 함께 파이썬으로 게시물 작성부터 소셜 로그
인까지 할 수 있는 웹 사이트를 개발해 보는 건 어떨까요?

01

왜 이 책을
읽어야 하나요?

파이썬 기초를 배웠다면 이 책 한 권만으로 실제로 인터넷에서 서비스할 수 있는 웹 사이트를 만들 수 있습니다. 파이썬 웹 프레임워크인 장고를 중심으로 웹 사이트의 구조와 원리를 이해하면서 나만의 웹 사이트를 만들어 보세요. 이 장에서는 이 책의 목표와 이 책에서 다룰 범위에 대해 이야기합니다. 커피 한 잔 마시면서 몸풀기로 가볍게 읽어봅시다.

01-1 파이썬으로 웹 사이트를 만들고 싶다면!

01-2 장고 웹 프레임워크 알아보기

01-1 파이썬으로 웹 사이트를 만들고 싶다면!

여러분은 어떤 마음으로 이 책의 첫 장을 펼쳤나요?

'파이썬 기초를 배웠는데, 이제 뭘 해야 할지 고민입니다.'
'지금까지 배운 파이썬으로 남들에게 보여줄 수 있는 프로젝트를 찾고 있습니다.'
'개발자로 첫 발을 내딛기 시작했는데 아직 나를 소개하는 웹 사이트가 없습니다.'
'괜찮은 웹 서비스 아이디어가 떠올랐는데, 무엇부터 시작해야 할지 막연합니다.'
'다른 프로그래밍 언어는 다뤄봤는데, 파이썬으로 웹 사이트를 개발해야 하는 상황입니다.'

이런 고민을 해결해 줄 책을 찾고 있나요? 그렇다면 잘 찾아왔습니다.

Do it Django 웹 사이트를 소개합니다!

이 책은 단순히 학습하기 위한 사이트가 아닌, 직접 사용하고 운영할 수 있는 블로그를 개발하고 실제로 배포하는 것을 목표로 합니다. 그러므로 글쓰기 권한, 소셜 로그인, 보안 등 실제 사용에 필요한 기능을 모두 포함하고 있습니다. 이 책을 여러분이 마쳤을 때는 다음과 같은 웹 사이트가 완성되어 있을 것입니다.

그림 1-1 이 책에서 만드는 웹 사이트 예시

다음 웹 사이트 주소로 접속하면 완성된 웹 사이트를 직접 구경할 수 있습니다.

> 이 책에서 만드는 웹 사이트 주소: doitdjango.com

이 예제는 껍데기만 있는 결과물이 아닙니다. 이 책에서 만드는 웹 사이트에서는 실제로 이용하는 웹 사이트처럼 다음과 같은 기능들이 담겨 있습니다.

기능 1. 회원가입을 할 수 있습니다.
기능 2. 댓글을 작성하고, 수정하고, 삭제할 수 있습니다.
기능 3. 게시글을 검색할 수 있습니다.
기능 4. 스태프 권한이 있는 사람은 블로그 글을 쓸 수 있도록 사용자 권한 설정이 가능합니다.
기능 5. 복잡한 가입 절차가 필요 없도록 소셜 로그인 기능을 제공합니다.
기능 6. 인터넷 상에서 실제로 접속 가능합니다.
기능 7. 보안을 위해 HTTPS 인증을 받습니다.

이 책을 차근차근 따라가다 보면 웹 사이트를 어떻게 개발해야 하는지 감을 잡을 수 있을 겁니다. 그 감을 바탕으로 여러분의 아이디어와 개성을 담은 웹 사이트를 완성해 봅시다.

이 책에서 무엇을 배울 수 있나요?

이 책은 크게 4개의 마당으로 이루어져 있습니다. 책을 처음부터 끝까지 따라가면서 읽기를 권장하지만 각 마당은 여러분의 필요에 따라 선택적으로 읽어도 됩니다.

첫째마당 - 웹 개발을 시작하기 전에 필요한 기초 지식과 환경을 준비합니다

먼저 웹 개발을 위한 프로그램을 설치하고 환경을 설정합니다. 그리고 개발은 수많은 수정의 연속이므로 소스 코드를 효과적으로 관리하기 위한 깃^{Git}과 깃허브^{Github} 사용법을 알아봅니다. 또한 웹 개발이 처음이더라도 무리 없이 학습을 진행할 수 있도록 웹 개발 기초 언어인 HTML, CSS, 자바스크립트에서 꼭 필요한 부분만 간단히 알아봅니다. 마지막으로 웹 페이지를 간단히 디자인할 수 있게 도와주는 부트스트랩^{Bootstrap}을 다루는 방법까지 알아봅니다.

둘째마당 - 장고 웹 프레임워크의 기본 구조를 익히고 웹 사이트 구축을 시작합니다

장고^{Django} 웹 프레임워크로 데이터베이스를 만들어 연결하고, 블로그 글을 생성하고, 방문자에게 보여주는 방법에 대해 배웁니다. 이 과정에서 장고의 기본 구조인 MTV(Model, Template, View)에 대해 익히고 웹의 구조와 웹 개발 방법을 배웁니다. 백지에서 시작해서 장고를 이용해 웹 사이트를 만들어 가는 첫 번째 과정입니다.

셋째마당 - 테스트 주도 개발법을 적용해 더 복잡한 기능을 구현합니다

실제 웹 개발 방법론 중 하나인 테스트 주도 개발법^{TDD}을 도입해 게시글 수정, 댓글 등 좀 더 복잡한 기능을 구현합니다. 또한 관계형 모델을 이용하며 데이터베이스에 대한 이해도를 더 높입니다. 외부 패키지를 이용해 소셜 로그인 같은 기능도 추가합니다.

넷째 마당 - 완성된 웹 사이트를 전 세계에 공개합니다

그동안 개발한 웹 사이트를 인터넷에 공개합니다. 아마존 웹 서비스^{AWS}에서 서버를 빌려 웹 상의 월세방을 만들고, 도메인을 구입해서 연결하고, 도커^{Docker}를 이용해 Nginx, PostgreSQL 등 실제 웹 서비스를 위한 설정 방법을 알아봅니다. 마지막으로 웹 사이트 방문자들에게 신뢰를 주기 위해 HTTPS 인증까지 받습니다.

모든 실습을 끝내고 나면 전 세계 어디에서도 웹 브라우저를 열고 도메인을 입력하면 여러분이 직접 제작한 웹 사이트를 열 수 있습니다. 이제 친구들에게 자랑할 일만 남은 셈이죠.

파이썬을 얼마나 알아야 하나요?

이 책은 파이썬 문법을 이해하고 코드를 읽을 수 있는 정도면 무리 없이 자기만의 웹 사이트를 만들어 서비스까지 할 수 있도록 구성했습니다. 함수, 클래스 등이 무엇인지 어느 정도 알고 있다면 바로 시작하면 됩니다. 아직 파이썬을 배우지 않았다면 일주일 정도 입문서나 인터넷의 학습 자료 등을 공부하고 와서 시작하세요. 그 다음부터는 이 책을 따라 하면서 그때그때 부족한 부분을 공부하면 됩니다.

01-2 장고 웹 프레임워크 알아보기

이 책에서는 웹 사이트를 개발하는 데 장고^{Django}라는 파이썬 웹 프레임워크를 사용합니다. 왜 장고를 사용할까요? 이를 이해하기 위해 먼저 웹 사이트의 작동 구조에 대해 알아보겠습니다.

웹 사이트는 어떻게 작동하나요?

방문자가 웹 사이트의 서버에 요청을 보내면 서버는 필요한 정보를 방문자에게 보내줍니다. 이때 사용자(클라이언트)가 하는 행동을 '요청^{request}'이라고 합니다. 그리고 서버가 이 요청에 응하는 동작을 '응답^{response}'이라고 합니다.

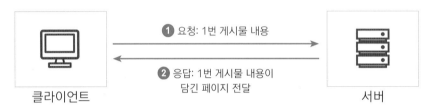

그림 1-2 웹 사이트의 기본적인 작동 구조

일반적으로 사용자는 웹 브라우저에 URL을 입력해 서버로 요청을 전달하고, 서버는 미리 정해 둔 규칙에 따라 URL을 해석하여 응답합니다. 요청에는 단순히 서버에 있는 정보를 가져오기 위한 것뿐만 아니라 서버에 내용을 저장하거나 삭제하기 위한 것도 포함됩니다. 회원가입이나 댓글 삭제 등이 그 예입니다.

웹 프레임워크란?

웹 사이트에는 방문자의 다양한 요청을 서버에서 처리하고, 그 결과를 방문자가 볼 수 있는 형태로 만들어서 다시 보내주는 기능이 필요합니다. 인터넷에서 불특정 다수에게 노출되는 만큼 성능과 보안 측면도 신경을 써야 하죠. 이렇게 웹 사이트 구현에 필요한 여러 복잡한 기능을 쉽게 만들 수 있게 도와주는 도구가 바로 웹 프레임워크입니다.

회원가입과 탈퇴하기, 게시물을 작성하고 수정하고 삭제하기, 댓글 달기 등은 대부분의 웹 사이트에서 제공하는 기능입니다. 웹 프레임워크는 이처럼 대부분의 웹 사이트를 개발할 때 필요한 공통 요소들을 미리 개발해 놓은 상태로 제공합니다. 즉, 웹 프레임워크를 사용하면 이미 개발되어 있는 기능을 가져와서 개발 중인 웹 사이트에 쉽게 추가할 수 있습니다. 게다가 이미 많은 사람들이 사용하면서 발전시켜 놓은 기능이기 때문에 성능과 보안 측면에서도 충분히 검증된 방법으로 개발할 수 있다는 장점도 있습니다.

왜 장고를 사용하나요?

각 언어마다 유명한 웹 프레임워크가 있습니다. 자바는 JSP, 스프링 같은 웹 프레임워크가 유명하고, 자바스크립트는 node.js가 유명합니다. 그중 장고^{Django}는 파이썬으로 웹 사이트를 쉽게 만들 수 있게 도와주는 웹 프레임워크입니다. 필자는 웹 개발을 처음 해보는 분들께 장고를 주로 추천합니다. 그 이유는 다음과 같습니다.

파이썬 프로젝트를 쉽게 발전시킬 수 있습니다

장고를 추천하는 가장 큰 이유는 기반 언어인 파이썬이 다른 언어들과 비교했을 때 배우기가 쉬우면서도 활용 범위가 넓기 때문입니다. 조금만 배우면 웹 크롤링을 이용한 데이터 수집, 업무 자동화 등에 활용할 수 있을 뿐만 아니라 데이터 분석과 인공지능 분야에서도 파이썬 기반 라이브러리들을 적극적으로 활용할 수 있습니다. 장고와 같은 웹 프레임워크를 이용하면 기존의 파이썬 프로젝트를 웹 기반으로 발전시키기도 쉽습니다.

웹 개발 입문자의 진입 장벽을 낮춰줍니다

웹 개발을 처음 배울 때 어려움을 겪는 이유는 처음 접하는 개념들이 너무 많기 때문입니다. 웹 개발을 하려면 처음부터 컴퓨터가 서버로서 기능을 할 수 있도록 아파치나 Nginx와 같은 웹 서버 소프트웨어를 설치해야 합니다. 그리고 방문자 정보를 저장하고 활용하기 위해 데이터베이스도 알아야 합니다. 장고를 사용하면 서버 프로그램을 설치하지 않고 파이썬 명령어 하나로 서버를 실행하고, 데이터베이스를 따로 설치할 필요도 없고, 파이썬 코드로 데이터베이스를 충분히 다룰 수 있습니다. 전문적인 웹 서버 소프트웨어와 데이터베이스는 웹 개발과 장고에 익숙해진 뒤에 적용하면 됩니다.

관리자 페이지와 보안 기능을 기본적으로 제공합니다

장고는 프로젝트를 생성하는 순간 관리자 페이지를 자동으로 만들어 줍니다. 관리자 페이지에 들어가면 지금 개발하고 있는 웹 사이트의 데이터베이스 구조를 쉽게 파악할 수 있습니다. 내용을 확인하고, 수정하고, 삭제할 수도 있습니다. 또 처음 웹 개발을 하게 되면 보안에 대한 개념이 부족해 취약점이 노출된 상태로 개발하게 될 가능성이 높습니다. 장고를 이용하면 장고의 보안 가이드에 따라 웹 개발을 진행하게 되므로 큰 보안 실수를 하지 않게 됩니다.

아직 여기에 설명하지 않은 장고의 장점도 있고, 단점도 있습니다. 하지만 이론과 배경 설명은 이 정도만 하고 바로 장고에 대한 애정만 가지고 시작해 보겠습니다.

알아두면 좋아요

장고와 플라스크는 어떤 차이가 있나요?

많은 사람들에게 검증되고 널리 활용되고 있는 또다른 파이썬 웹 프레임워크로 플라스크[Flask]가 있습니다. 플라스크는 장고보다 더 단순하고 가볍습니다. 장고는 웹 사이트 개발에 활용되는 대부분의 요소를 제공하며, 성능과 보안 측면에서 검증된 방식으로 손쉽게 개발할 수 있도록 도와줍니다. 플라스크는 장고보다 제공하는 기능은 적지만 서드 파티[third party] 라이브러리를 활용하거나 직접 개발하여 장고에서 제공하는 기능을 충분히 구현할 수 있습니다. 따라서 장고에 비해 자유도가 높고, 프레임워크에 덜 의존적으로 개발을 진행할 수 있다는 장점이 있습니다.

표 1-1 장고와 플라스크 비교

	장고	플라스크
제공 기능	많음	적음
자유도	낮음	높음
활동 예시	인스타그램, 유튜브, 스포티파이, 워싱턴 포스트	넷플릭스, 우버, 링크드인

한두 가지 간단한 기능을 제공하는 웹 페이지를 만들 때는 플라스크를, 여러 기능이 필요한 웹 사이트를 만들 때는 장고를 권합니다. 이 책은 초보 개발자도 웹 사이트를 처음부터 끝까지 개발할 수 있도록 도와주는 데 목표를 두고 있기 때문에 장고를 선택했습니다.

웹 개발 준비하기

모험을 떠나기 위해 필요한 장비를 마련합시다. 이 장에서는 파이썬으로 웹 개발을 하기 위해 필요한 도구들을 준비하고 환경을 설정합니다.

02-1 웹 개발을 위해 필요한 프로그램 설치하기

파이썬 설치 여부 확인하기

이 책은 파이썬을 어느 정도 다뤄 본 분들을 대상으로 하고 있습니다. 이미 여러분 컴퓨터에는 파이썬이 설치되어 있다고 생각하지만 확인 차 먼저 파이썬이 설치되어 있는지 확인해 봅시다. 명령 프롬프트를 열어 **python**을 입력해 파이썬을 실행하세요. 파이썬이 잘 실행되고 버전이 3.x 이상이라면 이 절은 넘어 가도 좋습니다.

```
C:\Users\user>python
Python 3.7.1 (default, Dec 10 2018, 22:54:23) [MSC v.1915 64 bit (AMD64)] :: Anaconda,
Inc. on win32
Type "help", "copyright", "credits" or "license" for more information.
```
파이썬 버전 확인

만약 다음과 같은 메시지가 나온다면 아직 파이썬이 설치되지 않은 상태입니다.

```
C:\Users\user>python
'python'은(는) 내부 또는 외부 명령, 실행할 수 있는 프로그램, 또는 배치 파일이 아닙니다.
```

아나콘다 – 파이썬 통합 패키지

파이썬을 설치하는 가장 일반적인 방법은 파이썬 공식 홈페이지(www.python.org)에서 설치 파일을 내려받아 설치하는 것입니다. 하지만 윈도우 사용자라면 아나콘다^{Anaconda} 설치를 추천합니다. 아나콘다는 파이썬뿐만 아니라 파이썬으로 할 수 있는 여러 가지 패키지를 통합한 배포판입니다.

아나콘다 설치하기

아직 파이썬이 설치되어 있지 않다면 아나콘다 공식 웹 사이트(www.anaconda.com)에서 설치 파일을 내려받으세요. 메뉴에서 [Product 〉 Individual Edition]으로 들어간 다음 〈Download〉 버튼을 클릭하세요. 😀 웹 사이트 모양은 다를 수 있습니다.

그림 2-1 아나콘다 공식 웹 사이트에서 [Product 〉 Individual Edition]으로 이동

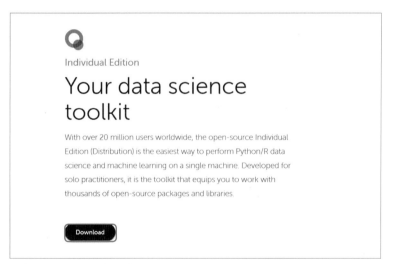

그림 2-2 〈Download〉 버튼 클릭

파이썬 2.x와 3.x 버전 중 3.x 버전을 내려받아야 합니다. 실습할 컴퓨터의 운영체제에 맞는 Python 3.x 설치 파일을 내려받으세요.

😀 이 책은 윈도우 운영체제에서 파이썬 3.7 64bit 버전으로 실습을 진행합니다. 3.8 또는 그 이상의 버전이 올라와 있다면 그 버전을 설치해도 좋습니다.

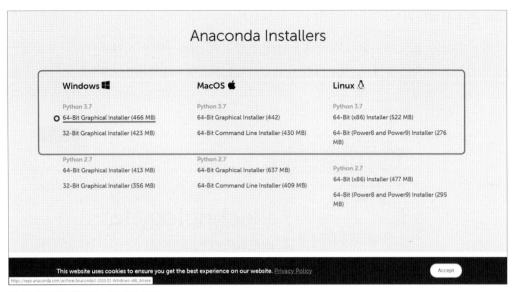

그림 2-3 운영체제에 맞는 설치 파일 클릭

설치는 대부분 기본 설정대로 하면 되지만 'Add Anaconda3 to my PATH environment variable'이 나오면 꼭 선택해야 합니다. 그래야 어떤 경로에서든 `python` 명령을 이용해 파이썬을 실행할 수 있습니다.

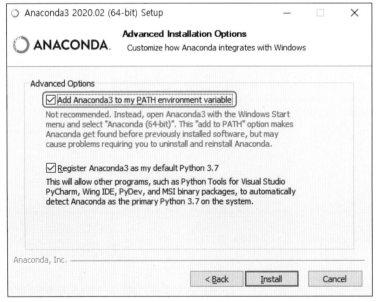

그림 2-4 'PATH에 추가하기' 옵션을 꼭 선택

왜 아나콘다를 설치하나요?

아나콘다를 추천하는 이유는 편의성 때문입니다. 파이썬을 어느 정도 배우고 나면 웹 개발을 하거나 데이터 분석 업무로 범위를 확장하게 됩니다. 웹 개발에는 장고를, 데이터 분석에는 판다스나 넘파이 같은 외부 라이브러리를 설치해서 활용해야 하죠.

그런데 간혹 어떤 외부 라이브러리들은 운영체제에 따라 특정 버전 혹은 특정 배포판만 제대로 설치되는 경우가 있습니다. 또 라이브러리 간 버전 의존성이 있는 경우도 있습니다. 즉, A라는 라이브러리의 버전이 무엇인지에 따라 B라는 라이브러리가 제대로 동작하지 않을 수도 있습니다. 흔히 겪는 일은 아니지만 이런 문제가 발생하면 소중한 시간과 노력이 낭비됩니다. 게다가 윈도우 사용자 입장에서는 이런 문제에 대한 참고자료를 찾기가 쉽지 않기 때문에 해결하기가 더욱 어렵습니다. 아나콘다는 이런 문제를 최소화해 줍니다.

Cmder – 윈도우 사용자를 위한 터미널 프로그램

Cmder는 윈도우 사용자들에게 추천하는 터미널 프로그램입니다. 그래서 지금 맥을 사용하고 있거나 리눅스 계열의 컴퓨터를 사용하고 있다면 굳이 설치할 필요는 없습니다. 물론 윈도우에서 자체 제공하는 명령 프롬프트도 있고, 아나콘다를 설치했으니 아나콘다 프롬프트도 있습니다.

그럼에도 불구하고 Cmder를 굳이 추천하는 이유는 DOS 명령어뿐만 아니라 리눅스 명령어도 그대로 사용할 수 있다는 큰 장점을 가진 터미널이기 때문입니다. 윈도우를 사용하더라도 웹 개발을 하려면 대부분 리눅스 기반의 서버를 사용하게 되는데, 대부분의 리눅스 서버는 ssh나 터미널 환경만 제공하는 경우가 많습니다. 필자 역시 터미널 명령어는 주로 리눅스 환경에서만 쓰기 때문에 dir 같은 명령어보다 리눅스의 ls 같은 명령어가 더 익숙합니다. Cmder에서는 리눅스 명령어를 입력해도 바로 알아듣기 때문에 편합니다. 깃까지 설치된다는 장점도 있습니다. 게다가 명령 프롬프트나 아나콘다 프롬프트와는 비교도 안 될 정도로 예쁘죠.

Cmder 설치하기

Cmder 공식 웹 사이트(cmder.net)에서 압축 파일을 내려받으세요.

그림 2-5 Cmder 공식 웹 사이트에서 〈Download Full〉 버튼 클릭

내려받은 설치 파일은 그냥 압축 파일이므로 원하는 위치에 압축을 풀면 설치가 끝납니다. cmder.exe를 처음 실행하면 다음처럼 관련 프로그램의 설치 여부를 묻는 선택 화면이 나옵니다. 'Unblock and Continue'를 선택하세요.

😊 Cmder는 앞으로 자주 사용하므로 cmder.exe를 마우스 오른쪽 버튼으로 클릭해서 '시작 화면에 고정' 또는 '작업 표시줄에 고정'해 두세요.

그림 2-6 cmder.exe 실행 후 'Unblock and Continue' 선택

잠시 후 반투명의 검은 화면이 나타나면서 몇 가지 프로그램이 자동으로 추가 설치됩니다. 앞으로 이 화면을 터미널 혹은 Cmder라고 부르겠습니다. 터미널 프롬프트(λ)가 깜빡거리면 **git**이라고 입력해 보세요. 오류가 발생하지 않고 다음 그림과 같은 결과가 나오면 깃까지 잘 설치된 겁니다.

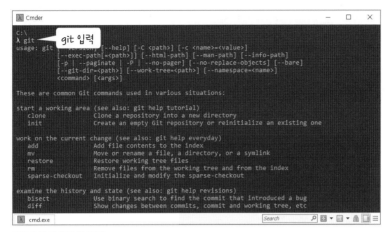

그림 2-7 깃 설치 및 확인

터미널 프롬프트에 python이라고 입력하면 파이썬이 실행되며 프롬프트 모양이 '>>>'로 바뀝니다. 이 상태에서 파이썬을 사용할 수 있습니다.

그림 2-8 터미널에서 파이썬 실행 및 종료

비주얼 스튜디오 코드 - 빠른 코딩을 위한 에디터

비주얼 스튜디오 코드Visual studio code는 마이크로소프트가 무료로 제공하는 가벼운 에디터입니다. 무료임에도 불구하고 편리한 기능을 많이 제공할 뿐만 아니라 코드도 깔끔하게 볼 수 있어 최근 많은 인기를 얻고 있습니다. 이 책에서는 웹 페이지를 만들 때 주로 사용할 것입니다.

비주얼 스튜디오 코드 설치하기

구글에서 'Visual studio code'를 검색해 공식 웹 사이트(code.visualstudio.com/)에 접속한 다음 〈Download〉를 클릭하세요.

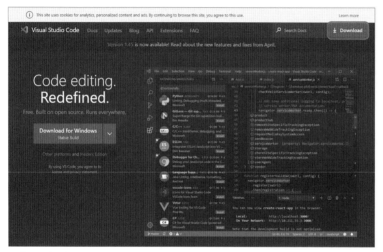

그림 2-9 비주얼 스튜디오 코드 웹 사이트에서 〈Download〉 클릭

여러분 컴퓨터의 운영체제 환경에 맞게 설치 파일을 내려 받으세요.

😊 이 책에서는 윈도우용 1.48.0 버전을 사용합니다.

그림 2-10 버전에 맞는 설치 파일 다운로드

내려받은 설치 파일을 실행하세요. 특별한 설정 없이 그대로 〈Next〉 버튼만 계속 누르면 되므로 이후 과정은 생략하겠습니다.

파이참 - 파이썬 개발을 위한 IDE

파이참Pycharm은 파이썬 개발을 편하게 해주는 통합 개발 환경Integrated development environemnt, IDE입니다. 앞서 설치한 비주얼 스튜디오 코드로도, 심지어 메모장으로도 코딩을 할 수 있습니다. 하지만 파이썬을 사용할 경우 파이썬 개발에 특화된 IDE인 파이참이 편리합니다.

파이참 설치하기

파이참은 유료인 Professional 버전과 무료인 Community 버전이 있습니다. 유료 버전도 첫 한 달은 무료로 사용할 수 있습니다. 무료 버전인 Community는 기능에 다소 제약이 있긴 하지만 이 책의 내용을 따라하는 데는 문제가 없으니 둘 중에서 원하는 버전을 선택하면 됩니다.

그림 2-11 원하는 버전의 〈다운로드〉 버튼 클릭

내려받은 설치 파일을 실행하세요. '64-bit launcher'를 선택하고 설치를 그대로 진행하면 설치가 끝납니다.

😊 이 부분은 운영체제와 파이참의 버전에 따라 조금씩 달라질 수 있습니다.

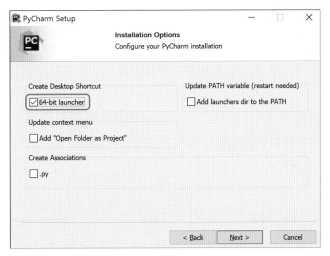

그림 2-12 파이참 설치 과정

02-2 깃과 깃허브 알아보기

깃이란?

깃^{Git}은 프로그래머들이 버전 관리를 편하게 하기 위해 사용하는 도구입니다. 꼭 프로그래밍이 아니라 단순 문서 작업이나 발표 자료를 만들 때에도 버전이 꼬여서 골머리를 앓는 경우가 많죠. 리포트 마감이나 발표 전날 최종 파일의 이름을 계속 바꿔가며 수정을 거듭한 적이 다들 있을 겁니다.

발표자료.pptx 발표자료_최종.pptx 발표자료_최종_최최종.pptx 발표자료_최종_최최종_발표용.pptx 발표자료_최종_최최종_제출용_final.pptx

그림 2-13 새 버전을 만들 때마다 파일 이름을 바꿔가며 표시하는 모습

파워포인트 파일 하나를 만들 때도 이런 좌충우돌을 매번 경험합니다. 수백, 수천 개의 함수와 클래스가 연결되어 돌아가는 프로그래밍은 버전 관리가 당연히 더 어렵죠. 이런 문제를 해결하기 위해 깃을 사용합니다. 깃을 사용하면 마치 게임을 하다가 저장을 하고 나중에 그 지점부터 다시 플레이하듯이 특정 시점의 상태를 저장하고 다시 돌아와 작업을 진행할 수 있습니다. 여러 버전으로 나누어 작업을 할 수도 있고요. 이전 버전과 지금 버전이 어떤 차이가 있는지도 볼 수 있어 작업 진행 과정을 확인하기 좋다는 장점도 있습니다.

이번 프로젝트에서는 깃을 이용하겠습니다. 물론 이 책은 깃을 활용하는 방법에 초점이 맞춰지지는 않았습니다. 하지만 처음 깃을 사용하는 분들도 깃을 자연스럽게 이용할 수 있도록 진행하겠습니다.

깃허브란?

깃허브^{Github}는 깃을 저장하는 클라우드 서비스로, 최근에는 마이크로소프트가 인수하여 운영하고 있습니다. 깃으로 작업하고 있는 내용을 깃허브에 올리면 내가 만든 파일을 다른 사람들과 공유하기도 편리하고, 공동작업을 할 때에도 유용하게 활용할 수 있습니다. 내가 작업하고 있는 내용을 모든 사람에게 공개할 수도 있고, 나와 공동작업을 하는 사람들과만 공유할 수도 있습니다.

깃허브 계정 만들기

깃허브 웹 사이트(github.com)로 접속하세요. 로그인된 계정이 없다면 다음과 같은 화면이 나옵니다. 사용자명(username)과 이메일, 비밀번호를 입력하고 〈Sign up for GitHub〉 버튼을 눌러 계정을 만드세요. 단, 나중에 여러분이 작성한 코드를 깃허브에 올려야 하니 여기서 만드는 계정 정보는 꼭 기억해 두세요.

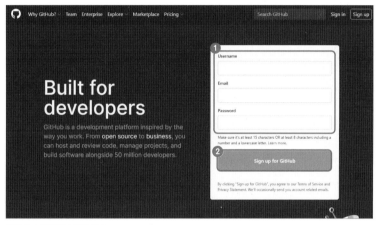

그림 2-14 깃허브 계정 생성

깃허브에서 완성 파일 확인하기

이제 깃허브에 올라와 있는 수많은 파일들을 살펴볼 수 있습니다. 이 책에서 프로그래밍한 내용 역시 깃허브에 올려두었습니다. 책을 읽으면서 알려준 대로 한 것 같은데 오류가 발생할 때 참고하세요.

> 완성 소스 파일 저장소 주소: github.com/saintdragon2/do_it_django_a_to_z

앞에서 소개한 깃허브 저장소에 들어가 'commits'라고 되어 있는 부분을 클릭해 보세요.

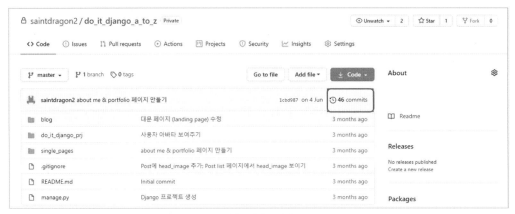

그림 2-15 이 책에서 만든 웹 사이트의 개발 과정과 결과를 담아둔 깃허브 저장소

다음 그림처럼 각 단계별로 작업한 내용을 커밋해 목록으로 제공합니다. 아직 깃에 대해 배우지 않았으므로 '커밋'이란 용어가 낯설겠지만 지금은 '저장'의 의미로 받아들이면 됩니다.

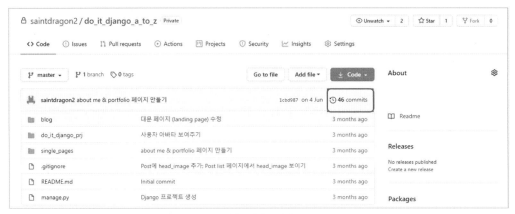

그림 2-16 진행 단계마다 커밋한 내용을 목록으로 제공

커밋 목록에서 하나를 클릭해 보면 이전 버전과 달라진 부분이 어디인지 쉽게 알 수 있습니다. 빨간색이 이전 버전에서 삭제된 부분이고, 초록색이 새로 수정된 내용입니다. 오른쪽 위의 〈Browse files〉 버튼을 클릭하면 그 당시 프로젝트의 파일 전체를 볼 수 있습니다.

그림 2-17 커밋 상세 이력

커밋 목록에서 맨 오른쪽에 있는 <> 버튼을 클릭해도 당시 커밋 시점에서 프로젝트의 파일 전체를 볼 수 있습니다. 어떤 파일이나 폴더를 선택해도 그 시점의 상태를 볼 수 있으니 비교하면서 작업할 수 있어 편리합니다.

그림 2-18 커밋 목록 중 하나의 <> 버튼 클릭

이제 파이썬 웹 개발을 시작하기 위한 준비를 마쳤습니다. 이제 다음 장으로 넘어가서 본격적으로 코딩을 시작해 봅시다.

03

웹 프런트엔드
기초 다지기

우리가 컴퓨터나 스마트폰의 웹 브라우저로 보는 웹 사이트는 대부분 HTML, CSS, 자바스크립트로 구성되어 있습니다. 이 장에서는 자기소개 페이지를 직접 만들어 보면서 HTML, CSS, 자바스크립트의 역할을 이해하고 사용하는 방법도 익혀 보겠습니다.

03-1 HTML 살펴보기

웹 페이지는 대부분 HTML, CSS, 자바스크립트로 구성되어 있습니다. 여기서는 먼저 HTML에 대해 알아보겠습니다.

😊 HTML, CSS, 자바스크립트에 대해 이미 어느 정도 알고 있다면 이 장은 빠르게 읽고 넘어가도 좋습니다.

HTML이란?

대부분의 웹 사이트는 HTML^{Hypertext markup language}로 작성되어 있습니다. 이 책의 출판사인 이지스퍼블리싱의 웹 사이트도 예외는 아니죠. 이지스퍼블리싱의 웹 사이트에 방문하면 웹 사이트가 구동되고 있는 서버는 그림 3-1과 같이 HTML 문서를 보내줍니다. 그럼 웹 브라우저는 HTML 문서를 해독해서 그 결과를 화면으로 구성해서 보여주죠. 이처럼 HTML 문서는 글씨 크기, 모양, 그림 위치 같은 정보를 텍스트 형태로 담고 있습니다.

그림 3-1 이지스퍼블리싱 공식 웹 사이트 첫 화면의 HTML(좌)과 실제 화면(우)

이제부터 직접 웹 페이지를 만들면서 HTML에 대해 조금 더 알아보겠습니다.

자기소개 웹 페이지 만들기

01단계 텅 빈 웹 페이지 만들기

비주얼 스튜디오 코드를 실행하고 [File 〉 New File]로 들어가 새 파일을 만든 후 저장하세요. 파일 형식에서 .html을 선택하고 파일명을 index.html로 저장하면 됩니다. 위치는 상관없습니다. 새로 만든 index.html 파일에 다음과 같이 입력하고 저장하세요. 그리고 그 html 파일을 브라우저에서 열어보세요. 아무것도 없는 깨끗한 페이지가 나타날 겁니다. 이 상태가 HTML의 가장 기초적인 상태입니다.

실습 파일: index.html

```
<!DOCTYPE html>
<html>
    <head>

    </head>
    <body>

    </body>
</html>
```

그림 3-2 HTML의 가장 기초적인 웹 페이지

02단계 빈 웹 페이지에 내용 채우기

이제 다음 코드를 보고 그대로 내용을 추가해 봅시다.

실습 파일: index.html

```html
<!DOCTYPE html>
<html>
    <head> ❶
        <title>이성용의 홈페이지</title>
    </head>
    <body> ❷
        <nav> ❸
            <a href="./index.html">Home</a> ❹
            <a href="./blog_list.html">Blog</a>
            <a href="./about_me.html">About Me</a>
        </nav>

        <h1>첫번째 크기 헤드라인</h1> ❺
        <h2>두 번째 크기 헤드라인</h2>
        <h3>세 번째 크기 헤드라인</h3>
        <h4>네 번째 크기 헤드라인</h4>
        <h5>다섯 번째 크기 헤드라인</h5>
        <p>문단은 p로 쓰세요. p는 아마도 Paragraph의 앞글자를 따온 것이겠죠?</p> ❻
        <a href="https://www.google.com">Go to google</a>
        <hr/> ❼
        <img src="./images/stay_funky.jpg" width="600px"> ❽
    </body>
</html>
```

❶ `<head>`: 문서에 대한 기본적인 정보가 담겨 있습니다. 여기에서는 `<title>` 태그로 브라우저 위에 나타나는 제목만 '이성용의 홈페이지'로 정했습니다.

❷ `<body>`: 주로 화면에 나타나는 내용이 담겨 있습니다.

❸ `<nav>`: 웹 사이트의 주요 페이지를 안내하는 내비게이션 역할을 만들 때 주로 사용합니다.

❹ `<a>`: 해당 부분을 클릭하면 페이지가 이동하도록 만들고 싶을 때 사용합니다. blog_list.html과 about_me.html 파일로 넘어갈 수 있는 링크를 만들어 두었습니다. 넘어갈 링크는 `href`로 지정합니다.

❺ `<h1>~<h5>`: 헤드라인을 보여줍니다. 브라우저 상에서 보면 글씨 크기가 다르게 보입니다.

❻ `<p>`: 일반적인 문단은 `<p>` 태그를 사용합니다. p는 Paragraph의 앞글자를 따온 것이겠죠?

❼ <hr/>: 수평선을 그어주는 태그입니다.

❽ <img>: 이미지 소스 위치(src)를 지정하면 해당 이미지를 보여줍니다. 여기서 width와 height로 그림의 폭과 높이를 지정할 수 있습니다. 이번에는 폭만 600px로 지정했습니다. 이미지 파일은 index.html이 있는 폴더에 images 폴더를 만들고, 그 안에 stay_funky.jpg라는 파일을 넣어두었습니다. 이미지는 여러분이 원하는 것을 자유롭게 선택하면 됩니다.

다 입력했으면 브라우저에서 index.html 파일을 다시 열어보세요. 다음과 같은 결과 화면이 나타납니다.

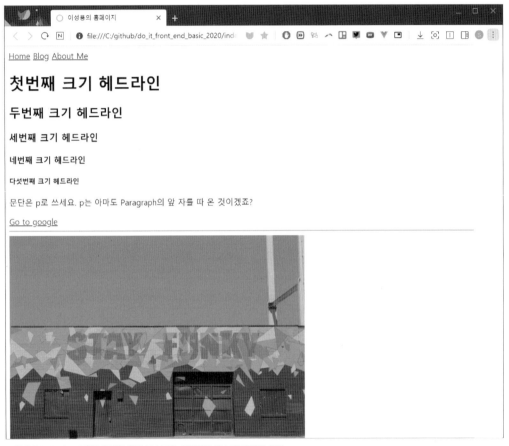

그림 3-3 index.html에서 설정한 대로 텍스트와 이미지가 웹 브라우저에 출력

03단계 자기소개 페이지 만들기

이제 [About Me] 탭을 클릭했을 때 나타낼 자기소개 페이지를 만들어 봅시다. 앞서 만든 index.html을 저장한 폴더에 about_me.html을 만들고, 다음과 같이 작성해 보세요.

실습 파일: about_me.html

```html
<!DOCTYPE html>
<html>
    <head>
        <title>About me</title>
    </head>
    <body>
        <nav>
            <a href="./index.html">Home</a>
            <a href="./blog_list.html">Blog</a>
            <a href="./about_me.html">About Me</a>
        </nav>

        <h1>About Me</h1>
        <h2>서울사람 이성용입니다. </h2>
        <p>HTML, CSS, JS, Django로 재미있는 웹 사이트 만드는 것을 좋아합니다. </p>
        <a href="index.html">첫 화면으로 가기</a>
        <img src="./images/boy_01.jpg" height="400px">

    </body>
</html>
```

about_me.html 파일을 실행하면 다음과 같은 화면이 나타납니다.

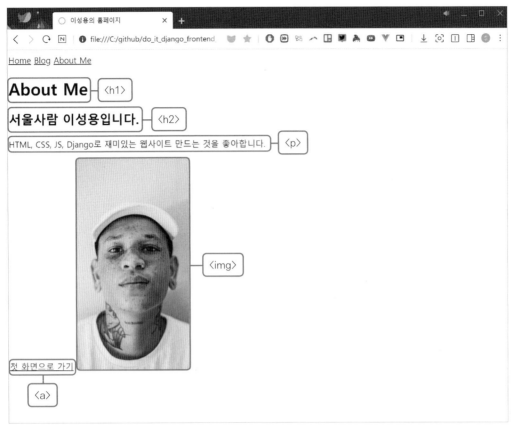

그림 3-4 완성된 자기소개 페이지

04단계 스타일 적용하기

style 속성을 이용하면 배경색, 글꼴 등을 바꿔줄 수도 있습니다. 방금까지 작업했던 about_me.html의 내비게이션 바를 다음처럼 수정합니다.

실습 파일: about_me.html

```html
<!DOCTYPE html>
<html>
    <head>
        <title>About me</title>
    </head>
    <body>
      <nav style="background-color: darkgreen; font-size: 150%; text-align: center">
          <a href="index.html" style="color: white">Home</a>
          <a href="blog_list.html" style="color: white">Blog</a>
          <a href="about_me.html" style="color: white">About Me</a>
```

```
        </nav>

        <h1>About Me</h1>
        <h2>서울사람 이성용입니다. </h2>
        <p>HTML, CSS, JS, Django로 재미있는 웹 사이트 만드는 것을 좋아합니다. </p>
        <a href="index.html">첫 화면으로 가기</a>
        <img src="./images/boy_01.jpg" height="300px">

    </body>
</html>
```

상단 <nav> 태그에서 style 속성을 추가하여 배경색은 darkgreen으로 지정하고, 글자 크기는 150%로 키우고, 텍스트는 가운데(center) 정렬했습니다. <a> 태그 안에 있는 텍스트 (Home, Blog, About Me) 색은 white로 설정하고 각 텍스트마다 서로 다른 html 파일을 링크했습니다.

그림 3-5 내비게이션 바 수정

만약 이렇게 만들었는데, <nav> 태그 안 <a> 태그의 글자 색상을 white가 아닌 다른 색으로 수정하고 싶다면 어떻게 해야 할까요? 현재처럼 만들어진 문서 형태라면 일일이 하나씩 수정하는 방법을 생각할 수도 있겠죠. 하지만 예제처럼 <a>가 3개가 아니라 굉장히 많다면 상당히 고된 작업이 될 겁니다.

이럴 때는 다음과 같이 `<head>` 태그 안에 `<style>` 태그를 삽입하고, 그 안에 원하는 태그 스타일을 지정하여 한 번에 해결할 수 있습니다. 태그별로 스타일을 미리 설정하는 방법이죠.

실습 파일: about_me.html

```html
<!DOCTYPE html>
<html>
    <head>
      <title>About me</title>
      <style>
            nav {background-color: darkgreen; font-size: 150%; text-align: center}
            nav a {color:gold}
      </style>
    </head>
    <body>
      <nav>
            <a href="./index.html">Home</a>
            <a href="./blog_list.html">Blog</a>
            <a href="./about_me.html">About Me</a>
      </nav>

      <h1>About Me</h1>
      <h2>서울사람 이성용입니다. </h2>
      <p>HTML, CSS, JS, Django로 재미있는 웹 사이트 만드는 것을 좋아합니다. </p>
      <a href="index.html">첫 화면으로 가기</a>
      <img src="./images/boy_01.jpg" height="300px">

    </body>
</html>
```

`<style>` 태그 안에서 `<nav>` 태그의 스타일을 설정하고, `<nav>` 태그 안 `<a>` 태그의 스타일도 설정했습니다. 앞에서 수정했던 `<a>` 태그는 원래대로 돌려 놓았습니다. 이런 식으로 한 번에 설정하면 HTML 문서를 더 깔끔하게 관리할 수 있습니다.

05단계 블로그 페이지 만들고 스타일 적용하기

마지막으로 [Blog] 탭을 클릭했을 때 나타낼 블로그 웹 페이지를 만들겠습니다. about_me.html을 복제하고 파일명을 blog_list.html로 수정하세요. 그리고 코드를 수정하세요.

```html
<!DOCTYPE html>
<html>
    <head>
        <title>Blog</title>
        <style>
            nav {background-color: darkgreen; font-size: 150%; text-align: center}
            nav a {color:gold}
        </style>
    </head>
    <body>
        <nav>
            <a href="./index.html">Home</a>
            <a href="./blog_list.html">Blog</a>
            <a href="./about_me.html">About Me</a>
        </nav>

        <h1>Blog</h1>
        <p>아직 작성하지 않았습니다.</p>
    </body>
</html>
```

수정을 마쳤으면 저장한 후 blog_list.html을 열어보세요.

그림 3-6 블로그 페이지에도 〈style〉 태그 적용

아직 휑하네요. 지금은 연습으로 만드는 중이니 걱정하지 마세요. 나중에 실제 개발할 때는
예쁘게 만들 겁니다.

03-2 CSS 살펴보기

지금까지 만든 웹 사이트는 index.html, about_me.html, blog_list.html 이렇게 3개의 페이지로 구성되어 있습니다. 웹 사이트 디자인의 일관성을 위해 about_me.html에 만든 내비게이션 바를 index.html에도 적용하려면 어떻게 해야 할까요? 먼저 about_me.html의 `<style>` 태그를 직접 복사해 오는 방법이 떠오르네요.

실습 파일: index.html

```
<!DOCTYPE html>
<html>
    <head>
        <title>이성용의 홈페이지</title>
        <style>
            nav {background-color: darkgreen; font-size: 150%; text-align: center}
            nav a {color:gold}
        </style>
    </head>
(...생략...)
```

그런데 만약 웹 사이트의 페이지 수가 수십 개에 달한다면 복사하는 작업이 여간 번거로운 일이 아닐 겁니다. 게다가 글자 색상 하나만 바꾸려고 해도 수십 개의 HTML 코드를 다 열어서 수정해야 하는 불상사가 발생하겠죠. 이런 문제를 간편하게 해결하기 위해 CSS^{Cascading style sheets}를 사용합니다.

CSS란?

CSS란 웹 문서의 디자인을 구현하기 위한 언어입니다. HTML이 웹 페이지의 틀을 만들고 내용을 채운다면 CSS는 텍스트의 크기나 색, 이미지의 크기나 위치 등을 지정합니다. 바로 css 파일을 만들면서 웹 문서에 CSS를 적용하는 방법을 알아봅시다.

CSS 적용하기

01단계 css 파일 만들기

새로 css 파일을 만들고, 그 파일에 `<style>` 태그 안에 있던 내용을 옮기겠습니다. 파일명은 practice.css로 작성하겠습니다.

실습 파일: practice.css

```
nav {background-color: darkgreen; font-size: 150%; text-align: center}
nav a {color:gold}
```

02단계 html 파일에 CSS 링크 달기

index.html, blog_list.html, about_me.html에서 `<style>` 태그를 지우고 `<link href="./practice.css" rel="stylesheet" type="text/css">`를 추가해 주세요. 방금 만든 practice.css를 사용하겠다는 의미입니다.

실습 파일: index.html

```
<!DOCTYPE html>
<html>
    <head>
        <title>이성용의 홈페이지</title>
        <link href="./practice.css" rel="stylesheet" type="text/css">
    </head>
(...생략...)
```

실습 파일: about_me.html

```
<!DOCTYPE html>
<html>
    <head>
        <title>About me</title>
        <link href="./practice.css" rel="stylesheet" type="text/css">
    </head>
(...생략...)
```

```
<!DOCTYPE html>
<html>
    <head>
        <title>Blog</title>
        <link href="./practice.css" rel="stylesheet" type="text/css">
    </head>
(...생략...)
```

이렇게 하면 css 파일만 수정해서 웹 사이트를 구성하는 수십 개의 페이지 디자인을 변경할
수 있습니다.

03-3 자바스크립트 살펴보기

지금까지 HTML과 CSS의 가장 기본적인 활용 방법을 알아봤습니다. 사용자가 서버에 특정 페이지를 요청하면 서버는 html 파일과 css 파일을 넘겨주고, 사용자의 컴퓨터 혹은 스마트폰의 브라우저는 이 파일을 렌더링해서 화면에 보여주는 방식이었습니다. 이 방법은 정적인 페이지를 보여줄 때 적합한 형태라고 할 수 있는데, 화면 내용 중 아무리 작은 요소만 바꾸려고 해도 서버에 다시 요청해서 새 html 파일과 css 파일 전체를 다시 받아와야 하기 때문입니다.

그렇다면 다음 그림과 같이 사용자가 a와 b에 2개의 숫자를 각각 입력하면 실시간으로 a + b를 계산해 결괏값을 출력하는 기능을 웹 페이지에 추가하려면 어떻게 해야 할까요?

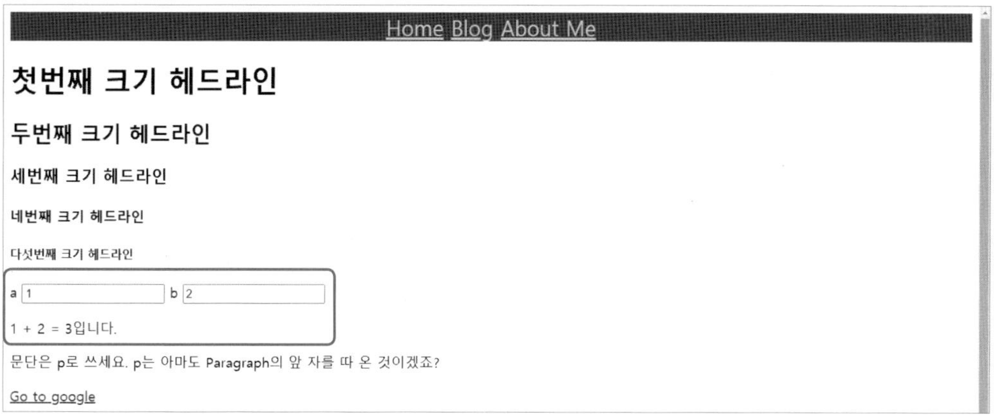

그림 3-7 실시간 덧셈 기능을 추가한 웹 페이지

이렇게 웹 브라우저 안에 동적인 부분을 만들 땐 자바스크립트^{Javascript}라는 프로그래밍 언어를 사용합니다. 자바스크립트를 사용해 웹 페이지에 덧셈 기능을 추가해 보겠습니다.

덧셈 기능 추가하기

덧셈 기능이 있는 자바스크립트 함수 추가하기

먼저 index.html에 다음과 같이 자바스크립트 코드를 추가합니다.

실습 파일: index.html

```
<!DOCTYPE html>
<html>
    <head>
        <title>이성용의 홈페이지</title>
        <link href="./practice.css" rel="stylesheet" type="text/css">

        <script type="text/javascript">
            function doSomething(){
                let a = document.getElementById('inputA').value;
                let b = document.getElementById('inputB').value;
                document.getElementById("valueA").innerHTML = a;
                document.getElementById("valueB").innerHTML = b;
                document.getElementById("valueC").innerHTML = Number(a) + Number(b);
            }
        </script>

    </head>
(...생략...)
```

새로 추가된 부분을 살펴보겠습니다. 자바스크립트 코드는 <script> 태그 안에 담습니다.
<head> 태그 안에 <script> 태그가 있고, 그 안에 자바스크립트 함수 doSomething()이 선언
되어 있습니다.

함수가 하는 일을 자세히 살펴볼까요? 먼저 문서 안의 요소 중 id가 inputA, inputB인 input
요소의 값을 가져와 변수 a, b에 저장합니다. 그리고 id가 valueA, valueB인 요소의 텍스트를
a, b 값으로 수정합니다. id가 valueC인 요소의 텍스트는 a와 b의 값을 숫자로 바꾼 다음 더한
결괏값으로 수정합니다.

HTML 태그도 다음과 같이 추가하겠습니다. doSomething() 함수에서 사용한 inputA와 inputB라는 id로 <input> 태그를 추가합니다. <input> 태그에는 onkeyup="doSomething()" 을 추가해 이 요소에서 키보드의 키가 눌렸다가 올라가면 doSomething() 함수가 실행되도록 설정합니다. 결괏값을 출력하는 문장은 doSomething() 함수가 값을 반영할 수 있도록 <span> 태그를 사용해 추가합니다.

실습 파일: index.html

```
(...생략...)
        <h1>두 번째 크기 헤드라인</h1>
        <h2>두 번째 크기 헤드라인</h2>
        <h3>세 번째 크기 헤드라인</h3>
        <h4>네 번째 크기 헤드라인</h4>
        <h5>다섯 번째 크기 헤드라인</h5>

        <label for="inputA">a</label>
        <input id="inputA" value=1 onkeyup="doSomething()">
        <label for="inputB">b</label>
        <input id="inputB" value=2 onkeyup="doSomething()">

        <p><span id="valueA">1</span> + <span id="valueB">2</span> = <span id
="valueC">3</span>입니다.</p>

        <p>문단은 p로 쓰세요. p는 아마도 Paragraph의 앞글자를 따온 것이겠죠?</p>
        <a href="https://www.google.com">Go to google</a>
        <hr/>
        <img src="./images/stay_funky.jpg" width="600px">
    </body>
</html>
```

웹 브라우저를 열어서 테스트해 보면 입력란에 숫자를 입력할 때마다 실시간으로 계산의 결 괏값이 업데이트되는 것을 볼 수 있습니다. 이처럼 자바스크립트를 사용하면 방문자의 행동 에 따라 실시간으로 업데이트되는 웹 페이지를 만들 수 있습니다.

현재 시간 확인 기능 추가하기

이번에는 버튼을 누르면 현재 시간을 팝업으로 보여주는 기능을 추가하겠습니다.

01단계 whatTimeIsIt() 함수 추가하기

자바스크립트 내용을 담는 \<script\> 태그 안에 **whatTimeIsIt()**이라는 함수를 추가하고, 그 안에 **alert(new Date())**를 추가해 현재 시간을 팝업으로 보여주는 기능을 만듭니다.

실습 파일: index.html

```
<!DOCTYPE html>
<html>

<head>
    <title>이성용의 홈페이지</title>
    <link href="./practice.css" rel="stylesheet" type="text/css">

    <script type="text/javascript">
        function doSomething() {
            let a = document.getElementById('inputA').value;
            let b = document.getElementById('inputB').value;
            document.getElementById("valueA").innerHTML = a;
            document.getElementById("valueB").innerHTML = b;
            document.getElementById("valueC").innerHTML = Number(a) + Number(b);
        }

        function whatTimeIsIt() {
            alert(new Date());
        }

    </script>
</head>
(...생략...)
```

버튼 추가하기

<body> 태그 안에 <button onclick="whatTimeIsIt()">현재시간</button>을 추가합니다.
〈현재시간〉 버튼을 클릭하면 onclick 속성에 저장한 whatTimeIsIt() 함수가 실행되면서 현재 시간을 팝업으로 보여줍니다. 덧셈 부분과 구분하기 위해 <hr />로 수평선도 하나 추가합니다.

실습 파일: index.html

```
(...생략...)
<body>
    (...생략...)
    <button onclick="whatTimeIsIt()">현재시간</button>
    <hr />

    <label for="inputA">a</label>
    <input id="inputA" value=1 onkeyup="doSomething()">
    <label for="inputB">b</label>
    <input id="inputB" value=2 onkeyup="doSomething()">
    (...생략...)
```

웹 브라우저를 열면 〈현재시간〉 버튼이 추가되어 있을 겁니다. 이 버튼을 누르면 다음과 같이 현재 시간을 알림 창으로 알려줍니다.

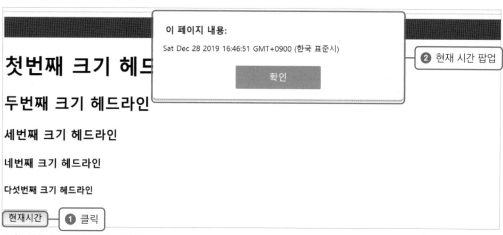

그림 3-8 현재 시간을 알려주는 알림 창

js 파일을 여러 html 파일에 적용하기

만약 about_me.html과 blog_list.html에서도 이 기능을 사용하고 싶다면 어떻게 해야 할까요? 지금까지 만든 자바스크립트 코드를 각각의 html 파일에 일일이 붙여 넣는 방법도 있습니다. 하지만 이건 프로그래머의 방식이 아니죠. 앞에서 css 파일을 따로 만들어서 여러 html 파일에서 사용했던 것처럼 js 파일을 만들어 여러 html 파일에 적용해 보겠습니다.

01단계   js 파일 만들기

지금까지 만든 html 파일과 같은 경로에 add_two_numbers.js 파일을 만들고 앞에서 만든 **doSomething()** 함수를 옮겨주세요.

실습 파일: **add_two_numbers.js**

```javascript
function doSomething(){
    let a = document.getElementById('inputA').value;
    let b = document.getElementById('inputB').value;
    document.getElementById("valueA").innerHTML = a;
    document.getElementById("valueB").innerHTML = b;
    document.getElementById("valueC").innerHTML = Number(a) + Number(b);
}
```

같은 방법으로 what_time_is_it.js 파일도 만들고, **whatTimeIsIt()** 함수를 옮겨주세요.

실습 파일: **what_time_is_it.js**

```javascript
function whatTimeIsIt() {
    alert(new Date());
}
```

02단계   html 파일에 js 파일 링크 달기

이제 index.html에서 두 js 파일을 불러오겠습니다. 다음과 같이 작성하는 것만으로도 두 파일에 저장된 함수를 사용할 수 있습니다.

```
<!DOCTYPE html>
<html>

<head>
    <title>이성용의 홈페이지</title>
    <link href="./practice.css" rel="stylesheet" type="text/css">

    <script type="text/javascript" src="add_two_numbers.js"></script>
    <script type="text/javascript" src="what_time_is_it.js"></script>
</head>
(...생략...)
```

about_me.html에는 현재 시간을 나타내는 기능만 추가해 볼까요? 현재 시간을 알려주는
what_time_is_it.js 파일만 불러오겠습니다. <body> 태그 안에 버튼도 추가합니다.

```
<!DOCTYPE html>
<html>
    <head>
        <title>About me</title>
        <link href="./practice.css" rel="stylesheet" type="text/css">

        <script type="text/javascript" src="what_time_is_it.js"></script>
    </head>
    <body>
        <nav>
            <a href="./index.html">Home</a>
            <a href="./blog_list.html">Blog</a>
            <a href="./about_me.html">About Me</a>
        </nav>

        <h1>About Me</h1>
        <h2>서울사람 이성용입니다. </h2>
        <p>HTML, CSS, JS, Django로 재미있는 웹 사이트 만드는 것을 좋아합니다. </p>
```

```
        <button onclick="whatTimeIsIt()">현재시간</button>
        <hr/>

        <a href="index.html">첫 화면으로 가기</a>
        <img src="./images/boy_01.jpg" height="300px">
    </body>
</html>
```

이제 about_me.html을 웹 브라우저로 열어보면 index.html과 마찬가지로 현재 시간을 알려주는 버튼이 추가되어 있습니다. 버튼을 눌러 현재 시간이 잘 나타나는지 확인해 보세요.

그림 3-9 About Me 페이지에 현재 시간 확인 기능 추가

지금까지 HTML, CSS, 자바스크립트에서 앞으로 진행할 파이썬 웹 개발을 위해 꼭 알아야 할 부분만 가볍게 살펴봤습니다. 좀 더 자세히 알고 싶다면 다른 책이나 인터넷 자료 등을 참고하기 바랍니다.

04

부트스트랩
적용하기

이 장에서는 부트스트랩을 이용해 우리의 웹 디자인 능력이 단기간 내에 얼마나 달라질
수 있는지 체험해 보겠습니다.

04-1 부트스트랩 알아보기

HTML과 CSS만으로도 얼마든지 충분히 멋진 웹 페이지를 만들 수는 있습니다. 하지만 이런 말은 연필 한 자루만 있으면 뭐든 그릴 수 있다는 말과 같죠. 멋지면서도 사용하기 편리한 웹 페이지를 만들기 위해서는 많은 경험과 노력이 필요합니다. 게다가 최근에는 일반적인 컴퓨터 화면뿐만 아니라 스마트폰, 태블릿 등 다양한 크기의 화면이 나와 있기 때문에 이를 충분히 고려해야 합니다. 이런 문제를 해결하기 위해 부트스트랩을 사용합니다.

부트스트랩이란?

부트스트랩^{Bootstrap}은 웹 개발에 있어 보편적으로 널리 쓰이는 구성 요소들을 미리 디자인 해둔 툴킷^{toolkit}입니다. 부트스트랩을 사용하면 웹 디자인에 대한 센스가 아직 부족한 개발자들도 그럴싸한 페이지를 만들 수 있습니다. 그리고 다양한 화면 크기에 대응할 수 있는 반응형 웹을 지향하고 있기 때문에 화면 크기에 따라 유연하게 변화하는 UX/UI를 적용할 수 있다는 장점도 있습니다.

 부트스트랩의 CSS와 자바스크립트 적용하기

01단계 **부트스트랩에서 css, css.map 파일 가져오기**

index.html에 부트스트랩을 적용하겠습니다. 부트스트랩 공식 사이트(getbootstrap.com)에 접속한 후 〈Download〉 버튼을 클릭하세요. Download 페이지로 이동하면 오른쪽 위에서 부트스트랩 v4.5.x 버전을 선택하세요.

> 😊 이 책에서는 부트스트랩 v4.5.x 기준으로 실습을 진행합니다.

그림 4-1 부트스트랩 공식 사이트에서 〈Download〉 버튼 클릭

버전이 바뀌었는지 확인 후 다시 〈Download〉 버튼을 클릭합니다. 그리고 'Compiled CSS and JS' 아래의 〈Download〉 버튼을 클릭해 설치 파일을 내려받으세요.

그림 4-2 다운로드 페이지에서 〈Download〉 버튼 클릭

내려받은 압축 파일을 열어보면 다음과 같이 css 폴더와 js 폴더가 있습니다. CSS 폴더의 파일 중 bootstrap.min.css 파일과 bootstrap.min.css.map 파일의 압축을 풉니다.

그림 4-3 bootstrap.min.css와 bootstrap.min.css.map 파일 압축 해제

index.html과 about_me.html 파일을 저장한 경로에 bootstrap4/css 폴더를 만들고 bootstrap.min.css와 bootstrap.min.css.map 파일을 저장하세요. 그리고 index.html과 about_me.html에서 practice.css 파일을 지정한 `<link>` 태그를 다음과 같이 수정해 주세요.

실습 파일: index.html

```
<!DOCTYPE html>
<html>
    <head>
        <title>이성용의 홈페이지</title>
        <link href="./bootstrap4/css/bootstrap.min.css" rel="stylesheet" type="text/css">
(...생략...)
```

```
<!DOCTYPE html>
<html>
    <head>
        <title>About me</title>
        <link href="./bootstrap4/css/bootstrap.min.css" rel="stylesheet" type="text/css">
(...생략...)
```

02단계 자바스크립트 코드 추가하기

자바스크립트 코드는 부트스트랩 웹 사이트에서 직접 가져옵니다. 부트스트랩을 내려받은 페이지에서 스크롤을 조금 내리면 jsDelivr 항목이 나옵니 다. 그 곳에 필요한 코드가 있습니다. <Copy> 버튼을 클릭해 코드를 복사하세요.

😀 부트스트랩 v4.5.x 버전을 선택 후 진행해야 합니다.

그림 4-4 부트스트랩 웹 사이트에서 자바스크립트 코드 복사

index.html과 about_me.html의 </body> 태그 바로 위에 부트스트랩 웹 사이트에서 복사한 자바스크립트 코드 3줄을 넣어주세요. 지면 관계 상 about_me.html만 설명하겠습니다.

```
<!DOCTYPE html>
<html>
    <head>
        <title>About me</title>
        <link href="./bootstrap4/css/bootstrap.min.css" rel="stylesheet" type="text/
css">

        <script type="text/javascript" src="what_time_is_it.js"></script>
```

```
    </head>
    <body>
        (...생략...)
        <a href="index.html">첫 화면으로 가기</a>
        <img src="./images/boy_01.jpg" height="300px">

        <script src="https://code.jquery.com/jquery-3.5.1.slim.min.js"
            integrity="sha384-DfXdz2htPH0lsSSs5nCTpuj/zy4C+OGpamoFVy38MVBnE+IbbVYU
ew+OrCXaRkfj"
            crossorigin="anonymous"></script>
<script src="https://cdn.jsdelivr.net/npm/popper.js@1.16.1/dist/umd/popper.min.js"
            integrity="sha384-9/reFTGAW83EW2RDu2S0VKaIzap3H66lZH81PoYlFhbGU+6BZp6G
7niu735Sk7lN"
            crossorigin="anonymous"></script>
        <script src="https://cdn.jsdelivr.net/npm/bootstrap@4.5.3/dist/js/bootstrap.
min.js"
            integrity="sha384-w1Q4orYjBQndcko6MimVbzY0tgp4pWB4lZ7lr30WKz0vr/aWKhXd
BNmNb5D92v7s"
            crossorigin="anonymous"></script>
    </body>
</html>
```

이제 about_me.html과 index.
html이 어떻게 수정되었는지
웹 브라우저를 열어 확인해 봅
시다. 다음과 같이 페이지 모습
이 약간 달라진 것을 볼 수 있
습니다. 눈에 확 띄는 변화는
아직 없지만 조금씩 수정할 테
니 실망하지 마세요.

그림 4-5 부트스트랩을 적용한 자기소개 페이지

CDN이란?

이렇게 부트스트랩 웹 사이트에서 코드를 바로 가져오는 방식을 CDN^{Contents delivery network} 이라고 부릅니다. 내려받은 압축 파일에서 bootstrap.min.js 파일을 활용할 수도 있지만 bootstrap.min.js 파일을 사용하기 위해서는 jQuery, popper.min.js 등도 필요하므로 여기서는 CDN을 이용한 것입니다. CDN은 사람들이 자주 사용하는 css, js 파일 등을 모아둔 곳이라고 생각하면 됩니다. CDN에는 방문자가 접속 지역에 따라 가까운 서버에서 해당 파일을 받아볼 수 있는 등 여러 장점이 있습니다.

내비게이션 바 수정하기

부트스트랩을 이용하면 마치 피자에 토핑을 올리듯이 원하는 요소를 만들어 넣을 수 있습니다. 먼저 가장 위에 있는 내비게이션 바를 수정해 볼까요?

01단계   Components에서 내비게이션 바 요소 고르기

부트스트랩 사이트에서 [Documentation > Components]로 들어가면 다양한 웹 구성 요소들을 볼 수 있습니다.

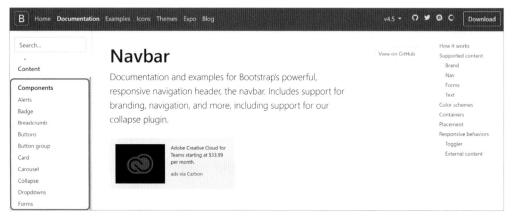

그림 4-6 다양한 Components 목록

여러 Components 중 'Navbar'를 찾아 클릭하면 여러 가지 내비게이션 바 요소의 예시와 이를 사용할 수 있는 코드가 나타납니다. 여기서 마음에 드는 요소를 골라 html 파일에 넣어 주기만 하면 되죠. 여러 예시 중에서 〈Dropdown link〉 버튼이 있는 내비게이션 바를 선택합니다. 오타가 나올 수도 있으니 〈copy〉 버튼을 클릭해 복사한 후 about_me.html의 **<body>** 태그가 시작하는 곳에 붙여 넣으세요.

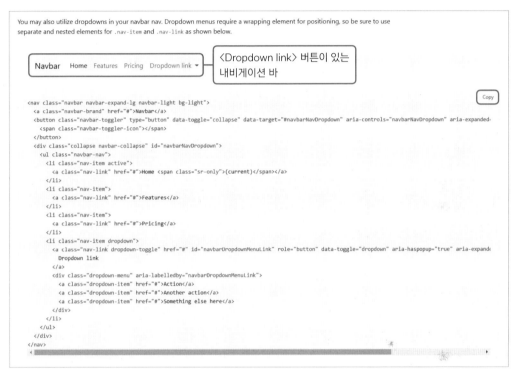

그림 4-7 〈Dropdown link〉 버튼이 있는 내비게이션 바의 코드 복사

실습 파일: about_me.html

```
<!DOCTYPE html>
<html>

<head>
    <title>About me</title>
    <link href="./bootstrap4/css/bootstrap.min.css" rel="stylesheet" type="text/css">

    <script type="text/javascript" src="what_time_is_it.js"></script>
</head>
```

```
<body>

  <nav class="navbar navbar-expand-lg navbar-light bg-light">

    <a class="navbar-brand" href="#">Navbar</a>

    (...생략...)

  </nav>

(...생략...)
```

부트스트랩에서 복사한
Navbar 코드 전체를 입력

😀 부트스트랩에서 복사해 오는 코드는 직접 입력하지 않으므로 일부 생략했습니다. 코드 전체가 궁금하다면 저자 깃허브 또는 출판사 홈페이지에서 제공하는 완성 파일을 확인해 주세요.

이제 about_me.html을 웹 브라우저로 열어봅시다. 다음 그림처럼 상단에 내비게이션 바가 생겼습니다.

Navbar   Home   Features   Pricing   Dropdown link ▼

Home Blog About Me

About Me
서울사람 이성용입니다.

HTML, CSS, JS, Django로 재미있는 웹사이트 만드는 것을 좋아합니다.

현재시간

그림 4-8 부트스트랩 스타일을 적용한 내비게이션 바

여기서 잠시 부트스트랩의 장점을 맛볼까요? 브라우저 폭을 줄여보세요. 내비게이션 바의 목록이 모바일 환경에서 보기 편하도록 세로로 나열됩니다. 부트스트랩에서 제공하는 요소를 사용하는 것만으로 PC와 모바일 모두에서 보기 편한 화면을 구성할 수 있네요. 정말 편하지 않나요?

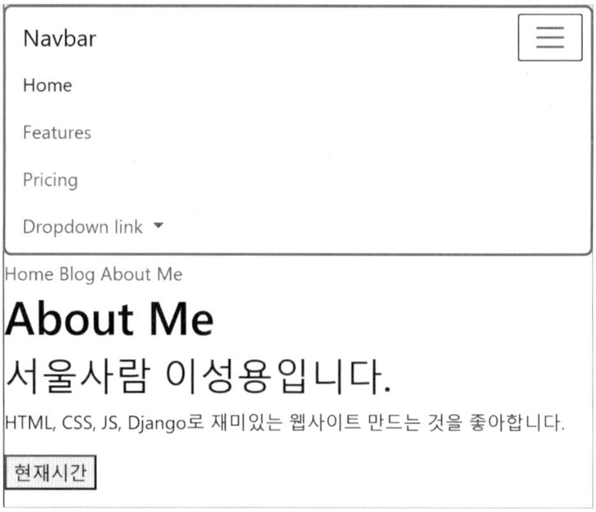

Navbar   ☰

Home

Features

Pricing

Dropdown link ▼

Home Blog About Me

About Me
서울사람 이성용입니다.

HTML, CSS, JS, Django로 재미있는 웹사이트 만드는 것을 좋아합니다.

현재시간

그림 4-9 웹 브라우저 크기에 따라 모양이 바뀌는 내비게이션 바

내비게이션 바 텍스트 수정하기

내비게이션 바 맨 왼쪽에는 웹 사이트 이름이 들어가는 게 좋겠죠? 지금은 Navbar라고 되어 있네요. 내비게이션 바의 텍스트와 링크를 웹 사이트에 맞게 수정해 봅시다.

Navbar   Home   Features   Pricing   Dropdown link ▾
Home Blog About Me
About Me
서울사람 이성용입니다.
HTML, CSS, JS, Django로 재미있는 웹사이트 만드는 것을 좋아합니다.

그림 4-10 텍스트가 기본값으로 들어 있는 내비게이션 바

about_me.html에서 텍스트로 Navbar가 들어 있는 <a> 태그를 찾아 Do It Django로 바꿉니다. 그리고 href 값을 ./index.html로 수정해 텍스트에 연결할 링크도 수정합니다. 옆에 있는 Home의 href 값도 ./index.html로 수정합니다. Feautures는 Blog로 바꾸고 href 값은 ./blog_list.html로 수정합니다. Pricing은 About me로 바꾸고 href 값은 ./about_me.html로 수정합니다. 〈Dropdown link〉 버튼은 일단 그대로 두겠습니다. 마지막으로 Navbar 아래 남겨져 있던 원래 <nav> 태그는 이제 불필요하므로 지웁니다.

실습 파일: about_me.html

```
(...생략...)
<nav class="navbar navbar-expand-lg navbar-light bg-light">
    <a class="navbar-brand" href="./index.html">Do It Django</a>
    (...생략...)
    <div class="collapse navbar-collapse" id="navbarNavDropdown">
        <ul class="navbar-nav">
            <li class="nav-item active">
                <a class="nav-link" href="./index.html">Home<span class="sr-
only">(current)</span></a>
            </li>
            <li class="nav-item">
                <a class="nav-link" href="./blog_list.html">Blog</a>
            </li>
            <li class="nav-item">
                <a class="nav-link" href="./about_me.html">About Me</a>
            </li>
            <li class="nav-item dropdown">
```

```
                    <a class="nav-link dropdown-toggle" href="#" id="navbarDropdownMenu
Link" role="button" data-toggle="dropdown" aria-haspopup="true" aria-expanded="false">
                        Dropdown link
                    </a>
                    <div class="dropdown-menu" aria-labelledby="navbarDropdownMenuLink">
                        <a class="dropdown-item" href="#">Action</a>
                        <a class="dropdown-item" href="#">Another action</a>
                        <a class="dropdown-item" href="#">Something else here</a>
                    </div>
                </li>
            </ul>
        </div>
    </nav>

    <nav>
        <a href="./index.html">Home</a>        ←── 삭제하세요!
        <a href="./blog_list.html">Blog</a>
        <a href="./about_me.html">About Me</a>
    </nav>
    (...생략...)
```

이제 웹 브라우저에서 about_me.html을 열어보면 내비게이션 바의 텍스트가 다음과 같이
수정되어 있습니다.

| Do It Django   Home Blog About Me Dropdown link ▼ |

About Me
서울사람 이성용입니다.
HTML, CSS, JS, Django로 재미있는 웹사이트 만드는 것을 좋아합니다.

그림 4-11 내비게이션 바 텍스트 수정 완료

index.html에도 똑같은 내비게이션 바를 적용하기 위해   😊 지면 관계 상 코드는 생략하겠습니다.
앞에서 만든 <nav> 태그의 내용을 그대로 붙여 넣으세요.

container로 레이아웃 적용하기

웹 브라우저에서 현재 화면을 보면 모든 구성 요소가 여백 없이 너무 왼쪽에 붙어 있습니다. 레이아웃을 적용해 구성 요소를 보기 좋게 배치해 볼까요? 부트스트랩의 container를 사용 하면 페이지 구성을 위한 레이아웃을 간단히 만들 수 있습니다.

01단계 container 적용해 여백 만들기

about_me.html에서 내용에 해당하는 부분을 <div> 태그로 감싸고 class는 container로 설 정합니다.

실습 파일: about_me.html

```
(...생략...)
<div class="container">
    <h1>About Me</h1>
    <h2>서울사람 이성용입니다. </h2>
    <p>HTML, CSS, JS, Django로 재미있는 웹 사이트 만드는 것을 좋아합니다. </p>

    <button onclick="whatTimeIsIt()">현재시간</button>
    <hr />

    <a href="index.html">첫 화면으로 가기</a>
    <img src="./images/boy_01.jpg" height="300px">
</div>
(...생략...)
```

웹 브라우저에서 다시 열어보면 양쪽에 여백이 생기고 그 사이에 내용이 담겨 있습니다.

그림 4-12 container 적용해 양쪽에 여백 생성

내비게이션 바도 양쪽에 여백이 있으면 좋겠죠. 내비게이션 바에도 container를 적용하겠습니다. 이때 2가지 방법을 이용할 수 있는데, 하나는 다음과 같이 현재 <nav> 태그의 class에 container를 추가하는 겁니다.

실습 파일: about_me.html

```
(...생략...)
<body>
    <nav class="navbar navbar-expand-lg navbar-light bg-light container">
        <a class="navbar-brand" href="#">Do it! Django</a>
(...생략...)
```

웹 브라우저에서 열어보면 왼쪽과 오른쪽에 여백이 생기고 그 사이에 내비게이션 바가 위치한 모습을 볼 수 있습니다.

Do It Django   Home   Blog   About Me   Dropdown link ▼

About Me
서울사람 이성용입니다.
HTML, CSS, JS, Django로 재미있는 웹사이트 만드는 것을 좋아합니다.

그림 4-13 내비게이션 바에도 여백 생성

그런데 내비게이션 바 전체가 아니라 안에 있는 버튼만 안으로 옮기고 싶다면 어떻게 해야 할까요? 이럴 땐 `<nav>` 태그의 class에 container를 설정하지 말고, `<nav>` 태그 안쪽에 `<div>` 태그를 새로 만들고 class 값으로 container를 설정하면 됩니다.

실습 파일: about_me.html

```
(...생략...)
<body>
    <nav class="navbar navbar-expand-lg navbar-light bg-light container">     삭제하세요!
        <div class="container">
            <a class="navbar-brand" href="#">Do it! Django</a>
            (...생략...)
        </div>
    </nav>
(...생략...)
```

다시 웹 브라우저에서 열어보면 다음과 같이 내비게이션 바는 유지되면서 버튼만 여백 안으로 들어와 있습니다. 둘 중에서 어떤 모양을 적용할지는 여러분의 선택입니다.

그림 4-14 내비게이션 바의 버튼만 여백 안으로 이동

grid로 웹 페이지 구성 관리하기

부트스트랩의 grid 기능을 사용하면 웹 페이지를 세로 12칸으로 나누어 관리할 수 있습니다. 이 기능을 사용하면 화면 크기를 다양하게 바꾸어도 그 크기에 맞게 웹 페이지 모양도 바뀌어 나타납니다.

지금까지 만든 about_me.html을 웹 브라우저에서 열어보면 모든 요소가 위에서 아래로 하나씩 채워져 있습니다. 이 중 사진을 화면 전체를 12칸으로 나눴을 때 오른쪽부터 3칸에 해당하는 열로 옮겨보겠습니다.

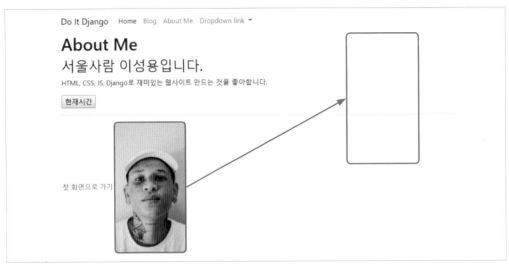

그림 4-15 화면을 9:3으로 나누고 3에 해당하는 곳에 사진 이동

앞서 class="container"로 설정한 <div> 태그 안에 class="row"로 설정한 <div> 태그를 하나 더 만들어 보겠습니다. '이 안에 있는 내용을 행 하나로 보겠다'는 의미입니다. 그 안에 2개의 <div> 태그를 또 만들고, class="col-9", class="col-3"으로 설정해 9칸짜리 열과 3칸짜리 열로 나눕니다. 9칸짜리 열에 해당하는 왼쪽 부분에는 텍스트로 된 내용을 넣고, 3칸짜리 열에 해당하는 부분에는 사진을 넣습니다.

실습 파일: **about_me.html**

```
(...생략...)
<div class="container">
    <div class="row">
        <div class="col-9">
            <h1>About Me</h1>
            <h2>서울사람 이성용입니다. </h2>
            <p>HTML, CSS, JS, Django로 재미있는 웹 사이트 만드는 것을 좋아합니다. </p>

            <button onclick="whatTimeIsIt()">현재시간</button>
```

```
                <hr />
                <a href="index.html">첫 화면으로 가기</a>
            </div>
            <div class="col-3">
                <img src="./images/boy_01.jpg" class="img-fluid w-100">
            </div>
        </div>
    </div>
    (...생략...)
```

이때 `<img>` 태그에서 `height="300px"`을 지우고 `class="img-fluid w-100"`으로 설정합니다. 그러면 그림 높이가 300px로 고정되지 않고 3칸짜리 열에 해당하는 부분의 폭에 꽉 차게 그림 높이가 조정됩니다.

웹 브라우저에서 열어보면 다음과 같이 오른쪽에 그림이 위치한 모습을 볼 수 있습니다. 웹 브라우저의 화면 폭을 늘렸다 줄였다 해보세요. 사진의 크기가 화면 크기에 따라 비율을 유지하면서 달라집니다.

그림 4-16 grid로 화면을 9:3으로 나누어 구성

02단계 화면 크기에 따라 구성도 바뀌게 만들기

부트스트랩 공식 홈페이지의 문서를 조금 응용해서 몇 가지 이용 사례를 더 살펴보겠습니다. [Documentation 〉 Layout 〉 Grid]로 들어가 'How it works'를 찾으세요. 간단한 예제 코드가 보이면 여기에서 `class="row"`인 div 요소만 about_me.html에 붙여 넣겠습니다. 먼저 코드를 복사하세요.

How it works

Bootstrap's grid system uses a series of containers, rows, and columns to layout and align content. It's built with fle
example and an in-depth look at how the grid comes together.

New to or unfamiliar with flexbox? Read this CSS Tricks flexbox guide for background, terminology, guidelines, a

One of three columns	One of three columns

```
<div class="container">
  <div class="row">
    <div class="col-sm">
      One of three columns
    </div>
    <div class="col-sm">
      One of three columns
    </div>
    <div class="col-sm">
      One of three columns
    </div>
  </div>
</div>
```

그림 4-17 부트스트랩 공식 웹 사이트의 grid 예시

복사한 코드를 다음과 같이 붙여 넣어 두 번째 행을 만들고, 열로 지정한 `<div>` 태그의 클래스에 각각 bg-info, bg-secondary, bg-warning을 추가해 배경색을 지정합니다. 그러면 하나의 열이 어디부터 어디까지인지 브라우저에서 눈으로 쉽게 확인할 수 있습니다.

실습 파일: about_me.html

```
(...생략...)
<div class="container">
    <div class="row">
        (...생략...)
    </div>
    <div class="row">        두 번째 행 시작
        <div class="col-sm bg-info">
            One of three columns
        </div>
        <div class="col-sm bg-secondary">
            One of three columns
        </div>
        <div class="col-sm bg-warning">
```

```
          One of three columns
        </div>
      </div>  ──  두 번째 행 종료
    </div>
(...생략...)
```

지금까지 만든 내용을 브라우저에서 확인해 볼까요? 열마다 다른 배경색을 지정한 덕분에 새로 만든 행이 똑같은 크기의 열 3개로 나누어진 모습을 쉽게 확인할 수 있습니다.

그림 4-18 행 1개가 똑같은 크기의 열 3개로 나누어진 모습

알아두면 좋아요

부트스트랩으로 배경색 쉽게 추가하기

웹 사이트의 배경색과 글자색을 조화롭게 구성하는 것은 시간도 많이 걸리고 쉽지도 않은 일입니다. 특히 웹 디자인 경험이 부족한 사람들에게는 더욱 그렇죠. 부트스트랩은 이런 고민을 덜어주기 위해 기본적인 색상 선택 옵션을 제공합니다. 부트스트랩 공식 웹 사이트에서 [Documentation > Utilities > Colors]로 가보면 여러 예시가 있으니 여기에서 마음에 드는 배경색을 골라 사용할 수 있습니다. 이 밖에도 텍스트 색상까지 예시가 나와 있으니 참고하세요.

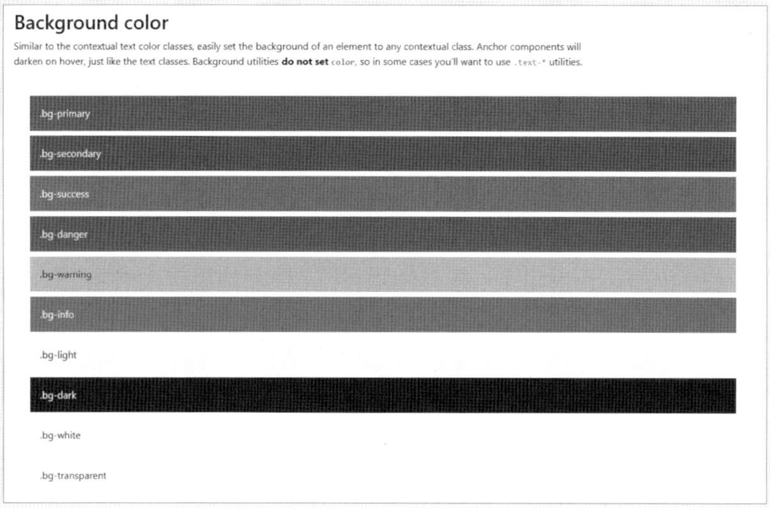

그림 4-19 부트스트랩의 배경색 예시

앞서 col-9, col-3으로 각 열의 크기를 지정했던 것과 달리 여기서는 크기를 지정하지 않았습니다. 크기를 지정하지 않으면 부트스트랩이 각 열에 균등하게 크기를 배분합니다. 그래서 열을 3개 만들면 모두 12칸 중 4칸씩 자리를 배분받습니다.

그렇다면 col-sm에서 sm은 무슨 의미일까요? sm은 화면 크기가 small일 때만 적용하는 기준이라는 의미입니다. 화면 크기에 대한 기준은 부트스트랩 공식 문서에 다음과 같은 표로 정리되어 있습니다. 화면 폭이 576px 이상 768px 미만일 때 small 사이즈가 기준이 됨을 알 수 있네요. 이 옵션을 지정하지 않으면 화면 크기와 관계없이 사용자가 지정한 비율대로 구분하게 됩니다.

	Extra small <576px	Small ≥576px	Medium ≥768px	Large ≥992px	Extra large ≥1200px
.container	100%	540px	720px	960px	1140px
.container-sm	100%	540px	720px	960px	1140px
.container-md	100%	100%	720px	960px	1140px
.container-lg	100%	100%	100%	960px	1140px
.container-xl	100%	100%	100%	100%	1140px
.container-fluid	100%	100%	100%	100%	100%

그림 4-20 부트스트랩 grid 사용 시 화면 크기 기준

화면 크기가 small일 때와 large일 때를 구분하여 비율을 지정할 수도 있습니다. 다음과 같이 각 열에 col-lg-6, col-lg-3, col-lg-3을 추가합니다.

실습 파일: about_me.html

```
(...생략...)
<div class="row">
    <div class="col-sm col-lg-6 bg-info">
        One of three columns
    </div>
    <div class="col-sm col-lg-3 bg-secondary">
        One of three columns
    </div>
    <div class="col-sm col-lg-3 bg-warning">
        One of three columns
    </div>
</div>
(...생략...)
```

이제 웹 브라우저에서 크기를 바꿔가며 어떻게 변하는지 확인해 봅시다. 화면 폭이 충분히 넓을 때는 large 사이즈가 기준이 되어 6:3:3으로 열 크기를 할당합니다.

그림 4-21 넓은 화면일 때 자기소개 페이지

화면 폭이 줄어들면 비율을 고정하지 않았으므로 4:4:4로 동일하게 크기를 할당하고, 화면 크기가 더 줄어들어 한 줄에 보여주기 어려운 경우는 세로로 보여줍니다.

그림 4-22 좁은 화면일 때 자기소개 페이지

03단계 열마다 이미지 추가하기

grid의 작동 원리를 이해했으니 활용해 봐야겠죠? 열마다 이미지를 넣어 포트폴리오를 만들어 보겠습니다. 테스트를 위해 만든 두 번째 행 안의 맨 위에 `<div>` 태그를 추가하고, `class= "col-12"`로 지정해 주세요. 그 안에는 `<h2>` 태그를 이용해 Portfolio라는 제목을 추가합니다. col-12로 지정하면 열 하나로 12칸이 다 채워지기 때문에 이전에 만들었던 열 3개는 다음 행에 나타납니다. 열마다 들어 있는 텍스트를 지우고 다음과 같이 `<img>` 태그를 추가하세요.

실습 파일: about_me.html

```
(...생략...)
<div class="row">
    <div class="col-12">
        <h2>Portfolio</h2>
    </div>
    <div class="col-sm col-lg-6 bg-info">
        <img src="./images/image_a.jpg" class="img-fluid">
    </div>
    <div class="col-sm col-lg-3 bg-secondary">
        <img src="./images/image_b.jpg" class="img-fluid">
    </div>
    <div class="col-sm col-lg-3 bg-warning">
        <img src="./images/image_c.jpg" class="img-fluid">
    </div>
</div>
(...생략...)
```

\<img\> 태그의 **src**에 지정한 경로에 맞게 원하는 이미지를 저장하세요. 그리고 웹 브라우저에서 about_me.html을 열어보세요. 어때요? 이제 그럴싸하지 않나요?

그림 4-23 포트폴리오 영역에 사진 추가

spacing으로 간격 주기

지금까지 만든 웹 페이지를 보면 내비게이션 바와 페이지 내용의 간격이 너무 가까운 것 같지 않나요? 부트스트랩의 spacing 기능으로 이 간격을 조정할 수 있습니다. 간격을 조정하는 방법으로는 마진^{margin}과 패딩^{padding}이 있습니다. 마진은 내용 경계 바깥쪽으로 간격을 두는 방법이고, 패딩은 내용 경계 안쪽으로 간격을 두는 방법입니다.

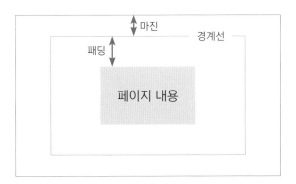

그림 4-24 마진과 패딩의 이해

01단계   내비게이션 바와 내용 사이에 마진 넣기

여기서는 첫 번째 행 바깥쪽으로 간격을 두기 위해 마진을 사용하겠습니다. 부트스트랩에서
는 요소의 class에 m-**숫자**를 추가해 마진을 줄 수 있습니다. mt-**숫자**를 추가하면 위에만 마진
을 주고, mb-**숫자**는 아래에, my-**숫자**는 위아래 모두에 마진을 줍니다. 여기서는 my-3으로 위아
래에 3만큼 마진을 주었습니다.

실습 파일: about_me.html

```
(...생략...)
<div class="container">
    <div class="row my-3">
        <div class="col-9">
            <h1>About Me</h1>
            <h2>서울사람 이성용입니다. </h2>
            <p>HTML, CSS, JS, Django로 재미있는 웹 사이트 만드는 것을 좋아합니다. </p>

            <button onclick="whatTimeIsIt()">현재시간</button>
            <hr />
            <a href="index.html">첫 화면으로 가기</a>
        </div>
        <div class="col-3">
            <img src="./images/boy_01.jpg" class="img-fluid w-100">
        </div>
    </div>
(...생략...)
```

웹 브라우저에서 새로고침해 보면 내비게이션 바와 그 아래 내용 사이에 간격이 생긴 것을 볼
수 있습니다.

그림 4-25 spacing 이용해 간격 생성

02단계 내비게이션 바 오른쪽 정렬하기

spacing을 이용하면 구성 요소를 정렬시킬 수 있습니다. 이럴 때는 `ml-auto` 혹은 `mr-auto`를 사용하면 됩니다. `ml-auto`는 왼쪽 마진을 최대한 확보하라는 의미이고, `mr-auto`는 오른쪽 마진을 최대한 확보하라는 의미입니다.

내비게이션 바에 〈Log In〉 버튼을 추가하고 이 버튼만 오른쪽 정렬해 보겠습니다. `id="navbarNavDropdown"`인 `<div>` 태그 안에 `<ul class="navbar-nav ml-auto">`를 추가해 왼쪽 마진을 최대한 확보하는 내비게이션 바 요소를 추가합니다. 그리고 `<li>` 태그 안에 내용을 채워 〈Log In〉 버튼을 만듭니다.

실습 파일: about_me.html

```html
(...생략...)
<div class="collapse navbar-collapse" id="navbarNavDropdown">
    <ul class="navbar-nav">
        <li class="nav-item active">
            <a class="nav-link" href="./index.html">Home <span class="sr-only">(current) </span></a>
        </li>
(...생략...)
    </ul>
    <ul class="navbar-nav ml-auto">
        <li class="nav-item">
            <a class="nav-link" href="#">Log In</a>
        </li>
    </ul>
</div>
(...생략...)
```

다음과 같이 내비게이션 바의 오른쪽 끝에 〈Log In〉 버튼이 추가되었습니다.

Do It Django　Home　Blog　About Me　Dropdown link ▾　　　　　　　　　　　　Log In

그림 4-26 〈Log In〉 버튼에 오른쪽 정렬 적용

첫 번째 `<ul>` 태그의 `class`에 `mr-auto`를 추가해 오른쪽으로 최대한 여백을 주고, 두 번째 `<ul>` 태그의 `ml-auto`를 지워도 같은 결과를 얻을 수 있습니다.

```
(...생략...)
<div class="collapse navbar-collapse" id="navbarNavDropdown">
    <ul class="navbar-nav mr-auto">
        <li class="nav-item active">
            <a  class="nav-link"  href="./index.html">Home  <span  class="sr-
only">(current)</span></a>
        </li>
(...생략...)
    </ul>
    <ul class="navbar-nav ml-auto">          삭제하세요!
        <li class="nav-item">
            <a class="nav-link" href="#">Log In</a>
        </li>
    </ul>
</div>
(...생략...)
```

ml-auto와 mr-auto를 모두 사용해 봤습니다. 다음 실습을 진행하기 위해 두 번째 <ul> 태그에 ml-auto를 추가한 상태로 돌려 놓고 마무리하세요.

😊 about_me.html의 내용 전체는 완성 파일 또는 깃허브에서 확인하세요.

지금까지 부트스트랩에 대한 기본적인 기능을 살펴봤습니다. 아직 배우지 않은 기능들이 많이 있지만, 장고로 웹 사이트를 만들면서 필요할 때마다 조금씩 익혀 나가도록 합시다. 프런트엔드 개발도 중요하지만 모든 것을 여기서 다 다룰 수는 없으니까요.

알아두면
좋아요

spacing 사용 방법 자세히 알아보기

spacing을 사용할 때 방향을 의미하는 코드의 종류는 다음과 같습니다.

코드	의미		
t	위쪽(top)	b	아래쪽(bottom)
l	왼쪽(left)	r	오른쪽(right)
x	왼쪽 오른쪽 모두(x축 방향)	y	위 아래 모두(y축 방향)
(없음)	왼쪽, 오른쪽, 위, 아래 모두		

마진 또는 패딩의 크기는 $spacer의 크기에 비례합니다. $spacer는 기본적으로 글자 크기와 동일하게 설정되어 있다고 보면 됩니다.

코드	의미
m-1	$spacer * .25만큼 마진을 추가합니다. 글자 크기가 16px이라면 4px 여백을 줍니다.
m-2	$spacer * .5만큼 마진을 추가합니다. 글자 크기가 16px이라면 8px 여백을 줍니다.
m-3	$spacer * 1.만큼 마진을 추가합니다. 글자 크기가 16px이라면 16px 여백을 줍니다.
m-4	$spacer * 1.5만큼 마진을 추가합니다. 글자 크기가 16px이라면 24px 여백을 줍니다.
m-5	$spacer * 3만큼 마진을 추가합니다. 글자 크기가 16px이라면 48px 여백을 줍니다.
m-auto	자동으로 여백을 조정합니다.

위 내용을 잘 조합하여 원하는 요소의 클래스에 mb-4, ml-auto와 같이 설정하여 사용하면 됩니다. mb-4로 설정하면 아래 여백을 4단위로 주게 되고, ml-auto로 설정하면 왼쪽으로 최대한의 마진을 주기 때문에 오른쪽으로 정렬되는 효과가 있습니다.

04-2 부트스트랩으로 웹 사이트 모양 만들기

이제 부트스트랩으로 웹 사이트를 어떻게 디자인할지 구상하고 구현할 차례입니다. 먼저 블로그 페이지를 다음과 같이 구상했습니다. 맨 위에는 내비게이션 바가 있는데, 앞서 about_me.html에서 만들었던 내비게이션 바를 그대로 활용하겠습니다. 다음 그림과 같이 페이지 내용이 보이는 곳은 8:4로 나누어 왼쪽 8칸에 해당하는 부분은 블로그 포스트 목록이 위치하고, 오른쪽 4칸에 해당하는 부분은 검색 창과 카테고리 목록이 위치하도록 할 계획입니다. 화면이 충분히 넓은 경우에는 상대적으로 좁은 오른쪽 영역을 보여줄 공간이 충분하므로 9:3으로 화면을 분할할 생각입니다. 앞서 부트스트랩을 다룰 때 언급한 것처럼 col-md-숫자, col-lg-숫자를 동시에 지정하면 됩니다.

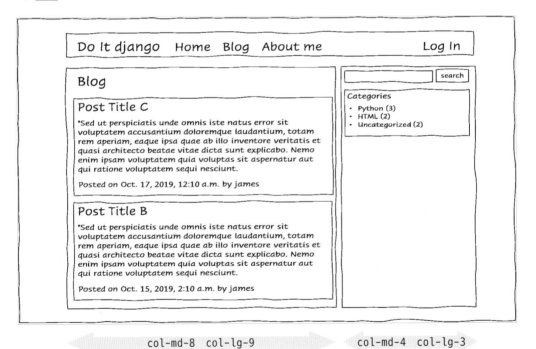

그림 4-27 부트스트랩으로 만들 블로그 페이지 구상

그림에 표현한 여러 요소에 대해서는 실제로 하나씩 구현하면서 알아보겠습니다.

블로그 페이지 모양 구현하기

01단계 CSS와 내비게이션 바 가져오기

미리 만들어 놓은 blog_list.html을 열어서 하나씩 수정합시다. <head> 태그 안에 bootstrap.
min.css 파일의 링크를 넣어줍니다. 임시로 만들었던 내비게이션 바는 삭제하고 about_
me.html에서 만들었던 내비게이션 바 내용을 복사해서 붙여 넣습니다.

실습 파일: blog_list.html

```
<!DOCTYPE html>
<html>

<head>
    <title>Blog</title>
    <link href="./bootstrap4/css/bootstrap.min.css" rel="stylesheet" type="text/css">
</head>
<body>
    <nav class="navbar navbar-expand-lg navbar-light bg-light">
        <div class="container">
            <a class="navbar-brand" href="./index.html">Do It Django</a>
                (...생략...)
            </div>
        </div>
    </nav>

    <h1>Blog</h1>
    <p>아직 작성하지 않았습니다.</p>
</body>
</html>
```

02단계 페이지 내용이 들어갈 부분 구성하기

이제 내용이 들어갈 부분을 구성합시다. 화면 크기가 medium일 때 8:4, large일 때 9:3이 되
도록 설정합니다. 이를 위해 container를 class로 갖는 <div>를 만들고 위아래 여백을 주기
위해 my-3으로 지정합니다. 각 영역에 무엇을 넣을지는 h 요소로 간단하게 표시해 두겠습니
다. 이전에 만들었던 페이지 내용은 불필요하므로 삭제합니다. 마지막으로 부트스트랩을 사
용하기 위한 자바스크립트 코드를 about_me.html에서 복사해 오세요.

```
(...생략...)
<body>
    <nav class="navbar navbar-expand-lg navbar-light bg-light">
        <div class="container">
            <a class="navbar-brand" href="./index.html">Do It Django</a>
                (...생략...)
            </div>
        </div>
    </nav>
    <div class="container my-3">
        <div class="row">
            <div class="col-md-8 col-lg-9">
                <h1>Blog</h1>
            </div>
            <div class="col-md-4 col-lg-3">
                <h3>Search</h3>
                <h3>Categories</h3>
            </div>
        </div>
    </div>


    <script src="https://code.jquery.com/jquery-3.5.1.slim.min.js"
        integrity="sha384-DfXdz2htPH0lsSSs5nCTpuj/zy4C+OGpamoFVy38MVBnE+IbbVYUew
+OrCXaRkfj"
        crossorigin="anonymous"></script>
    <script src="https://cdn.jsdelivr.net/npm/popper.js@1.16.1/dist/umd/popper.min.js"
        integrity="sha384-9/reFTGAW83EW2RDu2S0VKaIzap3H66lZH81PoYlFhbGU+6BZp6G7n
iu735Sk7lN"
        crossorigin="anonymous"></script>
    <script src="https://cdn.jsdelivr.net/npm/bootstrap@4.5.3/dist/js/bootstrap.
min.js"
        integrity="sha384-w1Q4orYjBQndcko6MimVbzY0tgp4pWB4lZ7lr30WKz0vr/aWKhXdBN
mNb5D92v7s"
        crossorigin="anonymous"></script>
</body>
</html>
```

그림 4-28 부트스트랩을 적용한 블로그 페이지

Start Bootstrap에서 템플릿 샘플 찾기

부트스트랩 공식 홈페이지의 Examples 페이지에서는 부트스트랩이 적용된 웹 페이지 샘플을 다양하게 제공하고 있습니다.

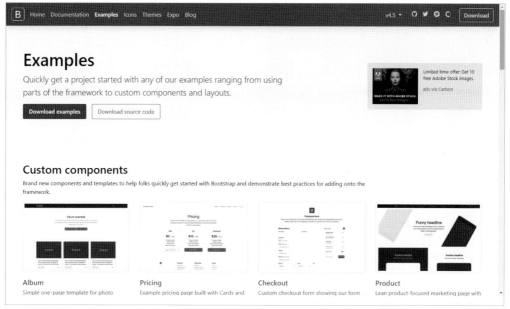
그림 4-29 부트스트랩 공식 웹 사이트 디자인 예시

하지만 부트스트랩 공식 홈페이지가 아니더라도 좋은 예제를 제공하는 웹 사이트는 꽤 많습니다. Start Bootstrap(startbootstrap.com)도 이 중 하나입니다. 이 웹 사이트에 방문해서 내비게이션 바의 [Templates 〉 Blog]로 들어가면 블로그 웹 사이트 템플릿 예제로 Blog Post와 Blog Home이 나옵니다. Blog Post는 하나의 게시물을 보여주고, Blog Home은 여러 게시물을 목록 형태로 보여줍니다. 먼저 Blog Home을 웹 사이트에 적용합시다. 'Blog Home'을 클릭하세요.

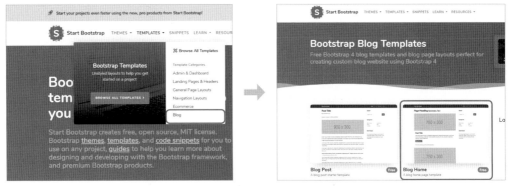

그림 4-30 Start Bootstrap 웹 사이트에서 Blog Home 템플릿 선택

〈Free Download〉 버튼을 클릭해 압축 파일을 내려받으세요. 압축을 풀고 안에 있는 index. html 파일을 실행하면 Blog Home 템플릿 예제가 웹 브라우저에서 열립니다.

그림 4-31 Blog Home 템플릿 살펴보기

앞에서 손으로 그렸던 웹 디자인과 거의 유사하죠? 이 디자인을 미리 참고했거든요. 물론 더 창의적인 디자인도 좋지만 모방은 창조의 어머니이니까요. 앞으로 여기에서 필요한 요소를 하나씩 옮겨 웹 사이트 디자인에 적용하겠습니다. 웹 브라우저에서 Ctrl + U 를 누른 후 소스 코드를 보면서 필요한 요소를 하나씩 복사하고 우리 입맛에 맞게 수정하면 되겠죠.

그림 4-32 Blog Home 템플릿과 소스 코드

Start bootstrap에 접속이 안 된다면?

Start bootstrap에 일시적인 오류가 일어나 접속이 안 될 때가 있습니다. 그럴 땐 다음 링크를 통해 바로 템플릿 예제를 열어보세요.

Blog Home: startbootstrap.github.io/startbootstrap-blog-home/
Blog Post: startbootstrap.github.io/startbootstrap-blog-post/

위 링크도 오류가 발생한다면 doitdjango.com에서 템플릿 파일을 내려받으세요.

카드에 구성 요소 담기

01단계 Blog Home 예제의 카드 구성 살펴보기

부트스트랩에서 제공하는 카드 기능을 사용하면 지정한 이미지, 헤더, 푸터 등을 카드 형태로 구성할 수 있습니다. Blog Home 예제에서는 포스트와 검색 창, 카테고리 목록을 카드에 담아 화면을 구성하고 있습니다.

😊 앞으로 블로그 게시물을 '포스트'라고 부르겠습니다.
😊 카드의 자세한 사용법은 부트스트랩 공식 웹 사이트에서 [Documentation > Components > Card] 문서를 참고하세요.

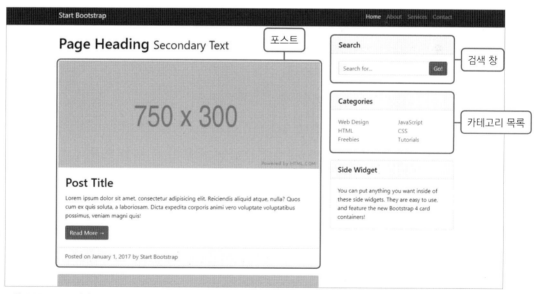

그림 4-33 포스트, 검색 창, 카테고리 목록을 카드에 담아 구성하는 Blog Home 템플릿

먼저 포스트가 담긴 왼쪽 카드를 살펴보겠습니다. 여러 포스트 요약본이 위에서부터 차례대로 배치되어 있습니다. 하나의 포스트는 포스트를 대표하는 이미지, 제목, 요약문, 〈Read More〉 버튼 그리고 작성일과 작성자로 구성되어 있습니다.

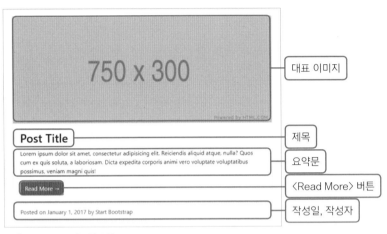

그림 4-34 포스트 카드의 구성

02단계 Blog Home 예제의 소스 코드 살펴보기

`Ctrl` + `U`를 누르면 Blog Home 웹 페이지의 소스 코드가 나타납니다. 포스트 요약 부분의 소스 코드를 보면 다음 HTML 코드가 반복적으로 사용되었음을 알 수 있습니다. 이 내용을 좀 더 자세히 살펴보겠습니다. 하나의 카드를 구성하기 위해 `<div>` 태그를 만들고 `class`에 `card mb-4`를 지정했습니다. 그리고 카드 상단에 포스트를 대표하는 이미지를 삽입하기 위해 `<img>` 태그를 만들고 `class`는 `card-img-top`으로 지정했습니다. 그 밑에는 `card-body`를 만들고, 그 안에는 `card-title`과 `card-text`를 만들어 필요한 내용을 채웠습니다. 회색 음영으로 된 작성일과 작성자 부분은 `card-footer`로 처리했네요.

그림 4-35 포스트 카드의 HTML

알아두면 좋아요

placeholder.com을 사용해 임시 이미지 넣기

포스트 카드의 HTML을 보면 <img> 태그에 삽입할 이미지 경로로 'http://placehold.it/750x300'이 입력되어 있습니다. 이 값은 웹 개발을 할 때 유용하게 사용할 수 있는 placeholder.com이라는 서비스에서 제공하는 주소입니다. 원하는 폭과 높이를 지정하면 그 크기에 맞는 그림을 보내줍니다.

이 서비스는 사진을 넣을 때 어떤 모습일지 먼저 확인하고 싶을 때 사용하면 좋습니다. 이 부분을 blog_list.html의 왼쪽 부분에 반복해서 붙여주면 똑같은 모양을 만들 수 있겠죠.

03단계 **검색 창 카드와 카테고리 카드 살펴보기**

이번에는 Blog Home 예제의 오른쪽에 있는 검색 창 카드와 카테고리 카드를 살펴봅시다. 아까 포스트를 구성하는 카드와 달리 제목(header)이 있네요. 카드 내용과 구분할 수 있게 음영 처리가 되어 있습니다.

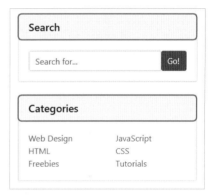

먼저 검색 창 카드의 소스 코드를 살펴볼까요? 오른쪽 카드와 비슷하지만 조금 다릅니다. 먼저 <h5> 태그 안에 class로 card-header를 지정했네요. 검색 창은 class가 card-body인 <div> 태그 안에 들어 있습니다.

그림 4-36 검색 창 카드와 카테고리 카드

그림 4-37 검색 창 카드의 HTML

카테고리 카드의 소스 코드도 검색 창 카드와 비슷하게 구성되어 있습니다. 다만 `<div class="row">`를 지정하고, 앞서 배운 grid를 이용해 행을 6:6으로 나눈 것은 눈여겨볼 만합니다. grid가 전체 화면만 12분할하는 것이 아니라 요소 안에서도 12분할하여 화면을 구성할 수 있음을 알 수 있습니다.

```
132    <!-- Categories Widget -->
133    <div class="card my-4">
134       <h5 class="card-header">Categories</h5>
135       <div class="card-body">
136          <div class="row">
137             <div class="col-lg-6">
138                <ul class="list-unstyled mb-0">
139                   <li>
140                      <a href="#">Web Design</a>
141                   </li>
142                   <li>
143                      <a href="#">HTML</a>
144                   </li>
145                   <li>
146                      <a href="#">Freebies</a>
147                   </li>
148                </ul>
149             </div>
150             <div class="col-lg-6">
151                <ul class="list-unstyled mb-0">
152                   <li>
153                      <a href="#">JavaScript</a>
154                   </li>
155                   <li>
156                      <a href="#">CSS</a>
157                   </li>
158                   <li>
159                      <a href="#">Tutorials</a>
160                   </li>
161                </ul>
162             </div>
163          </div>
164       </div>
165    </div>
166 </div>
```

그림 4-38 카테고리 카드의 HTML

이제 세 가지 요소의 소스 코드를 모두 blog_list.html에 복사합니다. 포스트 카드는 두 번만 복사하겠습니다.

실습 파일: blog_list.html

```
(...생략...)
<div class="container my-3">
    <div class="row">
        <div class="col-md-8 col-lg-9">
            <h1>Blog</h1>

            <!-- Blog Post -->
            <div class="card mb-4">
```

```
                    (...생략...)
              </div>


              <!-- Blog Post -->
              <div class="card mb-4">
                    (...생략...)
              </div>
        </div>
        <div class="col-md-4 col-lg-3">


              <!-- Search Widget -->
              <div class="card my-4">
                    <h5 class="card-header">Search</h5>
                    (...생략...)
                    </div>
              </div>


              <!-- Categories Widget -->
              <div class="card my-4">
                    <h5 class="card-header">Categories</h5>
                    (...생략...)
                    </div>
              </div>
        </div>
    </div>
</div>
  (...생략...)
```

blog_list.html을 웹 브라우저에서 열어보세요. 앞에서 봤던 Blog Home 예제와 비슷해졌네
요. 꽤 그럴싸하죠?

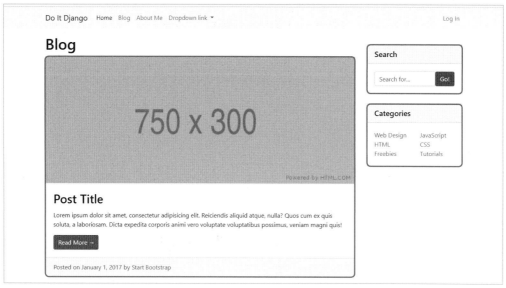

그림 4-39 블로그 페이지에 카드 추가

 페이지 이동 버튼과 푸터 추가하기

01단계 Blog Home 예제에서 pagination 소스 코드 가져오기

블로그 포스트가 2개가 아니라 20개, 200개가 된다면 한 페이지에 나타내는 것은 비효율적
이겠죠. 페이지당 5개씩 혹은 10개씩 보여주고 이전 페이지와 다음 페이지로 이동할 수 있는
버튼을 만드는 것이 합리적입니다. 부트스트랩에서 제공하는 pagination을 사용하면 페이지
이동 버튼을 쉽게 만들 수 있습니다. Blog Home 예제에서도 페이지 맨 아랫부분을 보면
pagination을 사용해서 만든 페이지 이동 버튼(← Older Newer →)이 있습니다.

그림 4-40 pagination로 만든 페이지 이동 버튼

이 내용을 blog_list.html에 복사하겠습니다. Blog Home 페이지의 소스 코드에서 pagination에 해당하는 부분을 복사해서 blog.list.html의 포스트 카드 소스 코드 아래에 입력하면 됩니다.

실습 파일: blog_list.html

```
(...생략...)
    <!-- Pagination -->
    <ul class="pagination justify-content-center mb-4">
        <li class="page-item">
            <a class="page-link" href="#">&larr; Older</a>
        </li>
        <li class="page-item disabled">
            <a class="page-link" href="#">Newer &rarr;</a>
        </li>
    </ul>

</div>

<div class="col-md-4 col-lg-3">
(...생략...)
```

02단계 Blog Home 예제에서 footer 소스 코드 가져오기

웹 사이트에서 잘 안 보이는 부분이라고 간과할 수도 있지만 푸터를 잘 활용하면 웹 페이지 디자인에 안정감이 생기고 방문자에게도 신뢰감을 줄 수 있습니다. Blog Home 예제도 푸터를 사용했습니다. Blog Home 소스 코드 아랫부분을 보면 다음과 같은 코드가 있습니다. Copyright에 들어갈 문구만 원하는 내용으로 수정해 blog_list.html에 추가하세요. 자바스크립트 코드 바로 위에 추가하면 됩니다.

실습 파일: blog_list.html

```
(...생략...)
    <!-- Footer -->
    <footer class="py-5 bg-dark">
        <div class="container">
            <p class="m-0 text-center text-white">
                Copyright &copy; Do It Django A to Z 2021    ← 원하는 내용으로 수정하세요.
```

```
          </p>
      </div>
      <!-- /.container -->
  </footer>


  <script src="https://code.jquery.com/jquery-3.5.1.slim.min.js"
      integrity="sha384-DfXdz2htPH0lsSSs5nCTpuj/zy4C+OGpamoFVy38MVBnE+IbbVYUew
  +OrCXaRkfj"
      crossorigin="anonymous"></script>
(...생략...)
```

웹 페이지를 확인해 볼까요? 페이지 이동 버튼과 푸터까지 잘 추가되었네요.

그림 4-41 블로그 페이지에 페이지 이동 버튼과 푸터 추가

 모달로 로그인 창 만들기

01단계 모달 예제의 소스 코드 살펴보기

모달^{modal}은 웹 브라우저 위에 팝업 형태로 나오는 요소입니다. 복잡하게 설명할 필요 없이 일단
실행해 보겠습니다. Bootstrap 공식 웹 사이트(getbootstrap.com)에서 [Documentation 〉
Components 〉 Modal]로 들어간 후 여러 예시 중 Live demo의 〈Launch demo modal〉 버
튼을 클릭하세요. 이렇게 화면 위에 팝업 형태로 떠오르는 요소가 있는데, 이것이 모달입니다.

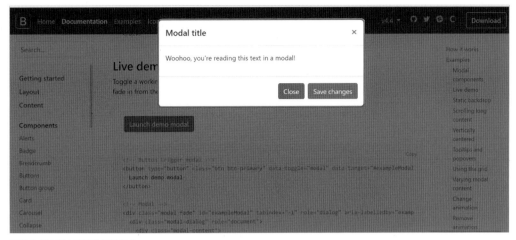

그림 4-42 부트스트랩의 모달 예시

Live demo 모달의 소스 코드를 살펴보겠습니다. 모달을 나타내기 위한 버튼과 모달을 구현한 부분으로 나눌 수 있습니다. 먼저 <button> 태그를 보면 모달을 작동시키는 버튼이라는 의미로 data-toggle="modal"을 선언했고, 이 버튼과 연결된 모달은 exampleModal이라는 id를 갖는 요소라는 의미로 data-target="#exampleModal"을 추가했습니다.

모달을 구현한 <div> 태그에는 class="modal fade"로 모달임을 선언했고, id는 <button> 태그의 data-target에 지정한 모달의 id 값과 연결되도록 exampleModal로 입력했습니다. 나머지는 일반적으로 모달을 사용할 때 쓰는 요소들이라고 생각하면 됩니다. modal head, modal body, modal footer로 구성되어 있네요.

```html
<!-- Button trigger modal -->
<button type="button" class="btn btn-primary" data-toggle="modal" data-target="#exampleModal">
    Launch demo modal
</button>


<!-- Modal -->
<div class="modal fade" id="exampleModal" tabindex="-1" role="dialog" aria-labelledby
="exampleModalLabel" aria-hidden="true">
    <div class="modal-dialog" role="document">
        <div class="modal-content">
            <div class="modal-header">
                <h5 class="modal-title" id="exampleModalLabel">Modal title</h5>
                <button  type="button"  class="close"  data-dismiss="modal"  aria-
```

```
label="Close">
                    <span aria-hidden="true">&times;</span>
                </button>
            </div>
            <div class="modal-body">
                ...
            </div>
            <div class="modal-footer">
                <button type="button" class="btn btn-secondary" data-dismiss="modal">
Close</button>
                <button type="button" class="btn btn-primary">Save changes</button>
            </div>
        </div>
    </div>
</div>
```

02단계 모달 소스 코드 추가하기

이 예제를 blog_list.html에도 적용하겠습니다. 이 모달은 로그인 창으로 사용할 것입니다. 내비게이션 바에 〈Log In〉 버튼을 구현한 <a> 태그에 data-toggle="modal" data-target=" logInModal"을 추가합니다. 예제에서는 <button> 태그에 붙였지만 <a> 태그에 붙여도 상관 없습니다. 모달을 구현한 소스 코드도 </nav> 태그 아래에 붙여 넣습니다. 이때 example을 모 두 login으로 수정해 주세요. 마지막으로 modal-footer에서 <button type="button" class="btn btn-primary">Save changes</button>을 삭제해 버튼을 하나만 남깁니다.

실습 파일: blog_list.html

```
(...생략...)
<body>
    <nav class="navbar navbar-expand-lg navbar-light bg-light">
        <div class="container">
            (...생략...)
            <div class="collapse navbar-collapse" id="navbarNavDropdown">
                <ul class="navbar-nav">
                    (...생략...)
                </ul>
                <ul class="navbar-nav ml-auto">
```

```
                    <li class="nav-item">
                        <a class="nav-link" href="#" data-toggle="modal" data-target=
"#loginModal">Log In</a>
                    </li>
                </ul>
            </div>
        </div>
    </nav>

    <!-- Modal -->
    <div class="modal fade" id="loginModal" tabindex="-1" role="dialog" aria-
labelledby="logInModalLabel" aria-hidden="true">
        <div class="modal-dialog" role="document">
            <div class="modal-content">
                <div class="modal-header">
                    <h5 class="modal-title" id="loginModalLabel">Log In</h5>
                    <button type="button" class="close" data-dismiss="modal" aria-
label="Close">
                        <span aria-hidden="true">&times;</span>
                    </button>
                </div>
                <div class="modal-body">
                    ...
                </div>
                <div class="modal-footer">
                    <button type="button" class="btn btn-secondary" data-dismiss="modal">
Close</button>
                    <button type="button" class="btn btn-primary">Save changes</button>
                </div>
            </div>
        </div>
    </div>

    <div class="container my-3">
(...생략...)
```

example을 login으로 수정

이제 웹 브라우저에서 테스트해 보겠습니다. 내비게이션 바의 〈Log In〉 버튼을 클릭하면 Log In이라는 제목이 달린 모달이 성공적으로 팝업됩니다. Esc 를 누르거나 〈Close〉 버튼 또는 웹 브라우저의 다른 부분을 클릭하면 자연스럽게 사라집니다.

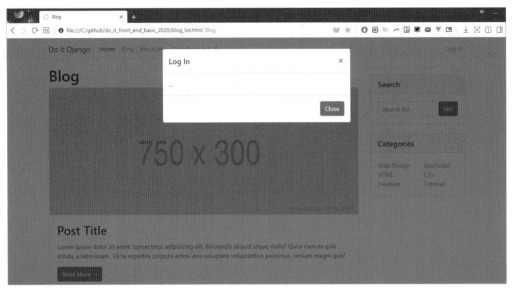

그림 4-43 성공적으로 팝업된 모달

 버튼 추가하기

01단계 부트스트랩에서 제공하는 버튼 예시 살펴보기

지금까지 부트스트랩을 이용해 웹 사이트를 만들면서 버튼을 여러 번 사용했습니다. 이번에는 로그인 모달 안에 원하는 모양으로 버튼을 만들고 원하는 형태로 수정하면서 버튼에 대해 좀 더 알아보겠습니다. 부트스트랩 공식 사이트에서 [Documentation 〉 Components 〉 Buttons]로 들어가면 많은 예제들을 만나볼 수 있습니다.

기본 버튼

기본적으로 <button type="button" class="btn">을 사용하면 부트스트랩의 버튼 모양을 사용할 수 있습니다. 즉, 색상이나 크기 등을 class에 추가로 설정하면 버튼의 모양을 변화시킬 수 있습니다. Examples 항목에 보이는 예제는 class에 btn-primary, btn-secondary 등을 이용해 버튼의 색상을 지정하는 내용입니다.

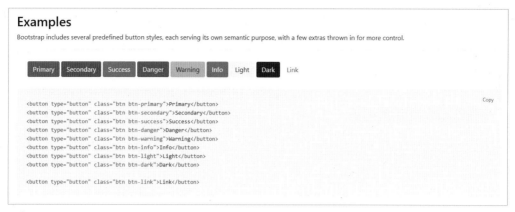

그림 4-44 부트스트랩의 기본 버튼

테두리가 있는 버튼

스크롤을 내려 Outline buttons 항목을 찾아보세요. 다음과 같이 하얀색 바탕에 테두리가 있는 버튼 예시가 나타납니다. class에서 `btn-primary` 대신 `btn-outline-primary`로 설정하면 됩니다.

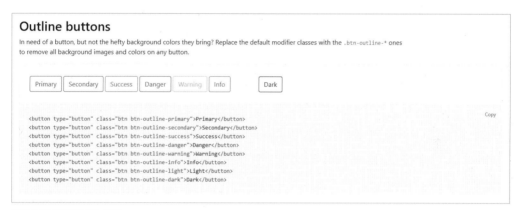

그림 4-45 테두리가 있는 버튼

<a> 태그로 만든 버튼

Button tags 항목을 보면 HTML 태그로 버튼을 만드는 예시가 여러 개 나와 있습니다. <a> 태그를 버튼으로 활용할 수도 있네요. <a> 태그의 class를 <button> 태그를 사용할 때와 동일하게 설정하고 `role="button"`을 추가하면 됩니다.

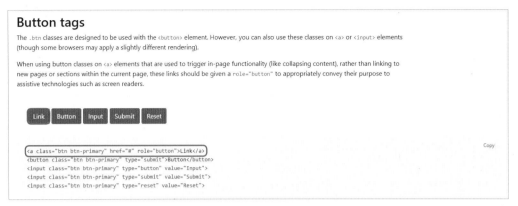

Button tags

The `.btn` classes are designed to be used with the `<button>` element. However, you can also use these classes on `<a>` or `<input>` elements (though some browsers may apply a slightly different rendering).

When using button classes on `<a>` elements that are used to trigger in-page functionality (like collapsing content), rather than linking to new pages or sections within the current page, these links should be given a `role="button"` to appropriately convey their purpose to assistive technologies such as screen readers.

```
<a class="btn btn-primary" href="#" role="button">Link</a>
<button class="btn btn-primary" type="submit">Button</button>
<input class="btn btn-primary" type="button" value="Input">
<input class="btn btn-primary" type="submit" value="Submit">
<input class="btn btn-primary" type="reset" value="Reset">
```

그림 4-46 〈a〉 태그로 만든 〈Link〉 버튼

버튼 사용 방법은 부트스트랩 공식 문서에 몇 가지 더 소개되어 있지만 나머지 내용은 나중에 blog_list.html에 적용하면서 살펴봅시다.

02단계 버튼 3개 만들기

로그인은 구글 아이디로 로그인하는 방법과 이메일로 로그인하는 방법을 제공할 예정입니다. 이메일로 로그인하고 싶은 신규 방문자는 회원가입부터 해야겠죠? 구글 아이디 로그인 (Log in with Google), 이메일 로그인(Log in with E-mail), 이메일 회원가입(Sign Up with E-mail)까지 총 3개의 버튼을 만들겠습니다.

왼쪽과 오른쪽으로 나누기 위해 '...'만 있던 modal-body 안에 〈div class="row"〉로 행을 1개 설정하고 그 안에 〈div class="col-md-6"〉로 열을 2개 설정합니다. 그리고 버튼을 왼쪽 열에 2개, 오른쪽 열에 1개 만듭니다.

실습 파일: blog_list.html

```
(...생략...)
<div class="modal-body">
    <div class="row">
        <div class="col-md-6">
            <button type="button" class="btn btn-outline-dark">Log in with Google</button>
            <button type="button" class="btn btn-outline-dark">Log in with E-mail</button>
        </div>
        <div class="col-md-6">
```

```
            <button type="button" class="btn btn-outline-dark">Sign Up with E-mail</
button>
        </div>
    </div>
</div>
(...생략...)
```

모달을 확인해 보면 다음과 같이 버튼 3개가 생성되어 있습니다.

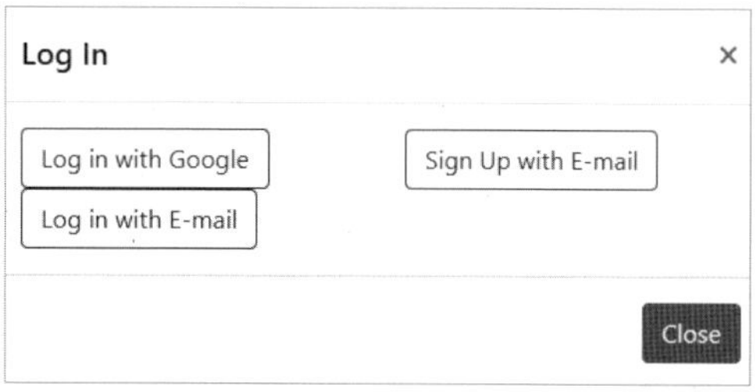

그림 4-47 모달에 버튼 3개 추가

03단계 버튼 크기와 위치 조정하기

그런데 버튼 크기가 다 제각각이고, 버튼끼리 딱 붙어 있어서 마음에 들지 않습니다. 그리고 버튼의 위아래 폭도 좀 큰 것 같네요. 버튼 내부의 문구 길이와 관계없이 버튼이 양옆으로 꽉 채워지고, 위아래 폭도 좁아지면 좋겠습니다. 이럴 땐 class에 btn-block과 btn-sm만 더 추가하면 됩니다. 다음과 같이 수정하세요.

실습 파일: blog_list.html

```
(...생략...)
<div class="modal-body">
    <div class="row">
        <div class="col-md-6">
            <button type="button" class="btn btn-outline-dark btn-block btn-sm">
Log in with Google</button>
            <button type="button" class="btn btn-outline-dark btn-block btn-sm">
Log in with E-mail</button>
        </div>
        <div class="col-md-6">
            <button type="button" class="btn btn-outline-dark btn-block btn-sm">
```

```
Sign Up with E-mail</button>
        </div>
    </div>
</div>
(...생략...)
```

다시 브라우저에서 확인해 보세요. 훨씬 보기 좋아졌죠?

그림 4-48 버튼의 크기와 위치 조정 완료

 버튼에 아이콘 추가하기

01단계 Font awesome 무료 계정 만들기

방금 만든 모달의 버튼에 글자만 있어서 허전하지 않았나요? 다음 그림처럼 글자 앞에 아이콘이 있으면 방문자들이 이해하기도 쉽고, 보기에도 조금 더 그럴싸해 보일 것 같습니다.

그림 4-49 버튼에 아이콘을 추가한 모습

부트스트랩도 기본적으로 아이콘을 제공하지만 구글 로고 모양의 아이콘은 제공하지 않습니다. 조금 더 다양한 아이콘을 사용하고 싶을 때는 Font awesome이라는 아이콘 툴킷 서비스를 사용하면 됩니다. Pro 버전(유료)과 무료 버전이 있으며, 무료 버전도 충분히 다양한 아이콘을 제공합니다. 여기에서는 무료 버전을 사용해서 웹 사이트를 꾸며보겠습니다. Font awesome 웹 사이트(fontawesome.com/)에 가서 〈Start for Free〉를 클릭하세요.

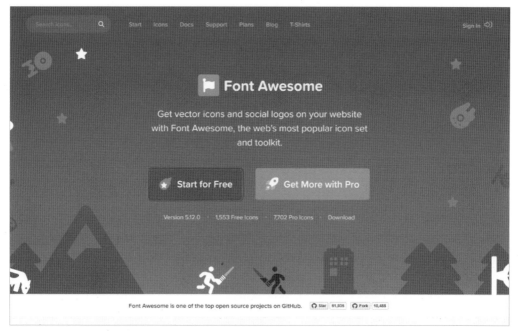

그림 4-50 Font awesome(fontawesome.com/)에서 무료 버전 다운로드

입력란에 이메일을 입력하고 〈Send Kit Code〉를 누르면 입력한 이메일로 Font awesome 계정을 만들 수 있는 메일이 발송됩니다.

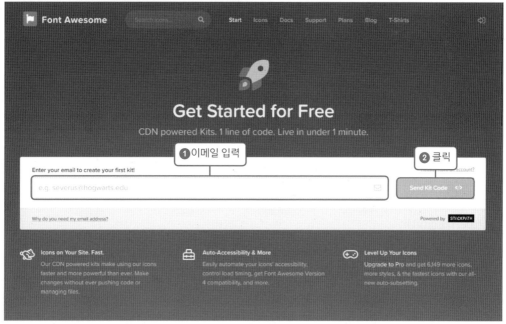

그림 4-51 사용할 이메일 입력 후 클릭

이메일로 받은 링크를 클릭하면 암호를 만드는 화면이 나타납니다. 새 암호를 설정하면 회원 가입이 끝납니다.

02단계 kit code 추가하기

이렇게 회원가입을 마치면 Font awesome을 사용할 수 있는 자바스크립트 링크인 kit code 가 나옵니다. 다음 예시처럼 <script> 태그 내용을 복사해 😊 필자의 링크 일부는 모자이크로 가렸 습니다. 본인의 링크를 활용하세요. blog_list.html의 <head> 태그 안에 붙여 넣으세요.

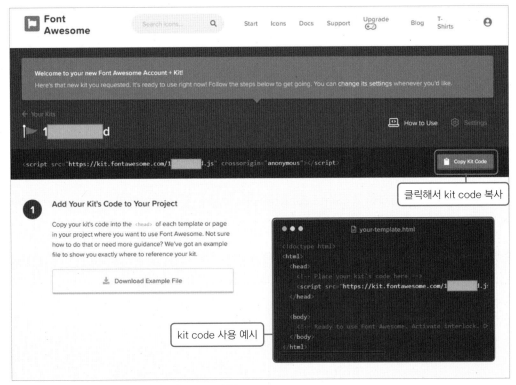

그림 4-52 Font awesome에 회원가입 완료 후 kit code 확인

실습 파일: blog_list.html

```
<!DOCTYPE html>
<html>

<head>
    <title>Blog</title>
    <link href="./bootstrap4/css/bootstrap.min.css" rel="stylesheet" type="text/css">
```

```
<script src="https://kit.fontawesome.com/{********}.js" crossorigin="anonymous"></
script>
```
본인의 kit code 입력
```
</head>
(...생략...)
```

03단계 **아이콘 추가하기**

먼저 로그인 아이콘을 찾아봅시다. Font awesome 웹 사이트의 상단 메뉴 중 [Icons]로 들어가 검색 창에 'log'를 검색합니다. 검색 결과로 나오는 많은 아이콘 중 sign-in-alt라는 아이콘을 찾아 클릭하세요.

😀 회색으로 음영 처리된 아이콘은 pro 버전에서만 사용할 수 있습니다.

그림 4-53 sign-in-alt 아이콘 선택

아이콘을 클릭하면 해당 아이콘의 상세 페이지로 넘어갑니다. 여기서 아이콘 위에 있는 HTML 코드를 복사합니다.

그림 4-54 아이콘 활용을 위한 코드 복사

blog_list.html의 `modal-header`에서 Log In 텍스트 바로 앞에 복사한 코드를 붙여주세요. 그리고 도 추가해 아이콘과 Log In 텍스트 사이에 약간의 공백을 추가합니다.

실습 파일: blog_list.html

```
(...생략...)
<!-- Modal -->
<div class="modal fade" id="loginModal" tabindex="-1" role="dialog" aria-
labelledby="logIneModalLabel" aria-hidden="true">
    <div class="modal-dialog" role="document">
        <div class="modal-content">
            <div class="modal-header">
                <h5 class="modal-title" id="loginModalLabel"><i class="fas fa-sign-
in-alt"></i>  Log In</h5>
                <button type="button" class="close" data-dismiss="modal" aria-
label="Close">
                    <span aria-hidden="true">&times;</span>
                </button>
            </div>
```

구글 아이디로 로그인하는 버튼 앞에는 구글 아이콘이, 이메일로 로그인을 하거나 가입하는 버튼 앞에는 이메일 아이콘이 있으면 좋겠죠? 같은 방법으로 검색 창에서 'google'과 'email'을 검색한 다음 원하는 아이콘의 HTML 코드를 복사하세요.

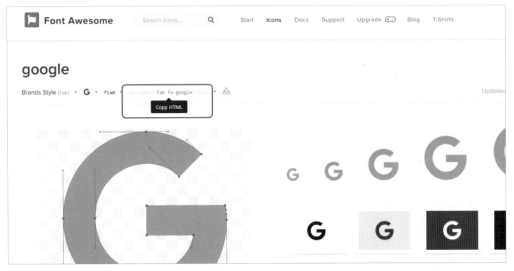

그림 4-55 Font awesome 웹 사이트에서 구글 아이콘 선택

복사한 구글과 이메일 아이콘의 HTML 코드를 다음과 같이 **modal-body** 부분에 추가합니다.

실습 파일: blog_list.html

```
(...생략...)
<div class="modal-header">
    <h5 class="modal-title" id="loginModalLabel"><i class="fas fa-sign-in-alt"></
i>  Log In</h5>
    <button type="button" class="close" data-dismiss="modal" aria-label="Close">
        <span aria-hidden="true">&times;</span>
    </button>
</div>
<div class="modal-body">
    <div class="row">         구글 아이콘의 HTML
        <div class="col-md-6">
            <button type="button" class="btn btn-outline-dark btn-block btn-
sm"><i class="fab fa-google"></i>   Log in with Google</button>
            <button type="button" class="btn btn-outline-dark btn-block btn-
sm"><i class="far fa-envelope"></i>   Log in with E-mail</button>
        </div>
                             이메일 아이콘의 HTML
        <div class="col-md-6">
            <button type="button" class="btn btn-outline-dark btn-block btn-
sm"><i class="far fa-envelope"></i>   Sign Up with E-mail</button>
        </div>
    </div>
</div>
(...생략...)
```

웹 브라우저에서 새로고침해 보세요. 원하는 대로 아이콘이 추가되었습니다.

그림 4-56 Font awesome 아이콘 추가 성공

이렇게 웹 페이지에서 우리가 직접 볼 수 있는 프런트엔드 부분을 구성하는 방법을 알아봤습니다. 이 정도로 프런트엔드를 다 배웠다고 보기는 어렵습니다. 프런트엔드 자체만으로도 그 기술 범위가 넓고 깊은 전문성이 요구되는 영역이기 때문입니다. 그러나 처음 웹 개발을 하는 입장에서 필요한 개념 정도는 경험했다고 볼 수 있습니다. 앞으로 장고를 같이 배우면서 여기에서 다루지 못한 내용을 조금씩 다룰 것이므로 너무 걱정하지 않아도 됩니다.

장고로
블로그 웹 사이트 만들기

필자가 웹 개발을 처음 시작한 이유는 저만의 블로그를 만들고 싶었기 때문이었습니다. 연구자로서, 개발자로서, 엔지니어로서 자유롭게 저를 소개하는 웹 사이트를 갖고 싶었거든요. 여러분은 어떤 웹 사이트를 만들고 싶나요? 둘째마당에서는 장고를 이용해서 웹 사이트를 쉽게 개발하는 방법을 배웁니다. 웹 사이트를 개발하다 보면 장고 웹 프레임워크에 대한 이해는 물론 웹 사이트 구조에도 점점 익숙해질 거예요.

05

장고의 역할
이해하기

이 장에서는 일반적인 웹 사이트 구조에 대한 개념을 익히고, 파이썬 웹 프레임워크인 장고로 이를 어떻게 구현할 수 있는지에 대해 배웁니다. 웹 사이트가 어떻게 구성되어 있고, 어떤 원리로 작동하는지 이해해야 장고를 사용해서 직접 웹 사이트를 만들 수 있을테니까요.

05-1 웹 사이트의 작동 구조 이해하기

가장 간단한 형태의 웹 사이트는 어떤 형태로 되어 있는지 살펴보겠습니다. 크롬이나 익스플로러 같은 웹 브라우저로 인터넷을 이용할 때 어떤 일이 벌어지는지, 웹 개발에 필요한 최소한의 이해를 돕기 위해 최대한 단순화해서 설명하겠습니다.

프런트엔드와 백엔드란?

프런트엔드와 백엔드를 설명하기 위해 웹 사이트를 자동차에 비유해 보겠습니다. 프런트엔드는 자동차의 외관과 실내 디자인에 비유할 수 있고, 백엔드는 엔진, 변속기, 브레이크, 에어컨 등의 기계장치에 비유할 수 있습니다. 대부분의 웹 사이트가 프런트엔드와 백엔드 기술을 모두 사용하여 개발되었지만 간단한 웹 사이트는 백엔드 없이 프런트엔드만으로 간략하게 개발하고 운영하기도 합니다. 우리가 HTML, CSS, 자바스크립트만으로 만들었던 페이지도 프런트엔드만으로 구성된 웹 사이트의 한 예입니다.

프런트엔드로만 구성한 웹 사이트 살펴보기

컴퓨터 또는 스마트폰에서 웹 브라우저를 실행시킨 다음 주소 창에 'doitdjango.com'이라는 주소를 입력해 검색하는 상황을 가정해 봅시다. doitdjango.com이라는 주소를 갖는 서버는 프런트엔드만으로 구성된 웹 사이트를 서비스하고 있습니다. 그럼 웹 브라우저는 인터넷에 접속해서 doitdjango.com이라는 주소를 가진 서버 컴퓨터에 요청을 보냅니다. 그 서버에서 제공하는 웹 사이트가 HTML로만 이루어진 단순한 구조이고 특별한 추가 요구 사항이 없으면 서버에서 index.html을 찾아서 보내줍니다. 웹 브라우저는 index.html을 받아 렌더링해서 화면에 보여줍니다.

그림 5-1 HTML, CSS, 자바스크립트로만 구성된 웹 사이트

index.html을 렌더링해서 펼친 웹 페이지에 `<a href="about_me.html">about me</a>`라는 태그가 구현한 영역이 있을 때 그 영역을 사용자가 클릭하면 웹 브라우저는 다시 doitdjango. com이라는 주소를 가진 서버에 about_me.html을 요청하고, 서버는 about_me.html 파일을 찾아서 보내줍니다. 웹 브라우저는 받아온 html 파일을 렌더링해서 보여줍니다.

그림 5-2 Index.html에 있던 `<a>` 태그를 클릭했을 때 서버에서 링크에 해당하는 html 파일 가져오기

백엔드 기술이 필요한 이유

이런 웹 사이트는 단순하기 때문에 개발하기 쉽다는 장점이 있습니다. 그러나 웹 사이트 운영자가 일방적으로 정보를 제공할 수만 있을 뿐, 방문자의 행동을 저장하고 보여줄 수 없다는 한계가 있죠. 게다가 웹 사이트 관리자도 새로운 내용을 추가하려면 html 파일을 일일이 수정해야 합니다. 그래서 대부분의 웹 사이트는 데이터베이스를 활용합니다.

데이터베이스를 활용하면 사용자 계정, 사용자들의 게시글과 댓글, 조회수, 추천수 같은 정보를 수시로 저장할 수 있습니다. 그리고 HTML에 빈 칸이 있는 템플릿을 만들어 놓고, 필요한 정보를 데이터베이스에서 수시로 불러와서 보여줄 수 있죠. 이런 기능까지 고려한 웹 사이트를 만들려면 HTML, CSS와 같은 프런트엔드 쪽 기술뿐만 아니라 백엔드 기술까지 다룰 수 있어야 합니다.

웹 프레임워크의 역할

'데이터베이스까지 배워야 하나?' 하는 생각에 미리 겁먹을 필요는 없습니다. 그런 걱정을 덜어주기 위해 웹 프레임워크가 있으니까요. 웹 사이트들은 제각각의 목적으로 각기 다른 디자인을 갖고 있지만 사실 공통점이 굉장히 많습니다. 예를 들어 웹 사이트 대부분은 로그인 기능을 제공하기 때문에 방문자들이 웹 사이트에 가입해서 계정을 만들고, 사용자가 원할 때 계정 정보를 보여주고, 계정 정보를 수정하거나 삭제하는 기능이 공통적으로 필요합니다.

여러 웹 사이트들 간의 공통점이 무엇인지 알 수 있나요? 생성하고^{create}, 조회하고^{read}, 수정하고^{update}, 삭제하고^{delete}, 이렇게 네 가지 기능이 필수로 들어 갑니다. 여기에 웹 사이트 관리자가 편하게 관리할 수 있도록 관리자 페이지도 있으면 좋겠죠. 웹 프레임워크는 이렇게 웹 개발에서 자주 사용하는 기능을 더 쉽게 개발할 수 있게 도와 줍니다. 그래서 웹 프레임워크를 이용하면 개발 시간을 단축하면서도 안정적인 웹 사이트를 구축할 수 있습니다.

😀 웹 사이트의 기본 기능인 생성(Create), 조회(Read), 수정(Update), 삭제(Delete)를 합쳐서 CRUD라고 부릅니다.

05-2 장고의 작동 구조 이해하기

여러 웹 프레임워크 중 파이썬으로 웹 개발을 할 때 가장 많이 사용하는 것이 바로 장고입니다. 우리도 장고를 사용해 본격적으로 웹 사이트를 만들 것입니다. 그 전에 장고로 개발한 웹 사이트는 어떤 식으로 구성되어 있는지 알아볼까요?

장고로 만든 웹 사이트의 작동 구조

다음 그림은 사용자가 컴퓨터나 스마트폰의 웹 브라우저를 사용해 주소 창에 doitdjango.com을 입력할 때 장고로 만든 웹 사이트에서 일어나는 과정을 그린 것입니다.

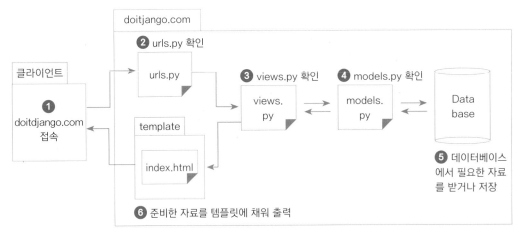

그림 5-3 장고로 만든 웹 사이트의 작동 구조

❶ 먼저 클라이언트(웹 브라우저)는 일련의 과정을 거쳐 doitdjango.com이라는 이름의 서버를 찾아갑니다.

❷ 프런트엔드 기술만으로 만든 웹 사이트가 index.html을 요청했던 것과 달리, 우선 urls.py을 요청해 개발자가 써놓은 내용을 확인합니다. urls.py에는 'doitdjango.com이라는 URL로 접속했을 때는 index라는 함수를 실행시키자', 'doitdjango.com/about_me/로 접속했을 때는 about_me라는 함수를 실행시키자'와 같은 내용이 기술되어 있다고 가정합니다.

❸ urls.py에서 언급하는 함수 또는 클래스는 views.py에서 정의합니다. views.py의 index 함수에는 '최근 게시글 5개를 index.html에 채워서 보여준다'와 같은 내용이 있을 수 있겠죠. 또 delete_post라는 함수가 있다면 '게시글을 삭제한다'와 같은 내용이 기술되어 있을 수 있겠네요.

❹ 게시글(post)에 대한 내용은 models.py에서 정의합니다. '게시글이 담아야 할 정보는 제목, 글 내용, 작성자, 작성일이다'와 같은 식으로 정의합니다. 장고에서는 이렇게 자료의 형태를 정의한 클래스를 모델이라고 합니다.

❺ models.py에서 정의한 모델에 맞게 데이터베이스에서 필요한 자료를 가져옵니다. 예를 들어 views.py의 index 함수가 데이터베이스에서 최근 게시글 5개를 가져오는 기능을 한다면, 데이터베이스에서 최근 게시글 5개를 불러옵니다.

❻ 마지막으로 데이터베이스에서 가져온 자료를 템플릿(여기서는 index.html)의 빈 칸에 채워서 사용자의 웹 브라우저로 보냅니다.

MTV 패턴이란?

앞에서 알아봤듯이 장고로 만든 웹 사이트는 모델^{model}로 자료의 형태를 정의하고, 뷰^{view}로 어떤 자료를 어떤 동작으로 보여줄지 정의하고, 템플릿^{template}으로 웹 페이지에서 출력할 모습을 정의합니다. 이러한 작동 구조를 줄여서 MTV 패턴이라고 부릅니다. 이렇게 분리해서 웹 사이트 기능을 관리함으로써 프런트엔드 개발자는 HTML을 비롯한 화면 구성에 집중할 수 있게 되고, 백엔드 개발자도 화면 뒤의 작업에 집중할 수 있게 되죠. 혼자 개발할 때도 마찬가지입니다. 장고의 MTV 패턴을 따라 개발한다면 백엔드 로직과 프런트엔드 디자인이 뒤죽박죽인 코드가 되어 어디서 무엇을 수정해야 할지 모르는 사태를 방지할 수 있습니다.

자. 이제 이론적인 내용은 끝났습니다. 이론 설명에서 완전히 이해하지 못했더라도 같이 웹 사이트를 만들다 보면 많은 부분의 의문이 풀릴 거예요. 그럼 본격적으로 장고 프로젝트를 시작해 봅시다.

06

장고 프로젝트
만들기

장고 웹 개발은 장고 프로젝트의 생성부터 시작합니다. 이 장에서는 어떤 웹 사이트를 만들지 구상하고, 버전 관리를 위한 깃허브 프로젝트를 생성하며, 파이참에서 프로젝트를 열고, 장고 프로젝트를 생성하는 일련의 과정을 살펴보겠습니다. 장고로 어떤 웹 사이트를 개발하든 늘 처음에는 거쳐야 하는 과정이니까요.

06-1 웹 사이트 구조 구상하기

'나'를 소개하는 웹 사이트는 누구에게나 도움이 됩니다. 내가 가진 능력을 다른 사람들이 알수 있어야 더 많은 기회를 잡을 수 있으니까요. 여러분의 자기소개서나 명함에 개인 웹 사이트 주소를 적어 둔다면 여러분에게 관심을 갖는 사람들이 더 쉽게 여러분의 생각과 포트폴리오 등에 접근할 수 있겠죠. 또 여러분이 웹 개발, 배포까지 할 수 있는 사람이라는 점도 자연스럽게 알려줄 수 있습니다. 그래서 이 책에서는 블로그 겸 포트폴리오 사이트를 만들겠습니다.

어떤 웹 사이트를 만들까?

앞으로 여러분이 만들 웹 사이트는 크게 세 부분으로 구성되어 있습니다.

대문 페이지

랜딩^{landing} 페이지라고도 하는 대문 페이지는 웹 사이트에 처음 접속할 때 나타나는 일종의 대문 역할을 합니다. 여러분의 정체성을 표현할 수 있는 문구나 이미지를 담고, 여러분과 함께 일했던 사람들의 평을 담으면 신뢰도를 높일 수도 있습니다. 그리고 블로그의 최신 글을 일부 노출시키면 그럴싸한 대문 역할을 할 수 있을 거예요.

블로그 페이지

블로그^{blog} 페이지는 말 그대로 평소에 공부한 내용이나 살면서 느낀 점들을 기록하는 공간입니다. 블로그 페이지는 크게 두 가지 요소로 구성할 생각입니다. 우선 블로그의 포스트를 목록 형태로 보여주는 포스트 목록^{post list} 페이지를 만들고 그중에서 방문자가 마음에 드는 포스트를 클릭했을 때 포스트 전체 내용과 댓글을 보여주는 포스트 상세^{post detail} 페이지를 만들 겁니다. 일반적인 블로그 형태라고 보면 됩니다.

😀 블로그 페이지에 올리는 게시글을 포스트라고 부르겠습니다.

자기소개 페이지

자기소개 페이지는 여러분 자신에 대해 소개하고, 그동안 작업했던 내용을 간단한 이미지와 글로 보여주는 공간입니다. 여러분의 직업과 전문 분야에 따라 채워질 내용이 달라지겠죠.

06-2 깃허브 저장소 만들기

드디어 장고 프로젝트를 처음 시작하는 단계입니다. 프로젝트를 시작하는 여러 가지 방법이 있지만 여기서는 깃허브에 저장소^{repository}를 먼저 생성한 후 로컬 컴퓨터로 클론^{clone}하는 방식을 사용하겠습니다. 이렇게 하면 깃허브와 로컬 컴퓨터를 간편하게 연결할 수 있거든요.

😀 직접 작업하는 컴퓨터를 로컬 컴퓨터라고 부릅니다.

 Do it! 실습 깃허브 저장소 만들고 연결하기

01단계 깃허브 저장소 만들기

깃허브에 처음 로그인하면 다음과 같은 화면이 나타납니다. 여기에서 왼쪽에 있는 Repositories 목록 옆을 보면 〈New〉 버튼이 있습니다. 이 버튼을 클릭해서 새로운 저장소를 생성합시다.

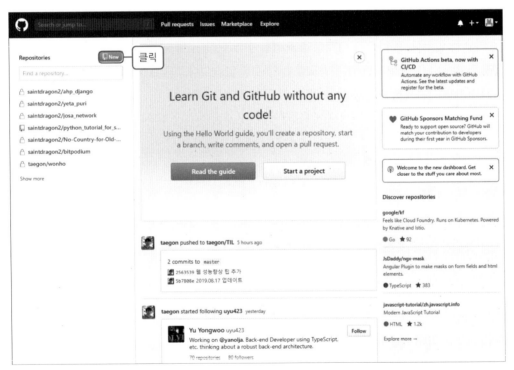

그림 6-1 로그인 후 나타나는 깃허브 화면

Create a new repository 페이지로 이동한 후 다음과 같이 입력란을 하나씩 채웁니다.

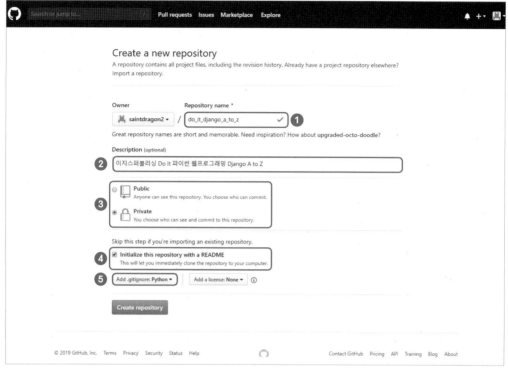

그림 6-2 깃허브 새 저장소 만들기

❶ Repository name은 저장소 이름입니다. 원하는 대로 설정하면 됩니다. 여기에서는 do_it_django_a_to_z로 설정하였습니다.

❷ Description은 저장소를 설명하는 글입니다. 선택 사항이지만 '이지스퍼블리싱 Do it 파이썬 웹프로그래밍 Django A to Z'라는 설명을 달았습니다. 여러분은 원하는 설명을 자유롭게 입력하면 됩니다.

❸ 저장소 공개 범위는 꼭 private으로 설정하세요. public으로 설정하면 여러분이 만드는 웹 사이트의 소스 코드가 모든 사람들에게 공개됩니다. 오픈소스 프로젝트를 만드는 것이라면 public으로 설정하는 것이 좋지만 이건 오픈소스 프로젝트가 아니죠. 앞으로 장고로 웹 사이트를 개발하다 보면 secrete key를 비롯해 여러 가지 보안과 관련된 설정들이 소스 코드에 남아 있게 될 것이므로 나만 볼 수 있도록 private으로 설정합니다.

❹ 'Initialize this repository with a README' 항목도 체크합니다. 이렇게 체크하면 README 파일까지 생성된 프로젝트가 만들어집니다.

❺ 마지막으로 Add .gitignore를 Python으로 설정합니다. .gitignore는 깃으로 버전 관리하지 않을 폴더, 파일을 설정하기 위한 용도입니다. 이 항목을 Python으로 설정하면 파이썬 개발자들이 일반적으로 버전 관리를 하지 않아도 되는 목록이 적혀 있는 .gitignore 파일이 자동으로 생성됩니다.

입력란을 다 채우면 페이지 밑에 있는 〈Create repository〉 버튼을 클릭하세요. 그러면 다음 그림과 같이 새로운 저장소가 생성됩니다. .gitignore 파일과 README 파일이 자동으로 생성되었네요. README 파일은 마크다운 양식으로 되어 있어 이 파일을 수정하면 화면 아래에 나오는 내용이 수정됩니다. 이 저장소에 대한 설명을 작성하는 용도로 활용하면 됩니다.

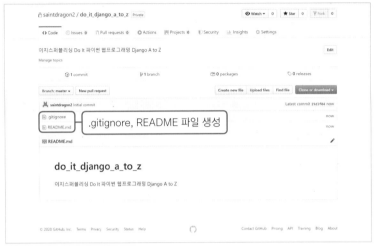

그림 6-3 새로 생성된 깃허브 저장소

02단계 내 컴퓨터로 깃허브 저장소 클론하기

이제 생성된 저장소를 로컬 컴퓨터로 클론할 차례입니다. 이렇게 하면 로컬 컴퓨터와 깃허브 저장소를 연결할 수 있습니다. 새로 만든 저장소에서 〈Clone or download〉 버튼을 찾아 클릭하면 다음과 같이 URL 주소를 복사할 수 있는 창이 나타납니다. 나타난 주소를 복사하세요.

그림 6-4 저장소 클론하기

로컬 컴퓨터를 어디에 클론할지 결정했나요? 필자는 C:\에 github라는 폴더를 만들고 그 안에 저장소를 가져오겠습니다. 02장에서 설치했던 Cmder를 실행시키고 깃허브 폴더를 만든 후 이동하세요. 그리고 다음과 같이 `git clone` 명령어와 복사한 저장소 URL을 입력합니다. 마지막으로 깃허브 사용자 이름과 비밀번호를 입력하면 깃 허브 폴더 안에 저장소 이름과 같은 폴더가 생성됩니다.

😀 사용자 비밀번호는 보안 상의 이유로 입력할 때 입력한 값이 나타나지 않습니다.

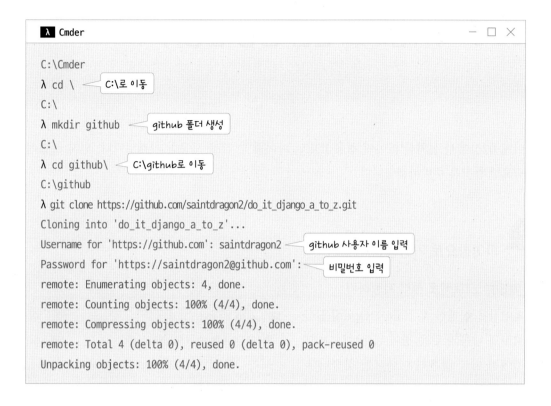

cd 명령어로 저장소를 클론한 폴더에 들어가 ls 명령어로 폴더 안에 있는 파일을 확인하면
README.md 파일이 있습니다. 숨겨진 파일과 폴더까지 보여주는 ls -A 명령어를 입력하면
.git 폴더와 .gitignore 파일도 확인할 수 있습니다.

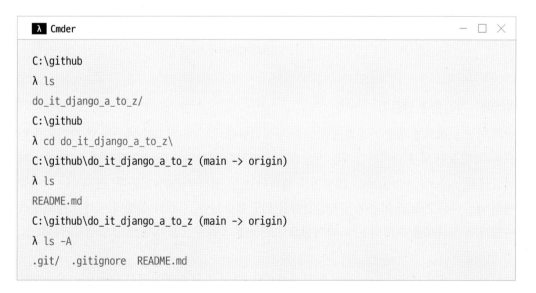

06-3 파이참으로 실습 환경 설정하기

이제 02장에서 설치한 파이썬 전용 IDE인 파이참^{Pycharm}을 사용할 차례입니다. 먼저 실습에 필요한 환경을 준비하겠습니다.

 파이참으로 가상환경 만들기

01단계 프로젝트 폴더 지정하기

파이참을 실행한 후 [File 〉 Open]을 클릭하면 다음과 같은 창이 나타납니다. 여기에서 아까 클론해온 폴더를 찾습니다. 필자의 경우는 do_it_django_a_to_z 폴더가 되겠죠? 이제 그 폴더를 선택하고 〈OK〉 버튼을 클릭하세요. 그럼 파이참이 폴더를 프로젝트 폴더로 인식합니다.

😊 클론해온 저장소 폴더가 보이지 않는다면 아직 그 폴더의 존재를 파이참이 알아차리지 못했기 때문입니다. 새로고침을 하면 나타날 거예요.

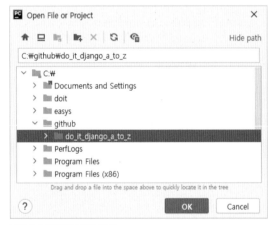

그림 6-5 프로젝트 폴더 지정

02단계 가상환경 만들기

이제 이 프로젝트를 위한 가상환경을 만들 차례입니다. 앞으로 장고를 비롯해 웹 사이트를 만드는 데 필요한 외부 라이브러리는 가상환경에 설치할 겁니다. 가상환경을 만드는 방법은 터미널에서 pyvenv, virtualenv 명령어를 입력하는 등 여러 가지가 있는데, 여기서는 파이참에서 제공하는 기능을 이용하여 가상환경을 만들겠습니다. 컴퓨터 설정에 따라 가상환경을 만들기가 까다로울 수도 있는데, 파이참으로 만들면 그런 문제들이 훨씬 덜 발생하거든요.

파이참 메뉴에서 [File 〉 Settings]을 클릭하세요. 그리고 왼쪽 메뉴에서 [Project: 프로젝트 폴더명 〉 Python Interpreter]를 클릭한 다음 설정(⚙)에서 [Add]를 클릭하세요.

그림 6-6 Python Interpreter 설정에서 [Add] 클릭

다음과 같은 창이 나타납니다. New environment가 기본으로 설정되어 있고, 폴더 경로 (Location)는 C:₩github₩프로젝트 폴더명₩venv로 설정되어 있을 겁니다. 그 상태에서 〈OK〉 버튼을 클릭한 후 잠시 기다리면 새로운 가상환경이 venv 폴더 안에 생성됩니다.

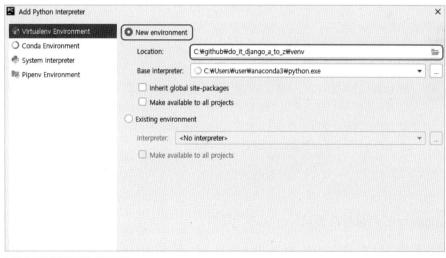

그림 6-7 가상환경 폴더 경로 확인

다음과 같이 Python Interpreter에 python.exe 경로가 지정되고, Package에 pip와 setuptools가 생성되면 성공입니다(만약 Python Interpreter에 [invalid]라는 표시가 나타나면 경로를 다시 지정해야 합니다). 〈Apply〉 버튼을 클릭하고, 〈OK〉 버튼을 클릭하면 됩니다.

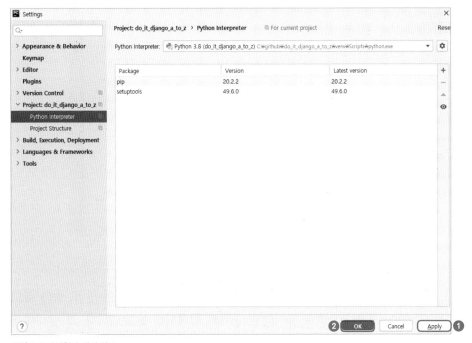

그림 6-8 가상환경 생성 완료

 왜 가상환경을 사용하나요?

한 컴퓨터 안에 웹 사이트 개발 프로젝트 말고 다른 프로젝트 A도 별도로 진행하고 있다고 가정해 봅시다. 웹 사이트 개발 프로젝트를 위해 설치한 외부 모듈이 파이썬 개발환경 전체에 영향을 준다면 관계가 없는 프로젝트 A에 의도하지 않은 영향을 끼칠 수도 있습니다. 가상환경은 이런 불상사를 방지해 줍니다.

03단계 .gitignore에 가상환경 폴더(venv) 추가하기

왼쪽 프로젝트 내비게이션 창에 venv 폴더가 생성된 것이 보이나요? 그런데 다른 파일이나 폴더와 달리 폴더명이 흐리게 나오네요. 이건 깃으로 버전 관리를 하지 않는다는 표시입니다.

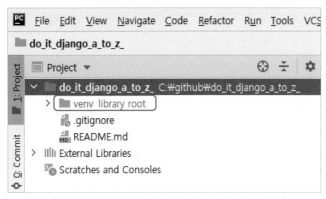

그림 6-9 venv 폴더가 추가된 모습

앞에서 깃허브 저장소를 만들 때 함께 만들어진 .gitignore 파일을 보면 venv 폴더도 버전 관리하지 않는 것으로 지정되어 있습니다. .gitignore를 열어 확인해 보세요.

상황마다 다를 수도 있겠지만 가상환경은 깃으로 버전 관리를 하지 않는 것이 현명합니다. 여기서는 windows10을 기준으로 개발하고 있고, 나중에 우분투나 페도라 같은 리눅스 계열의 서버로 옮길 텐데, 가상환경을 같이 관리하면 당연히 문제가 생길 여지가 많겠죠?

여기서 한 가지 더 .gitignore에 추가하고 싶은 것이 있습니다. 파이참에서 프로젝트에 설정한 내용을 담는 .idea 폴더인데, 이것은 파이참에 의해 자동으로 생성된 폴더고, 파이참이 우리에게 편의를 제공하기 위해 만들어진 폴더이므로 버전 관리를 할 필요가 없습니다. 게다가 혹여나 다른 컴퓨터에서 작업할 때 오히려 프로젝트 설정이 해당 컴퓨터와 잘 맞지 않아 문제가 생길 수도 있습니다. 그래서 .gitignore 파일을 열어 맨 아랫줄에 다음과 같이 한 줄을 추가합니다.

실습 파일: .gitignore

```
(...생략...)
# Pycharm
.idea/
```

 가상환경 실행하고 장고 설치하기

01단계 **가상환경 실행하기**

이제 터미널에서 가상환경을 실행합니다. 터미널(cmder)에서 프로젝트 폴더로 들어가 venv\Scripts\activate.bat를 입력하세요.

😊 맥에서 작업 중이라면 source venv/bin/activate를 입력하세요.

화면이 깨끗해지면 프롬프트 앞에 (venv)라는 텍스트가 생깁니다. 가상환경을 실행한 상태라는 뜻이죠. 이 상태에서 pip list를 입력해 현재 설치된 패키지를 확인해 볼까요? 현재 설치되어 있는 패키지는 pip과 setuptools뿐이네요.

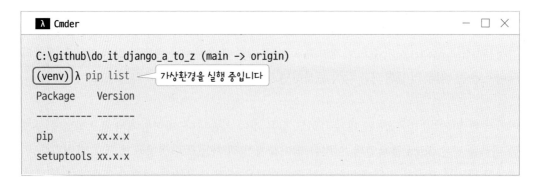

가상환경에서 빠져나오려면 deactivate를 입력하면 됩니다. 입력하고 나면 가상환경이 종료되고, (venv)도 사라집니다.

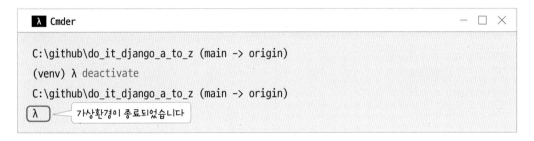

02단계 **가상환경에 장고 설치하기**

앞으로 가상환경에서 작업할 것이므로 다시 venv\Scripts\activate.bat를 입력해 가상환경을 실행하세요. 항상 장고로 작업하기 전에 가상환경이 실행되고 있는지 꼭 확인하는 습관을 들이세요.

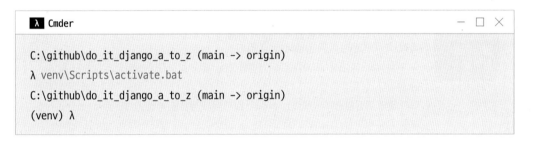

이제 가상환경 안에서 장고를 설치해 봅시다. 터미널에 pip install django라고 입력하면 장고를 설치할 수 있습니다. 장고를 설치하고 다시 pip list를 입력해 버전을 확인하세요. 장고 버전이 3.0 이상이라면 성공입니다.

😊 이 책은 장고 버전 3.0.6 기준으로 실습을 진행합니다. 여러분이 이 책을 읽는 시점에는 3.0.6과 같거나 더 높은 버전이 설치될 겁니다. 하지만 실습을 진행하는 데는 문제가 없으니 그대로 진행하세요.

```
λ Cmder                                            —  □  ✕

C:\github\do_it_django_a_to_z (main -> origin)
(venv) λ pip install django
Collecting django
(...생략...)
C:\github\do_it_django_a_to_z (main -> origin)
(venv) λ pip list
```

```
Package    Version
---------- -------
asgiref    3.2.10
Django     3.0.6    ← 장고 버전이 3.0 이상인지 확인하세요
pip        20.1.1
pytz       2020.1
setuptools 46.4.0
sqlparse   0.3.1
```

프로그래밍을 위한 환경설정이 항상 제일 지루하고 어렵죠. 컴퓨터마다 환경이 달라서 잘 안
되는 경우도 있고요. 그래도 여기까지 잘 끝냈다면 가장 큰 고비를 넘긴 겁니다. 앞으로는 훨
씬 더 재미있을 거예요.

**알아두면
좋아요**

가상환경을 실행했는지 꼭 확인하세요

이 책을 따라 장고로 웹 사이트를 개발할 때는 꼭 가상환경이 실행되고 있는지 확인해
야 합니다. 컴퓨터를 껐다가 다시 켜거나 컴퓨터를 끄지 않았더라도 터미널을 닫았다가
다시 열면 가상환경에서 벗어납니다. 이 상태에서 작업을 하면 가상환경이 아닌 여러분
로컬 컴퓨터의 환경 설정이 영향을 받기 때문에 이 책의 진행 상황과 달라질 수밖에 없
습니다. 꼭 주의하세요!

06-4 장고로 기초 웹 사이트 만들기

본격적으로 장고로 웹 사이트를 만들고 서버를 실행해 웹 브라우저에 나타내 보겠습니다.

 장고 프로젝트 생성하기

01단계 장고 프로젝트 생성하기

이제 장고 프로젝트를 생성해 봅시다. 터미널에서 `django-admin startproject do_it_django_prj .`라고 입력합니다. 이때 맨 마지막의 닷^{dot}(.)을 잊지 마세요. 그래야 필자와 똑같은 구조로 파일이 생성됩니다. 여기에서 닷의 의미는 '이 폴더에 장고 프로젝트를 만들자'는 의미입니다.

이제 `ls` 명령어로 어떤 파일과 폴더가 생겼는지 확인합시다. do_it_django_prj 폴더와 manage.py가 새로 생성되었습니다.

02단계 서버 실행하기

새 장고 프로젝트가 잘 생성되었는지 확인하기 위해 `python manage.py runserver`를 입력합니다. 이 명령어를 입력하면 서버가 실행됩니다. 아직 마이그레이션을 하지 않았다는 오류 메시지가 나타나지만 장고 프로젝트가 제대로 생성되었는지 확인하는 데는 문제가 되지 않습니다.

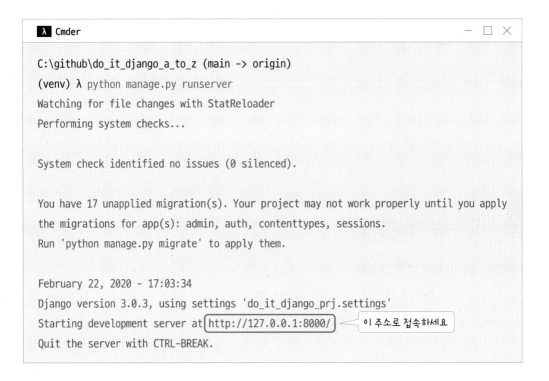

C:\github\do_it_django_a_to_z (main -> origin)
(venv) λ python manage.py runserver
Watching for file changes with StatReloader
Performing system checks...

System check identified no issues (0 silenced).

You have 17 unapplied migration(s). Your project may not work properly until you apply
the migrations for app(s): admin, auth, contenttypes, sessions.
Run 'python manage.py migrate' to apply them.

February 22, 2020 - 17:03:34
Django version 3.0.3, using settings 'do_it_django_prj.settings'
Starting development server at http://127.0.0.1:8000/ ← 이 주소로 접속하세요
Quit the server with CTRL-BREAK.

출력값 중 아래에 있는 서버 IP 주소(http://127.0.0.1:8000)를 웹 브라우저 주소 창에 입력
해 보세요. 로켓 그림과 함께 'The install worked successfully! Congratulations!'라는 메
시지가 보인다면 성공입니다.

그림 6-10 장고 프로젝트로 생성된 웹 페이지

파이참에서 장고 프로젝트 폴더(do_it_django_prj)를 열어보면 파일이 여러 개 있습니다. 앞으로 이 중 urls.py와 settings.py를 많이 다룰 겁니다. urls.py는 사용자가 어떤 URL 형식으로 접근했을 때 어떻게 웹 사이트를 작동시킬지를 정리해 놓은 파일입니다. 장고로 만든 웹 사이트의 작동 구조를 살펴볼 때 배웠죠? settings.py는 이 장고 프로젝트의 설정을 담고 있는 파일입니다. 설정해야 할 것들이 있지만 앞으로 차차 필요할 때마다 조금씩 수정하겠습니다.

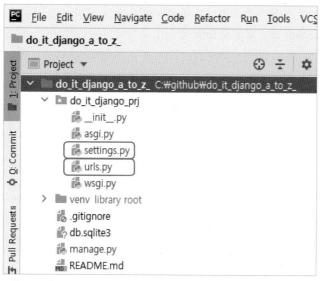

그림 6-11 장고 프로젝트 폴더의 구성

 ### 데이터베이스에 관리자 계정 생성하기

앞에서 `python manage.py runserver`로 서버를 실행했을 때 오류 메시지가 나타났죠? 이는 대략 '아직 적용되지 않은 17개의 마이그레이션이 있습니다. 이 마이그레이션을 적용하기 전까지 당신의 프로젝트는 제대로 작동하지 않을 수 있습니다'는 말입니다.

😀 마이그레이션의 개수는 장고 버전에 따라 다를 수 있습니다.

장고에서 마이그레이션migration이란 데이터베이스에 적용시켜야 하는 변화에 대한 기록입니다. 예를 들어 댓글 기능이 없던 블로그에 댓글 작성 기능을 추가했다고 가정해 봅시다. 그러면 데이터베이스에 댓글을 저장하기 위한 공간(테이블)이 필요하겠죠? 이를 데이터베이스에 반영해야 서버를 실행했을 때 웹 사이트에 추가한 댓글 기능을 제대로 사용할 수 있습니다.

그런데 아직 아무 기능도 만들지 않았는데 적용해야 할 마이그레이션이 왜 존재하는 걸까요?
장고는 새 프로젝트를 생성할 때 데이터베이스에 기본적으로 필요한 테이블을 미리 마련해
두기 때문입니다.

01단계 데이터베이스 생성하기

마이그레이션을 적용하기 위해 먼저 터미널에서 Ctrl + C 를 눌러 지금 돌아가고 있는 서
버를 중단하세요. 원래는 `python manage.py migrations` 명령어로 먼저 마이그레이션을 만
들어야 하지만 지금은 장고가 알아서 만든 마이그레이션이 있으므로 생략하겠습니다. 바로
`python manage.py migrate` 명령어를 입력하세요. 현재는 아직 데이터베이스를 만들지 않은
상태이므로 db.sqlite3라는 파일이 새로 생성되고, 그 안에 마이그레이션을 반영한 데이터베
이스가 생성됩니다.

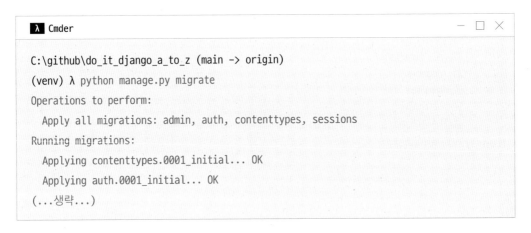

완료된 후에 ls를 입력하면 새로 생성된 db.sqlite3가 보입니다.

왜 SQLite3를 사용하나요?

SQLite3의 특징은 파일 하나로 관리하는 데이터베이스라는 점입니다. 오라클, MySQL, MongoDB, PostgreSQL 등 다른 데이터베이스는 따로 복잡한 설치 과정을 거쳐야 합니다. 백업을 하기 위해서는 데이터베이스에 대한 지식을 어느 정도 갖고 있어야 한다는 어려움도 있고요. 이에 비해 SQLite3는 파일 하나만 관리하면 됩니다. 백업하고 싶으면 안전한 곳에 복사해 놓으면 끝이죠. 이런 간편함 때문에 장고에서는 SQLite3를 기본 데이터베이스로 사용하고 있습니다.

물론 SQLite3의 단점도 있습니다. 파일 기반의 데이터베이스이기 때문에 읽고 쓰기가 빈번하게 일어나는 대형 프로젝트에서는 불리합니다. 예를 들어 수천, 수만 명의 사용자가 동시에 몰리는 웹 사이트에는 적합하지 않을 수 있죠. 이런 경우에는 고성능의 다른 데이터베이스를 사용해야 합니다.

아직 여러분 중에는 데이터베이스가 무엇인지 익숙하지 않은 분들도 있을 겁니다. 장고에 대해 배우기도 정신없는데 데이터베이스까지 다루기 복잡하다면 진입장벽이 너무 높아지죠. 그래서 이 책에서는 장고의 기본 설정대로 SQLite3를 사용하여 데이터베이스를 다루는 경험을 쌓은 다음, 배포하기 전에 PostgreSQL로 전환하도록 구성했습니다.

02단계 **관리자 계정 생성하기**

이제 웹 사이트의 관리자 계정^{super user}을 생성합시다. 터미널에서 `python manage.py createsuperuser`를 입력하세요. 그리고 사용자명과 이메일 주소를 입력하고, 비밀번호도 두 번 입력합니다.

```
λ Cmder                                                      —  □  ✕

C:\github\do_it_django_a_to_z (main -> origin)
(venv) λ python manage.py createsuperuser
Username (leave blank to use 'saint'): james
Email address: james@doitdjango.com
Password: ◁─  보안 상 화면에 표시되지 않음
Password (again): ◁─  보안 상 화면에 표시되지 않음
Superuser created successfully.
```

다시 `python manage.py runserver`로 서버를 실행합니다. 마이그레이션 오류 없이 잘 실행됩니다.

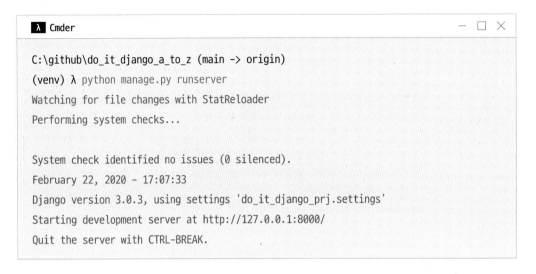

서버를 실행한 다음 웹 브라우저에서 127.0.0.1:8000/admin/으로 접속해 보세요. 다음과 같은 화면에서 방금 만든 관리자 계정의 사용자명과 비밀번호를 입력하고 ⟨Log in⟩ 버튼을 클릭하면 관리자 페이지에 접속할 수 있습니다.

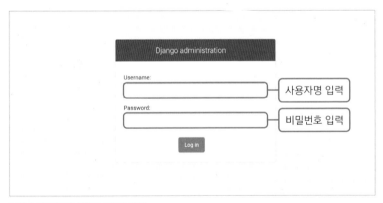

그림 6-12 관리자 페이지 로그인 화면

아직 아무 페이지도 만들지 않았는데, 이미 장고가 알아서 관리자 페이지를 생성해 놓았네요. [Users]를 클릭하면 방금 만든 관리자 계정이 등록되어 있습니다.

그림 6-13 장고가 기본으로 만들어 주는 관리자 페이지

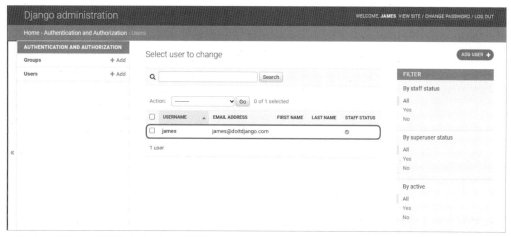

그림 6-14 사용자 목록을 관리할 수 있는 Users 페이지

현재는 이 사이트의 계정과 관련된 내용만 있지만 앞으로 기능을 추가하면 관리자 페이지도 확장될 겁니다. 이게 바로 웹 프레임워크를 사용하는 이유죠. 편리하지 않나요?

03단계　깃에서 데이터베이스를 버전 관리하지 않도록 등록하기

아참! 잊어버리기 전에 확인할 것이 있습니다. .gitignore 파일을 열어 db.sqlite3가 포함되어 있는지 확인해 보세요. 아까 깃허브에서 저장소를 새로 생성할 때 Add .gitignore를 Python 으로 설정했다면 db.sqlite3가 이미 포함되어 있을 겁니다. 만약 .gitignore 파일에서 db. sqlite3를 찾을 수 없다면 추가하면 됩니다.

```
(...생략...)
# Django stuff:
*.log
local_settings.py
db.sqlite3        ← db.sqlite3가 없다면 추가하세요
db.sqlite3-journal
(...생략...)
```

알아두면 좋아요

왜 `db.sqlite3`는 깃으로 관리하면 안 되나요?

웹 개발을 시작하면 당분간은 로컬 컴퓨터에서만 여러 테스트를 진행할 겁니다. 그 과정에서 게시물이나 댓글 등을 작성해 보겠죠. 이 정보는 모두 데이터베이스 파일인 db.sqlite3에 저장됩니다. 테스트가 끝나면 그때까지 만든 프로젝트 파일 전체를 깃허브를 통해 옮겨야 합니다. 그런데 이때 db.sqlite3까지 옮긴다면 테스트 과정에서 만든 정보가 모두 서버로 넘어가 버립니다.

만약 이미 운영 중인 서버에 db.sqlite3가 있다면 어떨까요? 서버에 있는 db.sqlite3에는 실제 방문자의 정보가 저장되어 있을 겁니다. 거기에 로컬에서 온 db.sqlite3가 충돌을 일으킬 것이고, 제 기능을 하지 못해 오류가 발생할 겁니다. 이런 상황을 피하기 위해 db.sqlite3는 깃으로 관리하지 않습니다.

커밋! 장고 프로젝트 생성하기

아직 많은 것을 하진 않았지만 정리하는 차원에서 깃으로 커밋을 해볼까요? 서버가 실행되어 있는 상태라면 Ctrl + C 를 클릭해 장고 웹 서버를 종료하세요. 그리고 터미널에 `git add .`을 입력해 이 폴더의 모든 변경 기록을 추가합니다. 그리고 `git commit -m "Django 프로젝트 생성"`을 입력해 해당 커밋을 설명하는 커밋 메시지와 함께 커밋하세요. 새로 생성된 파일과 폴더 중 .gitignore에 써 놓은 항목을 제외하고 모두 커밋되어야 합니다. 이때 깃을 처음 사용하는 경우라면 'Pease tell me who you are'라는 메시지가 나타나는데, 다음과 같이 본인의 깃허브 이메일과 이름을 입력하면 됩니다.

😀 커밋 메시지는 원하는 대로 작성해도 됩니다.

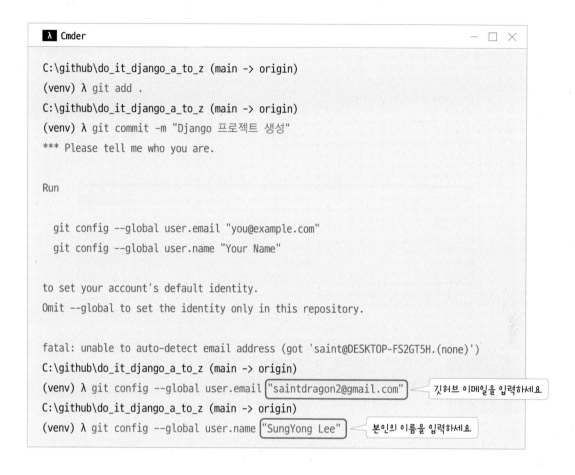

다시 커밋하니 잘 됩니다. 이제 **git push** 명령어를 사용해 현재까지 깃으로 만든 커밋을 깃허브에 모두 올립니다. 이를 푸시^{push}라고 합니다.

웹 브라우저로 깃허브 저장소에 가봅시다. 지금까지 작업한 내용이 깃허브에 잘 올라와 있는 걸 확인할 수 있습니다. db.sqlite3와 venv 폴더는 제외된 상태로 잘 올라왔네요. 앞으로도

이렇게 한 작업을 마무리 지을 때마다 깃으로 커밋하고, 깃허브에 올릴 생각입니다. 마치 게임을 할 때 세이브하는 기분으로 말이죠.

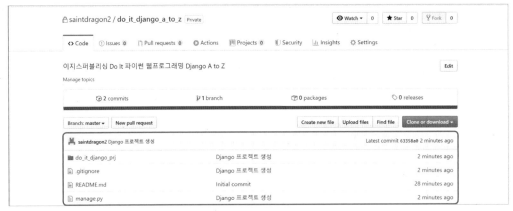

그림 6-15 모든 커밋을 깃허브 저장소로 푸시 완료

파이참에서 장고를 더 잘 지원하도록 설정하기 (Pycharm Professional 버전만 가능)

만약 파이참을 Professional 버전으로 구입했다면 파이참 IDE의 더 많은 지원을 받을 수 있습니다. 메뉴에서 [File 〉 Settings]를 클릭한 후 [Language & Frameworks]를 선택하세요. 그런 다음 오른쪽 메뉴에서 [Django]를 클릭하세요. 다음과 같은 창이 나타나면 Enable Django Support를 클릭한 후 Django project root는 프로젝트에서 가장 상위 폴더를 선택하고 Settings는 settings.py를 찾아 선택합니다. 그리고 〈Apply〉 버튼을 클릭한 후 〈OK〉 버튼을 클릭하세요. 이렇게 설정하면 장고의 기본 규칙에 따라 파이참이 자동완성 기능을 제공합니다. views.py나 urls.py를 수정할 때도 도움을 받을 수 있습니다. 템플릿 파일(.html)을 디버깅하거나 수정할 때도 편리합니다.

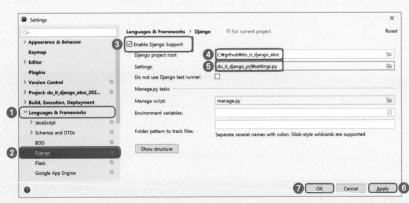

그림 6-16 Pycharm professional에서 지원하는 장고 활성화

07

장고 프로젝트에서
앱 개발하기

장고 프로젝트는 보통 1개 이상의 앱을 가집니다. 여기서 앱은 '블로깅 기능', '단일 페이지 보여주기 기능'과 같이 특정 기능을 수행하는 단위 모듈을 말합니다. 흔히 안드로이드 애플리케이션을 '앱'이라 부르는 것과는 다르죠. 장고의 '앱'은 다른 의미로 사용되니 유의하세요. 여기서는 장고 프로젝트에 2가지 앱을 만들고 활용해 보겠습니다.

07-1 블로그 앱과 페이지 앱 만들기

모든 장고 프로젝트는 1개 이상의 앱으로 구성됩니다. 이때 '앱'은 '특정한 기능을 수행하는 단위 모듈'로 생각하면 됩니다. 예를 들어 블로그와 갤러리, 방명록의 3가지 기능을 갖는 웹 사이트를 만들 때는 일반적으로 3개의 앱을 만들어 개발하고 관리합니다. 물론 앱의 개수는 상황에 따라 개발자 스스로 선택해야 할 문제입니다. 이 프로젝트에서는 2개의 앱을 만듭니다. 하나는 블로그 기능을 위한 blog 앱이고 또 다른 하나는 대문 페이지와 자기소개 페이지를 보여주기 위한 single_pages 앱입니다.

 blog 앱과 single_pages 앱 만들기

01단계 가상환경 실행 확인 후 blog 앱 만들기

실습을 시작하기 전에 가상환경이 실행되고 있는지 확인해 주세요. 터미널에서 앞에 (venv)가 있으면 됩니다. 그리고 blog 앱을 만들기 위해 `python manage.py startapp blog`를 입력하세요. 그러면 현재 위치에 blog 앱 폴더가 생성됩니다.

😀 잊지 마세요! 우리는 Cmder를 터미널로 사용하고 있습니다.

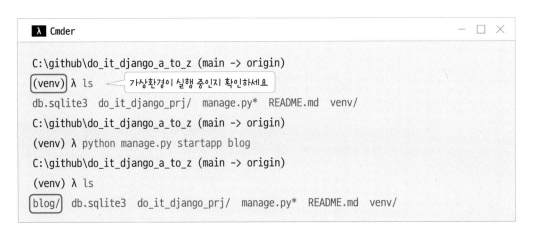

같은 방식으로 single_pages 앱도 만듭니다.

```
λ Cmder                                                        — ☐ ✕

C:\github\do_it_django_a_to_z (main -> origin)
(venv) λ python manage.py startapp single_pages
```

위 과정을 마치면 파이참에서 2개의 폴더(blog, sing_pages)가 생성되어 있고, 각 폴더에는
admin.py, apps.py, models.py, tests.py, views.py와 같은 파일이 생성되어 있음을 확인
할 수 있습니다. 이처럼 앱은 각각 독립된 파일들로 구성되어 독립된 기능을 합니다. 앞으로
이 파일들을 수정해 웹 사이트를 만들어 나갈 것입니다.

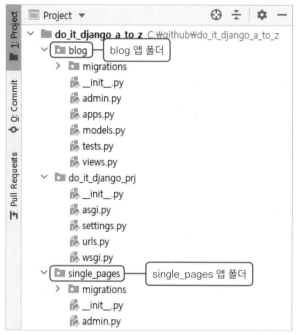

그림 7-1 2개의 앱을 생성

커밋! blog 앱과 single_pages 앱 생성하기

2개의 앱을 만들었으니 깃으로 커밋하겠습니다. blog, single_pages 앱의 변경된 내용을 커
밋하기 위해 git add . 명령어와 git commit -m "blog 앱과 single_pages 앱 생성하기" 명
령어를 입력하세요. 그런 다음 git push 명령어를 입력해서 깃허브에 커밋 이력을 업로드합
니다.

```
λ Cmder                                                        —  □  X

C:\github\do_it_django_a_to_z (main -> origin)
(venv) λ git add .
C:\github\do_it_django_a_to_z (main -> origin)
(venv) λ git commit -m "blog 앱과 single_pages 앱 생성하기"
(...생략...)
C:\github\do_it_django_a_to_z (main -> origin)
(venv) λ git push
(...생략...)
```

😀 원래는 이 단계에서 do_it_django_prj/settings.py에 새로 만든 2가지 앱(blog, single_pages)을 등록해야 합니다. 하지만 이후 실습을 통해 앱 등록을 하지 않았을 때 어떤 오류가 발생하는지 보여주기 위해 잠시 미루겠습니다.

알아두면 좋아요

깨끗한 상태의 migrations 폴더를 커밋한 이유가 궁금해요!

바로 앞의 실습에서 '아무 작업도 하지 않았는데 왜 커밋하나요?' 라는 의문이 생길 수 있을 겁니다. 그 이유는 모델이 생성, 수정될 때마다 blog 앱(또는 single_pages 앱)의 migrations 폴더에 자동으로 새로운 마이그레이션 파일이 생성되기 때문입니다.

모델이 생성, 수정되면 앱의 데이터베이스 구조가 변경됩니다. 그러면 장고는 변화 내용을 migrations 폴더에 별도의 파일로 남겨 기록을 합니다. 그런데 이 파일은 로컬 작업에 필요한 것으로, 서버 작업에는 필요하지 않습니다. 오히려 서버 작업의 혼란만 가중시키죠. 또한 이후 실습에서는 migrations 폴더의 내용을 깃에서 관리하지 않도록 설정할 것입니다. 물론 아직은 migrations 폴더가 어떻게 관리되는지 눈으로 보지 못했기 때문에 이 설명을 다 이해할 수는 없을 겁니다. 하지만 실습을 따라해 보면 곧 무슨 말인지 이해할 수 있습니다.

07-2 데이터베이스 개념 이해하기

블로그를 방문해 본 적이 있다면 블로그의 글에는 제목, 본문, 작성자, 작성일 등의 정보가 포함된다는 것을 알고 있겠지요? 참, 댓글도 있겠네요. 그런데 댓글에도 댓글이 달린 원문, 작성자, 내용, 작성일과 같은 내용이 포함되어야 합니다. 앗! 그리고 보니 작성자가 있다면 작성자 정보(작성자 id, 비밀번호, 이름, 이메일 주소)도 필요하겠네요. 이렇게 여러 가지 정보를 효율적으로 저장하고 관리하기 위해 데이터베이스를 사용합니다.

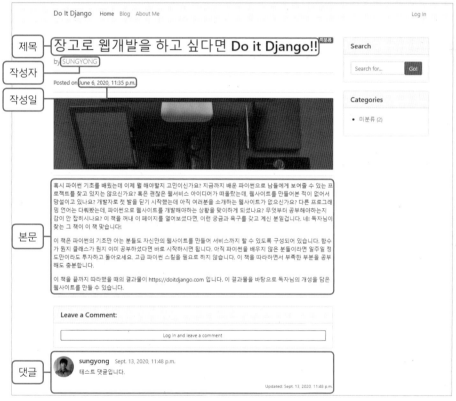

그림 7-2 블로그에 필요한 여러 정보

엑셀로 데이터베이스 이해하기

데이터베이스가 무엇인지 이해를 돕기 위해 블로그의 데이터베이스 구조를 엑셀로 비유하여 살펴보겠습니다. 블로그에는 글을 쓰거나 댓글을 다는 작성자 또는 운영자가 필요합니다. 그리고 블로그 글과 댓글이 필요합니다. 앞으로 데이터베이스에서는 이것들을 각각 User(작성자 또는 운영자), Post(블로그 글), Comment(댓글)로 표기하겠습니다. 이제 User, Post, Comment를 엑셀로 정리해 보겠습니다.

User 테이블 살펴보기

다음은 User 정보를 엑셀 시트에 정리한 것입니다.

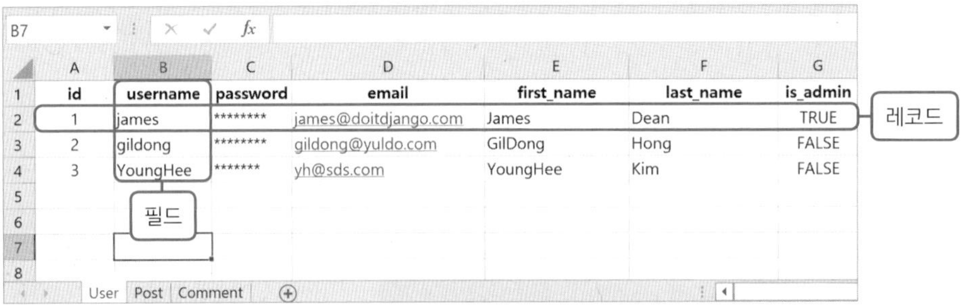

id	username	password	email	first_name	last_name	is_admin
1	james	********	james@doitdjango.com	James	Dean	TRUE
2	gildong	********	gildong@yuldo.com	GilDong	Hong	FALSE
3	YoungHee	*******	yh@sds.com	YoungHee	Kim	FALSE

그림 7-3 엑셀로 표현한 User 테이블 구조

데이터베이스에서는 위와 같은 시트를 '테이블'이라 합니다. 가로 방향(행)으로 읽는 데이터를 '레코드'라고 부르고, 세로 방향(열)으로 읽는 데이터는 '필드'라고 부르지요. 엑셀 시트를 보면서 데이터베이스 용어로 읽어 볼까요? User 테이블을 보면 id, username, password, email, first_name, last_name, is_admin 필드가 있고, 총 3개의 레코드가 있습니다. 이때 장고에서는 레코드에 숫자로 된 id를 자동으로 부여합니다. id는 고유한 필드이므로 기본키 primary key라고 부릅니다.

Post 테이블 살펴보기

Post 테이블을 살펴볼까요? Post 테이블은 title, author(작성자), created_at(작성일), content(본문 내용) 필드를 가집니다.

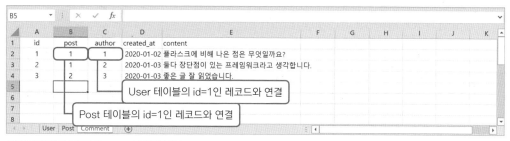

그림 7-4 엑셀로 표현한 Post 테이블 구조

그런데 author 필드는 특이하게 숫자로 되어 있네요. 첫 번째 레코드의 author 필드는 2입니다. 이 숫자는 무엇을 의미할까요? 바로 User 테이블의 id가 2인 레코드(username이 gildong인 레코드)를 의미합니다. 이런 식으로 테이블과 테이블이 연결됩니다. 이렇게 테이블이 다른 테이블의 레코드를 id로 지정하는 방법을 외래키^{foreign key}라고 합니다.

Comment 테이블 살펴보기

계속해서 Comment 테이블을 살펴보겠습니다. Comment 테이블은 2개의 외래키를 가집니다. 여기서는 특히 post, author 필드에 집중해서 설명하겠습니다.

그림 7-5 엑셀로 표현한 Comment 테이블 구조

첫 번째 레코드의 post, author 필드를 보면 title이 '장고는 왜 좋은가'인 Post 레코드와 username이 'james'인 User 레코드에 연결된 댓글임을 알 수 있습니다. 즉, 이 댓글은 '장고는 왜 좋은가'라는 제목의 포스트에 'james'라는 사용자가 남긴 댓글입니다. 이를 통해 Comment 테이블은 Post, User 테이블에 연결되어 있음을 자연스럽게 이해할 수 있습니다. 우선은 이 정도만 이해해도 충분히 블로그를 개발할 수 있습니다. 자세한 내용은 개발하며 천천히 설명하겠습니다.

07-3 모델 만들기

장고의 장점 중 하나는 모델을 이용해 장고 웹 프레임워크 안에서 데이터베이스를 관리할 수 있다는 것입니다. 모델은 데이터를 저장하기 위한 하나의 단위라고 보면 됩니다. 일반적으로 데이터베이스를 다루려면 SQL 등의 언어를 또 배워야 하는데, 이는 웹 개발 입문자에게 진입 장벽으로 작용할 수 있습니다. 장고의 모델을 이용하면 파이썬만으로 CRUD 기능을 쉽게 구현할 수 있을 뿐만 아니라 관리자 페이지, 입력 폼 등도 쉽게 만들 수 있습니다. 그러면 지금부터 Post 모델을 만들어보면서 구체적으로 모델이 무엇인지 알아보겠습니다.

 블로그의 글을 위한 모델 만들기

01단계   Post 모델 만들기

블로그의 핵심인 포스트의 형태를 정의하는 Post 모델을 만들겠습니다. 포스트에는 어떤 정보가 필요할까요? 제목(title), 내용(content), 작성일 (created_at), 작성자 정보(author)가 필요하겠죠. blog/ models.py를 열어 다음과 같이 입력하세요.

😄 이때 Post라는 모델명은 여러분이 정하기 나름입니다.

실습 파일: blog/models.py

```
from django.db import models

class Post(models.Model):
    title = models.CharField(max_length=30)
    content = models.TextField()

    created_at = models.DateTimeField()
    # author: 추후 작성 예정
```

코드에서 볼 수 있듯이 Post 모델은 models 모듈의 Model 클래스를 확장해서 만든 파이썬 클래스입니다. 앞으로 대부분의 모델은 이런 방식으로 만들 것입니다. title 필드는 CharField

클래스로 만들고, 최대 길이가 30이 되도록 설정했습니다. 필드 이름에서 알 수 있듯이 CharField는 문자(char)를 담는 필드를 만듭니다. content 필드는 문자열의 길이 제한이 없는 TextField를 사용해서 만들고, created_at 필드는 DateTimeField로 만듭니다. DateTimeField는 월, 일, 시, 분, 초까지 기록할 수 있게 해주는 필드를 만들 때 사용합니다. 아직 author 필드는 만들지 않았습니다. author 필드는 나중에 모델에서 외래키를 구현할 때 다룰 것이므로 우선은 이정도만 이해하면 됩니다.

02단계 데이터베이스에 Post 모델 반영하기

아직 Post 모델은 파이썬 클래스로만 존재합니다. 이를 데이터베이스에 반영해야 실제 테이블이 생성됩니다. 터미널에 python manage.py makemigrations를 입력하세요.

No changes detected라는 메시지가 나타나네요. 분명 models.py를 수정했는데 왜 아무런 변화도 감지하지 못했을까요? 프로젝트 폴더(do_it_django_prj) 안에 있는 settings.py 파일에 현재 우리의 'blog' 앱을 등록하지 않았기 때문입니다. 앱이 등록되지 않았으니 변경 사항도 모르는 것이죠.

03단계 settings.py에 blog 앱과 single_pages 앱 등록하기

settings.py에는 INSTALLED_APPS라는 리스트가 있습니다. 여기에 'blog', 'single_pages' 앱을 추가합니다.

실습 파일: do_it_django_prj/setting.py

```
(...생략...)
INSTALLED_APPS = [
    'django.contrib.admin',
    'django.contrib.auth',
    'django.contrib.contenttypes',
    'django.contrib.sessions',
    'django.contrib.messages',
```

```
    'django.contrib.staticfiles',
    'blog',
    'single_pages',
]
(...생략...)
```

04단계 데이터베이스에 Post 모델 반영하기

이제 python manage.py makemigrations를 다시 입력합니다. 그러면 blog 앱에 변화가 있음을 메시지로 알려줍니다. 그리고 blog/migrations 폴더에 0001_initial.py 파일이 생성됩니다.

```
λ Cmder                                            —  □  ×

C:\github\do_it_django_a_to_z (main -> origin)
(venv) λ python manage.py makemigrations
Migrations for 'blog':
  blog\migrations\0001_initial.py
    - Create model Post
```

그림 7-6 마이그레이션 이후 migrations 폴더에 새로운 파일 생성

이 상태는 아직 데이터베이스에 모델이 적용되지 않은 상태입니다. 실제 데이터베이스에 모델을 적용하려면 python manage.py migrate 명령을 실행해야 합니다.

```
λ  Cmder                                                    −  □  ✕

C:\github\do_it_django_a_to_z (main -> origin)
(venv) λ python manage.py migrate
Operations to perform:
  Apply all migrations: admin, auth, blog, contenttypes, sessions
Running migrations:
  Applying blog.0001_initial... OK
```

blog/migrations 폴더에 0001_initial.py 파일이 생긴 것을 확인하세요. 이 파일은 최초
makemigrations 명령 실행 시 생기는 파일입니다. 그런데 이 파일은 버전 관리의 대상이 아니
므로 .gitignore를 이용해 깃 관리 대상에서 제외하겠습니다.

05단계 .gitignore 수정하기

gitignore는 '깃에서 관리하지 않을 대상 목록'을 관리해 줍니다. .gitignore는 프로젝트 최상
위 폴더에 있습니다. 여기에 migrations/를 추가합니다. 그러면 이제부터 깃은 migrations
폴더의 내용을 관리하지 않습니다.

실습 파일: .gitignore

```
(...생략...)
# Pycharm
.idea/
migrations/
```

왜 migrations 폴더를 .gitignore에 등록했나요?

앞으로 블로그를 개발하다 보면 models.py를 수정할 일이 많을 겁니다. 그리고 최종
결과물만 서버에 적용하겠죠. 그런데 모델 수정 내역을 일일이 기록하다 보면 로컬 컴퓨
터의 데이터베이스와 서버의 데이터베이스가 일치하지 않아 문제가 생길 수 있습니다.
그래서 migrations 폴더를 .gitignore에 등록하여 깃으로 버전 관리를 하지 않는 것
입니다.

관리자 페이지에서 첫 포스트 작성하기

아직 뭐가 바뀌었는지 잘 모르겠다고요? 변화를 가장 쉽게 파악할 수 있는 방법은 관리자 페이지를 확인하는 것입니다. 관리자 페이지를 열기 위해 터미널에서 `python manage.py runserver`를 입력해 서버를 실행하세요. 그리고 웹 브라우저에서 127.0.0.1:8000/admin/으로 접속해 관리자 페이지를 열고 다음 실습을 진행하세요.

01단계 **admin.py에 Post 모델 추가하기**

blog/admin.py 파일을 열고 두 줄만 추가하여 관리자 페이지에 **Post** 모델을 등록합니다.

실습 파일: **blog/admin.py**

```
from django.contrib import admin
from .models import Post

admin.site.register(Post)
```

다시 관리자 페이지를 열어볼까요? [BLOG]라는 섹션이 생겼고, 그 아래에 [Posts]라는 메뉴도 생겼습니다.

그림 7-7 관리자 페이지에 Post 모델 등록

02단계 **새로운 포스트 생성하기**

한번 둘러볼까요? 우선 [Posts] 메뉴를 클릭하세요. 아직 작성한 포스트가 하나도 없어서 다음과 같은 빈 페이지가 나옵니다. 오른쪽 위의 〈ADD POST〉 버튼을 클릭해 보세요. 또는 [Posts] 옆의 〈+Add〉 버튼을 바로 클릭해도 됩니다.

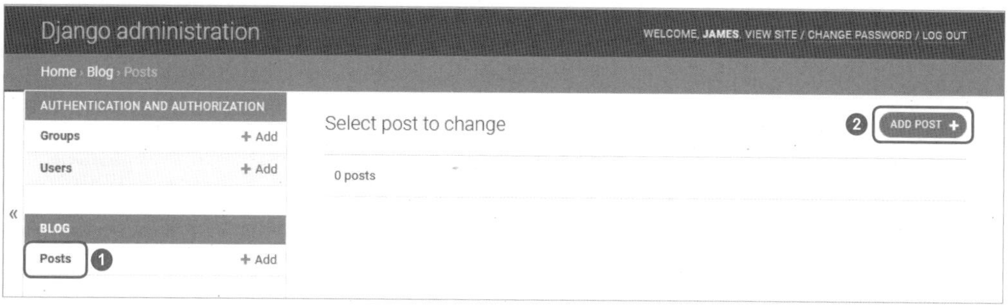

그림 7-8 아직 비어 있는 Posts 페이지

다음 그림처럼 포스트를 생성할 수 있는 페이지가 열립니다. 앞서 models.py에 CharField로 지정했던 title, TextField로 지정했던 content, DateTimeField로 지정했던 created_at 필드에 값을 넣을 수 있게 각각의 양식에 맞춰 입력란이 만들어져 있습니다. 블로그에 글 쓰듯이 여러분이 원하는 내용을 채워넣으세요. Created at 입력란은 〈Today〉, 〈Now〉 버튼을 클릭하면 자동으로 값이 입력됩니다. 그리고 〈SAVE〉 버튼을 클릭하면 포스트가 생성됩니다.

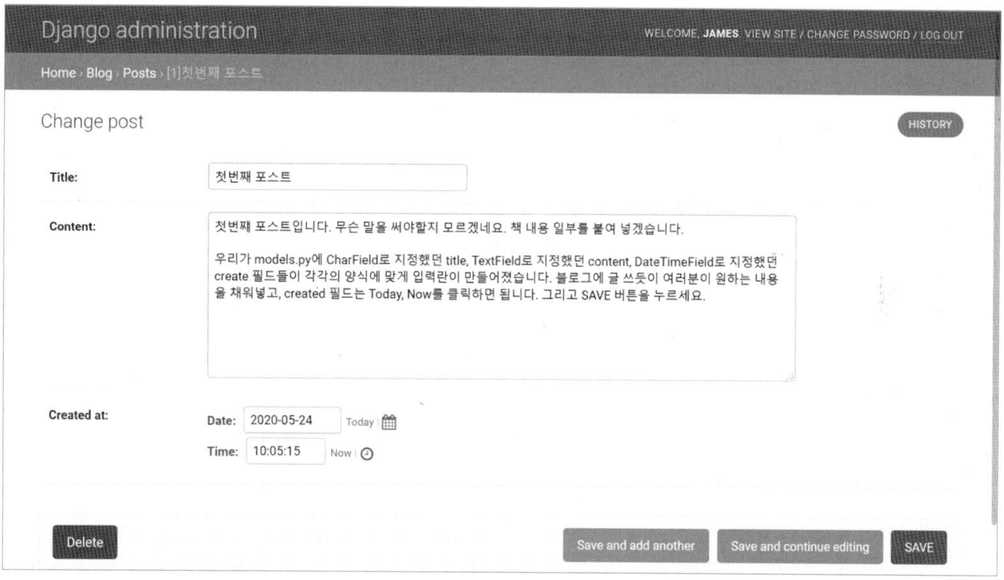

그림 7-9 포스트 내용 입력 후 저장

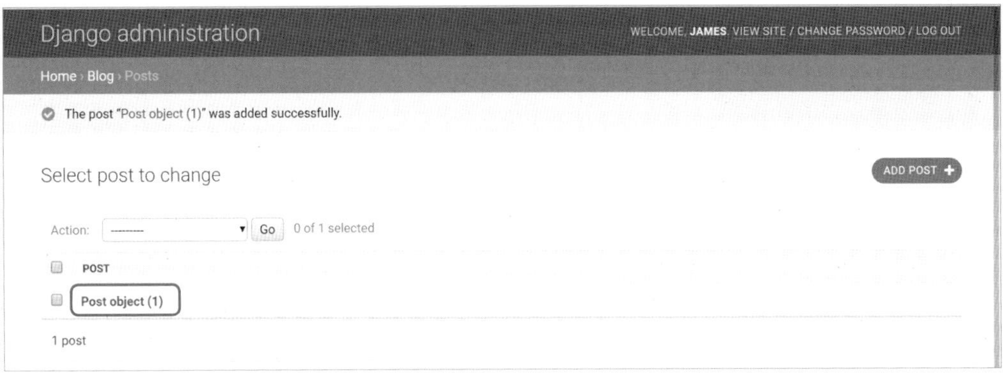

그림 7-10 새로운 포스트 생성

대단하지 않나요? models.py에 **Post** 모델을 정의하고, admin.py에 코드를 두 줄 추가한 것 만으로 관리자 페이지에 새로운 포스트를 작성할 수 있는 기능이 추가되었습니다.

Do it! 실습 포스트 개선하기

01단계 __str__() 함수로 포스트 제목과 번호 보여주기

포스트를 하나 더 생성해 볼까요? 〈ADD POST〉 버튼을 클릭해 다음과 같이 두 번째 포스트 를 만듭니다. 원하는 내용을 작성한 다음 〈SAVE〉 버튼을 클릭하세요.

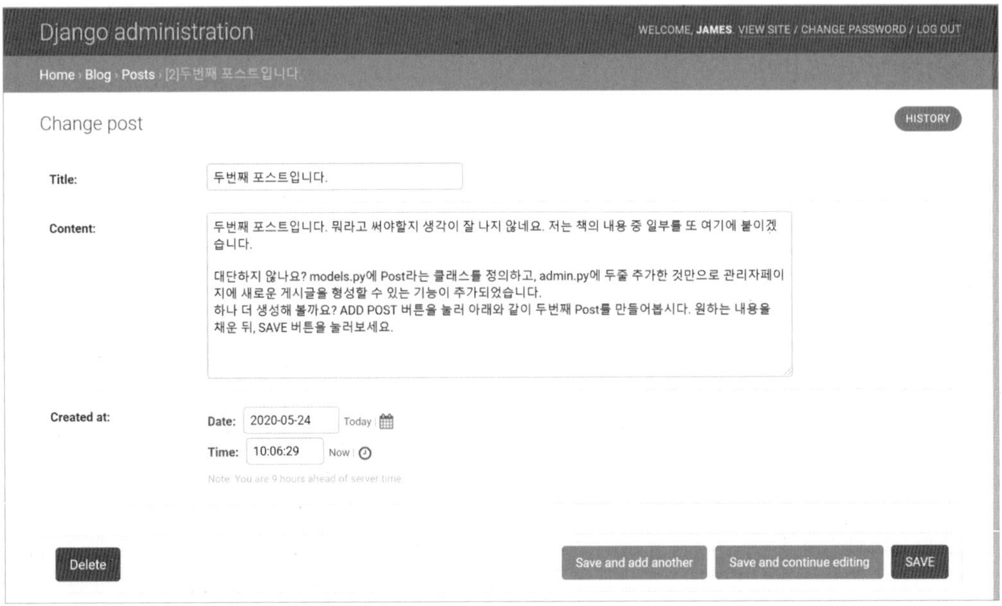

그림 7-11 두 번째 포스트 만들기

다음과 같이 앞에서 만든 포스트가 쭉 나열됩니다. 그런데 포스트의 제목이 나타나지 않네요. 제목이 보이면 그 글이 어떤 내용인지 직접 들어가 보지 않아도 쉽게 알 수 있을 텐데 말이지요.

그림 7-12 포스트 목록에서 제목이 보이지 않음

이 문제를 수정하는 방법은 간단합니다. `Post` 모델에 `__str__()` 함수를 선언하면 됩니다. blog/models.py 파일에 다음 내용을 추가해 봅시다.

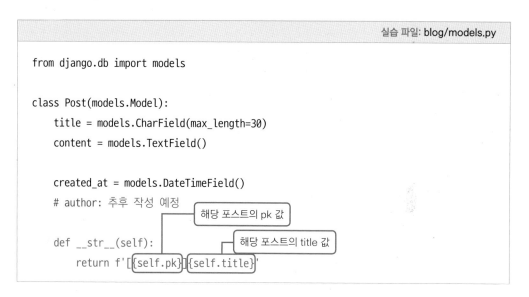

실습 파일: blog/models.py

```python
from django.db import models

class Post(models.Model):
    title = models.CharField(max_length=30)
    content = models.TextField()

    created_at = models.DateTimeField()
    # author: 추후 작성 예정

    def __str__(self):
        return f'[{self.pk}]{self.title}'
```

해당 포스트의 pk 값
해당 포스트의 title 값

장고의 모델을 만들면 기본적으로 **pk** 필드가 만들어 집니다. **pk**는 각 레코드에 대한 고유값이라고 이해하면 됩니다. 포스트를 처음 생성하면 자동으로 **pk** 값으로 1이 부여되고, 두 번째 포스트는 자동으로 2가 부여되는 방식입니다. 이 값을 이용해서 포스트의 제목과 번호를 문자열로 표현합니다. 저장한 후 웹 브라우저를 새로고침하면 다음 그림처럼 대괄호 안에 포스트 번호(`{self.pk}`)가 나오고 그 뒤에 포스트 제목(`{self.title}`)이 나옵니다.

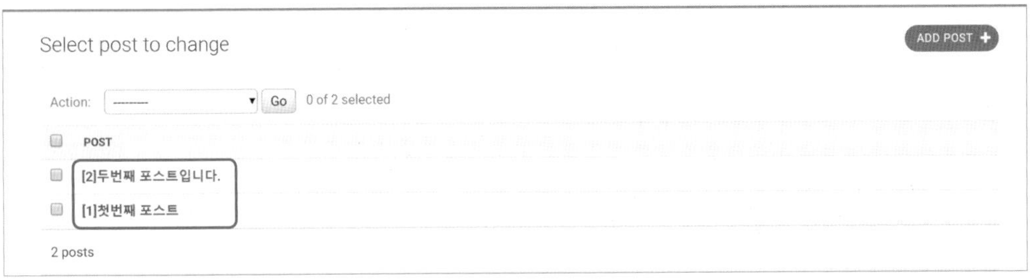

그림 7-13 포스트의 제목과 번호 출력

02단계 특정 지역 기준으로 작성 시각 설정하기

또 한 가지 문제가 있습니다. 지금 필자가 글을 쓰고 있는 시점은 오후 7시 19분입니다. 그런데 Created at에서 〈Today〉와 〈Now〉 버튼을 눌러보면 오전 10시 19분으로 나옵니다. 아래를 보니 'Note: You are 9 hours ahead of server time.'이라는 문구도 나타나네요. 정확히 9시간 차이가 납니다.

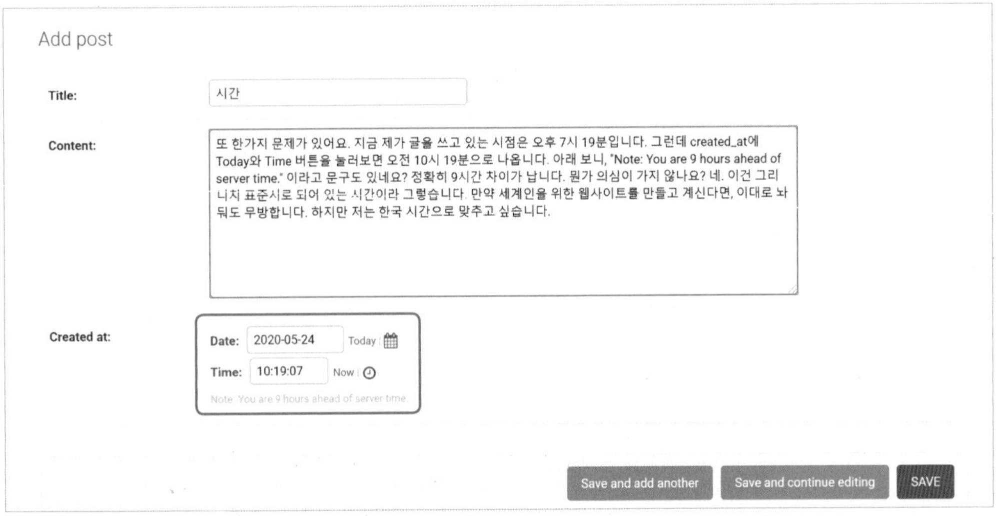

그림 7-14 그리니치 표준시로 작성 시간 자동 지정

뭔가 의심이 가지 않나요? 네. 이건 그리니치 표준시에 맞춘 시각이라 그렇습니다. 만약 세계인을 위한 웹 사이트를 만들고 있다면 이대로 놔둬도 무방합니다. 하지만 여기서는 서울을 기준으로 작성 시각을 설정하겠습니다.

do_it_django_prj/settings.py를 열어봅시다. `TIME_ZONE = 'UTC'`라고 되어 있는 항목이 있을 거예요. 이걸 `Asia/Seoul`로 수정하고, `USE_TZ`는 `False`로 설정하세요.

```
(...생략...)
# Internationalization
# https://docs.djangoproject.com/en/2.2/topics/i18n/


LANGUAGE_CODE = 'en-us'


TIME_ZONE = 'Asia/Seoul'


USE_I18N = True


USE_L10N = True


USE_TZ = False


(...생략...)
```

방금 작성했던 포스트를 다시 열어봅시다. 작성 시각이 서울 기준으로 잘 바뀌었습니다.

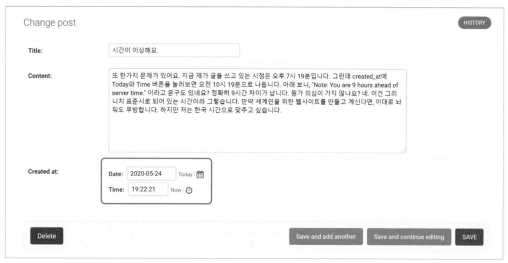

그림 7-15 서울 시간을 기준으로 작성 시각 재설정

03단계 자동으로 작성 시각과 수정 시각 저장하기

포스트를 작성하면 자동으로 작성 시각이 저장되도록 하면 좋겠죠. 나중에 수정을 하게 된다면 그 수정 시각도 저장되면 좋을 테고요. 수정 시각을 저장할 updated_at 필드를 DateTimeField로 하나 더 만들면 됩니다. DateTimeField는 auto_now와 auto_now_add라는 설정이 있어서 처음 레코드가 생성된 시점, 마지막으로 저장된 시점을 자동으로 저장할 수 있습니다.

우선 created_at 필드에 auto_now_add=True로 설정해서 처음 레코드가 생성될 때 현재 시각이 자동으로 저장되게 합니다. 그런 다음 updated_at 필드를 만들고 auto_now=True로 설정해서 다시 저장할 때마다 그 시각이 저장되도록 합니다.

실습 파일: blog/models.py

```python
from django.db import models


class Post(models.Model):
    title = models.CharField(max_length=30)
    content = models.TextField()

    created_at = models.DateTimeField(auto_now_add=True)
    updated_at = models.DateTimeField(auto_now=True)
    # author: 추후 작성 예정

    def __str__(self):
        return f'[{self.pk}]{self.title}'
```

모델을 수정했으니 이를 makemigrations으로 장고에게 알려주고, migrate로 데이터베이스에 반영해야 합니다. 그리고 다시 서버를 실행합니다.

```
λ Cmder                                                    —  □  ×

C:\github\do_it_django_a_to_z (main -> origin)
(venv) λ python manage.py makemigrations
C:\github\do_it_django_a_to_z (main -> origin)
(venv) λ python manage.py migrate
C:\github\do_it_django_a_to_z (main -> origin)
(venv) λ python manage.py runserver
```

관리자 페이지에서 다시 포스트를 작성해 보면 더 이상 Created at 입력란이 보이지 않습니다. 저절로 작성 시각이 저장되므로 더 이상 필요하지 않기 때문입니다.

그림 7-16 created at 입력란이 나타나지 않음

저장을 하고 나서 잠시 기다렸다가 다시 저장해 보세요. 작성 시각과 수정 시각이 자동으로 저장되어 나타나는 걸 확인할 수 있습니다.

커밋! Post 모델을 생성하고 시간 설정하기

이 정도면 매듭을 하나 지어도 될 것 같으니 깃에 커밋합시다. 언제나처럼 터미널에서 `git add .`로 변경된 파일을 추가하고, `Post` 모델을 만들고, 시간 설정을 했다는 의미로 `git commit -m "Post 모델을 생성하고 시간 설정하기"`라고 커밋을 합니다. 그리고 `git push` 명령어로 깃허브에 올립니다.

```
λ Cmder                                                          — □ ✕

C:\github\do_it_django_a_to_z (main -> origin)
(venv) λ git add .
C:\github\do_it_django_a_to_z (main -> origin)
(venv) λ git commit -m "Post 모델을 생성하고 시간 설정하기"
C:\github\do_it_django_a_to_z (main -> origin)
(venv) λ git push
```

장고 셸 사용하기

파이썬은 스크립트 기반의 언어이기 때문에 컴파일 과정 없이 한 줄씩 그때그때 실행시 킬 수 있다는 장점이 있습니다. 터미널에서 원하는 기능을 간단히 실행시킬 수 있는 것 이죠. 장고 셸^{Django shell}을 사용하면 이런 장점을 그대로 활용할 수 있습니다.

먼저 터미널에서 Ctrl + C 를 눌러 실행되고 있는 서버를 중단하세요. 그런 다음 터 미널에서 python manage.py shell이라고 입력하면 장고 셸이 실행됩니다.

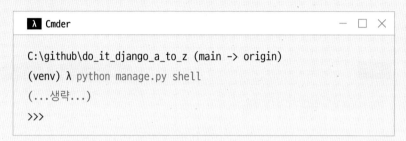

```
λ Cmder                                          − □ ✕

C:\github\do_it_django_a_to_z (main -> origin)
(venv) λ python manage.py shell
(...생략...)
>>>
```

여기에서 포스트의 작성 및 수정 시각을 확인해 보겠습니다. blog 앱의 models.py에 서 Post 모델을 임포트합니다. 그리고 Post.objects.last() 명령어로 데이터베이 스에서 Post 모델의 레코드 중 마지막 레코드를 가져와 p에 저장합니다.

```
λ Cmder                                          − □ ✕

>>> from blog.models import Post
>>> p = Post.objects.last()
```

이제 다음과 같이 최근 포스트의 제목, 작성 시각, 수정 시각을 확인할 수 있습니다. 셸 에서 빠져나오려면 exit()를 입력합니다.

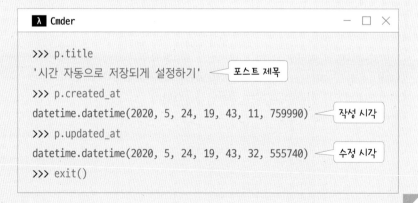

```
λ Cmder                                          − □ ✕

>>> p.title
'시간 자동으로 저장되게 설정하기'        ← 포스트 제목
>>> p.created_at
datetime.datetime(2020, 5, 24, 19, 43, 11, 759990)  ← 작성 시각
>>> p.updated_at
datetime.datetime(2020, 5, 24, 19, 43, 32, 555740)  ← 수정 시각
>>> exit()
```

08

웹 페이지 만들기

지금까지는 모델을 만들어 데이터베이스와 연동하고, 관리자 페이지를 구성하는 방법까지 배웠습니다. 이 장에서는 실제로 웹 사이트에 방문할 사람들을 위해 경로(URL)를 지정하고, 그에 대응하는 페이지를 구성하는 방법에 대해 살펴보겠습니다. 이 장을 배우고 나면 장고로 만든 웹 사이트의 가장 기본적인 형태가 어떤 것인지 대략 짐작할 수 있을 것입니다.

08-1 URL 설정하기

지금 만들고 있는 웹 사이트는 하나의 페이지만 덩그러니 보여주는 구조가 아니라 웹 사이트를 처음 들어가면 나오는 대문 페이지부터, 블로그 페이지, 자기소개 페이지까지 있습니다. 이뿐만이 아니죠. 로그인, 로그아웃을 위한 페이지도 있어야 하고, 각 포스트를 클릭할 때마다 내용을 자세히 보여줄 새 웹 페이지도 필요합니다. 이처럼 웹 사이트 방문자가 여러 정보에 접근할 수 있게 하려면 첫 페이지뿐만 아니라 모든 페이지마다 각각 URL을 추가로 지정해야 합니다.

표지판 역할을 하는 urls.py

장고 프로젝트 폴더에서 urls.py를 열어보세요. 이 파일은 교차로에 진입한 차에게 어디로 가야 하는지를 알려주는 표지판처럼 사용자가 장고로 개발한 웹 사이트에 방문했을 때 어떤 페이지로 들어가야 하는지를 알려줍니다. 앞에서 서버를 실행시킨 후 웹 브라우저에서 127.0.0.1:8000/admin/로 접속하면 관리자 페이지로 넘어갈 수 있었죠? 이는 방문자가 '서버 IP/admin/'으로 접속하면 admin.site.urls에 정의된 내용을 찾아 처리하라고 정해 놓았기 때문입니다. 장고 프로젝트를 만들 때 다음과 같이 자동으로 생성됩니다.

실습 파일: do_it_django_prj/urls.py

```
from django.contrib import admin
from django.urls import path

urlpatterns = [
    path('admin/', admin.site.urls),
]
```

이처럼 do_it_django_prj 폴더의 urls.py는 이정표와 같은 역할을 합니다. 아직 이 파일을 수정한 적이 없기 때문에 현재는 방문자가 웹 사이트의 서버 IP 주소 뒤에 admin/을 붙여서 오는 경우만 정의하고 있습니다.

필요한 페이지 살펴보기

이 책에서 만들 웹 사이트는 크게 3개 부분(대문 페이지, 블로그 페이지, 자기소개 페이지)으로 구성된다고 했습니다. 각 페이지마다 추가로 필요한 하위 페이지로는 어떤 것들이 있을지 살펴봅시다.

대문 페이지

도메인 또는 서버 IP 주소 뒤에 아무것도 쓰지 않았을 경우, 이는 방문자를 맞이하는 페이지이므로 하위 페이지가 따로 필요하지 않습니다.

블로그 페이지

블로그 페이지는 포스트 목록 페이지와 포스트 상세 페이지로 나누어 구성할 것입니다. 도메인 뒤에 '/blog/'만 붙였을 때는 블로그의 여러 포스트를 목록 형태로 보여주는 포스트 목록 페이지가 필요합니다. 그래야 방문자가 여러 포스트 중에서 원하는 내용을 훑어볼 수 있겠죠. 그중에서 마음에 드는 포스트를 클릭하면 그 포스트의 전문과 댓글을 보여주는 포스트 상세 페이지가 필요합니다. 이때 URL은 '도메인/blog/포스트의 pk/'로 합니다. 각각의 레코드는 고유한 pk 값을 갖고 있으니 이 값을 이용해서 개별 포스트를 구분하는 것이죠.

자기소개 페이지

자기소개 페이지는 도메인 뒤에 '/about_me/'를 붙였을 때 나타나도록 하겠습니다.

앞으로 만들 페이지의 URL 구조를 표로 정리하면 다음과 같습니다.

표 8-1 페이지별 URL 생성 규칙

페이지		URL
대문 페이지		도메인/
블로그 페이지	포스트 목록	도메인/blog/
	포스트 상세	도메인/blog/포스트 pk
자기소개 페이지		도메인/about_me/

포스트 목록 페이지 만들기

앞 장에서 포스트를 작성해 봤지만 아직은 관리자 페이지에서만 볼 수 있는 상태입니다. 이번에는 웹 사이트를 방문한 사람들에게도 여러 포스트를 보여줄 수 있는 포스트 목록 페이지를 만들어 보겠습니다.

01단계 블로그 페이지 URL로 접속하기

일단 장고 서버를 실행해 볼까요? 매번 그랬듯이 터미널에서 `python manage.py runserver`를 입력하세요.

> 🙂 서버를 실행하기 전에 먼저 venv\Scripts\ activate.bat로 가상환경을 실행하는 것 잊지 마세요.

```
λ Cmder                                                    —  □  ✕

C:\github\do_it_django_a_to_z (main -> origin)
(venv) λ python manage.py runserver
```

웹 브라우저 주소 창에 'http://127.0.0.1:8000/blog/'를 입력하세요. Page not found(404) 오류가 발생합니다. 장고가 'do_it_django_prj.urls를 활용해서 시도해 봤지만 해당하는 페이지를 찾을 수 없다. 거기에는 admin/에 해당하는 내용밖에 없다'고 불평하고 있네요. 터미널에서도 Not Found: /blog/라는 메시지와 함께 404 오류가 발생합니다.

그림 8-1 URL을 설정하지 않았을 때 나타나는 오류 메시지

```
λ Cmder                                                    —  □  ✕

(...생략...)
Not Found: /blog/   ◁── 오류가 발생합니다
[24/May/2020 19:59:52] "GET /blog/ HTTP/1.1" 404 1964
```

blog/urls.py 만들기

이제 표지판 역할을 하는 urls.py에 blog/로 접속하는 경우를 추가합시다. 방문자가 blog/로 접속할 때는 blog 앱 폴더의 urls.py를 참고하도록 설정합니다.

실습 파일: do_it_django_prj/urls.py

```python
from django.contrib import admin
from django.urls import path, include

urlpatterns = [
    path('blog/', include('blog.urls')),
    path('admin/', admin.site.urls),
]
```

아직 blog 앱 폴더에는 urls.py가 없습니다. 새로 urls.py를 만들고, 다음처럼 작성하세요.

실습 파일: blog/urls.py

```python
from django.urls import path
from . import views

urlpatterns = [
    # 이 부분을 채울 겁니다!
]
```

이제 장고 프로젝트 폴더의 urls.py와 마찬가지로 blog 앱 폴더의 urls.py에도 urlpatterns 리스트에 URL과 그 URL이 들어올 때 어떻게 처리할지 명시해 주면 됩니다.

08-2 FBV로 페이지 만들기

urls.py에 들어갈 함수나 클래스 등은 views.py에서 정의합니다. 이제 views.py를 만들어 보겠습니다. 이때 FBV와 CBV라는 2가지 선택지가 있습니다.

FBV와 CBV

FBV$^{Function based view}$는 말 그대로 함수에 기반을 둔 방법입니다. 함수를 직접 만들어서 원하는 기능을 직접 구현할 수 있는 장점이 있습니다. CBV$^{Class based view}$는 장고가 제공하는 클래스를 활용해 구현하는 방법입니다. 장고는 웹 개발을 할 때 반복적으로 많이 구현하는 것들을 클래스로 미리 만들어서 제공하고 있습니다. 이 클래스들을 활용하는 방법입니다.

FBV와 CBV 중 어느 것이 낫다고 단정할 수는 없습니다. 필요에 따라 선택하면 됩니다. 필자는 CBV를 더 선호하지만 장고의 원리를 이해하기 위해 FBV를 먼저 살펴보겠습니다.

 FBV로 포스트 목록 페이지 만들기

01단계 blog/urls.py 내용 추가하기

장고 프로젝트 폴더(do_it_django_prj)에 있는 urls.py의 내용을 참고해 blog/urls.py를 수정해 보겠습니다. views.py에 index라는 함수를 만들어서 FBV로 구현할 생각입니다.

😀 함수명은 꼭 index가 아니어도 상관없습니다. 다만 파이썬은 함수명을 소문자로 만드는 관습이 있으므로 소문자로 만드는 걸 추천합니다.

실습 파일: blog/urls.py

```
from django.urls import path
from . import views

urlpatterns = [
    path('', views.index),
]
```

from . import views는 현재 폴더에 있는 views.py를 사용할 수 있게 가져오라는 뜻입니다. 그리고 입력된 URL이 'blog/'로 끝난다면 임포트한 views.py에 정의되어 있는 index() 함수를 실행하도록 코드를 작성합니다.

02단계 blog/views.py에 index() 함수 정의하기

아직 blog 폴더의 views.py에 index() 함수가 정의되어 있지 않습니다. 다음과 같이 views. py 파일에 index() 함수를 정의합니다.

실습 파일: blog/views.py

```python
from django.shortcuts import render

def index(request):
    return render(
        request,
        'blog/index.html',
    )
```

새로 만든 index() 함수가 하는 역할은 아직 단순합니다. 장고가 기본으로 제공하는 render() 함수를 사용해 템플릿 폴더에서 blog 폴더의 index.html 파일을 찾아 방문자에게 보내줍니다. 이제 웹 브라우저로 다시 127.0.0.1:8000/blog/에 접속해 봅시다. 다음과 같이 '사이트에 연결할 수 없음'이라는 메시지가 나올 수도 있습니다. 이는 코드를 수정하는 과정에서 아직 생성하지 않은 blog/urls.py 파일이나 views.py의 index() 함수를 임포트하는 과정에서 오류가 있음을 인지하고 서버가 다운되었기 때문입니다.

그림 8-2 서버 오류로 중단되어 사이트에 연결할 수 없음

당황하지 말고 터미널에서 서버를 다시 실행하세요. 그리고 웹 브라우저를 새로고침합니다. '템플릿을 찾을 수 없다(TemplateDoesNotExist)'는 오류 메시지가 나오면 성공입니다. 계획대로 되고 있는 것입니다. 아직 index.html 파일을 만들지 않았으니까요.

그림 8-3 TemplateDoesNotExist 오류 발생

03단계 **템플릿 파일 만들기**

이제 템플릿 파일을 만들 차례입니다. 여기서는 주의가 좀 필요합니다. blog/templates/ blog 폴더를 새로 만든 다음 그 아래에 index.html을 만들어 주세요.

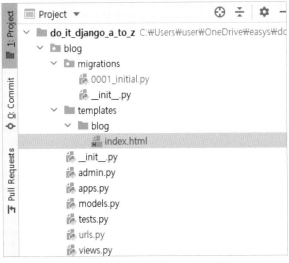

그림 8-4 blog/templates/blog 폴더 생성 후 index.html 생성

이제 index.html에 코드를 입력합니다. 테스트할 목적이므로 `<title>` 태그에는 'Blog'만 나타나도록 작성하고, `<body>` 안에도 마찬가지로 `<h1>` 태그로 'Blog'라는 글자가 나타나도록 작성합니다. 그리고 두 번째 줄의 `<html lang="en">`은 '이 문서는 영어로 된 문서다'라는 의미이므로 한국어를 의미하는 ko를 입력합니다.

실습 파일: blog/templates/blog/index.html

```html
<!DOCTYPE html>
<html lang="ko">
<head>
    <meta charset="UTF-8">
    <title>Blog</title>
</head>
<body>
    <h1>Blog</h1>
</body>
</html>
```

이제 다시 웹 브라우저를 새로고침해 봅시다. 다음과 같이 웹 브라우저 타이틀에 Blog라는 글자가 나타나고, 화면에도 Blog라는 글자가 나타나면 성공입니다.

😊 '사이트에 연결할 수 없음'이라는 메시지가 나온다면 아직 장고가 새로 만든 템플릿 폴더를 인지하지 못했기 때문일 수 있습니다. [Ctrl]+[C]를 눌러 서버를 종료하고 다시 시작해 보세요.

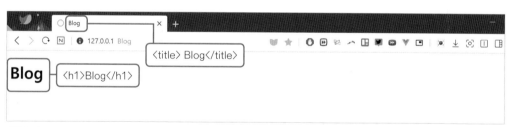

그림 8-5 127.0.0.1:8000/blog/로 접속하면 index.html 출력

04단계 블로그 페이지에 포스트 목록 나열하기

여기에 여러 포스트를 쭉 나열해 보겠습니다. 다음과 같이 views.py를 개선하면 됩니다. 먼저 models.py에 정의되어 있는 Post 모델을 임포트합니다. 그리고 index() 함수에서 `Post.objects.all()`로 모든 Post 레코드를 가져와 posts에 저장합니다. 마지막으로 render() 함수 안에 posts를 딕셔너리 형태로 추가합니다.

```python
from django.shortcuts import render
from .models import Post


def index(request):
    posts = Post.objects.all()

    return render(
        request,
        'blog/index.html',
        {
            'posts': posts,
        }
    )
```

여기서 주의 깊게 봐야 하는 코드는 `Post.objects.all()`입니다. 이런 방식으로 views.py에서 데이터베이스에 쿼리를 날려 원하는 레코드를 가져올 수 있습니다.

쿼리가 무엇인가요?

쿼리란 데이터베이스의 데이터를 가져오거나 수정, 삭제하는 등의 행위를 하기 위한 요청입니다. 장고에서 사용할 수 있는 쿼리 명령어는 `all()` 이외에도 `filter()`, `order_by()`, `create()`, `delete()` 등으로 다양합니다. 이 명령어들은 뒤에서 차차 배울 것입니다.

이제 템플릿 파일인 index.html을 수정합시다. views.py의 `index()` 함수에서 쿼리를 통해 받아온 Post 레코드들을 for 문을 이용해 뿌려줍니다. 이때 for 문에 해당하는 부분은 `{% %}`로 감싸고, 단순히 변수를 의미하는 곳은 `{{ }}`로 감싸는 것을 잊지 마세요.

```html
<!DOCTYPE html>
<html lang="ko">
<head>
    <meta charset="UTF-8">
    <title>Blog</title>
</head>
<body>
    <h1>Blog</h1>

{% for p in posts %}
    <h3>{{ p }}</h3>
{% endfor %}
</body>
</html>
```

이제 웹 브라우저에서 새로고침하면 다음과 같이 Post 레코드가 모두 나열됩니다. Post 모델
에서 __str__() 함수로 정의한 대로 포스트 제목과 번호가 나타납니다.

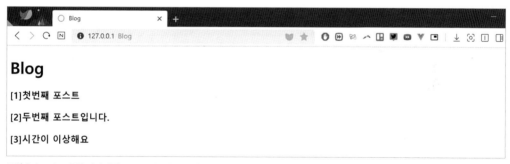

그림 8-6 포스트 목록 페이지에 포스트 제목과 번호 출력

05단계 Post 모델의 필드값 보여주기

for 문을 통해 인스턴스화된 Post 모델의 필드는 닷(.) 기호로 접근할 수 있습니다. 다음과 같
이 index.html을 수정해서 화면에 필드값을 뿌려줍니다.

```html
<!DOCTYPE html>
<html lang="ko">
<head>
    <meta charset="UTF-8">
    <title>Blog</title>
</head>
<body>
<h1>Blog</h1>
{% for p in posts %}
    <hr/>
    <h2>{{ p.title }}</h2>
    <h4>{{ p.created_at }}</h4>
    <p>{{ p.content }}</p>
{% endfor %}
</body>
</html>
```

웹 브라우저에서 새로고침하면 다음과 같이 각각의 필드값까지 나타납니다.

그림 8-7 포스트 목록 페이지에 포스트 내용 출력

06단계 최신 포스트부터 보여주기

일반적으로 블로그에서는 최신 글부터 맨 위에 배치합니다. 새로운 글이 올라오면 방문자들에게 바로 노출시키기 위해서죠. 이렇게 하려면 order_by를 사용하면 됩니다. 다음과 같이 blog/views.py를 수정하면 pk 값의 역순으로 정렬됩니다.

실습 파일: blog/views.py

```python
from django.shortcuts import render
from .models import Post

def index(request):
    posts = Post.objects.all().order_by('-pk')

    return render(
        request,
        'blog/index.html',
        {
            'posts': posts
        }
    )
```

웹 브라우저를 새로고침하면 다음과 같이 가장 최근에 만든 포스트부터 나열됩니다.

그림 8-8 최근에 작성한 포스트부터 출력

커밋! FBV로 블로그 포스트 목록 페이지 만들기

뭔가 그럴싸한 화면을 보았으니 이쯤에서 깃에 커밋해 볼까요? 서버가 실행되고 있는 터미널에서 ⌃Ctrl + ⃝C를 눌러 서버를 중단하고, `git add .`을 입력합니다. 그리고 `git commit -m "FBV로 블로그 포스트 목록 페이지 만들기"`라는 메시지로 커밋한 후 `git push`해서 깃허브에 올립니다.

```
λ Cmder                                                           –  ☐  ✕

C:\github\do_it_django_a_to_z (main -> origin)
(venv) λ git add .
C:\github\do_it_django_a_to_z (main -> origin)
(venv) λ git commit -m "FBV로 블로그 포스트 목록 페이지 만들기"
C:\github\do_it_django_a_to_z (main -> origin)
(venv) λ git push
```

Do it! 실습 FBV로 포스트 상세 페이지 만들기

이번에는 포스트 상세 페이지를 만들어 봅시다. 현재는 포스트의 내용으로 짧은 글만 작성해 놓았기 때문에 포스트 목록 페이지에서 봐도 큰 문제가 없었습니다. 하지만 포스트의 content 필드에 긴 글을 작성할 경우 포스트 목록 페이지에서 한눈에 보기가 어렵겠죠. 게다가 댓글 같은 기능도 추가해야 하므로 각 포스트마다 상세 페이지가 필요합니다.

01단계 포스트 상세 페이지 URL 정의하기

먼저 blog/urls.py에 다음과 같이 한 줄 추가해 주세요.

실습 파일: **blog/urls.py**

```python
from django.urls import path
from . import views

urlpatterns = [
    path('<int:pk>/', views.single_post_page),
    path('', views.index),
]
```

웹 사이트 방문자가 주소 창에서 도메인 뒤에 /blog/를 붙여서 입력하면 서버는 장고 프로젝트 폴더(do_it_django_prj)의 urls.py에서 '도메인 뒤에 /blog/가 붙었을 때는 blog/urls.py에서 처리한다'는 정의에 따라 blog/urls.py로 접근합니다. 그리고 /blog/ 뒤에 아무 것도 없다면 blog/views.py에 정의된 index() 함수에서 처리하게 되어 있죠. 여기까지는 아까 포스트 목록 페이지 만들 때 설명했죠?

이번에 추가한 한 줄은 '만약 /blog/ 뒤에 정수(int) 형태의 값이 붙는 URL이라면 blog/views.py의 single_post_page() 함수에 정의된 대로 처리하라'는 의미입니다. <int:pk>는 정수 형태의 값을 pk라는 변수로 담아 single_post_page() 함수로 넘기겠다는 의미죠.

02단계 single_post_page() 함수 정의하기

앞에서 urls.py를 수정할 때 views.py의 single_post_page() 함수를 활용하라고 정의했지만, 아직 views.py에는 이 함수를 정의하지 않았습니다. 다음과 같이 blog/views.py에서 single_post_page() 함수를 정의합니다.

실습 파일: **blog/views.py**

```python
from django.shortcuts import render
from .models import Post

def index(request):
    posts = Post.objects.all().order_by('-pk')

    return render(
        request,
        'blog/index.html',
        {
            'posts': posts,
        }
    )

def single_post_page(request, pk):
    post = Post.objects.get(pk=pk)

    return render(
        request,
```

```
            'blog/single_post_page.html',
            {
                'post': post,
            }
        )
```

매개변수가 request뿐이었던 index() 함수와 달리 single_post_page() 함수는 pk를 매개변수로 더 받습니다. Post.objects는 앞에서 본 적 있죠? 이번에는 뒤에 .get(pk=pk)라고 되어 있네요. Post.objects.get() 명령은 괄호 안의 조건을 만족하는 Post 레코드를 가져오라는 뜻입니다. 여기서는 Post 모델의 pk 필드 값이 single_post_page() 함수의 매개변수로 받은 pk와 같은 레코드를 가져오라는 의미죠. 그런 다음 가져온 Post 레코드 하나를 blog/single_post_page.html에 담아 렌더링합니다.

> 😊 pk는 primary key의 약자로, 각각의 레코드별로 고유의 값을 갖습니다.

03단계   URL을 이용한 쿼리 확인하기

이제 터미널에서 서버를 실행하고 웹 브라우저 주소 창에 127.0.0.1:8000/blog/1/이라고 입력합니다. 만약 처음 만든 포스트를 삭제하지 않았다면 성공적(?)으로 다음과 같은 TemplateDoesNotExist 오류가 발생합니다. single_post_page() 함수에서 'blog/single_post_page.html'을 쓰겠다고 해놓고, 이 파일을 만들어두지 않았기 때문이죠. Template DoesNotExist 오류 타이틀 바로 아래 blog/single_post_page.html이 필요하다고 알려주고 있네요.

TemplateDoesNotExist at /blog/1/

blog/single_post_page.html

Request Method: GET
Request URL: http://127.0.0.1:8000/blog/1/
Django Version: 3.0.4
Exception Type: TemplateDoesNotExist
Exception Value: blog/single_post_page.html
Exception Location: C:\github\do_it_django_a_to_z\venv\lib\site-packages\django\template\loader.py in get_template, line 19
Python Executable: C:\github\do_it_django_a_to_z\venv\Scripts\python.exe
Python Version: 3.7.1
Python Path: ['C:\\github\\do_it_django_a_to_z',
 'C:\\github\\do_it_django_a_to_z\\venv\\Scripts\\python37.zip',
 'C:\\Users\\saint\\AppData\\Local\\Continuum\\anaconda3\\DLLs',
 'C:\\Users\\saint\\AppData\\Local\\Continuum\\anaconda3\\lib',
 'C:\\Users\\saint\\AppData\\Local\\Continuum\\anaconda3',
 'C:\\github\\do_it_django_a_to_z\\venv',
 'C:\\github\\do_it_django_a_to_z\\venv\\lib\\site-packages',
 'C:\\github\\do_it_django_a_to_z\\venv\\lib\\site-packages\\setuptools-40.8.0-py3.7.egg',
 'C:\\github\\do_it_django_a_to_z\\venv\\lib\\site-packages\\pip-19.0.3-py3.7.egg']
Server time: Mon, 9 Mar 2020 23:59:13 +0900

그림 8-9 템플릿 파일이 지정되지 않았을 때 나타나는 TemplateDoesNotExist 오류

이번에는 학습 차원에서 또 다른 오류를 발생시켜 보겠습니다. 127.0.0.1:8000/blog/임의의 큰 숫자/를 넣어볼까요? 여기서는 10을 넣겠습니다. 오류 타이틀 아래를 보니 Post matching query does not exist라고 되어 있습니다. 더 아래를 자세히 보면 blog/views.py의 18번째 줄에서 문제가 있었다고 친절히 안내하고 있습니다. 즉, 이 오류가 발생하는 이유는 Post.objects.get(pk=pk)에서 single_post_page() 함수의 매개변수로 받은 pk 값과 같은 pk 값을 가진 Post 레코드가 존재하지 않기 때문입니다.

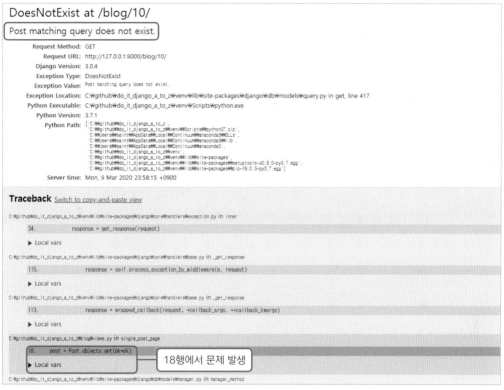

그림 8-10 쿼리가 잘못되었을 때 발생하는 DoesNotExist 오류

관리자 페이지에서 포스트 목록을 보면 pk가 각각 1, 2, 3인 포스트가 있습니다. pk가 10인 포스트는 없으니 DoesNotExist 오류가 발생할 수밖에 없죠. 만약 127.0.0.1:8000/blog/1/을 입력했는데 DoesNotExist 오류를 만났다면, 이는 맨 처음에 만든 포스트를 이미 삭제해서 데이터베이스에 남아 있지 않기 때문일 겁니다. 관리자 페이지에서 확인한 후에 데이터베이스에 있는 포스트의 pk 값을 사용하세요.

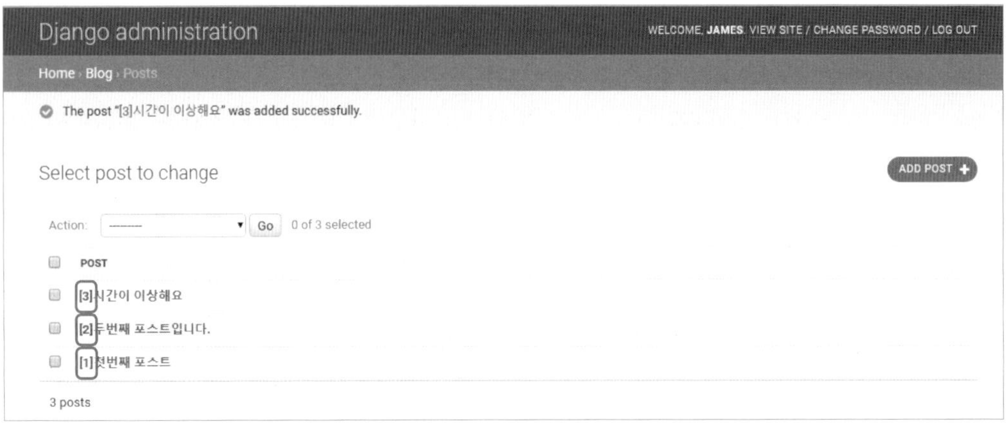

그림 8-11 관리자 페이지의 Posts 페이지에서 각 포스트의 pk 값 확인

04단계　**템플릿 파일 만들기**

이제 blog/templates/blog 폴더에 single_post_page.html을 만듭시다. 웹 브라우저 타이틀은 해당 포스트의 `title` 필드 뒤에 `'- Blog'`를 붙여 나타나도록 했습니다. `<body>` 태그 안에는 맨 위에 `<a>` 태그로 포스트 목록 페이지로 갈 수 있는 링크를 만들어 두었습니다. 그 아래에는 포스트의 `title`, `created_at`, `content` 필드가 적절한 사이즈로 나오도록 했고요. 그리고 밑에 '여기 댓글이 들어올 수 있겠죠?'라는 문구를 남겨 이 페이지가 포스트 상세 페이지임을 바로 알 수 있게 만들겠습니다.

실습 파일: blog/templates/blog/single_post_page.html

```html
<!DOCTYPE html>
<html lang="ko">
<head>
    <meta charset="UTF-8">
    <title>{{ post.title }} - Blog</title>
</head>
<body>
<nav>
    <a href="/blog/">Blog</a>
</nav>
<h1>{{ post.title }}</h1>
<h4>{{ post.created_at }}</h4>
<p>{{ post.content }}</p>
<hr/>
```

```
<h3>여기 댓글이 들어올 수 있겠죠?</h3>
</body>
</html>
```

웹 브라우저에서 다시 127.0.0.1:8000/blog/1/로 접속하면 다음과 같이 우리가 원했던 첫
번째 포스트의 상세 페이지가 나옵니다.

그림 8-12 포스트 상세 페이지에 첫 번째 포스트 내용 출력

 포스트 제목에 링크 만들기

이번에는 포스트 상세 페이지에서 맨 위에 Blog 링크를 클릭하면 포스트 목록 페이지로 이동
할 수 있는 것처럼, 포스트 목록 페이지에서 포스트의 제목(title)을 클릭하면 해당 포스트의
상세 페이지로 갈 수 있는 링크를 만들겠습니다.

01단계 index.html 수정하기

포스트 목록 페이지의 템플릿 파일인 blog/templates/blog/index.html 파일을 열어 다음
과 같이 수정해 주세요. {{ p.title }}을 <a> 태그로 감싸고, href={{ p.get_absolute_url
}}로 지정합니다.

```
<!DOCTYPE html>
<html lang="ko">
<head>
    <meta charset="UTF-8">
    <title>Blog</title>
</head>
<body>
<h1>Blog</h1>

{% for p in posts %}
    <hr/>
    <h2><a href="{{ p.get_absolute_url }}">{{ p.title }}</a></h2>
    <h4>{{ p.created }}</h4>
    <p>{{ p.content }}</p>
{% endfor %}
</body>
</html>
```

웹 브라우저를 열어 127.0.0.1:8000/blog/로 다시 가보면 다음과 같이 링크가 달려 있습니다. 그런데 클릭해 보면 아무런 반응이 없습니다.

그림 8-13 아직 반응이 없는 포스트 목록 페이지의 포스트 제목

02단계 get_absolute_url() 함수 정의하기

웹 브라우저에서 마우스 오른쪽 버튼 클릭 후 '페이지 소스 보기'를 클릭 또는 Ctrl + U 를 눌러 소스를 열어 보세요. <a> 태그의 href 값이 비어 있습니다. 이는 models.py에서 Post 모델에 get_absolute_url() 함수를 정의하지 않았기 때문입니다.

그림 8-14 포스트 목록 페이지 소스 확인

Post 모델에 get_absolute_url() 함수를 추가하기 전에 관리자 페이지에서 포스트 하나만 선택해 보세요. 오른쪽 위를 보면 〈HISTORY〉 버튼만 있습니다.

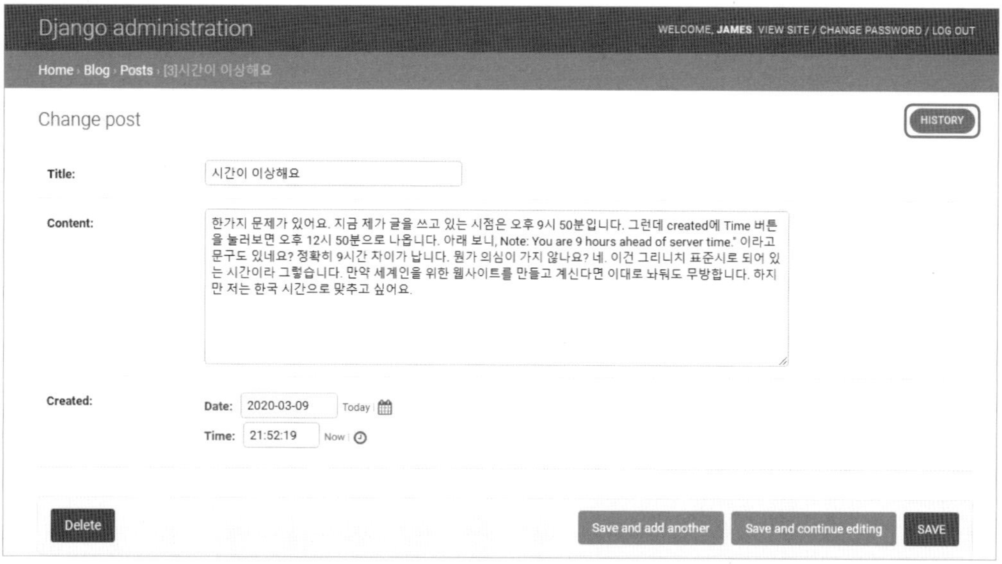

그림 8-15 관리자 페이지에서 포스트 확인

그럼 blog/models.py의 Post 모델에 get_absolute_url() 함수를 추가해 볼까요? get_absolute_url() 함수를 통해 모델의 레코드별 URL 생성 규칙을 정의할 수 있습니다. 앞에서 포스트 상세 페이지를 만들 때 URL이 도메인 뒤에 /blog/레코드의 pk/를 쓰도록 했기 때문에 다음과 같이 정의하겠습니다.

실습 파일: blog/models.py

```python
from django.db import models



class Post(models.Model):
    title = models.CharField(max_length=30)
    content = models.TextField()


    created_at = models.DateTimeField(auto_now_add=True)
    updated_at = models.DateTimeField(auto_now=True)
    # author: 추후 작성 예정

    def __str__(self):
        return f'[{self.pk}]{self.title}'


    def get_absolute_url(self):
        return f'/blog/{self.pk}/'
```

자 그럼, 관리자 페이지에서 포스트를 하나 열어봅시다. 〈HISTORY〉 버튼 옆에 〈VIEW ON SITE〉 버튼이 생겼습니다. 이 버튼을 클릭하면 곧장 해당 포스트의 상세 페이지로 이동합니다.

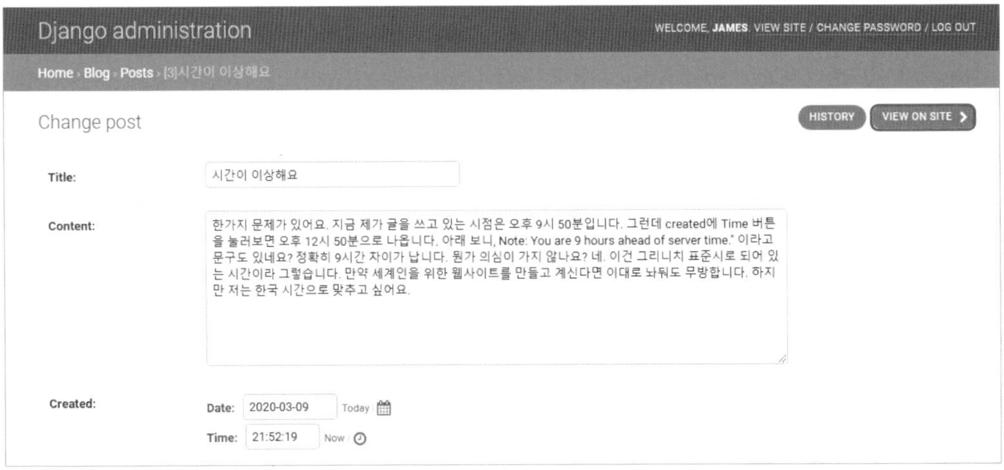

그림 8-16 〈VIEW ON SITE〉 버튼 생성

이제 포스트 목록 페이지로 가서 제목을 클릭하면 해당 포스트의 상세 페이지로 이동합니다. 잘 수정된 것 같죠? 웹 브라우저에서 다시 소스 코드를 확인해 봅시다. Post 레코드마다 고유한 경로가 <a> 태그의 href 값으로 잘 생성되어 있습니다.

```html
1  <!DOCTYPE html>
2  <html lang="ko">
3  <head>
4      <meta charset="UTF-8">
5      <title>Blog</title>
6  </head>
7  <body>
8  <h1>Blog</h1>
9
10
11     <hr/>
12     <h2><a href="/blog/3/">시간이 이상해요</a></h2>
13     <h4>March 9, 2020, 9:52 p.m.</h4>
14     <p>한가지 문제가 있어요. 지금 제가 글을 쓰고 있는 시점은 오후 9시 50분입니다. 그런데 created에 Time 버튼을
   눌러보면 오후 12시 50분으로 나옵니다. 아래 보니, Note: You are 9 hours ahead of server time.&quot; 이라고 문구
   도 있네요? 정확히 9시간 차이가 납니다. 뭔가 의심이 가지 않나요? 네. 이건 그리니치 표준시로 되어 있는 시간이라
   그렇습니다. 만약 세계인을 위한 웹사이트를 만들고 계신다면 이대로 놔둬도 무방합니다. 하지만 저는 한국 시간으로
   맞추고 싶어요.</p>
15
16     <hr/>
17     <h2><a href="/blog/2/">두번째 포스트입니다.</a></h2>
18     <h4>March 9, 2020, 12:49 p.m.</h4>
19     <p>두번째 포스트입니다. 뭐라고 써야할지 생각이 잘 나지 않네요. 저는 책의 내용 일부를 또 여기에 붙이겠습니
   다.
20
21  대단하지 않나요? models.py에 Post라는 클래스를 정의하고, admin.py에 두줄 추가한 것만으로 관리자페이지에 새로운
   게시글을 형성할 수 있는 기능이 추가되었습니다.
22  하나 더 생성해 볼까요? ADD POST 버튼을 눌러 아래와 같이 두번째 Post를 만들어봅시다. 원하는 내용을 채운 뒤, SAVE
   버튼을 눌러보세요.</p>
23
24     <hr/>
25     <h2><a href="/blog/1/">첫번째 포스트</a></h2>
26     <h4>March 9, 2020, 12:49 p.m.</h4>
27     <p>첫번째 포스트입니다. 무슨 말을 써야 할지 모르겠네요. 책 내용 일부를 붙여 넣겠습니다.
28
29  우리가 models.py에 CharField로 지정했던 title, TextField로 지정했던 content, DateTimeField로 지정했던 create 필
   드들이 각각의 양식에 맞게 입력란이 만들어졌습니다. 블로그에 글 쓰듯이 여러분이 원하는 내용을 채워넣고, created
   필드는 Today, Now를 클릭하면 됩니다. 그리고 SAVE 버튼을 누르세요.</p>
30
31  </body>
32  </html>
```

그림 8-17 get_absolute_url() 함수로 포스트 상세 페이지마다 URL 지정

커밋! ## FBV로 블로그 포스트 상세 페이지 만들기

이렇게 FBV를 배웠으니 커밋하겠습니다. 커밋 메시지는 'FBV로 블로그 포스트 상세 페이지 만들기'로 정했습니다.

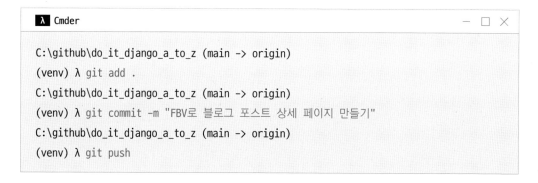

```
λ Cmder                                                      —  □  ×

C:\github\do_it_django_a_to_z (main -> origin)
(venv) λ git add .
C:\github\do_it_django_a_to_z (main -> origin)
(venv) λ git commit -m "FBV로 블로그 포스트 상세 페이지 만들기"
C:\github\do_it_django_a_to_z (main -> origin)
(venv) λ git push
```

대문 페이지와 자기소개 페이지 만들기

FBV를 배웠으니 이제 single_pages 앱의 대문 페이지와 자기소개 페이지도 만들겠습니다.

01단계   single_pages 앱을 위한 URL 지정하기

먼저 대문 페이지를 만들겠습니다. 대문 페이지는 도메인 뒤에 아무 것도 붙이지 않았을 때
나타나는 페이지입니다. 아직 도메인이 없기 때문에 127.0.0.1:8000을 도메인으로 생각하고
작업을 진행하는데, 이 주소만 웹 브라우저에 넣으면 역시나 404 오류가 나옵니다. 도메인 뒤
에 아무 것도 붙어 있지 않은 경우에는 single_pages 앱에서 처리하도록 장고 프로젝트 폴더
의 urls.py를 수정합니다.

실습 파일: do_it_django_prj/urls.py

```python
from django.contrib import admin
from django.urls import path, include

urlpatterns = [
    path('blog/', include('blog.urls')),
    path('admin/', admin.site.urls),
    path('', include('single_pages.urls')),
]
```

02단계   대문 페이지와 자기소개 페이지의 URL 지정하기

single_pages 앱 폴더에 urls.py를 만들고 2가지 URL 패턴에 대한 명령을 추가하겠습니다.
도메인 뒤에 아무 것도 없을 때는 views.py에 있는 `landing()` 함수를 실행해 대문 페이지를
보여주고, 도메인 뒤에 about_me/가 붙어 있을 때는 `about_me()` 함수를 실행해 자기소개 페
이지를 보여줍니다.

```
from django.urls import path
from . import views

urlpatterns = [
    path('about_me/', views.about_me),
    path('', views.landing),
]
```

03단계 views.py에 함수 정의하기

이제 single_pages 앱의 views.py에 landing() 함수와 about_me() 함수를 만들어 FBV 스타일로 페이지를 보여줘야 합니다. landing() 함수에서는 landing.html을 보여주고, about_me() 함수에서는 about_me.html을 보여주도록 설정합니다. single_pages/views.py의 함수들은 데이터베이스와 연결할 필요 없이 단순히 html만 연결해 주면 되므로 blog 앱과 달리 render() 함수 내에 딕셔너리로 인자를 전달할 필요가 없습니다.

```
from django.shortcuts import render

def landing(request):
    return render(
        request,
        'single_pages/landing.html'
    )

def about_me(request):
    return render(
        request,
        'single_pages/about_me.html'
    )
```

2개의 함수가 각각 single_pages 앱의 landing.html과 about_me.html을 보여주도록 만들었으니 이 파일들도 만들어야 합니다. single_pages/templates/single_pages 폴더를 만든 후 그 안에 landing.html과 about_me.html을 새로 만들고 다음과 같이 내용을 작성하세요. 지금은 간단히 만들어두고 나중에 제대로 수정하겠습니다.

실습 파일: single_pages/templates/single_pages/landing.html

```html
<!DOCTYPE html>
<html lang="ko">
<head>
    <meta charset="UTF-8">
    <title>달타냥입니다!</title>
</head>
<body>
<nav>
    <a href="/blog/">Blog</a>
    <a href="/about_me/">About me</a>
</nav>

<h1>안녕하세요. 달타냥입니다.</h1>
<h2>대문페이지</h2>
<h3>아직 만들지 않음</h3>
</body>
</html>
```

실습 파일: single_pages/templates/single_pages/about_me.html

```html
<!DOCTYPE html>
<html lang="ko">
<head>
    <meta charset="UTF-8">
    <title>개발자 달타냥입니다.</title>
</head>
<body>

<nav>
```

```
    <a href="/blog/">Blog</a>
    <a href="/about_me/">About me</a>
</nav>

<h1>안녕하세요. 달타냥입니다</h1>
<h2>이력</h2>
<h2>Portfolio</h2>
<h3>아직 공사중입니다. </h3>
</body>
</html>
```

페이지가 잘 열리는지 확인해 볼까요? 서버를 실행시킨 후 127.0.0.1:8000을 주소 창에 입력해 대문 페이지를 열어 보세요. 그리고 127.0.0.1:8000/about_me/로 자기소개 페이지도 잘 열리는지 확인해 보세요.

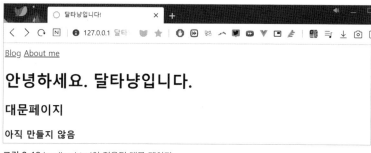

그림 8-18 landing.html이 적용된 대문 페이지

그림 8-19 about_me.html이 적용된 자기소개 페이지

커밋! 대문 페이지와 자기소개 페이지 만들기

아직 아쉽긴 하지만 지금까지 진행된 내용으로 커밋을 하겠습니다. 커밋 메시지는 '대문 페이지와 자기소개 페이지 만들기'로 정했습니다.

```
λ Cmder                                                        —  □  ×

C:\github\do_it_django_a_to_z (main -> origin)
(venv) λ git add .
C:\github\do_it_django_a_to_z (main -> origin)
(venv) λ git commit -m "대문 페이지와 자기소개 페이지 만들기"
C:\github\do_it_django_a_to_z (main -> origin)
(venv) λ git push
```

08-3 CBV로 페이지 만들기

지금까지는 FBV 방식을 이용했습니다. 하지만 CBV를 이용하면 더 간편하게 페이지를 만들 수 있는 경우가 많습니다. 장고는 웹 개발할 때 사람들이 반복해서 사용하는 기능들을 클래스 형태로 제공해 주기 때문이죠. FBV로도 CBV로도 같은 페이지를 만들 수 있지만 일반적인 기능을 개발하는 경우라면 CBV를 추천합니다. 남들이 만들어 놓은 좋은 도구를 마다할 필요가 없겠죠.

CBV로 포스트 목록 페이지 만들기

01단계 ListView로 포스트 목록 페이지 만들기

여러 포스트를 나열할 때는 **ListView** 클래스를 활용하면 됩니다. 아깝겠지만 blog/views.py 에서 index 함수 부분을 주석 처리 또는 삭제하세요! 그리고 전에 포스트 목록 페이지를 위해 만들었던 FBV 스타일의 **index()** 함수를 대체하는 **PostList** 클래스를 **ListView** 클래스를 상속해 만드세요. 딱 두 줄이면 끝입니다. 물론 위에 **ListView**를 임포트하는 건 잊지 말아야겠죠. 'ListView를 사용할 것이고, model은 Post다'라고 선언한 게 전부입니다.

실습 파일: **blog/views.py**

```
from django.shortcuts import render
from django.views.generic import ListView
from .models import Post


class PostList(ListView):
    model = Post


# def index(request):        주석 처리하거나 삭제!
#     posts = Post.objects.all()
#
#     return render(
#         request,
#         'blog/index.html',
```

```
#         {
#              'posts': posts,
#         }
#     )
(...생략...)
```

02단계   urls.py 수정하기

이제 blog/urls.py를 열어 URL 끝이 /blog/일 때는 `PostList` 클래스로 처리하도록 수정합니다. 기존의 `path('', views.index)`는 주석 처리하거나 삭제합니다.

실습 파일: blog/urls.py

```
from django.urls import path
from . import views

urlpatterns = [
    path('', views.PostList.as_view()),
    # path('', views.index),
    path('<int:pk>/', views.single_post_page),
]
```

03단계   템플릿 파일 지정하기

터미널에서 `python manage.py runserver` 명령어로 서버를 실행하고 웹 브라우저에서 아까와 마찬가지로 127.0.0.1:8000/blog/를 입력해 어떤 변화가 있는지 확인해 봅시다. 다음 그림과 같이 TemplateDoesNotExist 오류 메시지가 나타납니다. blog/post_list.html이 필요하다고 하네요.

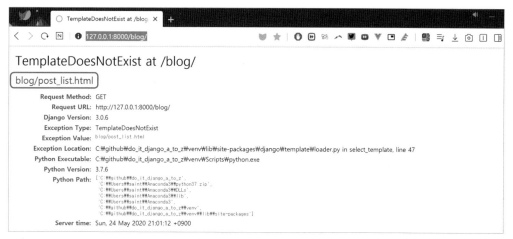

그림 8-20 ListView를 활용한 클래스에서 템플릿이 지정되지 않아 TemplateDoesNotExist 오류 발생

장고가 제공하는 ListView는 모델명 뒤에 '_list'가 붙은 html 파일을 기본 템플릿으로 사용하도록 설정되어 있습니다. 즉, Post 모델을 사용하면 post_list.html이 필요합니다. 그래서 이 오류는 다음 두 가지 방법으로 해결할 수 있습니다. 하나는 PostList 클래스에서 template_name을 직접 지정하는 방법이고 다른 하나는 post_list.html을 바로 만드는 것이죠.

연습을 위해 두 가지 다 해 보겠습니다. 먼저 template_name을 지정하는 방법입니다. 다음과 같이 blog/views.py의 PostList 클래스에 template_name = 'blog/index.html'을 추가해 주세요. 이미 만들어 놓은 index.html을 활용하는 방법입니다.

실습 파일: blog/views.py

```python
from django.shortcuts import render
from .models import Post
from django.views.generic import ListView


class PostList(ListView):
    model = Post
    template_name = 'blog/index.html'
(...생략...)
```

이제 웹 브라우저에서 새로고침하면 오류가 사라지고 포스트 목록 페이지가 나타납니다. 그런데 작성했던 포스트 내용들은 나타나지 않습니다.

그림 8-21 템플릿은 지정되었지만 실제 포스트 목록 내용은 반영되지 않음

앞에서 FBV를 사용할 때는 `index()` 함수에서 `Post.objects.all()` 함수로 가져온 `Post` 레코드를 `posts` 딕셔너리로 명명했습니다. 그리고 템플릿 파일에서 `for` 문으로 `posts`에 담긴 `Post` 레코드를 하나씩 나열했습니다. 템플릿에서 `ListView`로 만든 클래스의 모델 객체를 가져오려면 `object_list` 명령어를 사용하면 됩니다. 또는 `Post` 모델을 사용했으니 `post_list`라고 써도 자동으로 인식합니다. blog/index.html에 `posts`라고 써 있는 부분을 `object_list` 또는 `post_list`로 바꿔줍시다. 여기서는 `post_list`로 수정했습니다. 이제 웹 브라우저에서 새로고침을 하면 이전처럼 잘 나올 겁니다.

실습 파일: blog/templates/blog/index.html

```
(...생략...)
<body>
<h1>Blog</h1>

{% for p in post_list %}
    <hr/>
    <h2><a href="{{ p.get_absolute_url }}">{{ p.title }}</a></h2>
    <h4>{{ p.created }}</h4>
    <p>{{ p.content }}</p>
{% endfor %}
</body>
</html>
```

아까 템플릿명을 명시하지 않으면 post_list.html을 템플릿으로 인식한다고 했었죠. 그렇게도 한번 해봅시다. views.py에서 `template_name = 'blog/index.html'`을 삭제하세요.

실습 파일: blog/views.py

```
from django.shortcuts import render
from django.views.generic import ListView
from .models import Post


class PostList(ListView):
    model = Post
    template_name = 'blog/index.html'
(...생략...)
```

그리고 blog/templates/blog/index.html의 파일명을 post_list.html로 수정하면 됩니다.
파이참에서 index.html 파일을 마우스 오른쪽 버튼으로 클릭합니다. 그리고 [Refactor]를
선택한 후 [Rename]을 선택하면 됩니다.

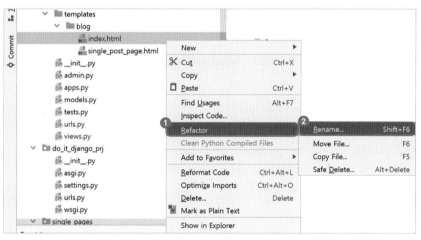

그림 8-22 index.html을 post_list.html로 수정

04단계 최신 포스트부터 보여주기

앞서 말했듯이 대부분의 블로그 웹 사이트는 최신 글을 맨 위에 배치합니다. CBV로 만드는
페이지에도 적용해 보겠습니다. 다행히 장고의 ListView는 이런 기능도 구현해 줍니다. 다음
과 같이 ordering = '-pk'를 추가하세요. Post 레코드 중 pk 값이 작은 순서대로 보여달라는
뜻입니다.

실습 파일: blog/views.py

```
from django.shortcuts import render
from django.views.generic import ListView
from .models import Post

class PostList(ListView):
    model = Post
    ordering = '-pk'
(...생략...)
```

이제 웹 브라우저를 새로고침해 봅시다. 포스트 목록이 최신 글부터 잘 나열되어 있을 겁니다.

커밋! CBV로 블로그 포스트 목록 페이지 만들기

CBV로 포스트 목록 페이지를 구현했으니 깃에 커밋을 할 차례입니다. 커밋 메시지는 'CBV 로 블로그 포스트 목록 페이지 만들기'로 정했습니다.

```
λ Cmder                                                              –  □  ✕
C:\github\do_it_django_a_to_z (main -> origin)
(venv) λ git add .
C:\github\do_it_django_a_to_z (main -> origin)
(venv) λ git commit -m "CBV로 블로그 포스트 목록 페이지 만들기"
C:\github\do_it_django_a_to_z (main -> origin)
(venv) λ git push
```

CBV로 포스트 상세 페이지 만들기

이제 포스트 각각의 페이지를 담당하는 포스트 상세 페이지를 CBV로 만들어 봅시다.

01단계 DetailView로 포스트 상세 페이지 만들기

여러 레코드를 목록 형태로 보여줄 때는 ListView를 이용했다면, 한 레코드를 자세히 보여줄 때는 DetailView를 이용합니다. blog/views.py를 열어 다음과 같이 수정하세요. single_post_page() 함수는 다음처럼 DetailView를 이용해 딱 두 줄로 대체할 수 있습니다. Post 모

델에 대한 개별 페이지를 만든다는 의미죠. FBV 방식을 사용하기 위해 만들었던 single_post_page() 함수는 더 이상 필요하지 않으니 주석 처리하거나 삭제하세요. render() 함수는 더 이상 사용하지 않으므로 render를 임포트하는 코드도 삭제합니다.

실습 파일: blog/views.py

```python
from django.shortcuts import render
from django.views.generic import ListView, DetailView
from .models import Post

class PostList(ListView):
    model = Post
    ordering = '-pk'

class PostDetail(DetailView):
    model = Post
(...생략...)
# def single_post_page(request, pk):
#     post = Post.objects.get(pk=pk)
#
#     return render(
#         request,
#         'blog/single_post_page.html',
#         {
#             'post': post,
#         }
#     )
```

02단계 urls.py 수정하기

이제 blog/urls.py를 열어 /blog/정수/ 형태의 URL인 경우 PostDetail 클래스를 이용하도록 수정합시다. 이전에 만들어두었던 path('<int:pk>/', views.single_post_page)는 주석 처리하거나 삭제하세요.

```
from django.urls import path
from . import views

urlpatterns = [
    path('<int:pk>/', views.PostDetail.as_view()),
    path('', views.PostList.as_view()),
    # path('<int:pk>/', views.single_post_page),
    # path('', views.index),
]
```

03단계 템플릿 파일 지정하기

터미널에서 서버를 실행하고 웹 브라우저에서 127.0.0.1:8000/blog/1/을 입력하세요. 다음과 같은 TemplateDoesNotExist 오류 메시지가 나옵니다. 바로 아래를 보면 blog/post_detail.html이 없다고 불평하고 있습니다. blog/views.py에서 **PostDetail** 클래스를 정의하고 **model = Post**라고 정의했을 뿐인데, 이에 맞춰 html 파 😊 pk=1인 포스트를 삭제했다면 다른일까지 알아서 찾고 있네요. Post 레코드의 숫자를 사용하면 됩니다.

그림 8-23 포스트 상세 페이지의 템플릿 파일을 지정하지 않아 TemplateDoesNotExist 오류 발생

CBV로 포스트 목록 페이지를 만들 때처럼 **template_name**을 수정할 수도 있지만 이번에는 바로 템플릿 폴더에 있는 single_post_page.html의 파일명을 post_detail.html로 수정하겠습니다. 수정하고 나면 다음처럼 성공적으로 포스트 상세 페이지가 웹 브라우저에 잘 나타납니다.

Blog

첫번째 포스트

May 24, 2020, 10:05 a.m.

첫번째 포스트입니다. 무슨 말을 써야할지 모르겠네요. 책 내용 일부를 붙여 넣겠습니다. 우리가 models.py에 CharField로 지정했던 title, TextField로 지정했던 content, DateTimeField로 지정했던 create 필드들이 각각의 양식에 맞게 입력란이 만들어졌습니다. 블로그에 글 쓰듯이 여러분이 원하는 내용을 채워넣고, created 필드는 Today, Now를 클릭하면 됩니다. 그리고 SAVE 버튼을 누르세요.

여기 댓글이 들어올 수 있겠죠?

그림 8-24 CBV로 포스트 상세 페이지에 템플릿 적용

파일명은 관습에 따라 만드세요

파이참에서 파일명을 만들 때 특별한 이유가 없다면 관습에 따라 만드는 것이 좋습니다. 다른 사람이 내 코드를 보고 일을 해야 할 수도 있으니까요. 여기서 다른 사람이란 꼭 남이 아니라 한 달 혹은 1~2년 뒤에 이 코드에 대한 기억을 까맣게 잊을지도 모르는 미래의 나도 포함됩니다!

커밋! CBV로 블로그 포스트 상세 페이지 만들기

그럼 깃에 커밋을 해야죠. 커밋 메시지는 'CBV로 블로그 포스트 상세 페이지 만들기'로 정했습니다.

```
λ Cmder                                                    –  □  ×

C:\github\do_it_django_a_to_z (main -> origin)
(venv) λ git add .
C:\github\do_it_django_a_to_z (main -> origin)
(venv) λ git commit -m "CBV로 블로그 포스트 상세 페이지 만들기"
C:\github\do_it_django_a_to_z (main -> origin)
(venv) λ git push
```

09

정적 파일과 미디어 파일 관리하기

지금까지는 장고가 어떤 식으로 작동하는지 파악하기 위해 기능 구현에만 초점을 맞췄기 때문에 지금 만들고 있는 블로그가 엉성해 보여 마음에 안 들지도 모릅니다. 이 장에서는 웹 사이트를 꾸며줄 CSS나 이미지 파일 등을 어떻게 처리해야 하는지에 대해 알아보겠습니다.

09-1 정적 파일 관리하기

지금까지는 장고에 대한 설명과 기능 구현에 집중했습니다. 그러나 웹 사이트를 인터넷에 공개했을 때 방문자들에게 신뢰를 얻기 위해서는 디자인도 중요한 요소입니다. 이제 부트스트랩 배울 때 만들었던 페이지 디자인을 적용해 보겠습니다.

포스트 목록 페이지에 부트스트랩 적용하기

01단계 blog_list.html 다시 사용하기

04장에서 부트스트랩 처음 연습할 때 만들었던 blog_list.html 내용을 복사해서 방금까지 만든 post_list.html에 덮어 씌우세요. 그리고 `python manage.py runserver`로 서버를 실행하고 웹 브라우저에서 주소 창에 127.0.0.1: 8000/blog/를 입력하세요. 다음과 같은 화면이 나타납니다. 😃 blog_list.html 내용은 04장을 참고하세요.

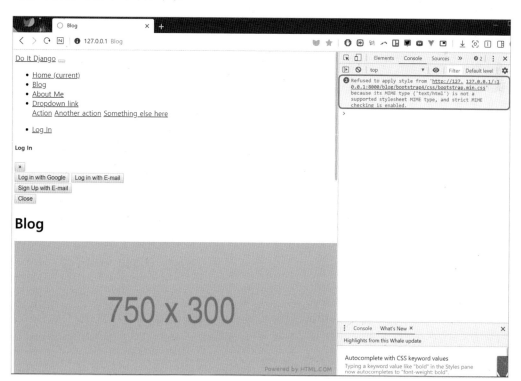

그림 9-1 blog_list.html을 post_list.html에 덮어 씌우면 오류 발생

흠. 모양이 이상하군요. CSS가 적용되지 않은 것 같습니다. F12를 눌러 개발자 도구를 열고 [Console] 탭을 클릭하면 오류 메시지가 나타날 겁니다. 내용을 해석해 보면 역시 bootstrap.min.css 파일이 없다는 얘기군요.

부트스트랩을 사용할 때의 기억을 되살려 봅시다. 웹 브라우저(클라이언트)는 먼저 서버에 접속해 html 파일을 불러옵니다. html 파일에 css 파일을 사용한다고 명시되어 있다면 그 파일을 불러와서 그 안에 정의된 모양을 적용한 다음 웹 브라우저 화면에 렌더링합니다. 즉, HTML에서 bootstrap.min.css 파일을 불러와서 적용합니다.

그림 9-2 HTML에서 css 파일을 불러와 적용하는 과정

하지만 지금은 post_list.html 파일이 있는 곳에 bootstrap 폴더를 만들고 bootstrap.min. css 파일을 복사해 넣어둔다고 해결되지 않습니다. 처음 장고를 접하는 분들이 종종 html 파일이 있는 templates 폴더에 css 파일이나 js 파일을 넣어 두고는 왜 적용이 되지 않는지 의아해 합니다. 그러나 장고는 그런 방식으로 동작하지 않기 때문에 당연한 현상입니다.

02단계 MTV 구조 이해하기

'05-2 장고의 작동 구조 이해하기'에서 설명했듯이, 장고는 MTV 구조로 동작합니다. 즉, 앱 폴더(여기서는 blog 폴더)에 있는 templates 폴더의 html 파일은 정적인 파일이 아닙니다. 앞에서 만든 post_list.html 파일만 봐도 블로그 포스트 내용으로 채워야 하는 빈 칸들이 많고, 장고는 views.py에 정의한 내용에 따라 그 빈 칸을 채워 사용자에게 정보를 제공합니다. 따라서 templates 폴더에 css, js 파일을 함께 넣어 두어도 해당 파일에 접근할 수 없습니다.

css, js 파일은 templates 폴더의 html 파일과 달리 고정된 내용만 제공하면 됩니다. 따라서 최종적으로 웹 서버를 운영할 때는 특정 URL로 접근을 하면 해당 css, js 파일을 제공할 수 있도록 설정해 두면 됩니다.

03단계 static 폴더 만들고 css 파일 넣기

각 앱 폴더 아래에 static 폴더를 만들고 css, js와 같은 정적 파일을 넣겠습니다. 먼저 blog/static/blog/bootstrap 폴더를 만드세요. 이전에 부트스트랩을 배울 때 내려받았던 bootstrap.min.css 파일과 bootstrap.min.css.map 파일을 그 안에 넣어주면 됩니다.

그림 9-3 bootsrtap.min.css와 bootstrap.min.css.map 추가

04단계 css 파일 경로 지정하기

이제 post_list.html 파일을 수정해 볼까요? 일단 post_list.html 파일에서 `<!DOCTYPE html>` 바로 아래에 `{% load static %}`를 추가하여 static 파일을 사용하겠다고 선언합니다. 그리고 `<head>` 태그 안에 원래 bootstrap.min.css 파일 링크가 있던 부분을 다음과 같이 수정합니다.

실습 파일: blog/templates/blog/post_list.html

```
<!DOCTYPE html>
{% load static %}
<html lang="ko">
<head>
    <title>Blog</title>
    <link rel="stylesheet" href="{% static 'blog/bootstrap/bootstrap.min.css' %}"
media="screen">

    <script src="https://kit.fontawesome.com/**********.js"
crossorigin="anonymous"></script>
</head>
(...생략...)
```

잘 적용되었는지 확인하기 위해 서버를 실행시키고 웹 브라우저를 열어 127.0.0.1:8000/blog/에 접속합니다. 부트스트랩으로 만들었던 디자인이 그대로 적용되었다면 성공입니다.

😀 웹 사이트에 변화가 없다면 서버를 재시작해 보세요.

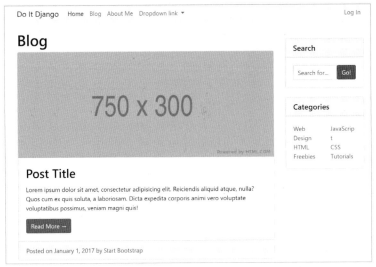

그림 9-4 post_list.html에 bootstrap.min.css 적용 성공

실제 포스트 내용이 표시되도록 수정하기

지금은 HTML로 포스트가 2개 있는 것처럼 모양만 만들어 놓은 상태입니다. 실제 내용이 보이도록 수정해 보겠습니다. 현재 post_list.html 파일에는 `<!-- Blog Post -->`로 표시되어 있는 div 요소가 2개 있습니다. 이 중 하나는 지우고, 앞에서 배운 for 문을 이용해서 반복해 주면 됩니다. 다음과 같이 수정하세요. 제목이 있어야 하는 자리에 `{{ p.title }}`, 본문이 있어야 하는 자리에 `{{ p.content }}`, 작성일이 있어야 하는 자리는 `{{ p.created_at }}`로 대체했습니다. 그리고 〈Read More〉 버튼 위치의 href에 있던 #을 지우고 `{{ p.get_absolute_url }}`로 고쳤습니다. 작성자는 아직 author 필드를 만들지 않았으므로 '작성자명 쓸 위치(개발예정)'라고 작성해 두었습니다.

실습 파일: blog/templates/blog/post_list.html

```
(...생략...)
{% for p in post_list %}
<!-- Blog Post -->
<div class="card mb-4">
    <img class="card-img-top" src="http://placehold.it/750x300" alt="Card image cap">
    <div class="card-body">
        <h2 class="card-title">{{ p.title }}</h2>
        <p class="card-text">{{ p.content }}</p>
```

```
        <a href="{{ p.get_absolute_url }}" class="btn btn-primary">Read More &rarr;</a>
    </div>
    <div class="card-footer text-muted">
        Posted on {{ p.created_at }} by
        <a href="#">작성자명 쓸 위치(개발예정)</a>
    </div>
</div>
{% endfor %}
(...생략...)
```

이제 웹 브라우저를 새로고침해 보세요. 앞에서 만들었던 모든 포스트가 목록에 나타납니다.
〈Read More〉 버튼도 클릭해 보세요. 포스트 상세 페이지로 넘어갈 겁니다.

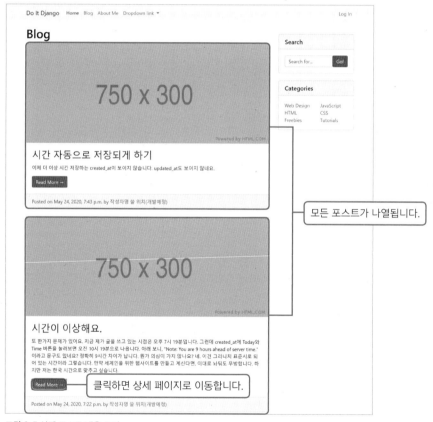

그림 9-5 실제 포스트 내용 표시

커밋! 포스트 목록 페이지에 부트스트랩 적용하기

그럼 현재까지 진행한 내용을 깃에 커밋하고 푸시합니다. 커밋 메시지는 '포스트 목록 페이지에 부트스트랩 적용하기'로 정했습니다.

```
λ Cmder                                                    —  □  ✕

C:\github\do_it_django_a_to_z (main -> origin)
(venv) λ git add .
C:\github\do_it_django_a_to_z (main -> origin)
(venv) λ git commit -m "포스트 목록 페이지에 부트스트랩 적용하기"
C:\github\do_it_django_a_to_z (main -> origin)
(venv) λ git push
```

포스트 상세 페이지에 부트스트랩 적용하기

포스트 상세 페이지도 수정합시다. 먼저 어떻게 디자인할지 생각해 봐야겠죠? 이번에도 좋은 레퍼런스가 있습니다. 포스트 목록 페이지를 만들 때 활용했던 Start Bootstrap(startbootstrap. com/)에서 포스트 상세 페이지 디자인도 제공하거든요.

01단계 Start Bootstrap의 포스트 상세 페이지 디자인 벤치마킹하기

상단 메뉴에서 [Templates〉Blog]를 클릭하면 다음과 같은 화면이 나옵니다. 'Blog Post'를 클릭하세요.

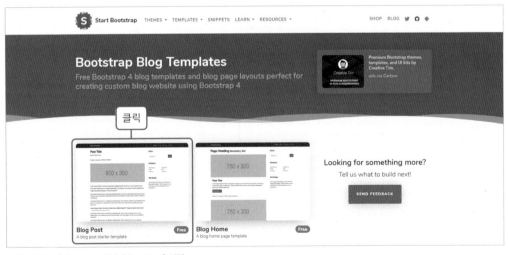

그림 9-6 Start Bootstrap에서 'Blog Post' 선택

〈Free Download〉 버튼을 클릭해 파일을 내려받으세요. 😊 만약 웹 사이트에 접속되지 않는다면 87쪽을 참고하세요.

그림 9-7 Start Bootstrap에서 Blog Post 내려받기

포스트 목록 페이지 만들 때는 무턱대고 복사해서 적용했지만 이번에는 페이지 구조를 먼저 살펴보겠습니다. 〈Live Preview〉 버튼을 클릭하면 다음과 같이 Blog Post 페이지 전체를 볼 수 있습니다.

그림 9-8 포스트 상세 페이지의 구조

여기서는 포스트 내용을 담는 부분만 사용하겠습니다. 이 부분을 앞으로 메인 영역^{main area}이라고 부릅시다. HTML 코드에도 `<div id="main-area">`로 정의하겠습니다. 메인 영역 안은 포스트 영역^{post area}과 댓글 영역^{comment area}으로 나누어 생각할 수 있습니다. 앞으로는 포스트 상세 페이지를 이야기할 때 이렇게 영역을 구분해서 설명하겠습니다.

02단계 Blog Post 디자인 적용하기

페이지 구조를 머리 속에 담았나요? 이제 Start Bootstrap 사이트의 Blog Post 디자인을 적용하겠습니다. `Ctrl` + `U`를 눌러 페이지 소스를 열고 전부 복사한 후 blog/templates/blog/post_detail.html에서 기존 내용을 모두 지우고 붙여 넣으세요. 그리고 맨 위에 `{% load static %}`을 추가하고, bootstrap.min.css를 가져오는 부분을 포스트 목록 페이지를 참고하여 수정합니다. 원래는 `<link href="css/blog-post.css" rel="stylesheet">`도 수정해야 하지만 이 CSS가 어떤 역할을 하는지 보기 위해 일단은 남겨두겠습니다. `<title>{{ post.title }} - Blog</title>`로 title 필드 값이 웹 브라우저 탭의 타이틀이 되도록 수정합니다. 마지막으로 js 파일 링크도 원래 있던 jquery.min.js와 bootstrap 관련 코드는 삭제하고, post_list.html에 적용했던 링크로 수정하세요.

실습 파일: blog/templates/blog/post_detail.html

```
<!DOCTYPE html>
{% load static %}
<html lang="ko">

<head>
    <meta charset="utf-8">
    <meta name="viewport" content="width=device-width, initial-scale=1, shrink-to-fit=no">
    <meta name="description" content="">
    <meta name="author" content="">

    <title>{{ post.title }} - Blog</title>

    <!-- Bootstrap core CSS -->
    <link rel="stylesheet" href="{% static 'blog/bootstrap/bootstrap.min.css' %}" media="screen">
```

```
    <!-- Custom styles for this template -->
    <link href="css/blog-post.css" rel="stylesheet">
</head>

(...생략...)
    <!-- Bootstrap core JavaScript -->
    <script src="https://code.jquery.com/jquery-3.5.1.slim.min.js"
        integrity="sha384-DfXdz2htPH0lsSSs5nCTpuj/zy4C+OGpamoFVy38MVBnE+IbbVYUew
+OrCXaRkfj"
        crossorigin="anonymous"></script>
    <script src="https://cdn.jsdelivr.net/npm/popper.js@1.16.1/dist/umd/popper.
min.js"
        integrity="sha384-9/reFTGAW83EW2RDu2S0VKaIzap3H66lZH81PoYlFhbGU+6BZp6G7n
iu735Sk7lN"
        crossorigin="anonymous"></script>
    <script src="https://cdn.jsdelivr.net/npm/bootstrap@4.5.3/dist/js/bootstrap.
min.js"
        integrity="sha384-w1Q4orYjBQndcko6MimVbzY0tgp4pWB4lZ7lr30WKz0vr/aWKhXdBN
mNb5D92v7s"
        crossorigin="anonymous"></script>
</body>
</html>
```

이제 터미널에서 서버를 실행하고 웹 브라우저에서 포스트 상세 페이지를 열어 보세요. 부트
스트랩의 Blog Post 디자인이 적용되어 나타납니다.

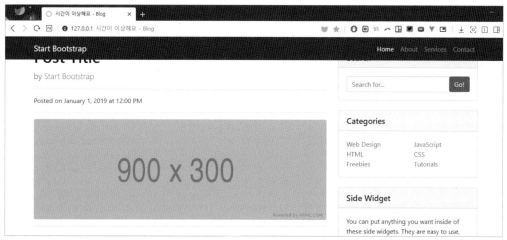

그림 9-9 포스트 상세 페이지에 Blog Post 디자인 적용 완료

03단계 내비게이션 바에 페이지 윗부분이 가려지는 문제 해결하기

그런데 포스트 제목이 내비게이션 바에 가려서 보이지 않습니다. 아래로 페이지를 내려도 내비게이션 바가 계속 웹 브라우저 상단에 고정되어 페이지 윗부분을 가립니다.

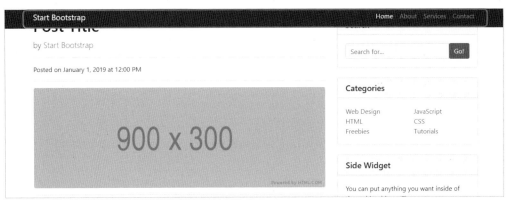

그림 9-10 윗부분이 내비게이션 바에 가려진 상태

이는 `<nav>` 태그의 `class`에 추가된 `fixed-top` 때문입니다. post_list.html과 post_detail.html의 `<nav>` 태그를 비교해 보세요. post_detail.html의 `<nav>` 태그에만 `fixed-top`이 있습니다.

실습 파일: blog/templates/blog/post_list.html

```
(...생략...)
<nav class="navbar navbar-expand-lg navbar-light bg-light">
(...생략...)
```

실습 파일: blog/templates/blog/post_detail.html

```
(...생략...)
<nav class="navbar navbar-expand-lg navbar-dark bg-dark fixed-top">
(...생략...)
```

이 설정을 지우면 내비게이션 바에 페이지 윗부분이 가려지는 문제를 해결할 수 있습니다. 하지만 화면을 아래로 내리면 내비게이션 바가 위로 올라가 보이지 않습니다.

내비게이션 바를 위에 고정시키면서 페이지 내용도 가려지지 않도록 수정하겠습니다. 먼저 blog/static/blog 폴더 안에 css 폴더를 만듭니다. 그리고 Start Bootstrap 웹 사이트에서 내려받은 압축 파일의 css 폴더에서 blog-post.css 파일을 찾아 넣어주세요.

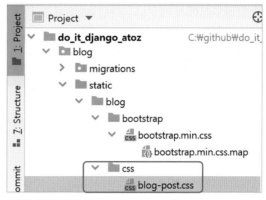

그림 9-11 정적 파일 폴더에 blog-post.css 추가

blog-post.css는 어떤 역할을 할까요? 파일 내용을 살펴보니 `<body>` 태그의 `padding-top`을 56px로 설정하네요. 페이지의 윗부분이 내비게이션 바에 가려지므로 그 가려지는 크기만큼 body 요소에 패딩을 주는 간단한 해결책입니다.

실습 파일: blog/static/blog/css/blog-post.css

```
body {
  padding-top: 56px;
}
```

이 css 파일을 사용하기 위해 blog/templates/blog/post_detail.html 파일을 다음과 같이 수정해 주세요. 장고에서 정적 파일을 어떻게 사용하는지 이제 조금씩 감이 잡히나요?

실습 파일: blog/templates/blog/post_detail.html

```
(...생략...)
<!-- Bootstrap core CSS -->
<link rel="stylesheet" href="{% static 'blog/bootstrap/bootstrap.min.css' %}" media="screen">

<!-- Custom styles for this template -->
<link rel="stylesheet" href="{% static 'blog/css/blog-post.css' %}" media="screen">
(...생략...)
```

웹 브라우저에서 새로고침하면 body 요소 윗부분에 패딩이 생겨 더 이상 내비게이션 바에 가려지는 문제가 발생하지 않습니다.

그림 9-12 blog-post.css를 적용해 페이지 윗부분에 패딩 추가

04단계 실제 포스트 내용이 표시되도록 수정하기

이제 메인 영역을 수정하겠습니다. 포스트 제목인 `<h1>` 태그에는 `post.title` 필드가 노출되도록 수정합니다. 아직 Post 모델에 `author` 필드를 만들지 않았으므로 Start Bootstrap은 '작성자명 쓸 위치(개발예정)'라는 텍스트로 임시 수정합니다. 작성 날짜에는 `post.created_at` 필드가 노출되도록 수정하고, 마지막으로 본문이 들어갈 자리에는 `post.content` 필드를 노출합니다. 원래 소스 코드에서 본문 위치에 해당하는 내용은 모두 삭제합니다.

실습 파일: blog/templates/blog/post_detail.html

```
(...생략...)
<!-- Page Content -->
<div class="container">

  <div class="row">

    <!-- Post Content Column -->
    <div class="col-lg-8">

      <!-- Title -->
      <h1 class="mt-4">{{ post.title }}</h1>

      <!-- Author -->
      <p class="lead">
        by
        <a href="#">작성자명 쓸 위치(개발예정)</a>
      </p>
```

```
<hr>

<!-- Date/Time -->
<p>{{ post.created_at }}</p>

<hr>

<!-- Preview Image -->
<img class="img-fluid rounded" src="http://placehold.it/900x300" alt="">

<hr>

<!-- Post Content -->
<p>{{ post.content }}</p>

<hr>
(...생략...)
```

이제 웹 브라우저에서 새로고침하면 다음과 같이 실제 포스트 내용이 반영된 페이지가 나타
납니다.

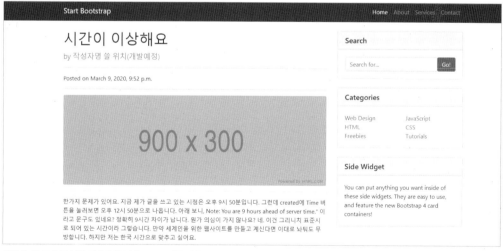

그림 9-13 포스트 상세 페이지에 실제 포스트 내용이 출력됨

커밋! 포스트 상세 페이지에 부트스트랩 적용하기

아직 이 페이지도 수정할 부분이 많습니다. 나중에 차차 개선하기로 하고 이쯤에서 커밋하고 푸시합시다. 커밋 메시지는 '포스트 상세 페이지에 부트스트랩 적용하기'로 정했습니다.

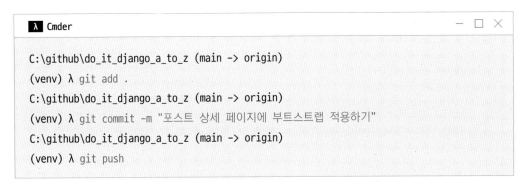

```
λ Cmder                                                        −  □  ✕

C:\github\do_it_django_a_to_z (main -> origin)
(venv) λ git add .
C:\github\do_it_django_a_to_z (main -> origin)
(venv) λ git commit -m "포스트 상세 페이지에 부트스트랩 적용하기"
C:\github\do_it_django_a_to_z (main -> origin)
(venv) λ git push
```

09-2 미디어 파일 관리하기

앞에서 그럴싸한 페이지를 구성해 봤지만 이미지가 나와야 하는 부분에 회색 샘플 이미지만 있는 것이 아쉽네요. 해당 포스트와 관련 있는 이미지를 작성자가 선택해서 업로드할 수 있도록 만들겠습니다.

 포스트에 이미지 올리기

01단계 이미지 폴더 지정하기

장고는 이미지 업로드를 위한 `ImageField`를 제공합니다. `ImageField`를 사용하려면 사용자가 업로드한 이미지를 어디에 저장할지 먼저 설정해야 합니다. 그리고 업로드된 이미지들이 모여 있는 폴더의 URL을 어떻게 할지도 설정해야 하죠. 일단 do_it_django_prj/settings.py를 열어서 맨 아래에 두 줄을 추가해 주세요. os 모듈을 사용하므로 **import os**도 추가하세요.

실습 파일: do_it_django_prj/settings.py

```
import os
from pathlib import Path
(...생략...)
STATIC_URL = '/static/'

MEDIA_URL = '/media/'
MEDIA_ROOT = os.path.join(BASE_DIR, '_media')
```

이미지 파일은 프로젝트 폴더 아래 '_media'라는 이름의 폴더를 만들고 그 안에 저장하도록 설정했습니다. 그리고 `MEDIA_URL`은 /media/로 지정했습니다. 웹 브라우저에서 도메인 뒤에 /media/라는 경로가 따라오면 미디어 파일을 사용하겠다는 의미입니다. 아직은 이해가 잘 안될 수도 있지만 앞으로 실습을 하다 보면 어떤 구조인지 알게 될 거예요.

이제 blog/models.py를 수정합시다. blog/models.py 파일을 열어 **imageField**로 head_image 필드를 추가합니다.

실습 파일: blog/models.py

```python
from django.db import models

class Post(models.Model):
    title = models.CharField(max_length=30)
    content = models.TextField()

    head_image = models.ImageField(upload_to='blog/images/%Y/%m/%d/', blank=True)
    created_at = models.DateTimeField(auto_now_add=True)
    updated_at = models.DateTimeField(auto_now=True)
    # author: 추후 작성 예정
(...생략...)
```

upload_to에 이미지를 저장할 폴더의 경로 규칙을 지정합니다. 여기서는 blog 폴더 아래 images라는 폴더를 만들고, 연도 폴더, 월 폴더, 일 폴더까지 내려간 위치에 저장하도록 설정합니다. 한 폴더 안에 저장하지 않고 이렇게 여러 폴더로 내려가서 저장하도록 설정해야 나중에 방문자가 웹 사이트를 방문했을 때 서버에서 파일을 찾아오는 시간을 단축할 수 있습니다. 한 폴더 안에 너무 많은 파일이 있으면 그 파일을 찾는 데 시간이 오래 걸리거든요. 반면에 폴더를 여러 번 타고 들어가는 것은 시간에 큰 영향을 주지 않습니다.

처음 보는 옵션 blank=True가 있네요. 이렇게 설정하면 해당 필드는 필수 항목은 아니라는 뜻이 됩니다. **Post** 모델의 경우 관리자 페이지에서 **title**이나 **content** 필드를 비워 두고 〈SAVE〉 버튼을 클릭하면 빨간색으로 해당 필드가 표시되면서 반드시 채워달라는 메시지를 나타냅니다. 반면에 blank=True로 설정해두면 그 필드를 채우지 않더라도 경고 메시지 없이 잘 저장됩니다.

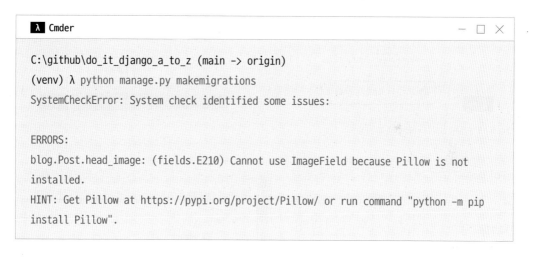

그림 9-14 title 필드를 blank=True로 지정하지 않으면 비워 두고 저장할 경우 경고 메시지가 출력됨

02단계 Pillow 라이브러리 설치하고 마이그레이션하기

모델을 변경했으니 마이그레이션을 해야죠. 터미널에서 `python manage.py makemigrations` 하여 장고에게 모델이 변경되었다고 알려줍시다. 그런데 다음과 같은 오류가 발생하네요.

```
λ Cmder                                                         —  □  ✕

C:\github\do_it_django_a_to_z (main -> origin)
(venv) λ python manage.py makemigrations
SystemCheckError: System check identified some issues:

ERRORS:
blog.Post.head_image: (fields.E210) Cannot use ImageField because Pillow is not
installed.
HINT: Get Pillow at https://pypi.org/project/Pillow/ or run command "python -m pip
install Pillow".
```

오류 메시지를 잘 읽어보니 'Pillow가 설치되어 있지 않아 ImageField를 사용할 수 없다'고 합니다. Pillow는 파이썬에서 이미지를 처리하기 위한 라이브러리입니다. HINT도 써있네요. `python -m pip install Pillow`를 하면 된다고 하는데, 그냥 `pip install Pillow`를 해도 무방합니다. 이렇게 하면 가상환경(venv)에 Pillow가 설치됩니다. 설치가 끝나면 `pip list` 로 가상환경에 Pillow가 설치되었는지 확인하고 다시 마이그레이션을 합니다.

```
λ Cmder                                                      — ☐ ✕

C:\github\do_it_django_a_to_z (main -> origin)
(venv) λ pip install Pillow
C:\github\do_it_django_a_to_z (main -> origin)
(venv) λ python manage.py makemigrations
C:\github\do_it_django_a_to_z (main -> origin)
(venv) λ python manage.py migrate
```

03단계 이미지 업로드 테스트하기

이제 관리자 페이지에 가서 예전에 만들었던 포스트에 이미지를 추가하겠습니다. 터미널에서 서버를 실행하세요. 그리고 원하는 포스트를 클릭해 수정합시다. 잘 살펴보면 다른 입력란은 모두 이름이 볼드체로 되어 있는데 Head image 입력란은 볼드체로 처리되어 있지 않습니다. 필수 항목이 아니라는 이야기죠. 〈파일 선택〉 버튼을 눌러 원하는 이미지 파일을 추가한 후 〈Save and continue editing〉 버튼을 눌러보세요.

그림 9-15 원하는 이미지 파일 선택 후 저장

파이참에서 프로젝트 폴더를 확인해 보세요. _media 폴더가 생성되고, blog, images 폴더가 생성된 이후 그 아래 년, 월, 일 순서로 폴더가 만들어집니다. 그리고 그 아래에 업로드한 이미지 파일이 저장됩니다.

그림 9-16 폴더 자동 생성 후 이미지 저장

그런데 업로드된 이미지 파일의 링크를 클릭해서 접속해 보면 'Page not found' 오류가 발생합니다. 웹 브라우저 주소 창의 경로는 설정한 대로 잘 되어 있는 것 같은데도 말이죠.

😊 여러분은 저와 다른 시간대에 다른 파일을 업로드했을 테니 링크 주소가 다릅니다. 관리자 페이지의 해당 포스트에서 저장된 이미지 링크를 클릭하면 됩니다.

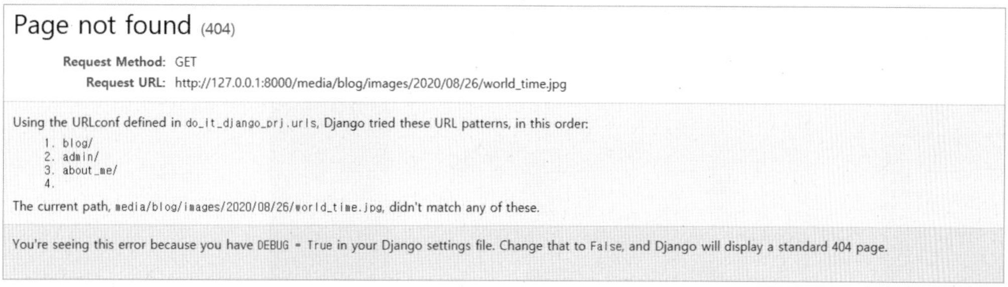

그림 9-17 저장된 미디어 파일을 읽어오지 못함

04단계 **미디어 파일을 위한 URL 지정하기**

오류가 발생한 이유는 아직 urls.py에서 media URL에 대한 설정을 하지 않았기 때문입니다. 프로젝트의 URL 설정을 해야 하므로 do_it_django_prj/urls.py 파일을 열어 맨 아래에 다음과 같이 한 줄을 추가하세요. static 폴더와 settings.py 파일을 사용해야 하므로 위에 `from django.conf.urls.static import static`과 `from django.conf import settings`도 추가해 주세요.

```
실습 파일: do_it_django_prj/urls.py

from django.contrib import admin
from django.urls import path, include

from django.conf import settings
from django.conf.urls.static import static

urlpatterns = [
    path('blog/', include('blog.urls')),
    path('admin/', admin.site.urls),
    path('', include('single_pages.urls')),
]

urlpatterns += static(settings.MEDIA_URL, document_root=settings.MEDIA_ROOT)
```

웹 브라우저에서 새로고침하면 이제 다음과 같이 이미지가 잘 나옵니다. 혹시 여전히 Page not found 오류 상태가 지속된다면 Ctrl + C 로 서버를 중단했다가 다시 실행해 보세요.

그림 9-18 미디어 파일이 성공적으로 출력

이제 포스트 목록 페이지에서도 대표 이미지가 보이도록 수정해 봅시다. post_list.html에서
포스트 이미지에 대한 내용을 담고 있는 코드 한 줄을 다음과 같이 수정합니다.

실습 파일: blog/templates/blog/post_list.html

```
(...생략...)
{% for p in post_list %}
<!-- Blog Post -->
<div class="card mb-4">
    <img class="card-img-top" src="{{ p.head_image.url }}" alt="Card image cap">
(...생략...)
```

자. 이제 포스트 목록 페이지에서 이미지가 잘 보이는지 확인해 봅시다. 웹 브라우저에서
127.0.0.1:8000/blog/로 다시 접속합니다. 흠, 실패입니다.

ValueError at /blog/

The 'head_image' attribute has no file associated with it.

Request Method:	GET
Request URL:	http://127.0.0.1:8000/blog/
Django Version:	3.0.2
Exception Type:	ValueError
Exception Value:	The 'head_image' attribute has no file associated with it.
Exception Location:	C:\github\do_it_django_a_to_z\venv\lib\site-packages\django\db\models\fields\files.py in _require_file, line 38
Python Executable:	C:\github\do_it_django_a_to_z\venv\Scripts\python.exe
Python Version:	3.7.1
Python Path:	['C:\\github\\do_it_django_a_to_z', 'C:\\github\\do_it_django_a_to_z\\venv\\Scripts\\python37.zip', 'C:\\Users\\saint\\AppData\\Local\\Continuum\\anaconda3\\DLLs', 'C:\\Users\\saint\\AppData\\Local\\Continuum\\anaconda3\\lib', 'C:\\Users\\saint\\AppData\\Local\\Continuum\\anaconda3', 'C:\\github\\do_it_django_a_to_z\\venv', 'C:\\github\\do_it_django_a_to_z\\venv\\lib\\site-packages', 'C:\\github\\do_it_django_a_to_z\\venv\\lib\\site-packages\\setuptools-40.8.0-py3.7.egg', 'C:\\github\\do_it_django_a_to_z\\venv\\lib\\site-packages\\pip-19.0.3-py3.7.egg']
Server time:	Sun, 2 Feb 2020 23:55:43 +0900

그림 9-19 head_image가 지정되지 않은 포스트가 있는 경우 포스트 목록 페이지에서 오류가 발생

'The 'head_image' attribute has no file associated with it.'라고 하네요. 생각해 보면 당연한 결과입니다. 여러 개의 포스트가 있는데, 그중 하나만 Head image에 그림 파일을 업로드했습니다. 따라서 나머지 포스트는 Head image가 비어 있습니다. 그런데 포스트 목록 페이지에서 모든 포스트의 Head image 경로를 html에 채우라고 했기 때문에 장고 입장에서 오류 메시지를 나타낸 겁니다.

이 경우 대표 이미지가 있는 경우에만 이미지를 출력하도록 수정하면 되지만, 아직은 템플릿 파일에서 if 문을 사용하는 방법을 배우지 않았습니다. 지금은 다음 2가지 방법을 사용할 수 있습니다. 모든 Post 레코드에 이미지를 업로드하거나 아니면 이미지를 업로드하지 않아 대표 이미지가 비어 있는 포스트를 지워주면 됩니다. 여기서는 모든 포스트에 대표 이미지를 넣어주겠습니다. 관리자 페이지에서 지금까지 작성한 모든 포스트로 들어가 Head image에 이미지를 채워주세요. 그리고 웹 브라우저에서 새로고침합니다.

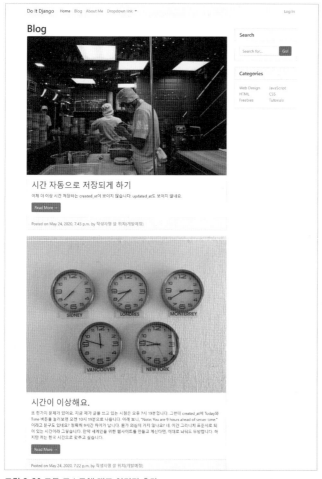

그림 9-20 모든 포스트에 대표 이미지 추가

성공입니다! 이제 좀 그럴싸한 웹 사이트 같아 보이네요.

05단계 _media 폴더를 버전 관리에서 제외하기

_media 폴더는 로컬에서 테스트를 위해 만들어진 폴더이므로 버전 관리를 할 필요가 없습니다. 버전 관리를 했다가 실제로 서버를 운영할 때 불필요한 이미지 파일을 서버로 올려버릴 수도 있죠. 커밋을 하기 전에 _media 폴더를 .gitignore에 추가해 버전 관리 목록에서 제외합시다.

실습 파일: .gitignore

```
(...생략...)
# Pycharm
.idea/
migrations/
_media/
```

커밋! 포스트 목록 페이지에 대표 이미지 출력하기

이제 커밋을 합시다. 커밋 메시지는 '포스트 목록 페이지에 대표 이미지 출력하기'로 정했습니다.

```
λ Cmder                                                    —  ☐  ✕

C:\github\do_it_django_a_to_z (main -> origin)
(venv) λ git add .
C:\github\do_it_django_a_to_z (main -> origin)
(venv) λ git commit -m "포스트 목록 페이지에 대표 이미지 출력하기"
C:\github\do_it_django_a_to_z (main -> origin)
(venv) λ git push
```

06단계 포스트 상세 페이지에 이미지 나타내기

포스트 목록 페이지에 이미지가 나타나도록 했으니 이제 포스트 상세 페이지도 수정합시다. <img> 태그의 이미지 경로(src)를 포스트 목록 페이지에서 했던 것처럼 {{ post.head_image.url }}로 수정합니다.

실습 파일: blog/templates/blog/post_detail.html

```
(...생략...)
<!-- Preview Image -->
<img class="img-fluid rounded" src="{{ post.head_image.url }}" alt="">
(...생략...)
```

터미널에서 서버를 실행한 후 임의의 포스트 상세 페이지를 열어봅시다. 삽입한 이미지가 다음과 같이 잘 나타납니다.

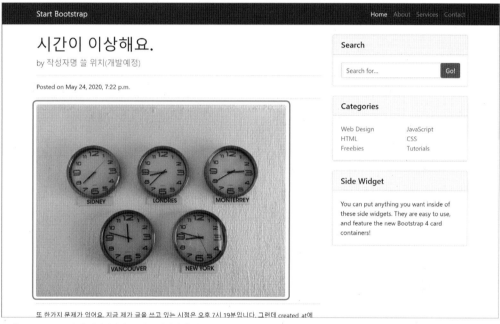

그림 9-21 포스트 상세 페이지에서도 대표 이미지 출력

커밋! 포스트 상세 페이지에 대표 이미지 출력하기

딱 한 줄만 바뀌었지만 다음 절로 넘어가기 전에 커밋을 합시다. 커밋 메시지는 '포스트 상세 페이지에 대표 이미지 출력하기'로 정했습니다.

```
λ  Cmder                                                              —  □  ×

C:\github\do_it_django_a_to_z (main -> origin)
(venv) λ git add .
C:\github\do_it_django_a_to_z (main -> origin)
(venv) λ git commit -m "포스트 상세 페이지에 대표 이미지 출력하기"
C:\github\do_it_django_a_to_z (main -> origin)
(venv) λ git push
```

포스트에 파일 올리기

Post 모델에 이미지뿐만 아니라 다른 종류의 파일도 업로드하면 좋겠죠? 방문자가 바로 필요
한 파일을 내려받을 수 있도록 말이죠. 이런 경우에는 장고에 있는 FileField를 사용하면 됩
니다.

01단계 file_upload 필드 만들기

blog/models.py에 FileField로 file_upload 필드를 다음과 같이 추가합니다. 사용법은
ImageField와 거의 동일합니다. upload_to에는 ImageField에 사용한 경로에서 images 폴더
를 files 폴더로만 바꿔줍니다.

실습 파일: blog/models.py

```python
from django.db import models

class Post(models.Model):
    title = models.CharField(max_length=30)
    content = models.TextField()

    head_image = models.ImageField(upload_to='blog/images/%Y/%m/%d/', blank=True)
    file_upload = models.FileField(upload_to='blog/files/%Y/%m/%d/', blank=True)

    created_at = models.DateTimeField(auto_now_add=True)
    updated_at = models.DateTimeField(auto_now=True)
    # author: 추후 작성 예정
(...생략...)
```

새로운 필드를 만들었으니 마이그레이션을 해서 데이터베이스에 변화된 내용을 적용합니다.

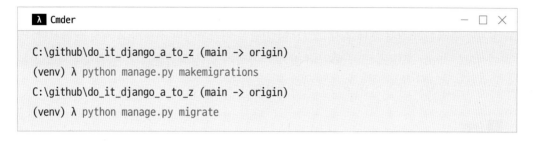

```
C:\github\do_it_django_a_to_z (main -> origin)
(venv) λ python manage.py makemigrations
C:\github\do_it_django_a_to_z (main -> origin)
(venv) λ python manage.py migrate
```

02단계 파일 업로드 테스트하기

이제 서버를 실행하고 관리자 페이지에서 포스트를 열어보면 `file_upload` 필드가 반영된 File upload 입력란이 추가되어 있습니다. txt 파일을 만들어 적당한 내용을 입력한 후 업로 드합니다. 파일이 제대로 올라오면 저장하세요.

그림 9-22 txt 파일 업로드 후 저장

저장을 하고 나면 _media 폴더 아래에 blog/files/년/월/일/ 경로가 생기고, 그 아래에 파일 이 저장됩니다. 일단은 Post 레코드 중 하나만 `file_upload` 필드를 채우겠습니다.

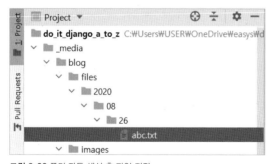

그림 9-23 폴더 자동 생성 후 파일 저장

커밋! Post 모델에 file_upload 필드 추가하기

템플릿 파일도 수정해서 업로드된 파일이 있는 경우에는 첨부 파일 아이콘이 보이도록 해보고 싶지만 아직은 조건문을 배우지 않았으니 일단은 여기까지만 진행하고 커밋을 합시다. 커밋 메시지는 'Post 모델에 file_upload 필드 추가하기'로 정하겠습니다. 템플릿에서 조건문을 사용하는 방법은 바로 다음 장에서 알아보겠습니다.

```
λ Cmder                                                    —  □  ✕

C:\github\do_it_django_a_to_z (main -> origin)
(venv) λ git add .
C:\github\do_it_django_a_to_z (main -> origin)
(venv) λ git commit -m "Post 모델에 file_upload 필드 추가하기"
C:\github\do_it_django_a_to_z (main -> origin)
(venv) λ git push
```

10

페이지 구성
개선하기

이 장에서는 템플릿 파일에서 if 문과 템플릿 필터를 사용하는 방법을 알아보겠습니다. 그리고 이 기능을 이용해 지금까지 만든 포스트 목록 페이지에서 아쉬웠던 부분을 개선하겠습니다.

10-1 포스트 목록 페이지의 문제 파악하기

이제는 지금까지 만든 포스트 목록 페이지의 디자인에 대해 좀 더 고민해 보고자 합니다. 가장 큰 문제는 대표 이미지가 없는 포스트가 하나라도 있으면 포스트 목록 페이지에서 오류가 발생한다는 것입니다. 아직 if 문을 배우지 않아 해결하지 못하고 여기까지 넘어왔죠.

두 번째는 기술적인 문제라기보다는 심미적인 부분입니다. 지금까지는 포스트의 본문(content)을 두세 줄의 짧은 글로 채워서 테스트를 했습니다. 그런데 일반적으로 블로그는 장문의 글을 담는 경우가 많죠. 포스트를 목록 형태로 보여주는 첫 페이지에서 본문 전체를 노출시키는 경우는 매우 드뭅니다. 방문자 입장에서 원하는 게시물을 빠르게 찾기 어려우니까요. 따라서 본문이 긴 경우 앞부분만 보여주는 미리보기 기능이 필요합니다.

문제 다시 살펴보기

위에서 언급한 문제를 바로 해결하기에 앞서 2가지 문제를 살펴봅시다. 이전에 작성했던 포스트의 내용에 임의의 긴 글을 추가합니다. 그리고 대표 이미지가 있는 포스트와 없는 포스트가 섞여 있도록 한두 개 정도의 포스트에서 Head image에 올라와 있는 이미지를 삭제합니다. clear를 체크하고 포스트를 다시 저장하면 이미지를 삭제할 수 있습니다.

그림 10-1 본문으로 긴 글을 추가하고 대표 이미지 삭제

이제 웹 브라우저에서 127.0.0.1:8000/blog/를 입력해 접속해 봅시다. 예전에 봤던 'The 'head_image' attribute has no file associated with it.'라는 오류 메시지가 우리를 맞이하고 있을 겁니다. 게다가 post_list.html의 어느 부분이 문제인지도 빨간색으로 표시해 주네요.

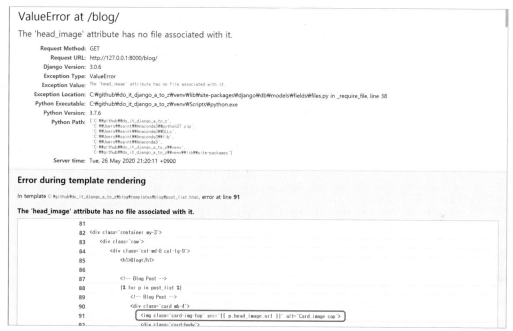

그림 10-2 포스트 목록 페이지에서 대표 이미지가 없는 경우에 발생하는 오류

알아두면
좋아요

로렘 입숨이란?

테스트를 위해 매번 장문의 글을 작성하기는 어렵고 귀찮은 일입니다. 이럴 때 로렘 입숨^Lorem Ipsum이라는 간단한 해결책이 있습니다. 로렘 입숨은 얼핏 보면 그럴싸하지만 막상 읽으려고 하면 아무런 의미도 없는 글을 무작위로 생성해주는 도구입니다. 그림 10-1에서 content 필드에 추가한 긴 글 역시 로렘 입숨 한글 버전을 이용해 작성한 것입니다.

그림 10-3 로렘 입숨 영문판(www.lipsum.com)과 한글판(hangul.thefron.me)

10-2 템플릿 파일에서 if 문 사용하기

템플릿(HTML)에서 if 문을 사용해야 하는 이유는 앞 장에서 충분히 살펴봤습니다. 현재 가장 시급한 문제는 대표 이미지가 있는 포스트는 포스트 목록 페이지에서 이미지를 보여주고, 대표 이미지가 없는 포스트는 이미지를 보여주지 않도록 설정하는 것이죠.

템플릿에서 if 문을 사용하는 방법은 {% if 조건A %}으로 시작해서 {% endif %}로 끝내는 것입니다. else와 elif도 조건문 사이에서 {% else %}, {% elif 조건B %}와 같은 방식으로 사용하면 됩니다. 직접 구현해 봅시다.

 if-else 문으로 조건에 따라 이미지 보여주기

`01단계` 이미지가 있을 경우 보여주기

post_list.html에서 <!--Blog Post--> 부분을 찾으세요. 그리고 다음과 같이 {% if p.head_image %}와 {% endif %}로 <img> 태그를 감싸고 alt="Card image cap"를 alt="{{ p }} head image"로 수정합니다. HTML의 <img> 태그에서 alt는 이미지를 보여줄 수 없을 때 이미지 대신 나타나게 하는 텍스트를 의미합니다. 물론 제대로 웹 사이트가 동작하고 있다면 이 텍스트가 보일 일은 없겠지만 그렇지 않은 경우에도 대비해 두어야 하니까요.

```
                                      실습 파일: blog/templates/blog/post_list.html

(...생략...)
{% for p in post_list %}
<!-- Blog Post -->
<div class="card mb-4">
    {% if p.head_image %}
        <img class="card-img-top" src="{{ p.head_image.url }}" alt="{{ p }} head im-
age">
    {% endif %}
    <div class="card-body">
(...생략...)
```

이제 서버를 실행시키고 웹 브라우저에서 127.0.0.1:8000/blog/을 열어 보면 다음과 같이 이미지가 없는 포스트도 오류 없이 잘 나타납니다.

그림 10-4 포스트 목록 페이지에 대표 이미지가 없는 포스트도 오류 없이 잘 나타남

02단계 이미지가 없을 경우 사용할 임의의 이미지 가져오기

이미지가 없을 때는 아무 그림도 보이지 않게 했더니 너무 휑해 보이네요. 이런 경우 임의의 이미지를 보여주면 좋겠죠? 그런데 괜찮은 이미지를 어디서 구할 수 있을까요? 이런 경우에는 Lorem Picsum이라는 웹 사이트가 유용합니다(picsum.photos/). 앞서 더미 텍스트를 만들 때 사용했던 Lorem Ipsum과 이름이 비슷하죠?

그림 10-5 Lorem Picsum 사이트(picsum.photos/)

이 웹 사이트는 재밌는 기능을 제공합니다. URL로 'https://picsum.photos/<u>가로 픽셀수</u>/<u>세로 픽셀수</u>'를 입력하면 임의로 지정한 크기의 이미지를 보내줍니다. 가로 800px, 세로 200px 이미지를 요청하기 위해 https://picsum.photos/800/200을 주소 창에 입력해 보겠습니다. 여러분도 재미삼아 웹 브라우저에서 여러 값을 입력해 보세요. 반복해서 입력할 때마다 무작위로 다른 이미지를 보여줍니다.

이제 else 문을 추가해서 대표 이미지가 없는 경우 임의의 이미지를 보여줄 수 있습니다. 다음과 같이 blog/templates/blog/post_list.html을 수정하세요.

실습 파일: **blog/templates/blog/post_list.html**

```
(...생략...)
{% for p in post_list %}
<!-- Blog Post -->
<div class="card mb-4">
    {% if p.head_image %}
        <img class="card-img-top" src="{{ p.head_image.url }}" alt="{{ p }} head image">
    {% else %}
        <img class="card-img-top" src="https://picsum.photos/800/200" alt="random_
image">
    {% endif %}
    <div class="card-body">
(...생략...)
```

웹 브라우저를 새로고침해 보세요. 빈 칸으로 되어 있던 곳이 이미지로 채워졌습니다. 그럴싸하네요.

그림 10-6 head image가 없는 경우 임의의 이미지를 출력

03단계 임의로 나타나는 이미지 고정하기

임의의 이미지를 나타내는 데는 성공했지만 두 가지 문제가 있습니다. 첫 번째 문제는 웹 브라우저를 새로고침할 때마다 이미지가 계속 바뀐다는 겁니다. 웹 사이트를 방문하는 사람 입장에서 보면 뭔가 새로운 포스트가 업로드된 것으로 착각할 수 있겠죠. 두 번째 문제는 이미지 없는 포스트가 여러 개 있을 때 모두 똑같은 이미지를 보여준다는 겁니다.

Lorem Picsum은 이런 문제에 대처하기 위해 seed를 주는 방법도 제공하고 있습니다. 예를 들어 'https://picsum.photos/seed/id 값/200/300'을 입력하면 해당 id 값을 가지는 위치에 매번 동일한 이미지를 나타냅니다. Post 레코드마다 고유한 pk 값을 가지므로 id 값에 해당 포스트의 id를 넣으면 Post 레코드의 pk 값이 들어가면서 원하는 결과를 얻을 수 있습니다. 다음과 같이 수정하세요.

😀 id 값은 pk 값과 같은 것으로 생각하면 됩니다. 즉, p.id 대신 p.pk로 써도 결과는 동일합니다.

```
(...생략...)
{% for p in post_list %}
<!-- Blog Post -->
<div class="card mb-4">
    {% if p.head_image %}
        <img class="card-img-top" src="{{ p.head_image.url }}" alt="{{ p }} head image">
    {% else %}
        <img class="card-img-top" src="https://picsum.photos/seed/{{ p.id }}/800/200"
alt="random_image">
    {% endif %}
    <div class="card-body">
(...생략...)
```

더 이상 같은 이미지가 반복되지도 않고, 새로고침할 때마다 이미지가 바뀌지도 않습니다. 성공이네요.

그림 10-7 대표 이미지가 없는 포스트에는 각각 다른 그림을 고정해서 출력

포스트 상세 페이지는 아직 수정을 안 했기 때문에 대표 이미지가 없는 1번이나 2번 포스트의 상세 페이지에 들어가면 똑같은 오류가 발생합니다. 포스트 목록 페이지에서 picsum 웹 사이트의 이미지를 가져온 방식 그대로 post_detail.html을 수정해 주세요.

실습 파일: blog/templates/blog/post_detail.html

```html
(...생략...)
<!-- Preview Image -->
{% if post.head_image %}
    <img class="img-fluid rounded" src="{{ post.head_image.url }}" alt="{{ post.title }} head_image">
{% else %}
    <img class="img-fluid rounded" src="https://picsum.photos/seed/{{ post.id }}/800/200" alt="random_image">
{% endif %}

<hr>
(...생략...)
```

오류가 발생했던 포스트 상세 페이지를 다시 열어보면 이제 오류가 발생하지 않습니다.

커밋! 포스트 목록, 상세 페이지에서 대표 이미지 없을 때 문제 해결하기

자. 그럼 여기에서 일단락 짓고 커밋을 합시다. 커밋 메시지는 '포스트 목록, 상세 페이지에서 대표 이미지 없을 때 문제 해결하기'로 정했습니다.

```
λ Cmder                                                    —  □  ✕

C:\github\do_it_django_a_to_z (main -> origin)
(venv) λ git add .
C:\github\do_it_django_a_to_z (main -> origin)
(venv) λ git commit -m "포스트 목록, 상세 페이지에서 대표 이미지 없을 때 문제 해결하기"
C:\github\do_it_django_a_to_z (main -> origin)
(venv) λ git push
```

첨부 파일이 있는 경우 다운로드 버튼 만들기

앞에서 `file_upload` 필드를 추가해 파일 첨부 기능을 구현했습니다. 하지만 이 기능은 관리자 페이지에서만 보입니다. 템플릿(post_detail.html)에는 처리가 안 되어 있어 방문자는 첨부 파일에 접근할 수 없기 때문이죠. 이제 방문자가 첨부 파일을 내려받을 수 있는 버튼을 만들어 보겠습니다.

01단계 첨부 파일 다운로드 버튼 만들기

`if` 문을 사용해 첨부 파일이 있는 경우에는 버튼이 보이도록 post_detail.html을 수정합시다. 버튼은 부트스트랩 공식 웹 사이트(getbootstrap.com)의 [Documentation 〉 Components 〉 Buttons]로 들어가 마음에 드는 버튼을 선택합니다. 그리고 소스를 복사해서 본문이 출력되는 위치 아래에 배치시킵니다. 마지막으로 `<a>` 태그 안에 Download를 꼭 명시하세요. 이렇게 하지 않으면 파일을 내려 받지 않고 웹 브라우저에서 바로 열려버릴 수도 있거든요.

> 😀 부트스트랩 웹 사이트의 버튼 중 disabled 혹은 area-disabled="true"가 명시되어 있는 버튼은 클릭이 안 되므로 선택하지 마세요.

실습 파일: blog/templates/blog/post_detail.html

```
(...생략...)
<!-- Post Content -->
<p>{{ post.content }}</p>

{% if post.file_upload %}
    <a href="{{ post.file_upload.url }}" class="btn btn-outline-dark" role="button"
download>Download</a>  ◁── 부트스트랩에서 원하는 버튼의 소스 코드를 가져오세요
{% endif %}

<hr>
(...생략...)
```

서버를 실행한 다음 첨부 파일이 들어 있는 포스트의 상세 페이지를 열어봅시다. 〈Download〉 버튼이 생겼습니다. 이 버튼을 클릭하면 업로드한 파일을 내려받을 수 있습니다.

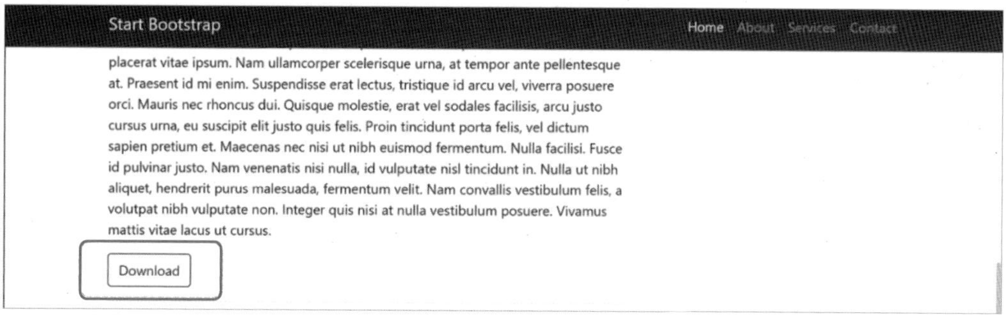

그림 10-8 포스트 상세 페이지에 생성된 〈Download〉 버튼

02단계 첨부 파일명과 확장자 아이콘 나타내기

지금은 사용자가 어떤 파일을 내려받는지 알 수 없네요. 〈Download〉 버튼에 첨부된 파일 이름과 첨부 파일의 확장자를 알려주는 아이콘을 나타내겠습니다. 파일 경로는 빼고요.

blog/models.py에서 새로운 함수를 생성합니다. 파일 경로는 제외하고 파일명만 나오게 하려면 파이썬 os 모듈을 이용해 다음과 같이 get_file_name() 함수를 만들면 됩니다. 확장자를 찾아내는 get_file_ext() 함수도 만듭니다.

실습 파일: blog/models.py

```python
from django.db import models
import os


class Post(models.Model):
    title = models.CharField(max_length=30)
    content = models.TextField()

    head_image = models.ImageField(upload_to='blog/images/%Y/%m/%d/', blank=True)
    file_upload = models.FileField(upload_to='blog/files/%Y/%m/%d/', blank=True)

    created_at = models.DateTimeField(auto_now_add=True)
    updated_at = models.DateTimeField(auto_now=True)
    # author: 추후 작성 예정

    def __str__(self):
        return f'[{self.pk}]{self.title}'
```

```
    def get_absolute_url(self):
        return f'/blog/{self.pk}/'

    def get_file_name(self):
        return os.path.basename(self.file_upload.name)

    def get_file_ext(self):
        return self.get_file_name().split('.')[-1]
```

사용할 아이콘 이미지는 Font awesome 웹 사이트에서 가져오겠습니다. 이 웹 사이트를 사용하기 위해 먼저 post_detail.html의 <head> 태그 안에 Font awesome에서 보내준 자바스크립트 링크를 추가합니다. 이 링크는 post_list.html에서 사용했으니 post_list.html 파일에서 찾아 붙여 넣으세요.

😊 kit code는 각자 다르므로 *로 처리했습니다.

실습 파일: blog/templates/blog/post_detail.html

```
(...생략...)
<head>

  <meta charset="utf-8">
  <meta name="viewport" content="width=device-width, initial-scale=1, shrink-to-fit=no">
  <meta name="description" content="">
  <meta name="author" content="">

  <title>{{ post.title }} - Blog</title>

  <!-- Bootstrap core CSS -->
  <link rel="stylesheet" href="{% static 'blog/bootstrap/bootstrap.min.css' %}"
media="screen">

  <!-- Custom styles for this template -->
  <link rel="stylesheet" href="{% static 'blog/css/blog-post.css' %}" media="screen">
  <script src="https://kit.fontawesome.com/*********.js" crossorigin="anonymous"></script>
```
본인의 kit code를 입력하세요
```
</head>
(...생략...)
```

첨부 파일이 csv, excel, word 형식일 때는 확장자에 맞는 아이콘을 사용하고, 나머지는 일반적인 파일 아이콘을 사용합니다. 원하는 아이콘을 Font awesome 웹 사이트(fontawesome.com/)에서 골라 그 소스를 〈Download〉 버튼에 추가하세요. 확장자마다 다른 아이콘을 사용하기 위해 if 문을 사용합니다. 마지막으로 {{ post.get_file_name }}으로 파일명을 출력합니다. 템플릿에서 함수를 사용할 때는 괄호를 쓰지 않는다는 것을 기억하세요.

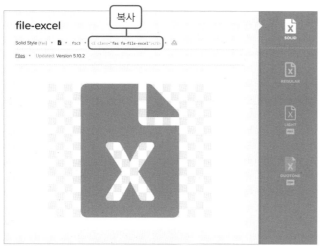

그림 10-9 Font awesome에서 첨부 파일 확장자에 맞는 아이콘 검색

실습 파일: blog/templates/blog/post_detail.html

```
(...생략...)
{% if post.file_upload %}
  <a href="{{ post.file_upload.url }}" class="btn btn-outline-dark" role="button">
    Download:

    {% if post.get_file_ext == 'csv' %}
      <i class="fas fa-file-csv"></i>
    {% elif post.get_file_ext == 'xlsx' or post.get_file_ext == 'xls' %}
      <i class="fas fa-file-excel"></i>
    {% elif post.get_file_ext == 'docx' or post.get_file_ext == 'doc' %}
      <i class="fas fa-file-word"></i>
    {% else %}
      <i class="far fa-file"></i>
    {% endif %}
```

```
      {{ post.get_file_name }}
    </a>
  {% endif %}
  (...생략...)
```

이제 포스트마다 각각 다른 형식의 파일을 업로드하고 페이지를 새로고침해 보세요. 첨부된
파일의 확장자마다 다른 아이콘이 보이고 파일명도 출력됩니다.

그림 10-10 csv 파일이 첨부된 경우 파일명과 csv 아이콘 출력

그림 10-11 xlsx 파일이 첨부된 경우 파일명과 엑셀 아이콘 출력

커밋! 첨부 파일이 있을 경우 포스트 상세 페이지에 다운로드 버튼 출력하기

이제 커밋을 합시다. 커밋 메시지는 '첨부 파일 있을 경우 포스트 상세 페이지에 다운로드 버
튼 출력하기'라고 정했습니다.

10-3 템플릿 필터 사용하기

지금은 포스트 목록 페이지에서도 본문 내용 전체를 보여줍니다. 이러면 본문이 길 경우 사용자가 목록을 한눈에 살펴보기 어렵겠죠. 요약문 또는 앞부분 일부만 보여주는 미리보기 기능을 추가해 이 문제를 해결하겠습니다.

 포스트 미리보기 기능 구현하기

장고는 기본적으로 이런 문제를 쉽게 해결하는 방법을 제공하고 있습니다. 템플릿에서 truncatewords 혹은 truncatechars를 사용하면 됩니다. 'truncate'는 끝을 자른다는 의미입니다. truncatewords는 문자열을 단어 수 기준으로 자르고, truncatechars는 글자 수 기준으로 자릅니다. 바로 적용해 봅시다.

01단계 출력 글자 수 제한하기

다음처럼 p.content 뒤에 | truncatewords:45를 입력하여 앞에서부터 45개 단어만 출력하도록 설정합니다. 글자 수로 나누고 싶은 분들은 truncatechars를 입력하면 됩니다.

실습 파일: blog/templates/blog/post_list.html

```
(...생략...)
<div class="card-body">
    <h2 class="card-title">{{ p.title}}</h2>
    <p class="card-text">{{ p.content | truncatewords:45 }}</p>
    <a href="{{ p.get_absolute_url }}" class="btn btn-primary">Read More &rarr;</a>
</div>
<div class="card-footer text-muted">
    Posted on {{ p.created_at}} by
    <a href="#">작성자명 쓸 위치(개발예정)</a>
(...생략...)
```

이제 웹 브라우저로 127.0.0.1:8000/blog/에 가봅시다. 다음과 같이 포스트의 내용이 45개
의 단어가 넘는 경우에는 앞 45개 단어만 표시하고 뒤에는
말줄임표(…)로 처리된 것을 볼 수 있습니다.

☺ 줄바꿈이 반영되지 않아 읽기가 어려
운 문제는 나중에 해결하겠습니다.

첫번째 포스트

첫번째 포스트입니다. 무슨 말을 써야할지 모르겠네요. 책 내용 일부를 붙여 넣겠습니다. 우
리가 models.py에 CharField로 지정했던 title, TextField로 지정했던 content, DateTimeField로
지정했던 create 필드들이 각각의 양식에 맞게 입력란이 만들어졌습니다. 블로그에 글 쓰듯
이 여러분이 원하는 내용을 채워넣고, created 필드는 Today, Now를 클릭하면 됩니다. 그리
고 SAVE 버튼을 누르세요. …

Read More →

Posted on May 24, 2020, 10:05 a.m. by 작성자명 쓸 위치(개발예정)

그림 10-12 truncatewords 필터를 사용해 포스트 목록 페이지에서는 본문 중 앞 45
개의 단어만 출력

02단계 **요약문 필드 만들기**

여기에서 한 발 더 나아가 포스트의 요약문을 보여주는 hook_text라는 새 필드를 만들고자
합니다. 허핑턴포스트 같은 뉴스 웹 사이트가 기사 제목 아래에 사람들의 관심을 끄는 메시지
를 보여주는 방식과 비슷하게 말이죠.

models.py를 열어 hook_text 필드가 비어 있지 않을 때는 hook_text 필드 값을 보여주도록
하겠습니다. CharField를 사용해 hook_text의 글자 수는
100자까지만 작성할 수 있는 것으로 제한을 두었습니다.

☺ 필드명을 abstract(요약하다)로 하
지 않은 이유는 프로그래밍의 abstract
라는 개념과 헷갈릴 수 있기 때문입니다.

실습 파일: blog/models.py

```
(...생략...)
class Post(models.Model):
    title = models.CharField(max_length=30)
    hook_text = models.CharField(max_length=100, blank=True)
    content = models.TextField()

    head_image = models.ImageField(upload_to='blog/images/%Y/%m/%d/', blank=True)
```

```
    file_upload = models.FileField(upload_to='blog/files/%Y/%m/%d/', blank=True)

    created_at = models.DateTimeField(auto_now_add=True)
    updated_at = models.DateTimeField(auto_now=True)
    # author: 추후 작성 예정
(...생략...)
```

모델을 변경했으니 이번에도 마이그레이션을 합시다.

```
C:\github\do_it_django_a_to_z (main -> origin)
(venv) λ python manage.py makemigrations
C:\github\do_it_django_a_to_z (main -> origin)
(venv) λ python manage.py migrate
```

이제 다시 서버를 실행한 다음 관리자 페이지에서 포스트 내용을 수정해 보겠습니다. Hook text 입력란이 생겼네요. 여기에 마지막 포스트의 내용을 적당히 요약해 입력합니다.

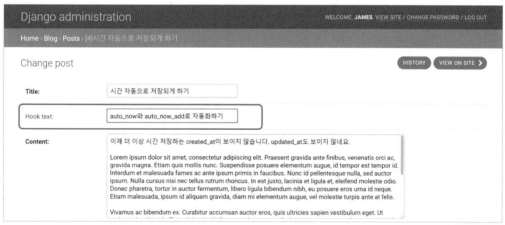

그림 10-13 추가된 Hook text 입력란에 요약문 입력

템플릿 파일 수정하기

이제 템플릿 파일인 post_list.html을 수정할 차례입니다. class="card-body"인 div 요소를 찾아 다음과 같이 수정하세요. 이때 태그 안에서 class="text-muted"를 추가하면 글씨가 회색으로 나타납니다. 부트스트랩에서 미리 class의 스타일을 지정해 놨기 때문입니다.

실습 파일: blog/templates/blog/post_list.html

```
(...생략...)
<div class="card-body">
    <h2 class="card-title">{{ p.title }}</h2>
    {% if p.hook_text %}
        <h5 class="text-muted">{{ p.hook_text }}</h5>
    {% endif %}
    <p class="card-text">{{ p.content | truncatewords:45 }}</p>
    <a href="{{ p.get_absolute_url }}" class="btn btn-primary">Read More &rarr;</a>
</div>
(...생략...)
```

자. 이제 웹 브라우저에서 확인해 봅시다. 다음과 같이 잘 나온다면 성공입니다.

그림 10-14 포스트 목록 페이지에 요약문 추가

04단계   포스트 상세 페이지 수정하기

포스트 상세 페이지도 수정합시다. `<h1>{{ post.title }}</h1>` 바로 아래에 포스트 목록 페이지와 마찬가지로 작성합니다. 한 가지 차이가 있다면 포스트 목록 페이지에서는 `p.hook_text`였는데, 여기서는 `post.hook_text`로 작성한다는 점 정도뿐입니다.

실습 파일: blog/templates/blog/post_list.html

```
(...생략...)
<!-- Page Content -->
<div class="container">

  <div class="row">

    <!-- Post Content Column -->
    <div class="col-lg-8">

      <!-- Title -->
      <h1 class="mt-4">{{ post.title }}</h1>
      <h5 class="text-muted">{{ post.hook_text }}</h5>

      <!-- Author -->
      <p class="lead">
        by
        <a href="#">작성자명 쓸 위치(개발예정)</a>
      </p>

      <hr>
(...생략...)
```

이제 포스트 상세 페이지로 들어가 보면 다음처럼 Hook text에 입력한 요약문이 잘 나타납니다.

Start Bootstrap

시간 자동으로 저장되게 하기

auto_now와 auto_now_add로 자동화하기

by 작성자명 쓸 위치(개발예정)

Posted on May 24, 2020, 7:43 p.m.

그림 10-15 포스트 상세 페이지에도 요약문 추가

커밋! 미리보기와 요약문 추가하기

이제 커밋을 합시다. 커밋 메시지는 '미리보기와 요약문 추가하기'로 정했습니다.

```
λ Cmder                                                        — □ ✕

C:\github\do_it_django_a_to_z (main -> origin)
(venv) λ git add .
C:\github\do_it_django_a_to_z (main -> origin)
(venv) λ git commit -m "미리보기와 요약문 추가하기"
C:\github\do_it_django_a_to_z (main -> origin)
(venv) λ git push
```

셋째
마당

테스트하며
블로그 핵심 기능 구현하기

셋째마당은 좀 더 복잡한 기능을 구현하는 방법에 대해 다룹니다. 태그나 카테고리, 댓글, 소셜 로그인과 같은 기능을 실수 없이 웹·사이트에 추가하기 위해 테스트 주도 개발 방법을 도입하고, 데이터베이스 구조에 대한 이해도를 높이고, 외부 라이브러리를 활용하는 능력도 키워 보겠습니다.

11

테스트 주도 개발
적용하기

프로그래밍을 하다 보면 프로그램이 너무 복잡해서 문제가 생겼을 때 원인을 찾기 어려운 경우가 종종 생깁니다. 때로는 원인은 파악했지만 소스 코드가 복잡하게 얽혀 있어 섣불리 손대기가 어려운 경우도 있죠. 하지만 테스트 주도 개발 방법으로 프로그램을 개발하면 이런 난감한 상황을 줄일 수 있습니다. 이 장에서는 테스트 주도 개발의 개념을 이해하고, 직접 우리 프로젝트에 적용해 보겠습니다.

11-1 테스트 주도 개발이란?

테스트 주도 개발^{Test driven development, TDD}은 일종의 개발 방식 또는 개발 패턴을 말합니다. 무언가를 개발할 때 바로 개발부터 하는 것이 아니라 개발하려는 항목에 대한 점검 사항을 테스트 코드로 만들고 그 테스트를 통과시키는 방식으로 개발을 진행하는 방법입니다.

테스트 주도 개발을 왜 적용할까?

왜 테스트 주도 개발을 적용하는지 그 이유를 알아보기 위해 지금까지는 어떤 방식으로 웹 사이트를 개발했는지 오른쪽 그림과 같이 표현해 보았습니다. 각 과정에서 했던 일을 자세히 정리해 보면 다음과 같습니다.

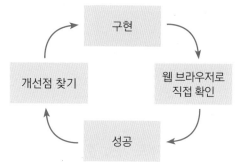

그림 11-1 웹 사이트 제작의 기본 과정

- **구현**: 만들고 싶은 요소를 떠올리고 소스 코드를 작성합니다.
- **웹 브라우저로 직접 확인**: 웹 브라우저로 들어가서 잘 작동하는지 일일이 테스트합니다.
- **성공**: 제대로 작동하지 않으면 다시 소스 코드를 들여다보고 수정하면서 성공시킵니다.
- **개선점 찾기**: 다음에는 무엇을 더 개선해야 할지, 무엇을 개발해야 할지 고민을 한 후 다시 구현해 봅니다.

단순한 웹 사이트를 만들 때는 이런 방식이 효율적일 수 있습니다. 그러나 모델의 구조가 복잡하고, 기능이 다양하고, 페이지도 많은 웹 사이트를 만들 때는 이런 방식이 더 이상 효율적이지 않을 수 있습니다. 프로그램이 복잡해 질수록 추가한 기능 사이에 상호 연관성이 점점 늘어나기 때문입니다. 점검 사항이 점점 늘어나다 보면 웹 브라우저에서 확인하는 과정을 건너뛰게 됩니다. 그러다 어떤 문제가 발생했을 때 그 문제가 너무 많은 요소들과 얽혀 있다면 쉽게 손을 댈 수가 없어 곤란한 상황에 빠지게 되겠죠.

이런 사고를 예방하려면 어떻게 해야 할까요? 개발을 한 단계씩 진행할 때마다 정석대로 테스트했다면 이런 상황은 발생하지 않았을 겁니다. 하지만 앞에서 말했듯 개발할 프로그램이 복잡해질수록 매번 소스 코드를 테스트하는 건 매우 번거롭고 지치는 일이죠. 그래서 사용하는 방식이 테스트 주도 개발입니다. 개발한 코드가 테스트를 만족하는지 자동으로 확인하면서 개발을 진행하므로 매번 직접 테스트하느라 지치지도 않고, 사고가 발생할 확률도 훨씬 줄어 듭니다.

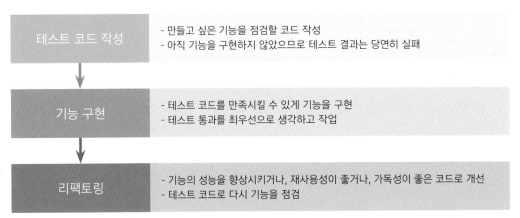

그림 11-2 테스트 주도 개발 과정

 테스트 주도 개발 준비하기

장고를 배우기 전에 TDD의 개념까지 배우면 혼란을 일으킬 수 있으므로 지금까지는 테스트 코드 없이 바로 코드를 작성했습니다. 이제부터는 테스트 코드를 사용해 봅시다.

01단계 **테스트 코드 사용 연습하기**

터미널에서 python manage.py test라고 입력하세요. 0개의 테스트를 실행한 결과 OK가 나 왔습니다. 당연한 결과입니다. 아무런 테스트 미션을 주지 않았으니까요.

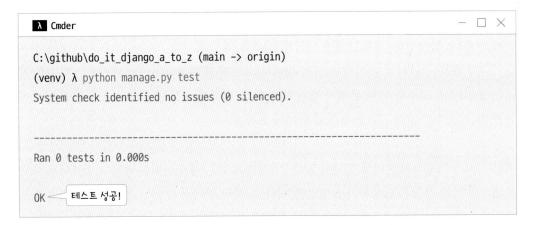

blog/tests.py를 조금 수정해 봅시다. **TestCase** 클래스를 상속받고 'Test'로 시작하는 이름을 가진 클래스를 하나 정의합니다. 여기에서는 장고의 MTV 구조 중 뷰 측면에서 테스트하겠다는 의미로 **TestView**라는 이름으로 정의했습니다. 그 안에 'test'로 시작하는 이름으로 함수를 정의합니다. 테스트 코드를 작성할 때의 규칙이라고 생각하면 됩니다. 테스트 내용은 하나밖에 없습니다. 2와 3이 같은지를 체크하는 테스트죠.

실습 파일: **blog/tests.py**

```python
from django.test import TestCase


class TestView(TestCase):
    def test_post_list(self):
        self.assertEqual(2, 3)
```

터미널에서 **python manage.py test**를 다시 입력하세요. OK가 아니라 FAILED가 나옵니다. 메시지를 보니 blog/tests.py의 6번째 줄의 결과가 **2 != 3**이므로 테스트가 실패했다고 하네요.

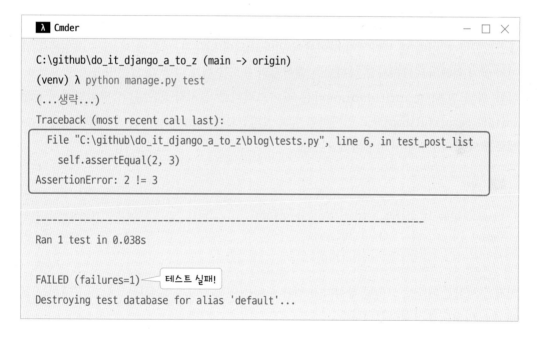

blog/tests.py에서 self.assertEqual(2, 2)로 수정한 다음 다시 테스트해 볼까요? OK 메시지가 나옵니다. 앞으로는 이렇게 TDD에 기반한 방식으로 개발을 진행하겠습니다.

```
λ Cmder                                                    — □ ×

C:\github\do_it_django_a_to_z (main -> origin)
(venv) λ python manage.py test
Creating test database for alias 'default'...
System check identified no issues (0 silenced).
.
----------------------------------------------------------------------
Ran 1 test in 0.002s

OK ←── 테스트 성공!
Destroying test database for alias 'default'...
```

02단계 beautifulsoup4 설치하기

웹 개발에서는 개발자가 구현한 요소들이 웹 브라우저에 의도한 대로 잘 나타나는지를 주로 테스트합니다. 이때 웹 브라우저 타이틀이 뭐라고 되어 있는지, 버튼에 써 있는 내용은 무엇인지 알기 위해서는 HTML로 나타나는 페이지의 요소를 쉽게 다룰 수 있는 도구가 필요하죠. 이를 위해 먼저 beautifulsoup4라는 라이브러리를 설치하겠습니다. 터미널에서 pip install beautifulsoup4라고 입력하면 바로 설치됩니다. beautifulsoup4에 대한 내용은 실제로 코드를 작성하면서 설명하겠습니다.

```
λ Cmder                                                    — □ ×

C:\github\do_it_django_a_to_z (main -> origin)
(venv) λ pip install beautifulsoup4
```

이제 구체적인 테스트 코드를 작성하기 위한 준비는 어느 정도 끝났습니다. 다음 절에서는 실제 테스트 코드를 작성하겠습니다.

11-2 포스트 목록 페이지 테스트하기

테스트 코드 작성은 만들고자 하는 코드의 내용을 정리하는 것부터 시작하는 게 좋습니다. 앞에서 이미 포스트 목록 페이지를 만들어봤지만 아직 만든 적이 없다고 생각하고 테스트 코드를 만들어 봅시다.

처음에 만들려고 했던 포스트 목록 페이지의 디자인을 다시 떠올려볼까요? 맨 위에는 내비게이션 바가 있고, 그 바로 아래에는 포스트를 목록 형태로 보여주는 공간이 있습니다. 그 옆에는 검색 창과 카테고리를 보여주는 공간이 있죠. 포스트를 목록 형태로 보여주는 공간에는 여러 개의 포스트가 제목과 작성일 등이 잘 정리되어 나타나야 합니다.

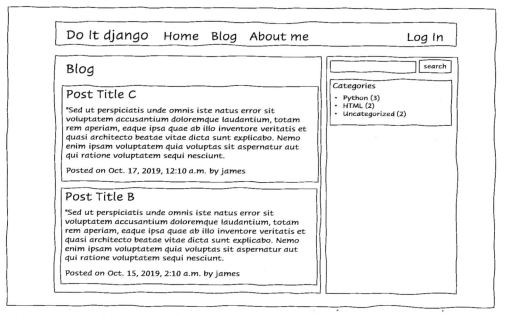

그림 11-3 포스트 목록 페이지 초안

이제 구상한 내용을 구체화한 테스트 코드를 작성하겠습니다.

포스트 목록 페이지 테스트 코드 작성하기

01단계 tests.py에 테스트할 내용 나열하기

blog/tests.py에 앞에서 연습 삼아 작성해 본 코드는 지우고 다음과 같이 내용을 작성하세요. 하나의 TestCase 내에서 기본적으로 설정되어야 하는 내용이 있으면 setUp() 함수에서 정의를 하면 됩니다. 현재는 setUp() 함수 내에 Client()를 사용하겠다는 내용만 담았습니다.

실습 파일: blog/tests.py

```python
from django.test import TestCase, Client


class TestView(TestCase):
    def setUp(self):
        self.client = Client()


    def test_post_list(self):
        # 1.1 포스트 목록 페이지를 가져온다.
        # 1.2 정상적으로 페이지가 로드된다.
        # 1.3 페이지 타이틀은 'Blog'이다.
        # 1.4 내비게이션 바가 있다.
        # 1.5 Blog, About Me라는 문구가 내비게이션 바에 있다.

        # 2.1 메인 영역에 게시물이 하나도 없다면
        # 2.2 '아직 게시물이 없습니다'라는 문구가 보인다.

        # 3.1 게시물이 2개 있다면
        # 3.2 포스트 목록 페이지를 새고로침했을 때
        # 3.3 메인 영역에 포스트 2개의 타이틀이 존재한다.
        # 3.4 '아직 게시물이 없습니다'라는 문구는 더 이상 보이지 않는다.
```

이제 주석으로 나열한 내용을 만족하는 포스트 목록 페이지를 구현하면 됩니다.

테스트 코드 작성하기

TestCase를 이용한 테스트 방식은 실제 데이터베이스는 건드리지 않고 가상의 데이터베이스를 새로 만들어 테스트합니다. 이미 데이터베이스가 db.sqlite3에 만들어져 있는데, 왜 테스트를 위한 가상의 데이터베이스를 새로 만들어야 할까요? 테스트를 하려면 레코드(여기서는 Post 모델) 생성, 수정, 삭제 등의 작업이 필요합니다. 그러다가 이미 운영되고 있는 서버의 데이터베이스를 건드리면 큰일이 나겠죠. 따라서 테스트할 때마다 가상의 데이터베이스를 생성하고 서버를 돌리는 것이 현명한 선택입니다.

이제 앞에서 작성한 시나리오를 점검할 수 있는 테스트 코드를 다음과 같이 작성합니다.

실습 파일: **blog/tests.py**

```python
from django.test import TestCase, Client
from bs4 import BeautifulSoup
from .models import Post


class TestView(TestCase):
    def setUp(self):
        self.client = Client()


    def test_post_list(self):
        # 1.1. 포스트 목록 페이지를 가져온다.
        response = self.client.get('/blog/')
        # 1.2. 정상적으로 페이지가 로드된다.
        self.assertEqual(response.status_code, 200)
        # 1.3. 페이지 타이틀은 'Blog'이다.
        soup = BeautifulSoup(response.content, 'html.parser')
        self.assertEqual(soup.title.text, 'Blog')
        # 1.4. 내비게이션 바가 있다.
        navbar = soup.nav
        # 1.5. Blog, About Me라는 문구가 내비게이션 바에 있다.
        self.assertIn('Blog', navbar.text)
        self.assertIn('About Me', navbar.text)

        # 2.1. 포스트(게시물)가 하나도 없다면
        self.assertEqual(Post.objects.count(), 0)
        # 2.2. main area에 '아직 게시물이 없습니다'라는 문구가 나타난다.
```

```python
        main_area = soup.find('div', id='main-area')
        self.assertIn('아직 게시물이 없습니다', main_area.text)

        # 3.1. 포스트가 2개 있다면
        post_001 = Post.objects.create(
            title='첫 번째 포스트입니다.',
            content='Hello World. We are the world.',
        )
        post_002 = Post.objects.create(
            title='두 번째 포스트입니다.',
            content='1등이 전부는 아니잖아요?',
        )
        self.assertEqual(Post.objects.count(), 2)

        # 3.2. 포스트 목록 페이지를 새고로침했을 때
        response = self.client.get('/blog/')
        soup = BeautifulSoup(response.content, 'html.parser')
        self.assertEqual(response.status_code, 200)
        # 3.3. main area에 포스트 2개의 제목이 존재한다.
        main_area = soup.find('div', id='main-area')
        self.assertIn(post_001.title, main_area.text)
        self.assertIn(post_002.title, main_area.text)
        # 3.4. '아직 게시물이 없습니다'라는 문구는 더 이상 나타나지 않는다.
        self.assertNotIn('아직 게시물이 없습니다', main_area.text)
```

- 1.1: 장고 테스트에서 client는 테스트를 위한 가상의 사용자라고 생각하면 됩니다. self.client. get('/blog/')로 사용자가 웹 브라우저에 '127.0.0.1:8000/blog/'를 입력했다고 가정하고 그때 열리는 웹 페이지 정보를 response에 저장합니다.

- 1.2: 웹 개발 분야에서는 서버에서 요청한 페이지를 찾을 수 없을 때 404 오류를 돌려주고, 성공적으로 결과를 돌려줄 때는 200을 보내도록 약속되어 있습니다. 페이지가 정상적으로 열렸다면 status_code의 값으로 200이 나옵니다.

- 1.3: 불러온 페이지 내용은 HTML로 되어 있습니다. HTML 요소에 쉽게 접근하기 위해 먼저 Beautifulsoup으로 읽어들이고, html.parser 명령어로 파싱한 결과를 soup에 담습니다. 그리고 self.assertEqual(soup.title.text, 'Blog')로 title 요소에서 텍스트만 가져와 그 텍스트가 Blog인지 확인합니다.

- 1.4: soup.nav로 soup에 담긴 내용 중 nav 요소만 가져와 navbar에 저장합니다.

- 1.5: navbar의 텍스트 중에 Blog와 About me가 있는지 확인합니다.

- 2.1: self.assertEqual(Post.objects.count(), 0)으로 작성된 포스트가 0개인지 확인합니다. 테스트가 시작되면 테스트를 위한 새 데이터베이스를 임시로 만들어 진행합니다. 단 setUp() 함수에서 설정한 요소는 포함시킵니다. 그런데 현재 setUp() 함수는 테스트를 위해 생성된 데이터베이스에 어떤 정보도 미리 담아 놓으라는 말이 없으므로 테스트 데이터베이스에는 현재 포스트가 하나도 없어야 합니다.
- 2.2: id가 'main-area'인 div 요소를 찾아 main_area에 저장합니다. 그리고 데이터베이스에 저장된 Post 레코드가 하나도 없으니 메인 영역에 '아직 게시물이 없습니다'라는 문구가 나타나는지 점검합니다.
- 3.1: Post 레코드가 데이터베이스에 존재하는 상황도 테스트하기 위해 포스트를 2개 만듭니다. Post.objects.create()로 새로운 포스트를 만들 수 있습니다. 매개변수에는 Post 모델의 필드 값을 넣습니다. 그리고 테스트 데이터베이스에 포스트 2개가 잘 생성되어 있는지 확인합니다.
- 3.2: 페이지를 새로고침하기 위해 1.1부터 1.3의 과정을 일부 반복합니다.
- 3.3: 새로 만든 두 포스트의 타이틀이 id가 'main-area'인 요소에 있는지 확인합니다.
- 3.4: 포스트가 생성되었으니 '아직 게시물이 없습니다'라는 문구가 메인 영역에 더 이상 나타나지 않아야 합니다.

03단계 테스트를 반복하며 post_list.html 수정하기

이제 터미널에서 python manage.py test로 테스트해 봅시다. 결과는 실패로 나타나는데, 이는 당연한 결과입니다.

```
λ Cmder                                                    —  □  ✕

C:\github\do_it_django_a_to_z (main -> origin)
(venv) λ python manage.py test
Creating test database for alias 'default'...
System check identified no issues (0 silenced).
E
================================================================
ERROR: test_post_list (blog.tests.TestView)
----------------------------------------------------------------
Traceback (most recent call last):
  File "C:\github\do_it_django_a_to_z\blog\tests.py", line 24, in test_post_list
    self.assertIn('아직게시물이없습니다', main_area.text)
AttributeError: 'NoneType' object has no attribute 'text'


----------------------------------------------------------------
Ran 1 test in 0.057s

FAILED (errors=1)
Destroying test database for alias 'default'...
```

오류 메시지를 보니 self.assertIn('아직 게시물이 없습니다', main_area.text)가 문제라고 합니다. NoneType 객체에 text라는 attribute가 없다고도 하네요. 아직 post_list.html 파일에 id가 main-area인 div 요소를 만들지 않았으므로 테스트 코드 중 main_area = soup.find('div', id='main-area')를 실행할 때 main_area에 None이 저장되었기 때문입니다.

웹 사이트의 왼쪽 본문 영역에 해당하는 div 요소에 다음과 같이 id="main-area"를 추가하세요.

실습 파일: blog/templates/blog/post_list.html

```html
(...생략...)
<div class="container my-3">
    <div class="row">
        <div class="col-md-8 col-lg-9" id="main-area">
            <h1>Blog</h1>

            {% for p in post_list %}
            <!-- Blog Post -->
            (...생략...)
```

터미널에서 다시 테스트를 하면 새로운 오류 메시지가 나타납니다. '아직 게시물이 없습니다'라는 문구가 보여야 하는데 안 보인다고 하네요. 이 기능도 아직 post_list.html에 구현하지 않았으니 당연한 결과입니다.

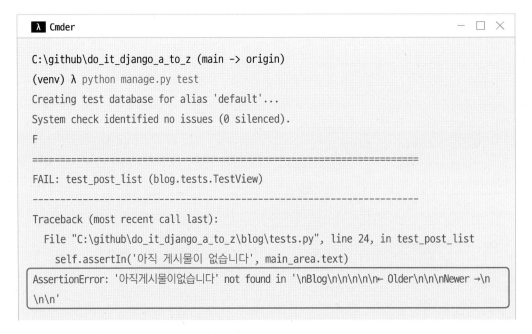

```
C:\github\do_it_django_a_to_z (main -> origin)
(venv) λ python manage.py test
Creating test database for alias 'default'...
System check identified no issues (0 silenced).
F
======================================================================
FAIL: test_post_list (blog.tests.TestView)
----------------------------------------------------------------------
Traceback (most recent call last):
  File "C:\github\do_it_django_a_to_z\blog\tests.py", line 24, in test_post_list
    self.assertIn('아직 게시물이 없습니다', main_area.text)
AssertionError: '아직게시물이없습니다' not found in '\nBlog\n\n\n\n\n← Older\n\n\nNewer →\n\n\n'
```

```
-----------------------------------------------------------------
Ran 1 test in 0.052s

FAILED (failures=1)
Destroying test database for alias 'default'...
```

그럼 post_list.html에서 구현해 볼까요? if 문을 활용해 다음과 같이 수정해 주세요. 여기에
서는 해당 객체가 있는지 없는지를 확인하는 exists() 함수를 사용하겠습니다. 테스트 코드
에 작성했던 post.objects.count()처럼 count() 함수를
사용하는 대신 exists() 함수를 사용한 이유는 exists()
함수가 컴퓨터(서버)에 부담을 덜 주기 때문입니다.

😊 템플릿에서는 exitst()나 count() 같
은 함수를 사용할 때 괄호를 입력하지 않
습니다.

실습 파일: blog/templates/blog/post_list.html

```
(...생략...)
{% if post_list.exists %}  ◀─── post_list에 포스트가 있다면 실행

    {% for p in post_list %}
        <!-- Blog Post -->
        <div class="card mb-4">
            {% if p.head_image %}
                <img class="card-img-top" src="{{ p.head_image.url }}" alt="{{ p.title
}} head_image">
            {% else %}
                <img  class="card-img-top"  src="https://picsum.photos/seed/{{   p.id
}}/800/200" alt="random_image">
            {% endif %}

            <div class="card-body">
                <h2 class="card-title">{{ p.title }}</h2>
                {% if p.hook_text %}
                    <h5 class="text-muted">{{ p.hook_text }}</h5>
                {% endif %}
                <p class="card-text">{{ p.content | truncatewords:45 }}</p>
                <a href="{{ p.get_absolute_url }}" class="btn btn-primary">Read More
```

```
&rarr;</a>
            </div>
            <div class="card-footer text-muted">
                Posted on {{ p.created_at }} by
                <a href="#">작성자명 쓸 위치(개발예정)</a>
            </div>
        </div>
    {% endfor %}
{% else %}
    <h3>아직 게시물이 없습니다.</h3>
{% endif %}
(...생략...)
```

이제 테스트해 볼까요? 터미널에서 python manage.py test라고 입력하세요. 다음과 같이 나오면 성공입니다.

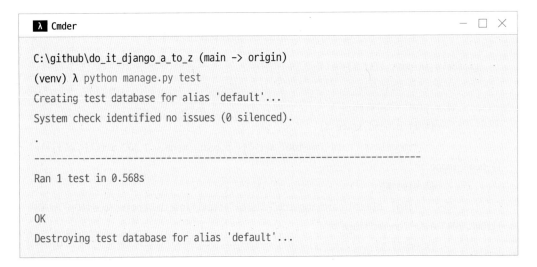

```
λ Cmder                                                      —  □  ×

C:\github\do_it_django_a_to_z (main -> origin)
(venv) λ python manage.py test
Creating test database for alias 'default'...
System check identified no issues (0 silenced).
.
----------------------------------------------------------------------
Ran 1 test in 0.568s


OK
Destroying test database for alias 'default'...
```

커밋! 포스트 목록에 포스트가 하나도 없는 경우 테스트하기

자. 그럼 이쯤에서 또 커밋을 하고 갑시다. 커밋 메시지는 '포스트 목록에 포스트가 하나도 없는 경우 테스트하기'로 정했습니다.

```
λ Cmder                                                    —  ☐  ✕

C:\github\do_it_django_a_to_z (main -> origin)
(venv) λ git add .
C:\github\do_it_django_a_to_z (main -> origin)
(venv) λ git commit -m "포스트 목록에 포스트가 하나도 없는 경우 테스트하기"
C:\github\do_it_django_a_to_z (main -> origin)
(venv) λ git push
```

테스트 코드는 언제 사용하면 좋을까요?

테스트를 많이 하면 할수록 실수를 방지할 수 있을 뿐만 아니라 견고한 프로그램을 만들수 있습니다. 하지만 테스트 코드를 어디까지 만들어야 하는지는 개발자의 판단이 필요한 영역입니다. 구현하는 모든 기능에 대해 하나도 빠짐없이 테스트하는 코드를 만든다면 제일 좋겠지만 이 역시 시간과 노력이 들어가는 일이니까요. 개발을 하면서 '이건 나중에 문제가 될 수도 있겠다'는 생각이 들면 테스트 코드를 작성해 두는 것이 여러 모로편합니다. 앞에서 만든 포스트 목록 페이지의 테스트 코드도 모든 기능을 다 테스트해보지는 않았습니다. 차차 앞으로 개발을 더 하면서 필요한 테스트를 추가할 예정입니다.

11-3 포스트 상세 페이지 테스트하기

이제 포스트 상세 페이지를 테스트할 코드도 만들겠습니다.

 포스트 상세 페이지 테스트 코드 작성하기

01단계 tests.py에 테스트할 내용 나열하기

우선 포스트 상세 페이지에 꼭 필요하다고 판단되는 기능들을 나열하겠습니다. 일단 포스트 상세 페이지를 테스트하기 위해 test_post_list() 함수 아래에 test_post_detail() 함수를 만들고 다음과 같이 테스트하고 싶은 항목을 나열합니다.

실습 파일: blog/tests.py

```
(...생략...)
def test_post_detail(self):
    # 1.1. 포스트가 하나 있다.
    # 1.2. 그 포스트의 url은 '/blog/1/' 이다.

    # 2. 첫 번째 포스트의 상세 페이지 테스트
    # 2.1. 첫 번째 포스트의 url로 접근하면 정상적으로 작동한다(status code: 200).
    # 2.2. 포스트 목록 페이지와 똑같은 내비게이션 바가 있다.
    # 2.3. 첫 번째 포스트의 제목이 웹 브라우저 탭 타이틀에 들어 있다.
    # 2.4. 첫 번째 포스트의 제목이 포스트 영역에 있다.
    # 2.5. 첫 번째 포스트의 작성자(author)가 포스트 영역에 있다(아직 구현할 수 없음).
    # 2.6. 첫 번째 포스트의 내용(content)이 포스트 영역에 있다.
```

아직 작성자(author)에 대한 필드를 만들지 않았기 때문에 2.5번 항목을 테스트할 수는 없습니다. 이 부분을 제외하고 나머지를 소스 코드로 작성해 봅시다.

😊 TDD에 익숙해지면 테스트할 항목을 미리 주석으로 나열하지 않고 바로 코드를 작성해도 됩니다.

테스트 코드 작성하기

이제 주석으로 썼던 테스트 항목을 실제 테스트 코드로 변환하겠습니다.

실습 파일: blog/tests.py

```python
(...생략...)
def test_post_detail(self):
    # 1.1. Post가 하나 있다.
    post_001 = Post.objects.create(
        title='첫 번째 포스트입니다.',
        content='Hello World. We are the world.',
    )
    # 1.2. 그 포스트의 url은 'blog/1/' 이다.
    self.assertEqual(post_001.get_absolute_url(), '/blog/1/')

    # 2. 첫 번째 포스트의 상세 페이지 테스트
    # 2.1. 첫 번째 post url로 접근하면 정상적으로 작동한다(status code: 200).
    response = self.client.get(post_001.get_absolute_url())
    self.assertEqual(response.status_code, 200)
    soup = BeautifulSoup(response.content, 'html.parser')

    # 2.2. 포스트 목록 페이지와 똑같은 내비게이션 바가 있다.
    navbar = soup.nav
    self.assertIn('Blog', navbar.text)
    self.assertIn('About Me', navbar.text)

    # 2.3. 첫 번째 포스트의 제목(title)이 웹 브라우저 탭 타이틀에 들어 있다.
    self.assertIn(post_001.title, soup.title.text)

    # 2.4. 첫 번째 포스트의 제목이 포스트 영역(post_area)에 있다.
    main_area = soup.find('div', id='main-area')
    post_area = main_area.find('div', id='post-area')
    self.assertIn(post_001.title, post_area.text)

    # 2.5. 첫 번째 포스트의 작성자(author)가 포스트 영역에 있다.
    # 아직 작성 불가

    # 2.6. 첫 번째 포스트의 내용(content)이 포스트 영역에 있다.
    self.assertIn(post_001.content, post_area.text)
```

- 1.1: test_post_detail() 함수를 실행하면 다시 새 데이터베이스를 만듭니다. 새 데이터베이스에는 아무 것도 없는 상태이므로 포스트를 하나 만듭니다.
- 1.2: 첫 번째 포스트(post_001)가 만들어졌으니 이 포스트 레코드의 pk는 1입니다. 따라서 이 포스트의 URL은 '/blog/1/'이 됩니다.
- 2.1: '/blog/1/'로 접근했을 때 status_code 값으로 200이 반환되는지 확인합니다. 그리고 이 페이지를 Beautifulsoup으로 파싱하여 다루기 편하게 만듭니다.
- 2.2: 내비게이션 바의 텍스트가 포스트 목록 페이지의 것과 똑같은지 점검합니다.
- 2.3: 이 포스트의 title 필드 값이 웹 브라우저 탭의 타이틀에 있는지 확인합니다.
- 2.4: 메인 영역에서 포스트 영역만 불러오는 내용입니다. id='main-area'인 div 요소를 찾고, 그 안에서 id='post-area'인 div 요소를 찾아 post_area에 담습니다. 그리고 post_001 포스트의 title 필드 값이 포스트 영역 안에 있는지 확인합니다.
- 2.5: 작성자가 화면에 보이는지 확인하는 내용이므로 현재는 개발할 수 없습니다.
- 2.6: 마지막으로 post_001의 내용이 포스트 영역에 있는지 확인합니다.

03단계   테스트로 수정할 내용 파악하기

이제 테스트를 돌려봅시다. 다음과 같이 실패 메시지가 나타납니다. navbar.text에 Blog라는 문구가 안 보인다는 뜻입니다. 지금까지는 startbootstrap.com의 디자인을 가져와서 그대로 적용했을 뿐, 내비게이션 바는 수정하지 않았죠? 이제 이 부분을 하나씩 수정하면 됩니다.

```
λ Cmder                                                          —  □  ✕

C:\github\do_it_django_a_to_z (main -> origin)
(venv) λ python manage.py test
Creating test database for alias 'default'...
System check identified no issues (0 silenced).
F.
===============================================================
FAIL: test_post_detail (blog.tests.TestView)
---------------------------------------------------------------
Traceback (most recent call last):
  File "C:\github\do_it_django_a_to_z\blog\tests.py", line 65, in test_post_detail
    self.assertIn('Blog', navbar.text)
AssertionError:  'Blog'  not  found  in  '\n\nStart  Bootstrap\n\n\n\n\n\n\nHome\n
(current)\n\n\n\nAbout\n\n\nServices\n\n\nContact\n\n\n\n\n'


---------------------------------------------------------------
```

```
Ran 2 tests in 0.333s

FAILED (failures=1)
Destroying test database for alias 'default'...
```

당장 여기에서 post_detail.html의 내비게이션 바를 수정할 수도 있습니다. 하지만 지금의 포스트 상세 페이지와 포스트 목록 페이지의 디자인도 미묘하게 다릅니다. 내비게이션 바 디자인도 다르고, grid로 메인 영역과 사이드 영역을 구분한 크기도 다릅니다.

그림 11-4 포스트 목록 페이지

그림 11-5 포스트 상세 페이지

이제는 페이지들의 통일성을 생각해서 일관된 디자인을 적용해야 합니다. 이 부분은 다음 장에서 다루겠습니다.

커밋! 포스트 상세 페이지 테스트하기

이제 이쯤에서 커밋과 푸시를 해볼까요? 커밋 메시지는 '포스트 상세 페이지 테스트하기'라고 정했습니다.

```
λ Cmder                                                      —  □  ×

C:\github\do_it_django_a_to_z (main -> origin)
(venv) λ git add .
C:\github\do_it_django_a_to_z (main -> origin)
(venv) λ git commit -m "포스트 상세 페이지 테스트하기"
C:\github\do_it_django_a_to_z (main -> origin)
(venv) λ git push
```

12

템플릿 모듈화하기

대부분의 웹 사이트들은 웹 사이트 내의 다른 페이지를 열어도 일관된 페이지 디자인을 유지합니다. 어떤 페이지를 열어도 내비게이션 바와 푸터는 그대로 유지되어야 사용하기에도 편리하고 보기에도 좋기 때문입니다. 이렇게 페이지에서 반복적으로 사용되는 요소는 페이지마다 동일한 소스 코드를 중복해서 사용할 필요 없이 모듈화해서 관리하면 편합니다. 이 장에서는 내비게이션 바와 푸터처럼 웹 사이트 전반에 걸쳐 유지되어야 하는 요소를 모듈화하여 편하게 관리하는 방법에 대해 이야기하겠습니다.

12-1 메인 영역 모듈화하기

12-2 내비게이션 바와 푸터 모듈화하기

12-1 메인 영역 모듈화하기

이 절에서는 장고의 템플릿 확장 기능을 사용해 템플릿 요소 중 몇 가지를 모듈화해 보겠습니다. 그 전에 왜 모듈화하는 것이 좋은지 알아볼까요?

왜 템플릿 요소를 모듈화할까?

다음 그림의 왼쪽은 포스트 목록 페이지를 캡처한 모습이고, 오른쪽은 포스트 상세 페이지를 캡처한 모습입니다. 맨 위에는 내비게이션 바가 보이고 그 아래 왼쪽에는 메인 영역, 오른쪽에는 사이드 영역이 있습니다. 맨 밑에는 푸터가 있죠.

그림 12-1 포스트 목록 페이지(왼쪽)와 포스트 상세 페이지(오른쪽) 비교

여기서 메인 영역을 제외하고 나머지 영역은 디자인이 일관되게 유지되어야 합니다. 하나의 페이지에 메인 영역을 뺀 나머지 영역을 만들어 놓고 포스트 목록 페이지일 때와 포스트 상세 페이지일 때를 구분하여 메인 영역만 채워주면 편하겠죠?

post_list.html 모듈화하기

현재 기준에서 모든 테스트를 통과한 포스트 목록 페이지를 수정하겠습니다. 수정하고 나서 테스트를 하면 수정한 내용에 이상이 없는지 쉽게 확인할 수 있습니다.

01단계 base.html 만들기

먼저 post_list.html을 복사한 다음 파일명을 base.html로 수정합니다. base.html은 공통 영역만 남기기 위한 파일입니다.

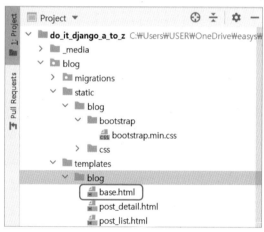

그림 12-2 post_list.html 복사 후 파일명을 base.html로 수정

base.html에서 id="main-area"인 div 요소의 내부를 모두 과감하게 삭제합니다. 이때 <div> 태그의 시작과 끝이 잘 남아 있도록 주의해서 삭제하세요. 그리고 다음과 같이 {% block main_area %}와 {% endblock %}을 한 줄씩 추가해 블록을 만들어 주세요. 블록 이름은 main_area로 정했습니다. 이제 이 부분에 포스트 목록 페이지의 메인 영역 내용 또는 포스트 상세 페이지의 메인 영역 내용을 끼워 넣으면 됩니다.

```
(...생략...)

<div class="container my-3">
    <div class="row">
        <div class="col-md-8 col-lg-9" id="main-area">
            <h1>Blog</h1>
            (...생략...)
            </ul>
            {% block main_area %}
            {% endblock %}
        </div>

        <div class="col-md-4 col-lg-3">

(...생략...)
```

02단계 base.html을 확장해 post_list.html 넣기

이제 post_list.html에는 block 안에 들어가는 요소만 있으면 되므로 base.html에서 지웠던 부분만 남기고 나머지를 전부 지워주세요. 그리고 맨 위에 {% extends 'blog/base.html' %} 를 추가하고, 남긴 요소 앞 뒤로 {% block main_area %} 와 {% endblock %}으로 블록의 시작과 끝을 알려주세요. 그럼 앞에서 만든 base.html의 main_area 블록을 post_list.html의 블록에 들어 있는 내용으로 채웁니다. 다음 코드는 post_list.html 파일 전체입니다. 길었던 post_list.html이 이렇게 짧아졌습니다.

```
{% extends 'blog/base.html' %}

{% block main_area %}
    <h1>Blog</h1>
    {% if post_list.exists %}
        {% for p in post_list %}
            <!-- Blog Post -->
            <div class="card mb-4">
                {% if p.head_image %}
```

```
                    <img class="card-img-top" src="{{ p.head_image.url }}" alt="Card
image cap">
                {% else %}
                    <img class="card-img-top" src="https://picsum.photos/seed/{{
p.id }}/800/200" alt="random_image">
                {% endif %}
                <div class="card-body">
                    <h2 class="card-title">{{ p.title }}</h2>
                    <h5 class="text-muted">{{ p.hook_text }}</h5>
                    <p class="card-text">{{ p.content | truncatewords:45 }}</p>
                    <a href="{{ p.get_absolute_url }}" class="btn btn-primary">Read
More &rarr;</a>
                </div>
                <div class="card-footer text-muted">
                    Posted on {{ p.created }} by
                    <a href="#">작성자명 쓸 위치(개발예정)</a>
                </div>
            </div>
        {% endfor %}
    {% else %}
        <p>아직 게시물이 없습니다.</p>
    {% endif %}

    <!-- Pagination -->
    <ul class="pagination justify-content-center mb-4">
        <li class="page-item">
            <a class="page-link" href="#">&larr; Older</a>
        </li>
        <li class="page-item disabled">
            <a class="page-link" href="#">Newer &rarr;</a>
        </li>
    </ul>
{% endblock %}
```

03단계 수정 결과 확인하기

수정한 내용에 이상이 없다면 test_post_list() 함수의 테스트 항목은 모두 통과할 겁니다.
터미널에서 python manage.py test로 테스트하면 test_post_detail() 함수로 테스트할 때
Fail이 나올테니 test_post_list() 함수만 테스트하겠습니다. 터미널에서 python manage.
py test blog.tests.TestView.test_post_list로 테스트해 보세요. 이번에는 OK가 나올
겁니다. 웹 브라우저에서도 확인해 보세요.

 post_detail.html 모듈화하기

01단계 base.html을 확장해 post_detail.html 넣기

이제 post_detail.html도 base.html을 이용할 수 있게 수정하겠습니다. 방법은 동일합니다.
post_detail.html에서 메인 영역에 해당하는 부분만 남기고 다 지운 후 블록을 지정하면 됩니다. 현재 post_detail.html은 <div class="container"> 안에 <div class="row">가 있고,
<div class="col-lg-8">과 <div class="col-md-4">로 8:4로 나누어진 구조입니다. 이 중
<div class="col-lg-8"> 안에 있는 내용만 남기면 됩니다.

실습 파일: blog/templates/blog/post_detail.html

```
{% extends 'blog/base.html' %}

{% block main_area %}

    <!-- Title -->
    <h1 class="mt-4">{{ post.title }}</h1>
    <h5 class="text-muted">{{ post.hook_text }}</h5>
    <!-- Author -->
    <p class="lead">
        by
        <a href="#">작성자명 쓸 위치(개발예정)</a>
```

```
        </p>

        <hr>

        <!-- Date/Time -->
        <p>Posted on {{ post.created_at }}</p>

        <hr>

        <!-- Preview Image -->
        (...생략...)
        <hr>

        <!-- Post Content -->
        <p>{{ post.content }}</p>
        (...생략...)
        <hr>

        <!-- Comments Form -->
        <div class="card my-4">
            (...생략...)
        </div>

        <!-- Single Comment -->
        <div class="media mb-4">
            (...생략...)
        </div>

        <!-- Comment with nested comments -->
        <div class="media mb-4">
            (...생략...)
        </div>

{% endblock %}
```

제목 블록을 따로 만들기

이제 `python manage.py runserver`로 서버를 실행시킨 후 웹 브라우저로 임의의 포스트 상세 페이지에 들어가 봅시다. 잘 수정된 것 같나요? 그렇지 않습니다. 이미 발견한 분들도 있겠지만 저는 발견하지 못 했습니다. `python manage.py test`로 테스트를 해 보고 나서야 알았습니다.

```
λ Cmder                                                        − □ ✕

C:\github\do_it_django_a_to_z (main -> origin)
(venv) λ python manage.py test
Creating test database for alias 'default'...
System check identified no issues (0 silenced).
F.
======================================================================
FAIL: test_post_detail (blog.tests.TestView)
----------------------------------------------------------------------
Traceback (most recent call last):
  File "C:\github\do_it_django_a_to_z\blog\tests.py", line 70, in test_post_detail
    self.assertIn(post_001.title, soup.title)
AssertionError: '첫번째포스트입니다.' not found in 'Blog'


----------------------------------------------------------------------
Ran 2 tests in 0.276s


FAILED (failures=1)
Destroying test database for alias 'default'...
```

즉, 웹 브라우저 위쪽에 나타나는 타이틀(첫 번째 포스트의 제목)이 없다는 것입니다. 웹 브라우저의 타이틀은 \<head\> 태그 안에 있고, \<head\> 태그는 base.html에 있습니다. 이 부분은 post_list.html과 공유하고 있는데 어떻게 해야 할까요? post_detail.html에 다음과 같이 블록을 하나 더 만들면 됩니다.

실습 파일: blog/templates/blog/post_detail.html

```
{% extends 'blog/base.html' %}

{% block head_title %}
    {{ post.title }} - Blog
{% endblock %}

{% block main_area %}
    <!-- Title -->
    <h1 class="mt-4">{{ post.title }}</h1>
    <h5 class="text-muted">{{ post.hook_text }}</h5>

    (...생략...)
```

이제 base.html의 `<title>` 태그 안에도 {% block head_title %}와 {% endblock %}로 블록 위치를 지정해 주세요. 이렇게 하면 base.html을 extends한 다른 템플릿 파일에 head_title 블록이 있을 경우 그 내용을 여기에 채워 넣게 됩니다. post_list.html과 같이 head_title 블록이 명시되어 있지 않은 경우에는 기본값인 **Blog**를 사용하는 구조입니다.

실습 파일: blog/templates/blog/base.html

```
<!DOCTYPE html>
{% load static %}
<html lang="ko">
<html>

<head>
    <title>{% block head_title %}Blog{% endblock %}</title>
    <link rel="stylesheet" href="{% static 'blog/bootstrap/bootstrap.min.css' %}"
media="screen">

    <script src="https://kit.fontawesome.com/**********.js"
crossorigin="anonymous"></script>
</head>

(...생략...)
```

post_detail.html에서 포스트 영역과 댓글 영역 구분하기

이제 다시 테스트를 해 보면 포스트 상세 페이지에서 웹 브라우저 타이틀 내용이 맞지 않아 발생했던 오류는 더 이상 나타나지 않습니다. 하지만 **post_area**가 None이라는 이유로 새로운 오류가 발생합니다.

```
λ Cmder                                                    —  □  ×

C:\github\do_it_django_a_to_z (main -> origin)
(venv) λ python manage.py test
Creating test database for alias 'default'...
System check identified no issues (0 silenced).
E.
================================================================
ERROR: test_post_detail (blog.tests.TestView)
----------------------------------------------------------------
Traceback (most recent call last):
  File "C:\github\do_it_django_a_to_z\blog\tests.py", line 77, in test_post_detail
    self.assertIn(post_000.title, post_area.text)
AttributeError: 'NoneType' object has no attribute 'text'


----------------------------------------------------------------
Ran 2 tests in 0.387s

FAILED (errors=1)
Destroying test database for alias 'default'...
```

이건 앞에서 포스트 상세 페이지를 만들 때 포스트 영역과 댓글 영역을 구분하기로 해놓고, 실제로는 post_detail.html에 정의하지 않았기 때문입니다.

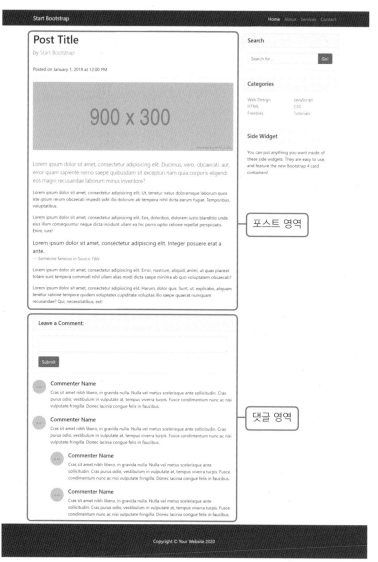

그림 12-3 포스트 상세 페이지의 구성 요소

post_detail.html을 열어 각 영역을 지정해 줍시다. 포스트 영역에 해당하는 부분은 id="post-area"인 <div> 태그로, 댓글 영역에 해당하는 부분은 id="comment-area"인 <div> 태그로 감쌉니다.

실습 파일: blog/templates/blog/post_detail.html

```
{% extends 'blog/base.html' %}

{% block head_title %}
{{ post.title }} - Blog
{% endblock %}

{% block main_area %}
    <div id="post-area">
        <!-- Title -->
        <h1 class="mt-4">{{ post.title }}</h1>
        <h5 class="text-muted">{{ post.hook_text }}</h5>
        <!-- Author -->
        (...생략...)

        <!-- Post Content -->
        <p>{{ post.content }}</p>

        {% if post.file_upload %}
        (...생략...)
{% endif %}

<hr>
    </div>

    <div id="comment-area">
        <!-- Comments Form -->
        (...생략...)

        <!-- Comment with nested comments -->
        <div class="media mb-4">
            (...생략...)
        </div>
    </div>
{% endblock %}
```

다시 테스트를 해볼까요? 이제 아무런 문제도 발생하지 않습니다. 모든 테스트를 통과했습니다.

```
λ Cmder                                                    —  □  ×

C:\github\do_it_django_a_to_z (main -> origin)
(venv) λ python manage.py test
Creating test database for alias 'default'...
System check identified no issues (0 silenced).
..
----------------------------------------------------------------------
Ran 2 tests in 4.625s


OK
Destroying test database for alias 'default'...
```

커밋! 포스트 목록 페이지와 포스트 상세 페이지 디자인 통일하기

자축하는 의미에서 커밋을 합시다. 커밋 메시지는 '포스트 목록 페이지와 포스트 상세 페이지
디자인 통일하기'라고 정했습니다.

```
λ Cmder                                                    —  □  ×

C:\github\do_it_django_a_to_z (main -> origin)
(venv) λ git add .
C:\github\do_it_django_a_to_z (main -> origin)
(venv) λ git commit -m "포스트 목록 페이지와 포스트 상세 페이지 디자인 통일하기"
C:\github\do_it_django_a_to_z (main -> origin)
(venv) λ git push
```

12-2 내비게이션 바와 푸터 모듈화하기

지금까지는 포스트 목록이나 상세 페이지 등으로 가기 위해 직접 URL 주소를 입력했습니다. 내비게이션 바의 링크가 제대로 설정되어 있지 않아 버튼을 클릭하면 엉뚱한 경로로 가기 때문이죠. 테스트 코드에서는 내비게이션 바에 'Blog'와 'About me'라는 문구가 있는지만 확인했기 때문에 테스트는 잘 통과할 수 있었습니다.

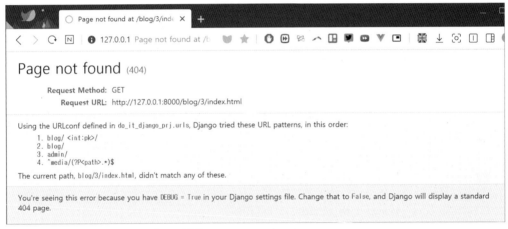

그림 12-4 내비게이션 바의 버튼을 누르면 오류가 발생

내비게이션 바 버튼에 링크 추가하기

01단계 문제의 원인 파악하기

먼저 blog/templates/blog/base.html의 내비게이션 바 소스 코드를 봅시다. 각 버튼의 링크 주소를 정의하는 href의 값으로 HTML을 공부할 때 썼던 경로가 그대로 남아 있습니다. 이 부분을 장고의 urls.py에서 처리할 수 있도록 수정해야 합니다.

```
(...생략...)
<body>
    <nav class="navbar navbar-expand-lg navbar-light bg-light">
        <div class="container">
            <a class="navbar-brand" href="./index.html">Do It Django</a>
            <button class="navbar-toggler" type="button" data-toggle="collapse" data-
target="#navbarNavDropdown"  aria-controls="navbarNavDropdown"  aria-expanded="false"
aria-label="Toggle navigation">
                <span class="navbar-toggler-icon"></span>
            </button>
            <div class="collapse navbar-collapse" id="navbarNavDropdown">
                <ul class="navbar-nav">
                    <li class="nav-item active">
                        <a class="nav-link" href="./index.html">Home</a>
                    </li>
                    <li class="nav-item">
                        <a class="nav-link" href="./blog_list.html">Blog</a>
                    </li>
                    <li class="nav-item">
                        <a class="nav-link" href="./about_me.html">About Me</a>
                    </li>
(...생략...)
```

02단계   테스트 코드 작성하기

내비게이션 바의 정상 유무를 확인하는 테스트 코드는 test_post_list() 함수와 test_post_detail() 함수에 동일하게 들어 있습니다. 앞으로는 내비게이션 바에 대한 테스트 코드가 더 길어질텐데, 똑같은 코드를 양쪽에서 사용할 필요는 없겠죠. 내비게이션 바에 'Blog'와 'About me'가 있는지 확인하는 내용을 잘라내어 함수로 따로 만들어 줍시다.

내비게이션 바를 점검하는 함수명은 navbar_test()로 하겠습니다. TestCase를 사용했을 때, 내부 함수 이름을 test로 시작하면 test_post_list()나 test_post_detail() 함수처럼 테스트를 위한 함수라고 인식하기 때문입니다. test_post_list() 함수와 test_detail_list() 함수에서 beautifulsoup을 통해 가져온 파싱된 HTML 요소를 navbar_test() 함수에서 받아 테스트하기 위해 navbar_test() 함수의 매개변수로 soup을 지정합니다.

```python
from django.test import TestCase, Client
from bs4 import BeautifulSoup
from .models import Post

class TestView(TestCase):
    def setUp(self):
        self.client = Client()

    def navbar_test(self, soup):
        navbar = soup.nav
        self.assertIn('Blog', navbar.text)
        self.assertIn('About Me', navbar.text)

    def test_post_list(self):
        response = self.client.get('/blog/')
        self.assertEqual(response.status_code, 200)

        soup = BeautifulSoup(response.content, 'html.parser')

        self.assertEqual(soup.title.text, 'Blog')

        navbar = soup.nav
        self.assertIn('Blog', navbar.text)
        self.assertIn('About Me', navbar.text)
        self.navbar_test(soup)

(...생략...)

    def test_post_detail(self):
        post_000 = Post.objects.create(
            title='첫번째 포스트입니다.',
            content='Hello World. We are the world.',
        )
        self.assertEqual(post_000.get_absolute_url(), '/blog/1/')
        response = self.client.get(post_000.get_absolute_url())
        self.assertEqual(response.status_code, 200)
```

```
        soup = BeautifulSoup(response.content, 'html.parser')

        navbar = soup.nav
        self.assertIn('Blog', navbar.text)
        self.assertIn('About Me', navbar.text)
        self.navbar_test(soup)

(...생략...)
```

이제 터미널에서 `python manage.py test`로 테스트를 실행해 보세요. 이전과 마찬가지로 아무 문제없이 OK가 나올 겁니다.

03단계 내비게이션 바 버튼의 href 링크 테스트 코드 만들기

내비게이션 바에 있는 버튼을 클릭했을 때 제대로 된 링크로 연결되는지 확인하는 것이 navbar_test() 함수의 역할입니다. 예를 들어 〈Do It Django〉 또는 〈Home〉 버튼을 클릭하면 도메인 뒤에 아무 것도 붙어 있지 않은 URL로 이동하게 하려고 합니다. 아직 도메인을 구입하지 않았으므로 127.0.0.1:8000로 이동하면 됩니다. 이 위치는 방문자가 처음 들어왔을 때 보게 되는 대문 페이지가 위치할 곳입니다. 다음으로 〈Blog〉 버튼을 클릭하면 포스트 목록 페이지의 경로인 127.0.0.1:8000/blog/로 이동해야 하고, 〈About Me〉 버튼을 클릭하면 자기소개 페이지의 경로인 127.0.0.1:8000/about_me/로 이동해야 합니다.

그림 12-5 내비게이션 바 버튼을 클릭했을 때 이동할 페이지

이 경로로 잘 이동하는지 점검하는 코드를 추가하겠습니다.

실습 파일: blog/tests.py

```python
(...생략...)
class TestView(TestCase):
    def setUp(self):
        self.client = Client()

    def navbar_test(self, soup):
        navbar = soup.nav
        self.assertIn('Blog', navbar.text)
        self.assertIn('About Me', navbar.text)

        logo_btn = navbar.find('a', text='Do It Django')
        self.assertEqual(logo_btn.attrs['href'], '/')

        home_btn = navbar.find('a', text='Home')
        self.assertEqual(home_btn.attrs['href'], '/')

        blog_btn = navbar.find('a', text='Blog')
        self.assertEqual(blog_btn.attrs['href'], '/blog/')

        about_me_btn = navbar.find('a', text='About Me')
        self.assertEqual(about_me_btn.attrs['href'], '/about_me/')
```

새로 추가된 내용을 살펴봅시다. 먼저 〈Do It Django〉 버튼을 점검하는 코드를 볼까요? navbar.find로 내비게이션 바에서 'Do It Django'라는 문구를 가진 a 요소를 찾아 logo_btn 변수에 담습니다. 그리고 a 요소에서 href 속성을 찾아 값이 '/'인지 확인합니다. 〈Blog〉 버튼을 점검할 때도 마찬가지입니다. text 값이 'Blog'인 a 요소를 찾아 href 경로가 '/blog/'로 되어 있는지 확인합니다.

현재 상태에서 테스트를 먼저 해보면 다음과 같이 Fail이 나옵니다.

```
λ  Cmder                                                          —  □  ×

C:\github\do_it_django_a_to_z (main -> origin)
(venv) λ python manage.py test
Creating test database for alias 'default'...
System check identified no issues (0 silenced).
FF
======================================================================
FAIL: test_post_detail (blog.tests.TestView)
----------------------------------------------------------------------
Traceback (most recent call last):
  File "C:\github\do_it_django_a_to_z\blog\tests.py", line 78, in test_post_detail
    self.navbar_test(soup)
  File "C:\github\do_it_django_a_to_z\blog\tests.py", line 16, in navbar_test
    self.assertEqual(logo_btn.attrs['href'], '/')
AssertionError: './index.html' != '/'
- ./index.html
+ /



======================================================================
FAIL: test_post_list (blog.tests.TestView)
----------------------------------------------------------------------
Traceback (most recent call last):
  File "C:\github\do_it_django_a_to_z\blog\tests.py", line 35, in test_post_list
    self.navbar_test(soup)
  File "C:\github\do_it_django_a_to_z\blog\tests.py", line 16, in navbar_test
    self.assertEqual(logo_btn.attrs['href'], '/')
AssertionError: './index.html' != '/'
- ./index.html
+ /



----------------------------------------------------------------------
Ran 2 tests in 0.105s

FAILED (failures=2)
Destroying test database for alias 'default'...
```

FF로 test_post_list와 test_post_detail에서 두 번의 Fail이 나왔습니다. 오류 메시지를 읽어 보니 logo_btn에서 확인한 href 값이 '/'이 아니라 './index.html'이라서 오류가 발생했다고 합니다. 아직 base.html을 수정하지 않았기 때문에 나타나는 문제이니 바로 수정해 봅시다. href 값을 다음과 같이 수정하세요. 이때 <span class="sr-only">(current)</span>은 삭제합니다.

실습 파일: blog/templates/blog/base.html

```
(...생략...)
<body>
    <nav class="navbar navbar-expand-lg navbar-light bg-light">
        <div class="container">                    수정
            <a class="navbar-brand" href="/">Do It Django</a>
            <button class="navbar-toggler" type="button" data-toggle="collapse"
data-target="#navbarNavDropdown" aria-controls="navbarNavDropdown" aria-
expanded="false" aria-label="Toggle navigation">
                <span class="navbar-toggler-icon"></span>
            </button>
            <div class="collapse navbar-collapse" id="navbarNavDropdown">
                <ul class="navbar-nav">
                    <li class="nav-item active">    수정
                        <a class="nav-link" href="/">Home<span class="sr-only">(current)
</span></a>
                    </li>
                    <li class="nav-item">
                        <a class="nav-link" href="/blog/">Blog</a>
                    </li>
                    <li class="nav-item">
                        <a class="nav-link" href="/about_me/">About Me</a>
                    </li>

(...생략...)
```

이제 테스트를 해보면 드디어 OK가 나옵니다. 실제로 잘 되었는지 확인하기 위해 python manage.py runserver로 서버를 실행시키고 웹 브라우저로도 확인해 보세요. 포스트 상세 페이지에서 〈Blog〉 버튼을 클릭하면 포스트 목록 페이지로 잘 이동할 겁니다.

include로 내비게이션 바와 푸터 모듈화하기

웹 사이트의 디자인 통일성을 위해 내비게이션 바와 푸터는 나중에 손볼 대문 페이지, 자기소개 페이지에도 동일하게 적용되어야 합니다. base.html의 `<nav>` 태그와 `<footer>` 태그를 따로 관리하면 편하겠죠? 이때 장고의 include를 사용하면 HTML을 요소별로 분할해 관리하고 불러올 수 있습니다.

01단계 내비게이션 바를 navbar.html로 모듈화하기

먼저 blog/templates/blog/ 폴더에 navbar.html을 만듭니다. 그리고 base.html의 `<nav>` 태그부터 그 아래 모달에 관련된 코드까지 잘라 navbar.html에 붙여 넣습니다.

실습 파일: **blog/templates/blog/navbar.html**

```
<nav class="navbar navbar-expand-lg navbar-light bg-light">
    <div class="container">
        <a class="navbar-brand" href="/">Do It Django</a>
        <button class="navbar-toggler" type="button" data-toggle="collapse" data-target="#navbarNavDropdown" aria-controls="navbarNavDropdown" aria-expanded="false" aria-label="Toggle navigation">
        <span class="navbar-toggler-icon"></span>
        </button>

        (...생략...)

    </div>
</nav>
```

```
<!-- Modal -->
<div class="modal fade" id="loginModal" tabindex="-1" role="dialog" aria-
labelledby="logIneModalLabel" aria-hidden="true">
    <div class="modal-dialog" role="document">


        (...생략...)


    </div>
</div>
```

base.html에서 휑하게 비어버린 곳은 {% include 'blog/navbar.html' %}로 채워넣습니다. 그럼 나중에 base.html을 사용할 때 이 위치에 navbar.html의 내용을 그대로 가져와서 붙여 넣는 것과 동일한 효과를 얻을 수 있습니다.

실습 파일: blog/templates/blog/base.html

```
(...생략...)
<body>

{% include 'blog/navbar.html' %}

<div class="container my-3">
    <div class="row">
    (...생략...)
```

02단계 푸터를 footer.html로 모듈화하기

마찬가지로 푸터도 모듈화 해 봅시다. base.html에서 `<footer>` 태그 내용을 잘라내고 다음 코드로 대체하세요.

실습 파일: blog/templates/blog/base.html

```
(...생략...)
{% include 'blog/footer.html' %}
(...생략...)
```

새로 footer.html을 만든 다음 앞에서 잘라낸 코드를 붙여 넣으세요. 푸터에 들어갈 내용은 여러분이 원하는 문구로 수정해도 됩니다.

```html
<!-- Footer -->
<footer class="py-5 bg-dark">
    <div class="container">
        <p class="m-0 text-center text-white">
            Copyright &copy; Do It Django A to Z 2021
        </p>
    </div>
    <!-- /.container -->
</footer>
```

커밋! 내비게이션 바와 푸터 모듈화하기

웹 사이트에 내비게이션 바와 푸터가 원하는 대로 잘 나타나는지 확인해 보세요. 이상이 없다면 커밋을 합시다. 커밋 메시지는 '내비게이션 바와 푸터 모듈화하기'라고 정했습니다.

```
λ Cmder                                                          —  □  ×

C:\github\do_it_django_a_to_z (main -> origin)
(venv) λ git add .
C:\github\do_it_django_a_to_z (main -> origin)
(venv) λ git commit -m "내비게이션 바와 푸터 모듈화하기"
C:\github\do_it_django_a_to_z (main -> origin)
(venv) λ git push
```

13

다대일 관계
구현하기

이 장에서는 Post 모델에 작성자를 추가하고 카테고리 기능을 구현하겠습니다. 이들은
각기 다른 모델끼리 연결해야 만들 수 있습니다. 이런 모델 간의 관계를 정의하는 방법을
배울 것이므로 재미있을 겁니다.

13-1 작성자 추가하기

웹 개발을 하다 보면 각기 다른 정보를 연결해야 할 때가 있습니다. 예를 들어 웹 사이트에 James라는 사용자가 여러 개의 블로그 포스트를 작성한 경우를 생각해 봅시다. 포스트에 작성자 정보를 담을 필드가 필요하겠죠? 댓글도 마찬가지입니다. Steve라는 사용자가 어떤 블로그 포스트에 댓글을 남겼다면 이 댓글이 어떤 포스트에 대한 댓글이고 작성자는 누구인지 등의 정보를 담을 필드가 필요합니다.

이렇게 정보를 연결하는 방법으로 다대일^{many to one} 관계와 다대다^{many to many} 관계가 있습니다. 이 장에서는 다대일 관계에 대해 살펴보겠습니다.

다대일 관계 이해하기

다대일 관계는 여러 개의 모델이 하나의 모델에 연결되는 관계를 말합니다. 지금 개발하고 있는 블로그 사이트를 떠올리며 다대일 관계를 그린 다음 그림을 살펴봅시다. 블로그에 사용자로 등록된 사람은 James, Steve, Donald 이렇게 3명입니다. 이들은 각자 여러 개의 포스트를 작성할 수 있습니다. 세 명의 사용자는 각각 3개, 1개, 2개의 포스트를 작성했네요. 이 정보를 담기 위해선 **Post** 모델에 작성자가 누구인지를 담을 수 있는 필드가 있어야 하고, 각 필드에는 하나의 사용자 정보만 담을 수 있습니다. 즉, 포스트와 작성자의 관계는 다대일이 됩니다.

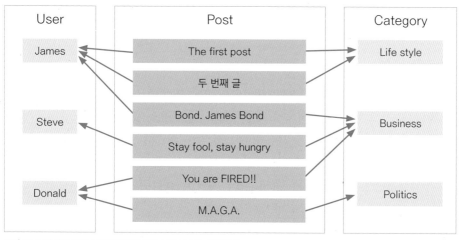

그림 13-1 다대일 관계를 가진 작성자-포스트와 포스트-카테고리

포스트에 카테고리 정보를 추가하고 싶을 때도 마찬가지입니다. 하나의 카테고리에는 여러 개의 포스트가 포함될 수 있습니다. 앞의 그림에서 'The first post', '두 번째 글' 포스트가 Life style 카테고리에 포함되어 있듯 말이죠. 반면에 한 포스트에는 하나의 카테고리만 지정할 수 있습니다. 역시 다대일 관계가 성립합니다.

author 필드에는 어떤 내용이 필요할까?

이제는 그동안 미루었던 작성자 정보를 담을 author 필드를 구현할 차례입니다. author 필드에는 어떤 내용을 담아야 할까요? 먼저 어떤 사용자가 포스트를 작성했을 때 사용자명을 문자열로 저장해야겠죠. 또한 그 사용자가 사용자명을 바꿨을 때 이전에 작성한 글의 작성자명도 함께 바뀌어야 하고, 탈퇴하거나 글을 삭제하면 작성자명을 'unknown'으로 표시하는 기능도 필요합니다.

작성자 정보를 담은 author 필드에는 이렇게 여러 기능이 필요하므로 따로 만든 다음 포스트와 연결하는 것이 현명합니다. 작성자 정보 하나에 여러 포스트를 연결하는 다대일 관계에는 ForeignKey를 활용하면 됩니다. 이번에는 ForeignKey가 무엇인지 알아보기 위해 테스트 코드를 만들지 않고 바로 개발을 진행하겠습니다.

 ForeignKey로 author 필드 구현하기

먼저 ForeignKey로 연결된 다른 모델의 레코드가 삭제되었을 때 함께 삭제되는 방식으로 author 필드를 구현하겠습니다.

01단계 models.py에 author 필드 추가하기

User 모델을 사용해야 하므로 from django.contrib.auth.models import User로 User를 임포트합니다. User는 장고에서 기본적으로 제공하는 모델입니다. 앞에서 이 모델을 사용해 James라는 사용자를 만들었죠. User를 사용해 다음과 같이 author 필드를 만듭니다. 여기서 on_delete=models.CASCADE는 '이 포스트의 작성자가 데이터베이스에서 삭제되었을 때 이 포스트도 같이 삭제한다'는 의미입니다. 마지막으로 포스트 목록에서 작성자 정보까지 출력되도록 __str__() 함수를 수정합니다.

```python
from django.db import models
from django.contrib.auth.models import User
import os


class Post(models.Model):
    title = models.CharField(max_length=30)
    hook_text = models.CharField(max_length=100, blank=True)
    content = models.TextField()

    head_image = models.ImageField(upload_to='blog/images/%Y/%m/%d/', blank=True)
    file_upload = models.FileField(upload_to='blog/files/%Y/%m/%d/', blank=True)

    created_at = models.DateTimeField(auto_now_add=True)
    updated_at = models.DateTimeField(auto_now=True)

    author = models.ForeignKey(User, on_delete=models.CASCADE)

    def __str__(self):
        return f'[{self.pk}]{self.title} :: {self.author}'

(...생략...)
```

02단계 마이그레이션하기

이제 Post 모델의 변경 내용을 데이터베이스에 적용시켜봅시다. 터미널에서 python manage.py makemigrations를 입력합니다. 그런데 다음과 같이 경고 메시지가 나오면서 진행이 되지 않습니다.

```
λ Cmder                                                            —  □  ✕

C:\github\do_it_django_a_to_z (main -> origin)
(Venv)λ python manage.py makemigrations
You are trying to add a non-nullable field 'author' to post without a default; we can't
do that (the database needs something to populate existing rows).
Please select a fix:
 1) Provide a one-off default now (will be set on all existing rows with a null value
```

```
for this column)
 2) Quit, and let me add a default in models.py
Select an option:
```

차근차근 메시지 내용을 읽어보면 'Post 모델의 author 필드는 null일 수 없는데(비어 있을
수 없는데), default 값도 설정하지 않고 추가하려고 한다'는 불평입니다. 그래서 default 값
을 지금 추가하기(1) 또는 일단 취소하고 models.py를 수정하기(2) 중에 하나를 선택하라고
하네요. 이런 메시지가 나오는 이유는 이미 우리가 Post 모델의 레코드를 여러 개 만들어 놓
았기 때문입니다. 새로 만드는 author 필드를 null로 처리할 수 없으니 뭔가를 채워넣어야 하
는데, 무엇을 채워넣어야 할지 모르겠다는 이야기입니다.

1)을 선택하면 이미 존재하는 Post 레코드의 author에 바로 값을 넣을 수 있습니다. 또는 2)
를 선택하고 빠져나와 models.py의 author 필드 부분을 author = models.ForeignKey
(User, null=True, on_delete=models.CASCADE)로 수정할 수도 있습니다. 이러면 author
필드를 null로 둘 수 있게 되고, 이미 존재하는 Post 레코드는 author가 빈 상태가 됩니다. 지
금은 1)을 선택하겠습니다. 1)을 선택하고 1을 입력하면 User 중에 pk 값이 1인 James를 작
성자로 지정합니다.

```
λ Cmder                                                          –  □  ✕

 Please select a fix:
  1) Provide a one-off default now (will be set on all existing rows with a null value
 for this column)
  2) Quit, and let me add a default in models.py
 Select an option: 1  ←── 1) 선택
 Please enter the default value now, as valid Python
 The datetime and django.utils.timezone modules are available, so you can do e.g. tim-
 ezone.now
 Type 'exit' to exit this prompt
 >>> 1  ←── pk=1인 User를 author로 지정
 Migrations for 'blog':
   blog\migrations\0006_post_author.py
     - Add field author to post
```

이제 데이터베이스에 적용하기 위해 `python manage.py migrate`를 합니다.

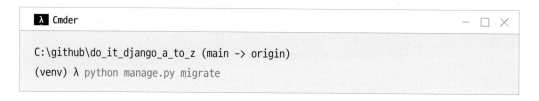

서버를 다시 실행하고 관리자 페이지에서 포스트 중 하나를 열어봅시다. Author 입력란이 생겼습니다. 마이그레이션할 때 지정한 대로 작성자가 James인 것도 확인할 수 있습니다.

그림 13-2 기존 포스트에 Author 입력란이 생기고 값은 James로 지정

03단계 다른 사용자가 게시물을 작성할 때 테스트하기

James가 아닌 다른 사용자가 다른 게시물을 작성하는 경우도 테스트해 봅시다. 먼저 관리자 페이지에서 새로운 사용자를 만듭니다. Users 옆의 〈Add〉 버튼을 클릭하면 다음과 같은 화면이 나옵니다. 여기에서 원하는 Username과 Password를 입력하고 〈SAVE〉 버튼을 클릭하세요.

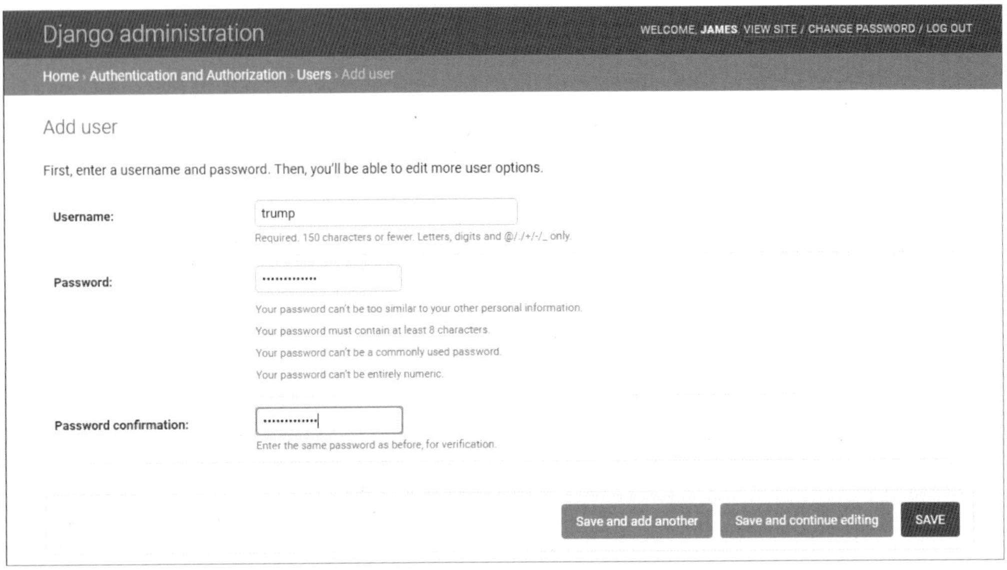

그림 13-3 다른 사용자(trump) 생성

다음과 같이 First name, Last name, Email address 등 추가 정보를 입력하는 화면이 나옵니다. 원하는 정보를 입력한 후 페이지 아래에 있는 〈SAVE〉 버튼을 클릭하면 새 사용자가 생성됩니다.

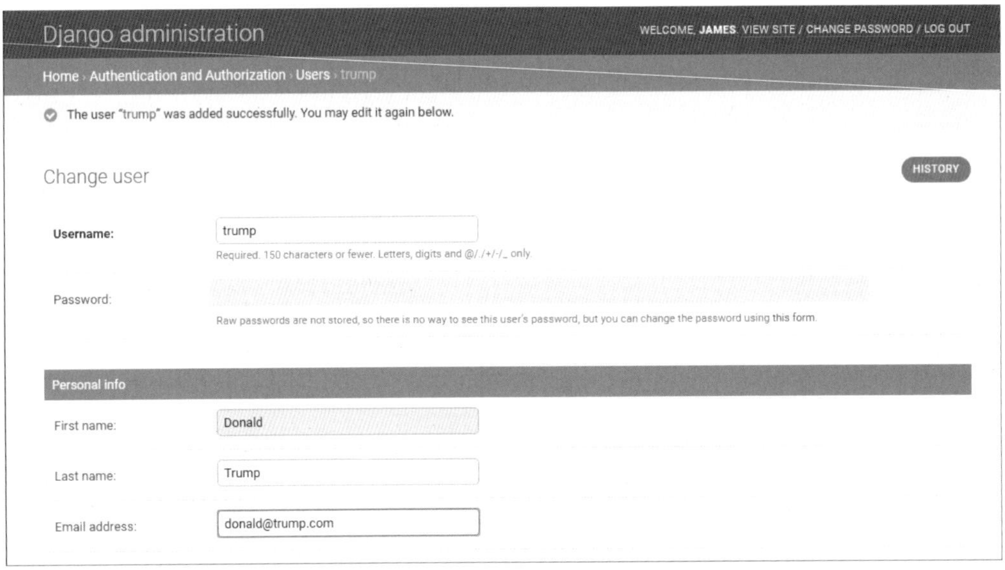

그림 13-4 trump의 추가 정보 입력

이제는 관리자 페이지의 [BLOG 〉 Posts]로 들어가 새로운 포스트를 작성해 봅시다. 이제 Author로 james뿐만 아니라 trump까지 선택할 수 있습니다. trump를 선택하고 〈SAVE〉 버튼을 클릭해 포스트를 저장합니다.

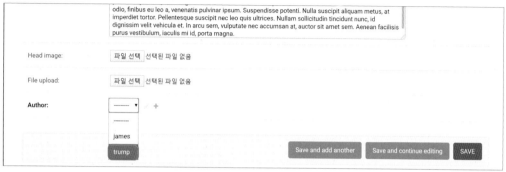

그림 13-5 작성자로 trump 선택

[Posts]에서 포스트 목록을 보면 새로 작성한 포스트에 새로 만든 작성자명까지 잘 출력되는 것을 볼 수 있습니다.

그림 13-6 새로 만든 포스트의 작성자로 trump 출력

04단계 작성자 정보가 삭제될 때 포스트까지 삭제되는지 확인하기

models.py의 `author` 필드에서 `on_delete=models.CASCADE`로 지정했었죠. 사용자 trump의 아이디가 삭제되었을 때 trump가 작성한 포스트까지 다 삭제되는지 확인해 봅시다. 관리자 페이지의 [Users]에 가서 trump를 선택하고 Action을 Delete selected users로 선택한 후 〈Go〉 버튼을 클릭하세요.

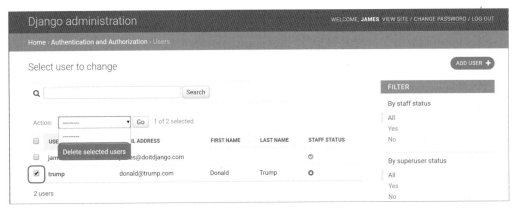

그림 13-7 trump 계정 삭제

trump를 지우면 포스트가 삭제된다는 경고 메시지가 나옵니다. 〈Yes, I'm sure〉 버튼을 클릭합니다.

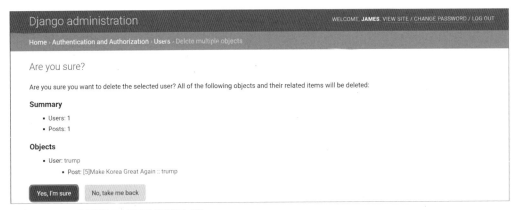

그림 13-8 trump가 작성한 포스트까지 삭제할지 선택

다음과 같이 trump가 삭제되었습니다. [Posts]에 가보면 trump가 작성자인 포스트도 다 삭제되었습니다.

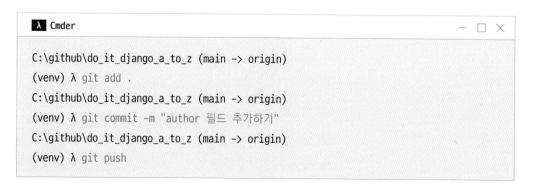

그림 13-9 trump 사용자 삭제 완료

그림 13-10 trump 사용자가 작성한 포스트도 삭제 완료

커밋! author 필드 추가하기

ForeignKey를 이용해 해볼 일이 몇 가지 남았지만 일단 여기에서 커밋을 합시다. 커밋 메시지는 'author 필드 추가하기'라고 작성합니다.

```
λ Cmder                                                        — □ ×

C:\github\do_it_django_a_to_z (main -> origin)
(venv) λ git add .
C:\github\do_it_django_a_to_z (main -> origin)
(venv) λ git commit -m "author 필드 추가하기"
C:\github\do_it_django_a_to_z (main -> origin)
(venv) λ git push
```

연결된 사용자가 삭제되면 빈 칸으로 두기

이번에는 사용자가 삭제되어도 그 사용자가 작성한 글은 남겨두고 author 필드 값만 null로 바뀌도록 설정하겠습니다.

01단계 on_delete=models.SET_NULL 사용하기

models.py에서 on_delete=models.CASCADE를 on_delete=models.SET_NULL로 수정하세요. '이 포스트의 작성자가 데이터베이스에서 삭제되었을 때 작성자명을 빈 칸으로 둔다'는 의미입니다.

실습 파일: blog/models.py

```
(...생략...)
created_at = models.DateTimeField(auto_now_add=True)
updated_at = models.DateTimeField(auto_now=True)

author = models.ForeignKey(User, on_delete=models.SET_NULL)
(...생략...)
```

이 상태에서 python manage.py makemigrations으로 마이그레이션을 시도하면 다음과 같은 오류 메시지가 나옵니다.

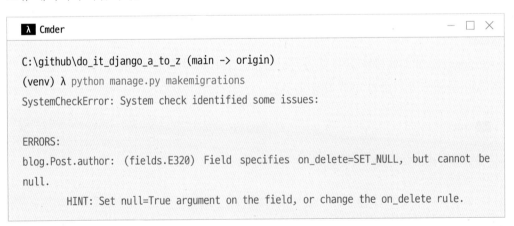

```
λ Cmder                                                    – □ ✕

C:\github\do_it_django_a_to_z (main -> origin)
(venv) λ python manage.py makemigrations
SystemCheckError: System check identified some issues:

ERRORS:
blog.Post.author: (fields.E320) Field specifies on_delete=SET_NULL, but cannot be
null.
        HINT: Set null=True argument on the field, or change the on_delete rule.
```

오류 메시지 내용을 잘 살펴보면 blog 앱에 있는 Post 모델의 author 필드에 문제가 있다고 합니다. on_delete=SET_NULL로 설정한 곳은 null일 수 없다고 하면서 친절하게 힌트까지 줍니다. null=True를 추가하라고 하네요.

장고의 요청을 들어 다음과 같이 수정해 보겠습니다. 이처럼 null=True를 추가하면 데이터베이스의 해당 필드 값으로 null을 넣을 수 있게 됩니다.

실습 파일: blog/models.py

```
(...생략...)
created_at = models.DateTimeField(auto_now_add=True)
updated_at = models.DateTimeField(auto_now=True)


author = models.ForeignKey(User, null=True, on_delete=models.SET_NULL)
(...생략...)
```

이제 다시 데이터베이스에 변경 내용을 반영해 봅시다. 성공적으로 반영됩니다.

```
λ Cmder                                                          —  □  ✕

C:\github\do_it_django_a_to_z (main -> origin)
(venv) λ python manage.py makemigrations
C:\github\do_it_django_a_to_z (main -> origin)
(venv) λ python manage.py migrate
```

02단계 포스트 작성자가 삭제되었을 때 테스트하기

실습을 위해 관리자 페이지에서 새로운 포스트를 추가합시다. 이번에는 obama라는 Username으로 새 사용자를 생성하겠습니다. 그리고 obama로 몇 개의 포스트를 작성하고, obama를 삭제해서 어떤 반응이 일어나는지 보겠습니다.

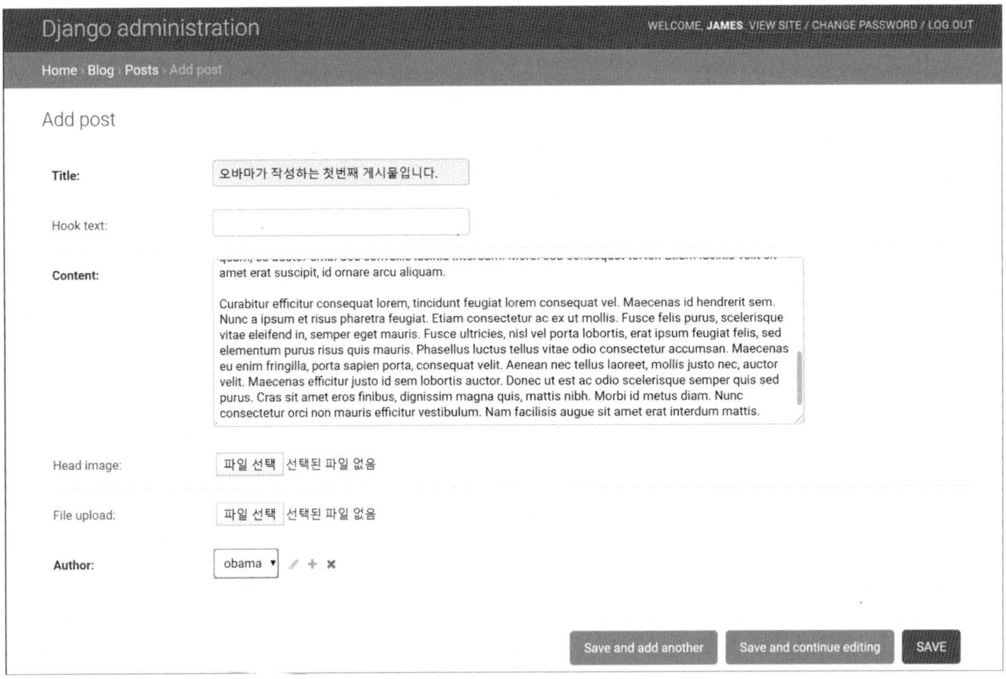

그림 13-11 Author를 obama로 선택해 포스트 작성

작성자가 obama인 포스트를 2개 만들었습니다.

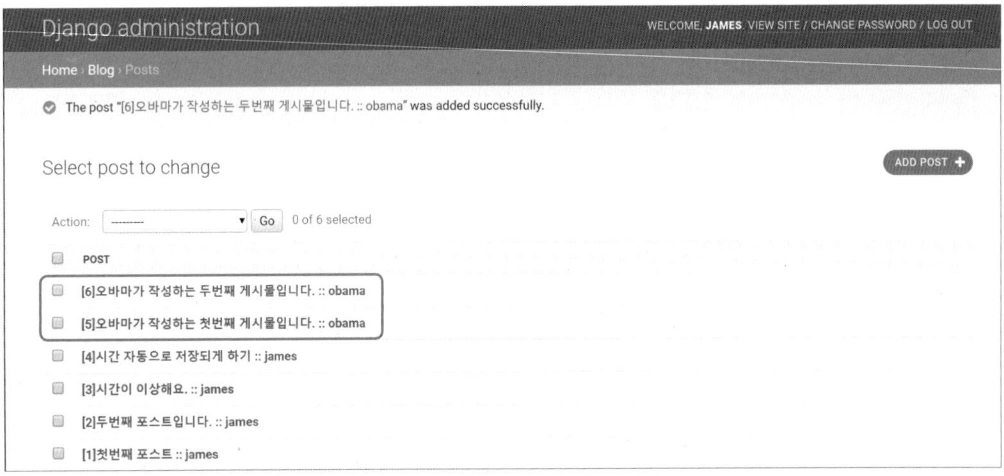

그림 13-12 obama 계정으로 포스트 2개 작성

[Users]로 가서 obama를 삭제하고 다시 [Posts]를 열어보세요. trump로 작성했던 포스트와 달리 obama로 작성한 게시물은 함께 삭제되지 않았습니다. 대신 작성자를 None으로 표시합니다.

그림 13-13 obama 계정을 삭제하면 obama가 작성한 포스트의 작성자를 None으로 표시

커밋! 삭제된 작성자는 None으로 표시하기

필자는 데이터베이스에서 사용자 정보가 삭제될 경우 그 사람이 작성했던 포스트도 다 삭제되는 것보다는 author 필드만 null로 바뀌는 것이 더 좋다고 판단했습니다. 하지만 이는 어디까지나 웹 사이트 운영 방침에 대한 영역이므로 여러분이 원하는 방법을 선택하면 됩니다. 여기에서는 이 상태에서 커밋을 하겠습니다. 커밋 메시지는 '삭제된 작성자는 None으로 표시하기'로 정했습니다.

```
λ Cmder                                                    —  □  ×

C:\github\do_it_django_a_to_z (main -> origin)
(venv) λ git add .
C:\github\do_it_django_a_to_z (main -> origin)
(venv) λ git commit -m "삭제된 작성자는 None으로 표시하기"
C:\github\do_it_django_a_to_z (main -> origin)
(venv) λ git push
```

포스트 목록 페이지와 포스트 상세 페이지에 author 반영하기

이제 작성자 정보가 포스트 목록과 상세 페이지에 나타나도록 만들겠습니다.

이제부터는 다시 테스트 주도 개발 방식을 따르겠습니다. 테스트 코드부터 먼저 만들어 봅시다. User 모델을 사용하기 위해 from django.contrib.auth.models import User로 User 모델을 임포트합니다. 그리고 TestView 클래스의 setUp() 함수에 다음과 같이 User 레코드를 2개 생성합니다.

실습 파일: blog/tests.py

```
from django.test import TestCase, Client
from bs4 import BeautifulSoup
from django.contrib.auth.models import User
from .models import Post


class TestView(TestCase):
    def setUp(self):
        self.client = Client()
        self.user_trump = User.objects.create_user(username='trump',
password='somepassword')
        self.user_obama = User.objects.create_user(username='obama',
password='somepassword')

(...생략...)
```

User.objects.create_user()로 username이 'trump'이고 password가 'somepassword'인 사용자를 생성했습니다. 같은 방법으로 obama라는 사용자도 만듭니다.

test_post_list() 함수에서는 Post 모델의 post_001과 post_002 레코드를 생성할 때 각각 author=self.user_trump와 author=self.user_obama를 인자로 추가합니다. 그리고 메인 영역에서 작성자명으로 trump와 obama가 나오는지 확인하기 위해 test_post_list() 함수의 맨 마지막에 코드를 추가합니다. 이때 username 뒤에 .upper()를 추가해 작성자명이 대문자로 표기되도록 설정합니다.

```
(...생략...)
def test_post_list(self):
    response = self.client.get('/blog/')
    self.assertEqual(response.status_code, 200)

    soup = BeautifulSoup(response.content, 'html.parser')

    self.assertEqual(soup.title.text, 'Blog')

    self.navbar_test(soup)

    self.assertEqual(Post.objects.count(), 0)
    main_area = soup.find('div', id='main-area')
    self.assertIn('아직 게시물이 없습니다', main_area.text)

    post_001 = Post.objects.create(
        title='첫 번째 포스트입니다.',
        content='Hello World. We are the world.',
        author=self.user_trump
    )

    post_002 = Post.objects.create(
        title='두 번째 포스트입니다.',
        content='1등이 전부는 아니잖아요?',
        author=self.user_obama
    )

    self.assertEqual(Post.objects.count(), 2)

    response = self.client.get('/blog/')
    soup = BeautifulSoup(response.content, 'html.parser')

    self.assertEqual(response.status_code, 200)
    main_area = soup.find('div', id='main-area')

    self.assertIn(post_001.title, main_area.text)
    self.assertIn(post_002.title, main_area.text)
```

```
    self.assertNotIn('아직 게시물이 없습니다', main_area.text)

    self.assertIn(self.user_trump.username.upper(), main_area.text)
    self.assertIn(self.user_obama.username.upper(), main_area.text)

(...생략...)
```

일단 여기서 테스트를 해보니 Fail이 나옵니다.

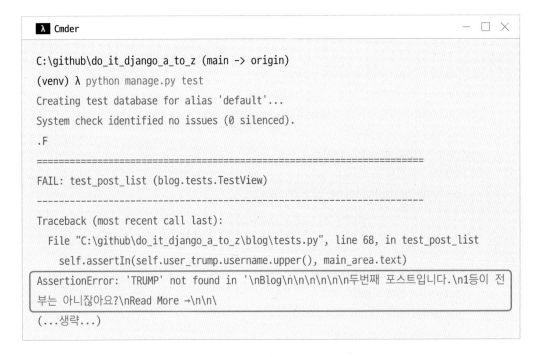

Fail이 나온 이유는 장고가 설명해 줍니다. 'TRUMP'라는 문구가 안 보였기 때문이군요. 이
문제는 post_list.html 파일을 수정하면 쉽게 해결됩니다. 미리 작성해 둔 '작성자명 쓸 위치
(개발예정)'를 지우고 그 자리에 {{ p.author | upper }}를 입력하세요.

실습 파일: blog/templates/blog/post_list.html

```
(...생략...)
<div class="card-footer text-muted">
    Posted on {{ p.created }} by
    <a href="#">{{ p.author | upper }}</a>
</div>
(...생략...)
```

테스트를 다시 해보면 OK가 나옵니다. 서버를 실행해 웹 브라우저에서도 확인해 봅시다. 작성자명이 대문자로 잘 나타나네요.

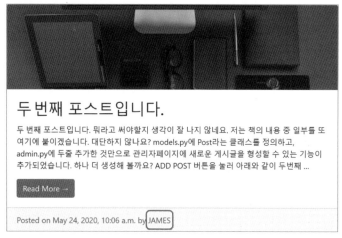

그림 13-14 포스트 목록 페이지에서 포스트 작성자 출력

02단계 포스트 상세 페이지에 작성자 추가하기

test_post_detail() 함수도 test_post_list() 함수와 마찬가지로 post_001에서 Post 모델 레코드를 하나 생성할 때 작성자명을 포함하도록 수정해 보겠습니다. 그리고 비어 있던 포스트의 작성자가 화면에 출력되는지 확인하는 코드를 채우겠습니다.

실습 파일: blog/tests.py

```
(...생략...)
def test_post_detail(self):
    # 1.1. 포스트가 하나 있다.
    post_000 = Post.objects.create(
        title='첫번째 포스트입니다.',
        content='Hello World. We are the world.',
        author=self.user_trump,
    )
    # 1.2. 그 포스트의 url은 'blog/1/' 이다.
    self.assertEqual(post_000.get_absolute_url(), '/blog/1/')

    (...생략...)

    # 2.5. 첫 번째 포스트의 작성자(author)가 포스트 영역(post-area)에 있다.
```

```
        self.assertIn(self.user_trump.username.upper(), post_area.text)

        # 2.6. 첫 번째 포스트의 내용(content)이 포스트 영역에 있다.
        self.assertIn(post_000.content, post_area.text)
```

테스트를 실행하면 아직 post_detail.html 파일을 수정하지 않은 상태이기 때문에 Fail이 우
리를 반깁니다. 앞에서와 마찬가지로 'TRUMP'라는 문구가 안 보인다고 하네요.

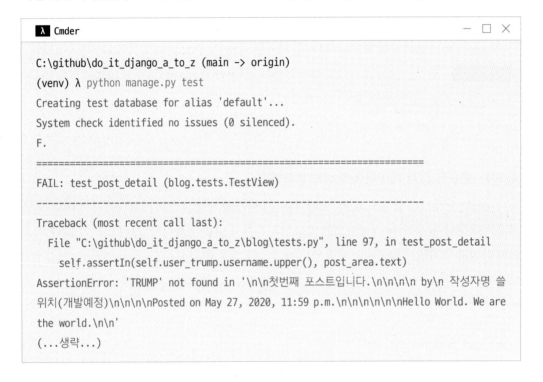

post_list.html과 마찬가지로 post_detail.html을 다음과 같이 수정하세요.

실습 파일: blog/templates/blog/post_detail.html

```
(...생략...)
<!-- Author -->
<p class="lead">
    by
    <a href="#">{{ post.author | upper }}</a>
</p>
(...생략...)
```

다시 테스트를 실행해 OK가 나오는지 확인하세요. OK가 나오면 웹 브라우저를 열어 실제 포스트 상세 페이지에서 작성자명이 나오는지도 확인해 보세요.

그림 13-15 포스트 상세 페이지에 포스트 작성자 출력

커밋! 포스트 목록, 상세 페이지에서 작성자 정보 출력하기

그럼 이쯤에서 커밋을 합시다. 커밋 메시지는 '포스트 목록, 상세 페이지에서 작성자 정보 출력하기'라고 정했습니다.

13-2 카테고리 기능 구현하기

이번에는 카테고리 기능을 만들어 보겠습니다. 블로그 포스트 내용에 따라 카테고리를 구분해서 방문자가 원하는 분야의 글만 읽을 수 있도록 말이죠. 대부분의 블로그에서는 카테고리 기능을 제공하기 때문에 우리가 가져온 블로그 템플릿에도 이미 모양은 갖춰져 있습니다. 실제로 여러분이 만드는 사이트에 맞게 바꿔주면 됩니다.

카테고리 페이지 구상하기

현재 구상한 카테고리 페이지의 모습은 다음과 같습니다. 페이지 오른쪽에 있는 Categories 카드에 블로그의 카테고리가 모두 표시되는데, 이들은 포스트 목록 페이지와 포스트 상세 페이지에 모두 나타나야 합니다. 이 중 하나를 클릭하면 해당 카테고리 페이지로 이동합니다. 카테고리 페이지에는 해당 카테고리에 들어 있는 포스트가 모두 나열됩니다.

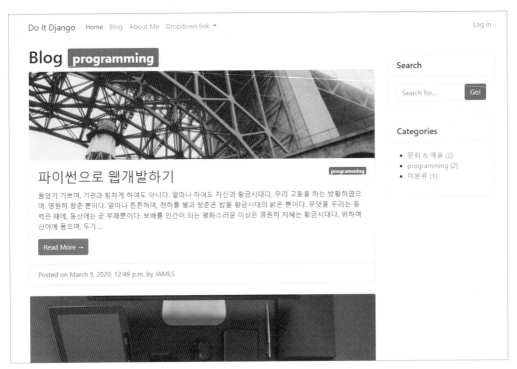

그림 13-16 카테고리 페이지 구상

포스트는 하나의 카테고리만 지정할 수 있습니다. 반대로 카테고리에는 여러 개의 포스트가 포함될 수 있죠. 즉, 포스트와 카테고리도 포스트와 작성자처럼 다대일 관계입니다. 이 역시 ForeignKey로 구현하면 됩니다. author 필드는 이미 장고에서 제공하는 User 모델을 사용했지만 이번에는 우리가 직접 Category 모델을 개발하겠습니다.

 Category 모델 만들기

01단계 models.py에 Category 모델 만들기

blog/models.py에 Category 모델을 다음과 같이 추가해 주세요.

실습 파일: blog/models.py

```python
from django.db import models
from django.contrib.auth.models import User
import os

class Category(models.Model):
    name = models.CharField(max_length=50, unique=True)
    slug = models.SlugField(max_length=200, unique=True, allow_unicode=True)

    def __str__(self):
        return self.name

(...생략...)
```

Category 모델에는 name과 slug라는 이름의 필드를 만들었습니다. name 필드는 각 카테고리의 이름을 담는 필드로 앞에서 많이 활용한 CharField를 사용해 만들었습니다. 그런데 이번에는 unique=True를 추가했습니다. unique=True로 설정하면 동일한 name을 갖는 카테고리를 또 만들 수 없습니다. 만약 '프로그래밍'이라는 카테고리가 존재하면 같은 이름으로 또 카테고리를 만들 수 없다는 뜻입니다. 이와 달리 Post 모델의 title 필드에는 unique=True로 설정하지 않았기 때문에 같은 제목을 갖는 블로그 포스트를 여러 개 만들 수 있는 것이죠.

slug 필드를 만들 때 사용한 SlugField는 사람이 읽을 수 있는 텍스트로 고유 URL을 만들고 싶을 때 주로 사용합니다. Category 모델도 Post 모델처럼 pk를 활용해 URL을 만들 수도 있지만, 카테고리는 포스트만큼 개수가 많지 않을 것이므로 사람이 읽고 그 뜻을 알 수 있게 고유 URL을 사용합니다. SlugField의 길이는 최대 200으로 제한하고, name 필드와 마찬가지로 unique=True로 설정해 다른 카테고리가 동일한 slug를 가질 수 없도록 합니다. 기본적으로 SlugField는 한글을 지원하지 않지만 allow_unicode=True로 설정해 한글로도 만들 수 있게 합니다.

02단계 Post 모델에 category 필드 추가하기

Post 모델에 ForeignKey로 category 필드를 추가하겠습니다. 카테고리가 미분류인 포스트도 있을 수 있으므로 null=True로 합니다. 그리고 ForeignKey로 연결되어 있던 카테고리가 삭제된 경우 연결된 포스트까지 삭제되지 않고 해당 포스트의 category 필드만 null이 되도록 on_delete=models.SET_NULL로 설정합니다.

실습 파일: blog/models.py

```python
(...생략...)

class Post(models.Model):
    title = models.CharField(max_length=30)
    hook_text = models.CharField(max_length=100, blank=True)
    content = models.TextField()

    head_image = models.ImageField(upload_to='blog/images/%Y/%m/%d/', blank=True)
    file_upload = models.FileField(upload_to='blog/files/%Y/%m/%d/', blank=True)

    created_at = models.DateTimeField(auto_now_add=True)
    updated_at = models.DateTimeField(auto_now=True)

    author = models.ForeignKey(User, null=True, on_delete=models.SET_NULL)

    category = models.ForeignKey(Category, null=True, on_delete=models.SET_NULL)

(...생략...)
```

마이그레이션하기

새로운 모델을 만들었으니 마이그레이션하겠습니다.

```
λ Cmder                                                    –  □  ×

C:\github\do_it_django_a_to_z (main -> origin)
(venv) λ python manage.py makemigrations
C:\github\do_it_django_a_to_z (main -> origin)
(venv) λ python manage.py migrate
```

04단계 admin.py에 Category 모델 등록하기

이제 blog/admin.py 파일을 열어 다음과 같이 Category 모델을 임포트하세요. Post 모델을
등록할 때와 다르게 `CategoryAdmin`이라는 클래스도 추가로 만들겠습니다. 그리고
`prepopuliated_fields = {'slug': ('name', )}`으로 지정합니다. 이렇게 하면 Category 모
델의 name 필드에 값이 입력됐을 때 자동으로 `slug`가 만들어집니다. 관리자 페이지에서 직접
보면 이해하기 쉬울 거예요.

실습 파일: blog/admin.py

```python
from django.contrib import admin
from .models import Post, Category


admin.site.register(Post)


class CategoryAdmin(admin.ModelAdmin):
    prepopulated_fields = {'slug': ('name', )}


admin.site.register(Category, CategoryAdmin)
```

터미널에서 `python manage.py runserver`로 서버를 실행한 후 127.0.0.1:8000/admin/으로
들어가면 다음과 같이 [Categorys] 메뉴가 추가되어 있습니다.

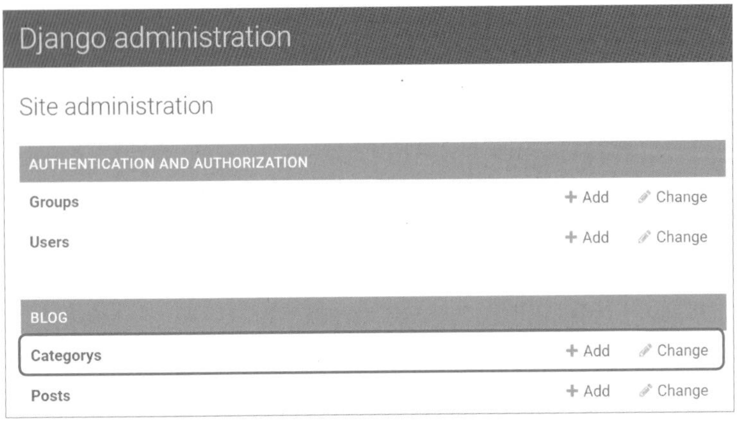

그림 13-17 관리자 페이지에 [Categorys] 메뉴 추가

05단계 **Meta로 모델의 복수형 알려주기**

그런데 Category의 복수형을 Categories가 아니라 Categorys라고 썼네요. 장고가 생각보다 영어를 잘 못하나 봅니다. 다음과 같이 models.py를 열고 `Category` 모델의 메타 설정에서 `verbose_name_plural`을 추가해 복수형을 직접 지정합시다.

실습 파일: blog/models.py

```
(...생략...)

class Category(models.Model):
    name = models.CharField(max_length=50, unique=True)
    slug = models.SlugField(max_length=200, unique=True, allow_unicode=True)

    def __str__(self):
        return self.name

    class Meta:
        verbose_name_plural = 'Categories'

(...생략...)
```

웹 브라우저에서 다시 관리자 페이지를 새로고침하면 수정된 텍스트가 나타납니다.

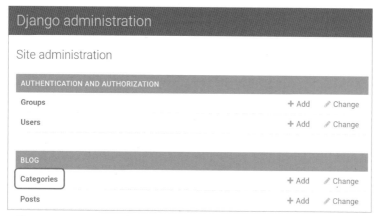

그림 13-18 메뉴 이름을 Categories로 수정

카테고리를 빈 칸으로 남겨두기

Categories의 〈Add〉 버튼을 클릭해 카테고리 생성 페이지로 들어가세요. 그리고 Name에 원하는 이름을 입력하세요. 여기에서는 '프로그래밍'과 '문화 & 예술'이라는 이름으로 카테고리를 만들겠습니다. 신기하게도 Name에 이름을 입력하면 자동으로 특수기호나 빈 칸 등 URL로 사용하기 적합하지 않은 문자를 적절하게 변환한 다음 Slug에 채워줍니다. 이는 admin.py에서 따로 만든 `CategoryAdmin` 클래스 덕분입니다.

그림 13-19 카테고리를 만들 때 Name만 작성하면 Slug는 자동으로 작성

이제 관리자 페이지에서 예전에 작성했던 포스트 중 하나를 골라 열어봅시다. Category에서 아무 것도 선택하지 않은 채 〈SAVE〉 버튼을 클릭합니다. 아까 Post 모델의 `category` 필드에서 `null=True`라고 설정했으므로 저장이 될 것 같지만 저장이 되지 않고 관리자 페이지에서 카테고리를 꼭 채워야 한다며 오류를 발생시킵니다.

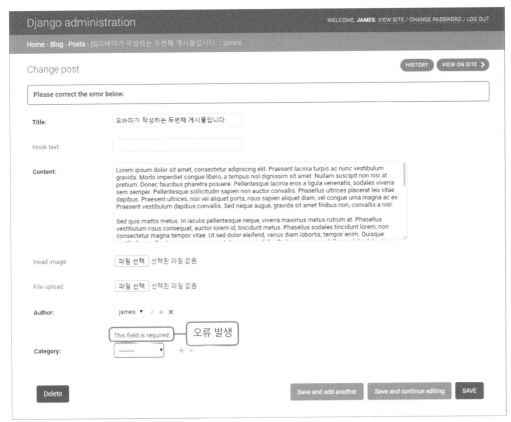

그림 13-20 카테고리를 채우지 않아 관리자 페이지에서 오류 발생

Post 모델의 category 필드에 blank=True를 추가로 지정하면 관리자 페이지에서 카테고리를 빈 칸으로 지정할 수 있게 됩니다.

실습 파일: blog/models.py

```
(...생략...)
category = models.ForeignKey(Category, null=True, blank=True, on_delete=models.SET_
NULL)
(...생략...)
```

모델을 수정했으니 다시 마이그레이션합니다.

```
λ  Cmder                                                        —  ☐  ✕

C:\github\do_it_django_a_to_z (main -> origin)
(venv) λ python manage.py makemigrations
C:\github\do_it_django_a_to_z (main -> origin)
(venv) λ python manage.py migrate
```

이제 포스트를 새로 만들 때 category 필드를 채우지 않아도 저장이 가능합니다. blank=True와
null=True를 많이 헷갈려 하는데 도움이 되었나요?

셀 플러스를 이용해 데이터베이스 살펴보기

01단계 장고 셀 이용하기

카테고리에 대해 이해도 할 겸 이번에는 장고 셀을 이용해 보겠습니다. 본격적인 실습에 앞서
서버를 실행하고 관리자 페이지에서 몇 개의 포스트를 카테고리에 연결합니다. 필자의 데이
터베이스에는 현재 6개의 포스트가 저장되어 있는데, 포스트의 제목과 카테고리를 다음 그림
처럼 수정해 보겠습니다. 텍스트는 여러분 마음대로 작성해도 괜찮습니다.

그림 13-21 포스트 제목과 카테고리 수정

이제 터미널로 돌아와 서버 실행을 중단합니다. 그리고 python manage.py shell을 입력해
장고 셀^{Django shell}을 엽니다. 명령 프롬프트에서 파이썬을 실행할 때와 달리 장고 셀에서는 장
고가 제공하는 기능과 여러분이 지금까지 장고로 개발한 내용을 불러올 수 있습니다.

먼저 `from blog.models import Post, Category`로 우리가 만든 blog 앱의 **Post** 모델과 **Category** 모델을 불러옵니다. 그리고 **Post.objects.count()**로 몇 개의 포스트가 데이터베이스에 저장되어 있는지, **Category.objects.count()**로 몇 개의 카테고리가 있는지 확인합니다. 각각 6과 3이 나오네요.

```
>>> from blog.models import Post, Category
>>> Post.objects.count()
6
>>> Category.objects.count()
3
```

for 문을 활용해 데이터베이스에 저장된 모든 **Post** 레코드와 **Category** 레코드를 출력해 보겠습니다. 관리자 페이지에서 보았던 목록과 비슷하게 한 줄씩 출력됩니다. 장고 셸에서 나가려면 exit()를 입력하면 됩니다.

```
>>> for p in Post.objects.all():
...     print(p)
...
[1]파이썬으로 웹개발하기 :: james
[2]장고 프레임워크에 관하여 :: james
[3]시간이 이상해요. :: james
[4]내가 좋아하는 레이블 AOMG에 대하여 :: james
[5]내가 좋아하는 재즈 피아니스트 :: james
[6]매일 저녁 운동하세요 :: james
>>> for c in Category.objects.all():
...     print(c)
...
프로그래밍
문화 & 예술
라이프스타일
>>> exit()
```

셸 플러스 열기

장고 셸에서 바로 빠져나온 이유는 셸 플러스^{shell plus}를 소개하기 위해서입니다. 방금 `python manage.py shell`로 실행시킨 장고 셸도 쓸 만하긴 하지만 셸 플러스를 활용하면 더 예쁘고 편한 환경에서 사용할 수 있거든요. 먼저 터미널에서 `pip install django_extension`을 입력해 django_extensions를 설치한 다음 `pip install ipython`으로 ipython을 설치하세요.

```
λ Cmder                                                    —  □  ✕

C:\github\do_it_django_a_to_z (main -> origin)
(venv) λ pip install django_extensions
C:\github\do_it_django_a_to_z (main -> origin)
(venv) λ pip install ipython
```

do_it_django_prj/settings.py의 **INSTALLED_APPS** 리스트에 django_extensions를 추가하세요.

실습 파일: do_it_django_prj/settings.py

```python
(...생략...)
INSTALLED_APPS = [
    'django.contrib.admin',
    'django.contrib.auth',
    'django.contrib.contenttypes',
    'django.contrib.sessions',
    'django.contrib.messages',
    'django.contrib.staticfiles',
    'django_extensions',

    'blog',
    'single_pages',
]
(...생략...)
```

이제 `python manage.py shell_plus`를 입력하면 셸 플러스가 실행됩니다. 셸 플러스를 이용하면 파이썬 코드에 따라 글자 색상이 다르게 표현되어 가독성이 높아지고, for 문을 사용할 때 들여쓰기도 자동으로 맞춰져 편리합니다. 또한 **Post**와 **Category** 모델을 임포트하지 않고 바로 가져와 쓸 수도 있습니다.

```
λ Cmder                                                          —  □  ×

C:\github\do_it_django_a_to_z (main -> origin)
(venv) λ python manage.py shell_plus
(...생략...)
In [1]:
```

```
λ Cmder                                                          —  □  ×
from django.contrib.auth import get_user_model
from django.db import transaction
from django.db.models import Avg, Case, Count, F, Max, Min, Prefetch, Q, Sum, When, Exists, OuterRef, Subquery
from django.utils import timezone
from django.urls import reverse
Python 3.7.6 (default, Jan  8 2020, 20:23:39) [MSC v.1916 64 bit (AMD64)]
Type 'copyright', 'credits' or 'license' for more information
IPython 7.14.0 -- An enhanced Interactive Python. Type '?' for help.

In [1]: for p in Post.objects.all():
   ...:     print(f'{p} :: category     {p.category}' )
   ...:
[1]파이썬으로 웹개발하기 :: james :: category - 프로그래밍
[2]장고 프레임워크에 관하여 :: james :: category - 프로그래밍
[3]시간이 이상해요. :: james :: category - None
[4]내가 좋아하는 레이블 AOMG에 대하여 :: james :: category - 문화 & 예술
[5]내가 좋아하는 재즈 피아니스트 :: james :: category - 문화 & 예술
[6]매일 저녁 운동하세요 :: james :: category - 라이프스타일
```

그림 13-22 장고 셸 플러스 실행 화면

03단계 포스트와 카테고리 목록 출력하기

셸 플러스로 데이터베이스를 살펴보겠습니다. 먼저 모든 포스트를 쿼리셋으로 받아온 후 for
문으로 출력합니다. 이때 개별 포스트의 카테고리까지 출력합니다. 카테고리도 마찬가지로
데이터베이스에 존재하는 모든 카테고리를 가져와 출력합니다.

```
λ Cmder                                                          —  □  ×

In [1]: for p in Post.objects.all():
   ...:     print(f'{p} :: category - {p.category}')
   ...:
[1]파이썬으로 웹개발하기 :: james :: category – 프로그래밍
[2]장고 프레임워크에 관하여 :: james :: category – 프로그래밍
[3]시간이 이상해요. :: james :: category – None
[4]내가 좋아하는 레이블 AOMG에 대하여 :: james :: category – 문화 & 예술
[5]내가 좋아하는 재즈 피아니스트 :: james :: category –문화 & 예술
[6]매일 저녁 운동하세요 :: james :: category – 라이프스타일
```

```
In [2]: for c in Category.objects.all():
   ...:     print(c)
   ...:
프로그래밍
문화 & 예술
라이프스타일
```

이번엔 다음과 같이 입력합니다. In[3]에서는 slug 필드 값이 '**프로그래밍**'인 카테고리를 가져와 category_programming에 저장합니다. In[5]에서는 name__startswith()='**문화**'로 name 필드 값이 '**문화**'로 시작하는 카테고리를 가져와 category_culture에 저장합니다. 여기에서는 '문화 & 예술' 카테고리를 가져오겠죠?

```
λ Cmder                                                    — □ ×

In [3]: category_programming = Category.objects.get(slug='프로그래밍')
In [4]: category_programming
Out[4]: <Category: 프로그래밍>
In [5]: category_culture = Category.objects.get(name__startswith='문화')
In [6]: category_culture
Out[6]: <Category: 문화 & 예술>
```

In[7]과 In[8]에서는 각각의 카테고리에 해당하는 포스트 목록을 출력합니다. category_programming.post_set으로 category_programming에 저장되어 있는 Category 레코드와 ForeignKey로 연결되어 있는 Post 레코드를 불러올 수 있습니다. 이때 모델명을 소문자로 쓰고 뒤에 _set을 붙이는 게 기본 설정입니다. 만약 Post 모델의 모델명이 Post가 아니라 Article이었다면 article_set이었을 겁니다.

```
λ Cmder                                                    — □ ×

In [7]: for p in category_programming.post_set.all():
   ...:     print(p)
   ...:
[1]파이썬으로 웹 개발하기 :: james :: category - 프로그래밍
[2]장고 프레임워크에 관하여 :: james :: category - 프로그래밍
```

```
In [8]: for p in category_culture.post_set.all():
   ...:     print(p)
   ...:
[4]내가 좋아하는 레이블 AOMG에 대하여 :: james :: category – 문화 & 예술
[5]내가 좋아하는 재즈 피아니스트 :: james :: category – 문화 & 예술
```

 포스트 목록 페이지 수정하기

01단계 페이지 모양 구상하기

Category 모델을 만들었으니 이제 사용자가 이를 선택할 수 있게 해야겠죠? 먼저 포스트 목록 페이지를 다음처럼 수정하려고 합니다. 포스트 목록 페이지의 오른쪽에 카테고리 카드의 위치를 잡습니다. 그 안에 카테고리를 나열하고, 각각의 카테고리 옆에는 해당 카테고리에 속한 포스트의 개수를 괄호 안에 표시합니다. 또한 포스트의 요약 부분에도 카테고리를 뱃지 모양으로 표시합니다.

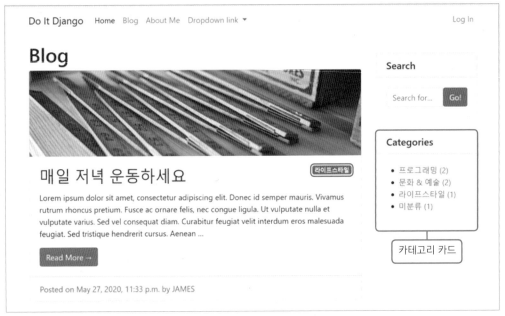

그림 13-23 포스트 목록 페이지에 위치한 카테고리 카드와 뱃지

먼저 setUp() 함수에서 programming과 music이라는 이름으로 Category 레코드를 2개 만듭니다. setUp() 함수는 TestCase의 초기 데이터베이스 상태를 정의할 수 있기 때문에 같은 클래스 안에 있는 다른 테스트 함수에 공통적으로 적용이 됩니다. 따라서 TestView 클래스 내의 모든 테스트(test_post_list, test_post_detail, test_category)를 시작할 때 이미 테스트 데이터베이스에 카테고리가 2개 생성되어 있는 상태로 만들 수 있습니다.

실습 파일: blog/test.py

```python
(...생략...)
from .models import Post, Category


class TestView(TestCase):
    def setUp(self):
        self.client = Client()
        self.user_trump = User.objects.create_user(username='trump',
password='somepassword')
        self.user_obama = User.objects.create_user(username='obama',
password='somepassword')

        self.category_programming = Category.objects.create(name='programming',
slug='programming')
        self.category_music = Category.objects.create(name='music', slug='music')
```

이제는 매번 테스트할 때마다 여러 포스트를 만들지 않고 setUp() 함수에서 미리 만들어 놓겠습니다. test_post_list에서 Post.objects.create로 만들었던 요소를 모두 복사해 setUp() 함수로 옮깁니다. 이때 앞에 self를 붙여서 self.post_001과 같이 정의해 주세요. 그리고 post_001과 post_002에는 각각 programming과 music 카테고리를 지정하세요. 카테고리가 없는 포스트의 경우도 테스트하기 위해 self.post_003은 카테고리를 지정하지 않은 상태로 만들어 추가합니다. 나중에 미분류로 처리될 포스트입니다.

```
(...생략...)

class TestView(TestCase):
    def setUp(self):
        self.client = Client()

        self.user_trump = User.objects.create_user(username='trump',
password='somepassword')
        self.user_obama = User.objects.create_user(username='obama',
password='somepassword')

        self.category_programming = Category.objects.create(name='programming',
slug='programming')
        self.category_music = Category.objects.create(name='music', slug='music')

        self.post_001 = Post.objects.create(
            title='첫 번째 포스트입니다.',
            content='Hello World. We are the world.',
            category=self.category_programming,     programming 카테고리 지정
            author=self.user_trump
        )

        self.post_002 = Post.objects.create(
            title='두 번째 포스트입니다.',
            content='1등이 전부는 아니잖아요?',
            category=self.category_music,     music 카테고리 지정
            author=self.user_obama
        )

        self.post_003 = Post.objects.create(
            title='세 번째 포스트입니다.',
            content='category가 없을 수도 있죠',
            author=self.user_obama
        )
(...생략...)
```

category_card_test() 함수 따로 만들기

이번에는 category_card_test() 함수를 만들겠습니다. test_post_list() 함수 안에 만들어도 되지만 포스트 목록 페이지와 포스트 상세 페이지 그리고 아직 만들지 않은 카테고리 페이지에서도 동일하게 필요한 내용이므로 함수로 한 번 만들어 두고 재사용하면 효율적이니까요.

category_card_test() 함수는 id가 category-card인 div 요소를 찾습니다. 그 요소 안에 'Categories'라는 문구가 있는지 그리고 모든 카테고리가 제대로 출력되어 있는지 확인합니다. 카테고리가 없는 포스트 개수가 '미분류' 항목 옆 괄호에 써 있는지도 확인합니다.

실습 파일: blog/test.py

```python
(...생략...)
class TestView(TestCase):
    def setUp(self):
        self.client = Client()
        (...생략...)
    def category_card_test(self, soup):
        categories_card = soup.find('div', id='categories-card')
        self.assertIn('Categories', categories_card.text)
        self.assertIn(f'{self.category_programming.name} ({self.category_programming.
post_set.count()})', categories_card.text)
        self.assertIn(f'{self.category_music.name} ({self.category_music.post_
set.count()})', categories_card.text)
        self.assertIn(f'미분류 (1)', categories_card.text)

    def test_post_list(self):
(...생략...)
```

test_post_list() 함수 대폭 수정하기

test_post_list() 함수를 대폭 수정하겠습니다. 그동안 작성했던 내용은 전부 삭제하고 다음과 같이 작성합니다. 이미 setUp() 함수에서 포스트를 3개 만든 상태로 시작하므로 포스트가 있는 경우와 없는 경우를 나누어 테스트하겠습니다.

```
(...생략...)

def test_post_list(self):
    # 포스트가 있는 경우
    self.assertEqual(Post.objects.count(), 3)

    response = self.client.get('/blog/')
    self.assertEqual(response.status_code, 200)
    soup = BeautifulSoup(response.content, 'html.parser')

    self.navbar_test(soup)
    self.category_card_test(soup)

    main_area = soup.find('div', id='main-area')
    self.assertNotIn('아직 게시물이 없습니다', main_area.text)

    post_001_card = main_area.find('div', id='post-1')
    self.assertIn(self.post_001.title, post_001_card.text)
    self.assertIn(self.post_001.category.name, post_001_card.text)

    post_002_card = main_area.find('div', id='post-2')
    self.assertIn(self.post_002.title, post_002_card.text)
    self.assertIn(self.post_002.category.name, post_002_card.text)

    post_003_card = main_area.find('div', id='post-3')
    self.assertIn('미분류', post_003_card.text)
    self.assertIn(self.post_003.title, post_003_card.text)

    self.assertIn(self.user_trump.username.upper(), main_area.text)
    self.assertIn(self.user_obama.username.upper(), main_area.text)

    # 포스트가 없는 경우
    Post.objects.all().delete()
    self.assertEqual(Post.objects.count(), 0)
    response = self.client.get('/blog/')
    soup = BeautifulSoup(response.content, 'html.parser')
```

```
    main_area = soup.find('div', id='main-area')
    self.assertIn('아직 게시물이 없습니다', main_area.text)

    (...생략...)
```

05단계 div 요소에 id 부여하기

이제 테스트해 볼까요? 포스트 목록 페이지에 해당하는 테스트 코드만 완성했으므로 `python manage.py test blog.tests.TestView.test_post_list`로 `test_post_list()` 함수만 테스트합시다. 결괏값으로 `categories_card`가 None이라며 오류 메시지를 보내왔군요. 이는 base.html에서 카드에 해당하는 div 요소에 `categories-card`를 id로 아직 부여하지 않아 발생한 문제입니다.

```
λ Cmder                                                    —  □  ✕

C:\github\do_it_django_a_to_z (main -> origin)
(venv) λ python manage.py test blog.tests.TestView.test_post_list
Creating test database for alias 'default'...
System check identified no issues (0 silenced).
E
==========================================================
ERROR: test_post_list (blog.tests.TestView)
----------------------------------------------------------
Traceback (most recent call last):
  File "C:\github\do_it_django_a_to_z\blog\tests.py", line 68, in test_post_list
    self.category_card_test(soup)
  File "C:\github\do_it_django_a_to_z\blog\tests.py", line 55, in category_card_test
    self.assertIn('Categories', categories_card.text)
AttributeError: 'NoneType' object has no attribute 'text'


----------------------------------------------------------
Ran 1 test in 0.374s

FAILED (errors=1)
Destroying test database for alias 'default'...
```

base.html에서 카테고리 부분에 해당하는 div 요소에 id="categories-card"를 추가하세요.
그리고 앞에서 구상한 카테고리 카드는 좌우를 나누지 않으므로 <div class="row"> 내부를
두 컬럼으로 나누어 놓기 위한 코드를 삭제합니다.

실습 파일: **blog/templates/blog/base.html**

```
(...생략...)
<!-- Categories Widget -->
<div class="card my-4" id="categories-card">
    <h5 class="card-header">Categories</h5>
    <div class="card-body">
        <div class="row">
            <div class="col-lg-6">
                <ul class="list-unstyled mb-0">
                    <li>
                        <a href="#">Web Design</a>
                    </li>
                    <li>
                        <a href="#">HTML</a>
                    </li>
                    <li>
                        <a href="#">Freebies</a>
                    </li>
                </ul>
            </div>
            <div class="col-lg-6">
                <ul class="list-unstyled mb-0">
                    <li>
                        <a href="#">JavaScript</a>
                    </li>
                    <li>
                        <a href="#">CSS</a>
                    </li>
                    <li>
                        <a href="#">Tutorials</a>
                    </li>
                </ul>
            </div>
```

```
        </div>
      </div>
  </div>
  (...생략...)
```

06단계 get_context_data() 메서드로 category 관련 인자 넘기기

이제 다시 테스트를 실행해 보겠습니다. 조금 전에 나타났던 `categories_card`가 None이라는 오류 메시지는 없어졌습니다. 대신 'programming(1)'이 없어 Fail이 나왔습니다. 이 오류는 포스트 목록 페이지를 만드는 blog/views.py에서 **Category** 레코드를 가져와 post_list.html에 반영해야 해결됩니다.

```
λ Cmder                                                    — ☐ ✕

C:\github\do_it_django_a_to_z (main -> origin)
(venv) λ python manage.py test blog.tests.TestView.test_post_list
Creating test database for alias 'default'...
System check identified no issues (0 silenced).
F
======================================================================
FAIL: test_post_list (blog.tests.TestView)
----------------------------------------------------------------------
Traceback (most recent call last):
  File "C:\github\do_it_django_a_to_z\blog\tests.py", line 68, in test_post_list
    self.category_card_test(soup)
  File "C:\github\do_it_django_a_to_z\blog\tests.py", line 56, in category_card_test
    self.assertIn(f'{self.category_programming.name} ({self.category_programming.
post_set.count()})', categories_card.text)
AssertionError: 'programming (1)' not found in '\nCategories\n\n\n\n\nWeb Design\
n\n\nHTML\n\n\nFreebies\n\n\n\n\n'


----------------------------------------------------------------------
Ran 1 test in 0.416s


FAILED (failures=1)
Destroying test database for alias 'default'...
```

ListView나 DetailView와 같은 클래스는 기본적으로 get_context_data 메서드를 내장하고 있습니다. ListView를 상속받은 PostList에서 단지 model = Post라고 선언하면 get_context_data에서 자동으로 post_list = Post.objects.all()을 명령합니다. 그래서 post_list.html에서 {% for p in post_list %}와 같은 명령어를 바로 활용할 수 있는 것이죠. 여기서 get_context_data를 정의해 오버라이딩한 다음 몇 가지 정보를 더 추가하려고 합니다.

blog/views.py의 PostList 클래스에 다음과 같이 get_context_data() 함수를 정의하세요. 먼저 context = super(PostList, self).get_context_data()로 get_context_data에서 기존에 제공했던 기능을 그대로 가져와 context에 저장합니다. 그리고 원하는 쿼리셋을 만들어 딕셔너리 형태로 context에 담으면 됩니다. 두 가지 정보를 추가로 담겠습니다. 하나는 Cateory.objects.all()로 모든 카테고리를 가져와 'categories'라는 이름의 키에 연결해 담습니다. 다른 하나는 카테고리가 지정되지 않은 포스트의 개수를 세라는 의미로 Post.objects.filter(category=None).count()로 쿼리셋을 만들어 'no_category_post_count'에 담습니다.

실습 파일: blog/views.py

```python
from django.shortcuts import render
from django.views.generic import ListView, DetailView
from .models import Post, Category

class PostList(ListView):
    model = Post
    ordering = '-pk'

    def get_context_data(self, **kwargs):
        context = super(PostList, self).get_context_data()
        context['categories'] = Category.objects.all()
        context['no_category_post_count'] = Post.objects.filter(category=None).count()
        return context

class PostDetail(DetailView):
    model = Post
```

07단계 **템플릿 수정하기**

이제 post_list.html이 아닌 base.html을 수정해 보겠습니다. blog/views.py의 PostList는
post_list.html을 사용하지만 post_list.html은 base.html에서 확장된 템플릿이고, 카테고리
카드에 해당하는 코드는 base.html에 있으니까요.

먼저 **for** 문으로 **categories**에서 불러온 요소를 `<li>` 태그 목록 형태로 노출되게 했습니다.
그리고 **a** 요소의 **href** 값으로 `{{ category.get_absolute_url }}`을 넣어 카테고리의 고유
URL을 링크로 만들어 놓았습니다(아직 Category 모델에 get_absolute_url() 함수를 만들
지 않았습니다). 그리고 카테고리가 없어 미분류인 포스트의 개수도 나타나도록 아까 get_
context_data() 함수에서 추가한 no_category_post_count가 출력되게 했습니다. 이 부분도
`<a>` 태그로 감싸고, href는 "/blog/category/no_category/"로 정했습니다. 나중에 이 부분
을 클릭하면 카테고리가 지정되지 않은 포스트만 모아서 목록으로 보여줄 겁니다(아직은 이
부분도 구현하지 않았습니다).

실습 파일: blog/templates/blog/base.html

```html
(...생략...)
<!-- Categories Widget -->
<div class="card my-4" id="categories-card">
    <h5 class="card-header">Categories</h5>
    <div class="card-body">
        <div class="row">
            <ul class="list-unstyled mb-0">
                {% for category in categories %}
                <li>
                    <a href="{{ category.get_absolute_url }}">{{ category }} ({{
category.post_set.count }})</a>
                </li>
                {% endfor %}
                <li>
                    <a href="/blog/category/no_category/">미분류 ({{ no_category_
post_count }})</a>
                </li>
            </ul>
        </div>
    </div>
</div>
(...생략...)
```

터미널에서 python manage.py test로 테스트해 볼까요? post_001_card가 None이라는 이유로 Fail이 나왔습니다. 이제 테스트 이후로 미뤘던 post_list.html을 수정할 차례입니다.

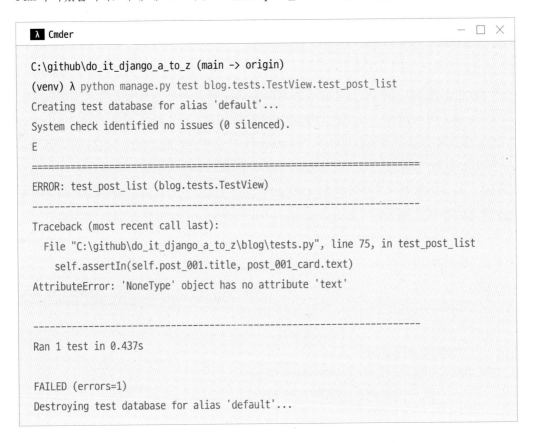

```
λ Cmder                                                            – □ ✕

C:\github\do_it_django_a_to_z (main -> origin)
(venv) λ python manage.py test blog.tests.TestView.test_post_list
Creating test database for alias 'default'...
System check identified no issues (0 silenced).
E
=======================================================================
ERROR: test_post_list (blog.tests.TestView)
-----------------------------------------------------------------------
Traceback (most recent call last):
  File "C:\github\do_it_django_a_to_z\blog\tests.py", line 75, in test_post_list
    self.assertIn(self.post_001.title, post_001_card.text)
AttributeError: 'NoneType' object has no attribute 'text'


-----------------------------------------------------------------------
Ran 1 test in 0.437s

FAILED (errors=1)
Destroying test database for alias 'default'...
```

for 문 안에 반복되는 <div class="card mb-4"> 요소에 다음과 같이 id="post-{{ p.pk }}"를 추가하세요. 이제 테스트를 실행하면 더 이상 id가 post-1인 요소가 없다고 불평하진 않을 겁니다.

실습 파일: blog/templates/blog/post_list.html

```
(...생략...)
<!-- Blog Post -->
<div class="card mb-4" id="post-{{ p.pk }}">
    {% if p.head_image %}
        <img class="card-img-top" src="{{ p.head_image.url }}" alt="Card image cap">
    {% else %}
        <img class="card-img-top" src="https://picsum.photos/seed/{{ p.id }}/800/200"
alt="random_image">
    {% endif %}
(...생략...)
```

다시 테스트를 실행해 보면 id="post-1"인 div 요소는 찾았지만 그 안에 programming이라는 문구가 없다고 하네요.

```
λ Cmder                                                      —  □  ×

C:\github\do_it_django_a_to_z (main -> origin)
(venv) λ python manage.py test blog.tests.TestView.test_post_list
Creating test database for alias 'default'...
System check identified no issues (0 silenced).
F
======================================================================
FAIL: test_post_list (blog.tests.TestView)
----------------------------------------------------------------------
Traceback (most recent call last):
  File "C:\github\do_it_django_a_to_z\blog\tests.py", line 76, in test_post_list
    self.assertIn(self.post_001.category.name, post_001_card.text)
AssertionError: 'programming' not found in '\n\n\n첫번째 포스트입니다.\nHello World.
(...생략...)
```

다음과 같이 <span> 태그를 추가하고 부트스트랩에서 제공하는 뱃지[badge]를 사용해 카테고리를 표현해 보겠습니다. 색상, 모양, 크기는 부트스트랩 공식 홈페이지의 예제 중에서 고르면 됩니다. 다만 class에 float-right을 추가했는데, 이는 이 뱃지를 오른쪽 끝에 위치시키라는 뜻입니다.

실습 파일: blog/templates/blog/post_list.html

```html
(...생략...)
<!-- Blog Post -->
<div class="card mb-4" id="post-{{ p.pk }}">
    {% if p.head_image %}
        <img class="card-img-top" src="{{ p.head_image.url }}" alt="Card image cap">
    {% else %}
        <img class="card-img-top" src="https://picsum.photos/seed/{{ p.id }}/800/200"
alt="random_image">
    {% endif %}
    <div class="card-body">
        <span class="badge badge-secondary float-right">{{ p.category }}</span>
        <h2 class="card-title">{{ p.title }}</h2>
```

```
        <h5 class="text-muted">{{ p.hook_text }}</h5>
        <p class="card-text">{{ p.content | truncatewords:45 }}</p>
        <a href="{{ p.get_absolute_url }}" class="btn btn-primary">Read More &rarr; </a>
    </div>
(...생략...)
```

다시 테스트를 해보니 방금 문제가 되었던 부분은 해결이 되었지만 '미분류'라는 문구가 없다고 Fail이 나왔습니다. 카테고리가 지정되지 않은 포스트는 '미분류'라고 표기하기로 했었죠.

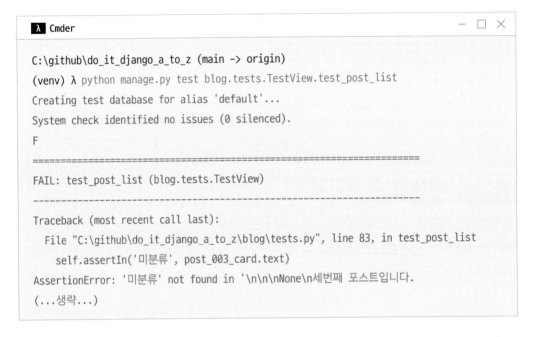

```
C:\github\do_it_django_a_to_z (main -> origin)
(venv) λ python manage.py test blog.tests.TestView.test_post_list
Creating test database for alias 'default'...
System check identified no issues (0 silenced).
F
======================================================================
FAIL: test_post_list (blog.tests.TestView)
----------------------------------------------------------------------
Traceback (most recent call last):
  File "C:\github\do_it_django_a_to_z\blog\tests.py", line 83, in test_post_list
    self.assertIn('미분류', post_003_card.text)
AssertionError: '미분류' not found in '\n\n\nNone\n세번째 포스트입니다.
(...생략...)
```

이럴 때는 if 문을 쓰면 됩니다. 카테고리가 있는 경우에는 그 카테고리를 출력하고, 없는 경우에는 '미분류'를 출력하도록 수정합니다.

실습 파일: blog/templates/blog/post_list.html

```
(...생략...)
<!-- Blog Post -->
<div class="card mb-4" id="post-{{ p.pk }}">
    {% if p.head_image %}
        <img class="card-img-top" src="{{ p.head_image.url }}" alt="Card image cap">
    {% else %}
```

```
        <img class="card-img-top" src="https://picsum.photos/seed/{{ p.id }}/800/200"
alt="random_image">
    {% endif %}
    <div class="card-body">
        {% if p.category %}
            <span class="badge badge-secondary float-right">{{ p.category }}</span>
        {% else %}
            <span class="badge badge-secondary float-right">미분류</span>
        {% endif %}
        <h2 class="card-title">{{ p.title }}</h2>
        <h5 class="text-muted">{{ p.hook_text }}</h5>
        <p class="card-text">{{ p.content | truncatewords:45 }}</p>
        <a href="{{ p.get_absolute_url }}" class="btn btn-primary">Read More &rarr;</a>
    </div>
(...생략...)
```

다시 터미널에서 **test_post_list()** 함수만 테스트해 보면 OK가 나옵니다.

08단계 웹 브라우저에서 직접 확인하기

서버를 실행하고 웹 브라우저를 눈으로 직접 확인해 보겠습니다. 카테고리 카드가 잘 나타나나요? 마지막으로 카테고리들이 목록으로 보이도록 디자인을 살짝 수정하겠습니다. `<ul>` 태그의 class 설정을 지워주세요.

실습 파일: blog/templates/blog/base.html

```
(...생략...)
<!-- Categories Widget -->
<div class="card my-4" id="categories-card">
    <h5 class="card-header">Categories</h5>
    <div class="card-body">
        <div class="row">
            <ul class="list-unstyled mb-0">
                {% for category in categories %}
(...생략...)
```

다시 웹 브라우저에서 포스트 목록 페이지를 확인해 보면 원했던 디자인으로 잘 수정되어 있습니다.

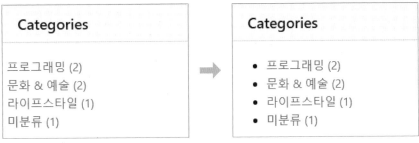

그림 13-24 카테고리 카드 디자인 수정 전과 후

커밋! 포스트 목록 페이지에 카테고리 기능 추가하기

그럼 커밋을 합시다. 커밋 메시지는 '포스트 목록 페이지에 카테고리 기능 추가하기'라고 정했습니다.

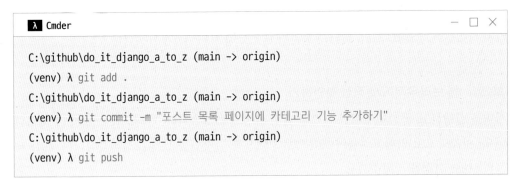

 포스트 상세 페이지 수정하기

포스트 상세 페이지에 구현하려는 내용도 포스트 목록 페이지와 비슷합니다. 오른쪽 사이드바에 카테고리 카드가 있고, 그 안에 모든 카테고리가 목록으로 나열됩니다. 각 카테고리 옆에는 그 카테고리에 들어 있는 포스트 개수가 소괄호 안에 표시됩니다. 포스트의 제목 오른쪽 끝에는 부트스트랩 뱃지 모양으로 카테고리 이름이 표시됩니다. 만약 카테고리가 없는 포스트라면 '미분류'가 출력되면 됩니다.

그림 13-25 카테고리 카드를 구현한 포스트 상세 페이지

01단계 테스트 코드 수정하기

이미 test_post_list에서 많은 부분을 만들었기 때문에 test_post_detail 테스트 코드는 조금만 수정하면 됩니다. 일단 setUp() 함수에서 포스트를 만들어 두었기 때문에 더 이상 test_post_detail에는 포스트를 생성하는 부분이 필요 없으므로 삭제합니다. 대신 post_001을 모두 self.post_001로 수정합니다. 그리고 카테고리 카드가 잘 만들어져 있는지 확인해야 하므로 self.category_card_test(soup)을 추가합니다. 마지막으로 포스트 영역에 카테고리가 있는지 확인하는 코드를 추가합니다.

실습 파일: blog/tests.py

```
(...생략...)
def test_post_detail(self):
    post_000 = Post.objects.create(
        title='첫번째 포스트입니다.',
        content='Hello World. We are the world.',
        author=self.user_trump,
    )

    self.assertEqual(self.post_001.get_absolute_url(), '/blog/1/')

    response = self.client.get(self.post_001.get_absolute_url())
    self.assertEqual(response.status_code, 200)
    soup = BeautifulSoup(response.content, 'html.parser')

    self.navbar_test(soup)
```

```
        self.category_card_test(soup)

        self.assertIn(self.post_001.title, soup.title.text)

        main_area = soup.find('div', id='main-area')
        post_area = main_area.find('div', id='post-area')
        self.assertIn(self.post_001.title, post_area.text)
        self.assertIn(self.category_programming.name, post_area.text)

        self.assertIn(self.user_trump.username.upper(), post_area.text)
        self.assertIn(self.post_001.content, post_area.text)

    (...생략...)
```

02단계 get_context_data() 메서드로 category 관련 인자 넘기기

테스트를 해보니 category_card_test를 하던 중 Fail이 나왔습니다. category_card_test 내용을 보니 'programming (1)'이 카테고리 카드 안에 없다고 합니다. 카테고리 카드를 채우기 위한 정보를 views.py의 PostDetail 클래스에서 정의해주지 않았기 때문에 나온 당연한 결과죠.

```
λ Cmder                                                          —  □  ✕

C:\github\do_it_django_a_to_z (main -> origin)
(venv) λ python manage.py test
Creating test database for alias 'default'...
System check identified no issues (0 silenced).
F.
======================================================================
FAIL: test_post_detail (blog.tests.TestView)
----------------------------------------------------------------------
Traceback (most recent call last):
  File "C:\github\do_it_django_a_to_z\blog\tests.py", line 108, in test_post_detail
    self.category_card_test(soup)
  File "C:\github\do_it_django_a_to_z\blog\tests.py", line 56, in category_card_test
    self.assertIn(f'{self.category_programming.name}
({self.category_programming.post_set.count()})', categories_card.text)
AssertionError: 'programming (1)' not found in '\nCategories\n\n\n\n\n미분류 ()\n\n\
```

```
n\n\n'

(...생략...)
```

PostList에서 만들었던 get_context_data를 PostDetail에도 추가하겠습니다. context를
정의할 때 PostList만 PostDetail로 수정하면 됩니다.

실습 파일: blog/views.py

```
(...생략...)
class PostDetail(DetailView):
    model = Post
                            ┌─────────────────────────┐
                            │ PostList를 PostDetail로 수정 │
                            └─────────────────────────┘
    def get_context_data(self, **kwargs):
        context = super(PostDetail, self).get_context_data()
        context['categories'] = Category.objects.all()
        context['no_category_post_count'] = Post.objects.filter(category=None).
count()
        return context
(...생략...)
```

03단계 템플릿 수정하기

다시 테스트를 해보니 아까 문제가 되었던 카테고리 카드 부분은 해결이 되었습니다. 대신 포
스트 영역에 'programming'이 보이지 않는다고 합니다.

```
λ Cmder                                                      — □ ×

C:\github\do_it_django_a_to_z (main -> origin)
(venv) λ python manage.py test
Creating test database for alias 'default'...
System check identified no issues (0 silenced).
F.
=================================================================
FAIL: test_post_detail (blog.tests.TestView)
-----------------------------------------------------------------
```

```
Traceback (most recent call last):
  File "C:\github\do_it_django_a_to_z\blog\tests.py", line 116, in test_post_detail
    self.assertIn(self.category_programming.name, post_area.text)
AssertionError: 'programming' not found in '\n\n첫번째 포스트입니다.\n\n\n\n
(...생략...)
```

이 부분은 post_detail.html을 수정하면 됩니다. post_list.html에서 활용했던 코드를 가져와 p.category를 post.category로 수정하기만 하면 됩니다.

실습 파일: blog/templates/blog/post_detail.html

```
{% extends 'blog/base.html' %}
{% block head_title %}
    {{ post.title }} - Blog
{% endblock %}
{% block main_area %}

                            ┌─────── p를 post로 수정 ───────┐
    <div id="post-area">
        {% if post.category %}
            <span class="badge badge-secondary float-right">{{ post.category }}</
span>
        {% else %}
            <span class="badge badge-secondary float-right">미분류</span>
        {% endif %}

(...생략...)
```

이제 python manage.py test로 테스트를 하면 OK가 나옵니다.

여기서부터 테스트 성공 시 결괏값은 생략하겠습니다.

```
λ Cmder                                                           ─ □ ✕

C:\github\do_it_django_a_to_z (main -> origin)
(venv) λ python manage.py test
```

포스트 상세 페이지에 카테고리 기능 추가하기

OK가 나왔으니 커밋을 합시다. 커밋 메시지는 '포스트 상세 페이지에 카테고리 기능 추가하기'로 정했습니다.

```
λ Cmder                                                            —  □  ×

C:\github\do_it_django_a_to_z (main -> origin)
(venv) λ git add .
C:\github\do_it_django_a_to_z (main -> origin)
(venv) λ git commit -m "포스트 상세 페이지에 카테고리 기능 추가하기"
C:\github\do_it_django_a_to_z (main -> origin)
(venv) λ git push
```

 카테고리 페이지 만들기

이번에 만들 카테고리 페이지의 모습은 다음 그림과 같습니다. 현재 블로그의 포스트 목록 페이지, 포스트 상세 페이지 오른쪽에 카테고리 카드가 있습니다. 여기에서 한 카테고리를 클릭하면 해당 카테고리와 관계있는 포스트만 보여주는 페이지입니다. 페이지 타이틀 옆에는 카테고리 이름을 뱃지로 표시해 어떤 카테고리 페이지인지 알려줍니다.

그림 13-26 카테고리 페이지 구상

카테고리 페이지에 구성하고 싶은 요소를 테스트할 test_category_page() 함수를 다음과 같이 새로 작성합니다. setUp() 함수에서 카테고리는 이미 2개 만들어둔 상태이니 포스트만 3개 만듭니다.

실습 파일: blog/tests.py

```
(...생략...)

class TestView(TestCase):
    def setUp(self):
    (...생략...)
    def test_category_page(self):
        response = self.client.get(self.category_programming.get_absolute_url())    ❶
        self.assertEqual(response.status_code, 200)


        soup = BeautifulSoup(response.content, 'html.parser')
        self.navbar_test(soup)                                                      ❷
        self.category_card_test(soup)


        self.assertIn(self.category_programming.name, soup.h1.text)   ❸


        main_area = soup.find('div', id='main-area')
        self.assertIn(self.category_programming.name, main_area.text)
        self.assertIn(self.post_001.title, main_area.text)
        self.assertNotIn(self.post_002.title, main_area.text)                        ❹
        self.assertNotIn(self.post_003.title, main_area.text)
```

❶ 이 테스트에서는 self.category_programming을 사용합니다. Post 모델에서 get_absolute_url로 고유 URL을 만들었던 것처럼 카테고리 페이지도 고유 URL을 갖도록 get_absolute_url() 함수를 만들어야 합니다. 아직 만들지 않았지만 곧 만들기로 하고 일단은 테스트 코드에 넣어 그 페이지를 읽어옵니다. 그리고 이 페이지가 잘 열리는지 확인하기 위해 status_code가 200인지 검사합니다.

❷ 성공적으로 읽어왔다면 beautifulsoup4로 HTML을 다루기 쉽게 파싱합니다. 그리고 test_post_list, test_post_detail과 마찬가지로 self.navbar_test와 self.category_card_test로 내 비게이션 바와 카테고리 카드가 잘 구성되어 있는지 확인합니다.

❸ 페이지 상단에 카테고리 뱃지가 잘 나타나는지 확인하기 위해 self.assertIn(self.category_programming.name, soup.h1.text)을 작성합니다. 이 페이지에서는 <h1> 태그를 한 번만 쓰기 때문에 <h1> 태그에 카테고리 이름이 있는지 확인하면 됩니다.

❹ 메인 영역에 ❶에서 선택한 카테고리의 이름인 'programming'이 있는지 확인하고, 이 카테고리에 해당하는 포스트만 노출되어 있는지 확인합니다. 그렇지 않은 post_002, post_003의 타이틀은 메인 영역에 존재해서는 안 됩니다.

다 작성했으니 테스트해 보겠습니다. 아직 Category 모델에 get_absolute_url을 만들지 않아 오류가 발생합니다.

```
λ  Cmder                                                        —  □  ✕

C:\github\do_it_django_a_to_z (main -> origin)
(venv) λ python manage.py test
Creating test database for alias 'default'...
System check identified no issues (0 silenced).
E..
======================================================================
ERROR: test_category_page (blog.tests.TestView)
----------------------------------------------------------------------
Traceback (most recent call last):
  File "C:\github\do_it_django_a_to_z\blog\tests.py", line 125, in test_category_page
    response = self.client.get(self.category_programming.get_absolute_url())
AttributeError: 'Category' object has no attribute 'get_absolute_url'


----------------------------------------------------------------------
Ran 3 tests in 0.995s

FAILED (errors=1)
Destroying test database for alias 'default'...
```

02단계 Category 모델 수정하기

Category 모델에 get_absolute_url() 함수를 정의합니다. Post 모델의 get_absolute_url() 함수를 정의할 때는 고유 값으로 pk를 활용했습니다. 이번에는 URL만 봐도 사용자가 어떤 내용인지 알 수 있도록 slug 필드를 이용해 고유 URL를 만들겠습니다.

```
(...생략...)
class Category(models.Model):
    name = models.CharField(max_length=50, unique=True)
    slug = models.SlugField(max_length=200, unique=True, allow_unicode=True)

    def __str__(self):
        return self.name

    def get_absolute_url(self):
        return f'/blog/category/{self.slug}/'

    class Meta:
        verbose_name_plural = 'categories'
(...생략...)
```

Category 모델에 고유 URL을 만드는 방법을 정의했으니 이 URL이 처리될 수 있도록 urls.py
도 수정해야 합니다. Category 모델의 get_absolute_url이 '/blog/'로 시작하므로 blog/
urls.py만 수정하면 됩니다.

URL 정의하기

사용자가 category/ 뒤에 문자열이 붙는 URL을 입력하면 그 문자열을 views.py에 정의할
category_page() 함수의 매개변수인 slug의 인자로 넘겨주도록 했습니다. 예를 들어 웹 사이
트에 접속한 사용자가 URL을 127.0.0.1:8000/blog/category/programming/이라고 입력
하면 programming/만 떼어 views.py의 category_page() 함수로 보냅니다.

```
from django.urls import path
from . import views

urlpatterns = [
    path('category/<str:slug>/', views.category_page),
    path('<int:pk>/', views.PostDetail.as_view()),
    path('', views.PostList.as_view()),
]
```

뷰 수정하기

이제 views.py에 FBV로 **ategory_page()** 함수를 만들겠습니다. 여태까지 배운 대부분의 쿼리셋이 나오니 복습 차원에서 잘 살펴보세요.

실습 파일: **blog/views.py**

```python
from django.shortcuts import render
from django.views.generic import ListView, DetailView
from .models import Post, Category

class PostList(ListView):

(...생략...)
def category_page(request, slug):    ❶
    category = Category.objects.get(slug=slug)

    return render(
        request,
        'blog/post_list.html',    ❷
        {    ❸
            'post_list': Post.objects.filter(category=category),
            'categories': Category.objects.all(),
            'no_category_post_count': Post.objects.filter(category=None).count(),
            'category': category,
        }
    )
```

---

❶ category_page() 함수의 매개변수로는 FBV 방식에 꼭 필요한 **request** 이외에 **slug**까지 설정했습니다. 그리고 URL에서 추출하여 **category_page()** 함수의 인자로 받은 **slug**와 동일한 **slug**를 갖는 카테고리를 불러오는 쿼리셋을 만들어 **category** 변수에 저장합니다.

❷ 템플릿은 포스트 목록 페이지를 만들 때 사용했던 blog/post_list.html을 그대로 사용합니다.

❸ post_list.html을 사용하기 때문에 PostList 클래스에서 context로 정의했던 부분을 딕셔너리 형태로 직접 정의해야 합니다. **'post_list' : Post.objects.filter(category=category)**는 '포스트 중에서 **Category.objects.get(slug=slug)**로 필터링한 카테고리만 가져와'라는 뜻입니다. 새로운 쿼리셋을 배웠네요. **'categories'**는 페이지의 오른쪽에 위치한 카테고리 카드를 채워줍니다. **'no_category_post_count'**는 카테고리 카드 맨 아래에 미분류 포스트와 그 개수를 알려줍니다. 마지막으로 **'category' : category**는 페이지 타이틀 옆에 카테고리 이름을 알려줍니다.

05단계 **템플릿 수정하기**

그럼 테스트를 실행해 볼까요? self.assertIn(self.category_programming.name, soup.
h1.text)에서 Fail이 나왔다고 합니다. <h1> 태그 안에 'programming'이 있어야 하는데 없
다는 뜻이군요. 당연한 결과입니다. 앞에서 blog/templates/blog/post_list.html을 그대로
사용하기만 했지 카테고리 페이지에 필요한 요소는 고려하지 않은 상태니까요.

```
λ Cmder                                                      —  □  ×

C:\github\do_it_django_a_to_z (main -> origin)
(venv) λ python manage.py test
Creating test database for alias 'default'...
System check identified no issues (0 silenced).
F..
=================================================================
FAIL: test_category_page (blog.tests.TestView)
-----------------------------------------------------------------
Traceback (most recent call last):
  File "C:\github\do_it_django_a_to_z\blog\tests.py", line 132, in test_category_page
    self.assertIn(self.category_programming.name, soup.h1.text)
AssertionError: 'programming' not found in 'Blog'


-----------------------------------------------------------------
Ran 3 tests in 0.862s


FAILED (failures=1)
Destroying test database for alias 'default'...
```

부트스트랩 공식 웹 사이트(getbootstrap.com)에서 [Documentation > Components >
Badge]로 들어가 마음에 드는 뱃지 디자인을 골라 웹 사이트에 적용하세요.

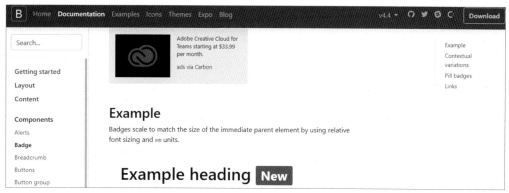

그림 13-27 부트스트랩의 뱃지 예시

그런데 카테고리 페이지에 추가한 뱃지가 포스트 목록 페이지에서도 보이면 안 되겠죠. 따라서 다음과 같이 if 문을 사용해 category가 context로 넘어올 때만 그 카테고리 이름을 부트스트랩의 뱃지 형태로 출력하겠습니다.

실습 파일: **blog/templates/blog/post_list.html**

```
{% extends 'blog/base.html' %}

{% block main_area %}

    <h1>Blog {% if category %}<span class="badge badge-secondary">{{ category }}</span>{% endif %}</h1>

    {% if post_list.exists %}
        {% for p in post_list %}
            <!-- Blog Post -->
(...생략...)
```

다시 테스트를 해보면 드디어 OK가 나옵니다.

터미널에서 서버를 실행시키고 웹 브라우저에서 직접 확인해 보세요. 카테고리 카드의 카테고리를 누르면 해당 카테고리 페이지가 원하던 대로 잘 나타날 겁니다.

06단계 미분류 카테고리 처리하기

아직 한 가지 문제가 더 남아 있습니다. 카테고리 중 '미분류'를 클릭하면 'Category 모델의 레코드 중 name 필드가 no_category인 레코드는 없다'는 오류 메시지가 나타납니다.

```
DoesNotExist at /blog/category/no_category/
Category matching query does not exist.

         Request Method:  GET
            Request URL:  http://127.0.0.1:8000/blog/category/no_category/
         Django Version:  3.0.6
         Exception Type:  DoesNotExist
        Exception Value:  Category matching query does not exist.
     Exception Location:  C:\github\do_it_django_a_to_z\venv\lib\site-packages\django\db\models\query.py in get, line 417
      Python Executable:  C:\github\do_it_django_a_to_z\venv\Scripts\python.exe
         Python Version:  3.7.6
            Python Path:  ['C:\\github\\do_it_django_a_to_z',
                           'C:\\Users\\saint\\Anaconda3\\python37.zip',
                           'C:\\Users\\saint\\Anaconda3\\DLLs',
                           'C:\\Users\\saint\\Anaconda3\\lib',
                           'C:\\Users\\saint\\Anaconda3',
                           'C:\\github\\do_it_django_a_to_z\\venv',
                           'C:\\github\\do_it_django_a_to_z\\venv\\lib\\site-packages']
            Server time:  Sat, 30 May 2020 01:08:33 +0900
```

그림 13-28 미분류 카테고리를 클릭하면 오류 메시지 발생

이 부분이 제대로 되어 있다면 카테고리가 없는 포스트 목록이 나타나야 합니다. blog/views.py에서 category_page() 함수의 slug 인자로 'no_category'가 넘어오는 경우 카테고리가 없는 포스트만 보여주고, category 변수에도 실제 Category 모델의 레코드가 아니라 '미분류'라는 문자열만 저장합니다.

실습 파일: blog/views.py

```python
(...생략...)
def category_page(request, slug):
    if slug == 'no_category':
        category = '미분류'
        post_list = Post.objects.filter(category=None)
    else:
        category = Category.objects.get(slug=slug)
        post_list = Post.objects.filter(category=category)

    return render(
        request,
```

```
            'blog/post_list.html',
            {
                'post_list': post_list,
                'categories': Category.objects.all(),
                'no_category_post_count': Post.objects.filter(category=None).count(),
                'category': category,
            }
        )
```

커밋! 카테고리 페이지 만들기

다시 웹 브라우저에서 확인해 보세요. 이제 미분류 페이지도 잘 나오나요? 그렇다면 커밋을 합시다. 커밋 메시지는 '카테고리 페이지 만들기'로 정하겠습니다.

```
λ Cmder                                                          —  □  ×

C:\github\do_it_django_a_to_z (main -> origin)
(venv) λ git add .
C:\github\do_it_django_a_to_z (main -> origin)
(venv) λ git commit -m "카테고리 페이지 만들기"
C:\github\do_it_django_a_to_z (main -> origin)
(venv) λ git push
```

14

다대다
관계 구현하기

앞 장에서 살펴본 다대일 관계와 달리 인스타그램의 해시태그처럼 다대다 관계로 연결이
필요한 경우도 있습니다. 이 장에서는 blog 앱에 태그 기능을 추가하면서 자연스럽게 다
대다 관계에 대해 알아보겠습니다.

14-1 Tag 모델 만들기

태그와 카테고리는 비슷하지만 한 포스트를 여러 태그에 연결할 수 있다는 점이 카테고리와 다릅니다. 다음 그림을 보면 Bond. James Bond 포스트는 bad_guy 태그와 UK 태그에 연결되어 있습니다. bad_guy 태그는 동시에 You are FIRED!! 포스트에도 연결되어 있네요. 이렇게 서로 여러 요소와 동시에 연결될 수 있는 관계를 다대다$^{many\ to\ many}$ 관계라고 합니다.

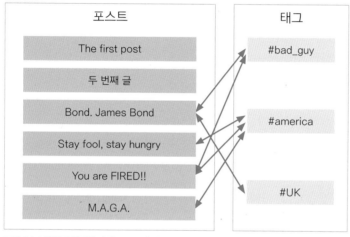

그림 14-1 다대다 관계를 가진 포스트와 태그

이런 관계를 장고로 구현하려면 ManyToManyField를 사용하면 됩니다. 이제부터 ManyToMany Field를 활용해 Tag 모델을 만들겠습니다.

 Tag 모델 구현하기

01단계   models.py에 Tag 모델 작성하기

Tag 모델은 Category 모델과 내용이 거의 동일합니다. 다음과 같이 Category 모델을 복사해서 붙여 넣은 다음 모델명과 get_absolute_url() 함수에서 category라고 쓴 부분만 tag로 수정해 주세요. Meta 클래스는 Category 모델명이 복수형을 표현할 때 뒤에 s만 붙여서 이를 보완하고자 추가한 코드인데, Tag 모델의 복수형은 Tags로 잘 나올테니 삭제합니다.

```python
from django.db import models
from django.contrib.auth.models import User
import os


class Tag(models.Model):
    name = models.CharField(max_length=50)
    slug = models.SlugField(max_length=200, unique=True, allow_unicode=True)

    def __str__(self):
        return self.name

    def get_absolute_url(self):
        return f'/blog/tag/{self.slug}/'

    class Meta:
        verbose_name_plural = 'categories'
(...생략...)
```

Post 모델에 tags 필드를 추가하겠습니다. 이때 ForeingKey가 아니라 ManyToManyField를 사용해 Tag 모델을 연결합니다. tags 필드를 빈 칸으로 남겨둘 수 있도록 null=True와 blank=True로 설정합니다. on_delete=models.SET_NULL은 설정하지 않습니다. 연결된 태그가 삭제되면 해당 포스트의 tags 필드는 알아서 빈 칸으로 바뀌기 때문입니다.

```python
(...생략...)
class Post(models.Model):
    title = models.CharField(max_length=30)
    hook_text = models.CharField(max_length=100, blank=True)
    content = models.TextField()

    head_image = models.ImageField(upload_to='blog/images/%Y/%m/%d/', blank=True)
    file_upload = models.FileField(upload_to='blog/files/%Y/%m/%d/', blank=True)

    created_at = models.DateTimeField(auto_now_add=True)
    updated_at = models.DateTimeField(auto_now=True)
```

```
    author = models.ForeignKey(User, null=True, on_delete=models.SET_NULL)

    category = models.ForeignKey(Category, null=True, blank=True, on_delete=models.
SET_NULL)

    tags = models.ManyToManyField(Tag, null=True, blank=True)
(...생략...)
```

models.py가 변경되었으니 터미널에서 마이그레이션을 합시다. `python manage.py makemigrations`로 변경 사항을 장고에게 인지시킵시다. 그런데 'blog.Post.tag: (fields.W340) null has no effect on ManyToManyField.'라는 경고 메시지가 나타납니다. `ManyToManyField`는 기본적으로 `null=True`가 설정되어 있어 따로 입력한 `null=True`는 효과가 없다는 의미입니다.

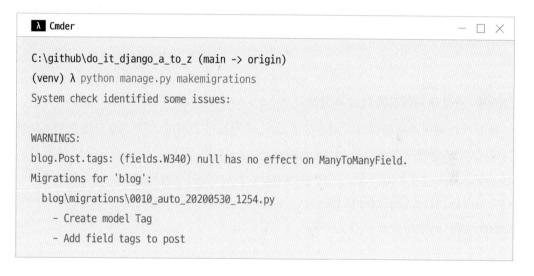

```
C:\github\do_it_django_a_to_z (main -> origin)
(venv) λ python manage.py makemigrations
System check identified some issues:


WARNINGS:
blog.Post.tags: (fields.W340) null has no effect on ManyToManyField.
Migrations for 'blog':
  blog\migrations\0010_auto_20200530_1254.py
    - Create model Tag
    - Add field tags to post
```

Post 모델에서 tags 필드의 null=True를 삭제합니다.

실습 파일: blog/models.py

```
(...생략...)
class Post(models.Model):
    (...생략...)
    tags = models.ManyToManyField(Tag, null=True, blank=True)
    (...생략...)
```

변경 내용을 반영하기 위해 다시 마이그레이션합니다.

```
λ Cmder                                                          ─  □  ×

C:\github\do_it_django_a_to_z (main -> origin)
(venv) λ python manage.py makemigrations
C:\github\do_it_django_a_to_z (main -> origin)
(venv) λ python manage.py migrate
```

ManyTomanyField로 만든 필드는 왜 기본적으로 null=True 설정이 되어 있나요?

ManyToManyField로 만든 태그는 포스트와 다대다 관계를 가집니다. 즉, 하나의 포스트가 여러 개의 태그와 연결될 수 있고, 반대로 하나의 태그가 여러 개의 포스트와 연결될 수 있죠. 이때 태그 하나가 데이터베이스에서 삭제된다고 해서 연결된 포스트가 전부 삭제된다면 곤란하겠죠? 그래서 다대다 관계를 구현하는 ManyToManyField로 만든 필드는 기본적으로 null=True 설정이 되어 있습니다.

02단계 관리자 페이지에 태그 추가하기

이제 관리자 페이지에서 태그를 사용할 수 있도록 만들어 봅시다. 먼저 Tag 모델을 임포트합니다. 그리고 앞에서 만들었던 CategoryAdmin을 응용하면 됩니다. name 필드를 이용해 slug를 자동으로 채워 주는 코드였죠. CategoryAdmin 클래스를 복사해 TagAdmin 클래스를 추가합니다. admin.site.register(Category, CategoryAdmin)도 마찬가지로 그대로 복사해서 Category만 Tag로 바꾸어 추가합니다.

실습 파일: blog/admin.py

```python
from django.contrib import admin
from .models import Post, Category, Tag

admin.site.register(Post)

class CategoryAdmin(admin.ModelAdmin):
    prepopulated_fields = {'slug': ('name', )}

class TagAdmin(admin.ModelAdmin):
```

```
    prepopulated_fields = {'slug': ('name', )}


admin.site.register(Category, CategoryAdmin)
admin.site.register(Tag, TagAdmin)
```

다음과 같이 관리자 페이지에 [Tags] 메뉴가 잘 나오면 성공입니다.

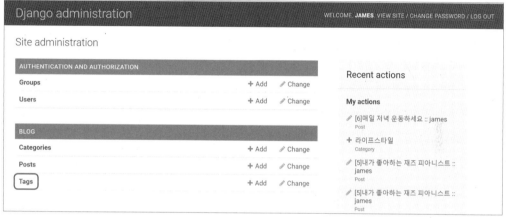

그림 14-2 관리자 페이지에 [Tags] 메뉴 추가

14-2 포스트 목록과 상세 페이지에 태그 기능 추가하기

이제 포스트 목록 페이지와 포스트 상세 페이지에 태그 기능을 추가하겠습니다.

 테스트 코드에 태그 추가하기

01단계 **tests.py에 태그 3개 추가하기**

먼저 태그에 관한 테스트 코드를 tests.py에 추가하겠습니다. 카테고리 테스트 코드를 만들 때처럼 setUp() 함수에 '파이썬 공부', 'python', 'hello'라는 이름으로 3개의 태그를 만듭니다. 이제 **TestView** 클래스의 모든 함수에서 이 3개의 태그를 사용할 수 있습니다.

실습 파일: blog/tests.py

```
(...생략...)
from .models import Post, Category, Tag

class TestView(TestCase):
    def setUp(self):
        self.client = Client()
        self.user_trump = User.objects.create_user(username='trump',
password='somepassword')
        self.user_obama = User.objects.create_user(username='obama',
password='somepassword')

        self.category_programming = Category.objects.create(name='programming',
slug='programming')
        self.category_music = Category.objects.create(name='music', slug='music')

        self.tag_python_kor = Tag.objects.create(name='파이썬 공부', slug='파이썬-공부')
        self.tag_python = Tag.objects.create(name='python', slug='python')
        self.tag_hello = Tag.objects.create(name='hello', slug='hello')
(...생략...)
```

02단계 태그 3개를 포스트에 연결하기

만든 태그를 포스트에 연결해야겠죠. Post 모델의 tags 필드는 다른 필드들과 달리 Post.objects.create() 안에 인자로 넣지 않습니다. 대신 이미 만들어진 포스트에 add() 함수로 추가하죠. ManyToManyField는 여러 개의 레코드를 연결할 수 있기 때문입니다. self.post_001에는 'hello' 태그 하나만 추가하고, self.post_002은 아무 태그도 달지 않겠습니다. 대신 self.post_003에는 'python' 태그와 '파이썬 공부' 태그 2개를 달아줍니다.

```python
실습 파일: blog/tests.py
(...생략...)
class TestView(TestCase):
    def setUp(self):
        (...생략...)

        self.post_001 = Post.objects.create(
            title='첫 번째 포스트입니다.',
            content='Hello World. We are the world.',
            category=self.category_programming,
            author=self.user_trump,
        )
        self.post_001.tags.add(self.tag_hello)

        self.post_002 = Post.objects.create(
            title='두 번째 포스트입니다.',
            content='1등이 전부는 아니잖아요?',
            category=self.category_music,
            author=self.user_obama
        )
        self.post_003 = Post.objects.create(
            title='세 번째 포스트입니다.',
            content='category가 없을 수도 있죠',
            author=self.user_obama
        )
        self.post_003.tags.add(self.tag_python_kor)
        self.post_003.tags.add(self.tag_python)
(...생략...)
```

포스트 목록 페이지에 태그 기능 추가하기

포스트 목록 페이지에는 여러 개의 포스트가 부트스트랩에서 제공하는 카드 안에 담겨 있습니다.
다음 그림처럼 포스트 카드 아랫부분에 각 포스트에 연결된 태그가 노출되도록 하겠습니다.

그림 14-3 포스트 목록 페이지에서 태그를 노출시킬 위치

01단계 테스트 코드 수정하기

test_post_list() 함수에는 3개의 포스트 카드에 우리가 원하는 내용이 있는지 확인하는 테
스트 코드가 있습니다. 여기에 포스트별로 각기 다르게 추가한 태그가 잘 출력되는지 확인하
는 내용을 추가합니다.

첫 번째인 post_001_card에는 'hello'라는 단어가 존재하는지 확인합니다. 그리고 'python'이
나 '파이썬 공부'라는 문구는 나타나지 않아야 합니다. 두 번째인 post_002_card에는 어떤 태그
의 내용도 존재해서는 안 됩니다. 아무 태그도 없는 포스트이니까요. 마지막으로 2개의 태그가
달려 있는 post_003_card에는 'python'과 '파이썬 공부'라는 문구가 둘 다 존재해야 합니다.

```
(...생략...)
class TestView(TestCase):
    def setUp(self):
        (...생략...)
    def test_post_list(self):
        (...생략...)
        post_001_card = main_area.find('div', id='post-1')
        self.assertIn(self.post_001.title, post_001_card.text)
        self.assertIn(self.post_001.category.name, post_001_card.text)
        self.assertIn(self.post_001.author.username.upper(), post_001_card.text)
        self.assertIn(self.tag_hello.name, post_001_card.text)
        self.assertNotIn(self.tag_python.name, post_001_card.text)
        self.assertNotIn(self.tag_python_kor.name, post_001_card.text)

        post_002_card = main_area.find('div', id='post-2')
        self.assertIn(self.post_002.title, post_002_card.text)
        self.assertIn(self.post_002.category.name, post_002_card.text)
        self.assertIn(self.post_002.author.username.upper(), post_002_card.text)
        self.assertNotIn(self.tag_hello.name, post_002_card.text)
        self.assertNotIn(self.tag_python.name, post_002_card.text)
        self.assertNotIn(self.tag_python_kor.name, post_002_card.text)

        post_003_card = main_area.find('div', id='post-3')
        self.assertIn('미분류', post_003_card.text)
        self.assertIn(self.post_003.title, post_003_card.text)
        self.assertIn(self.post_003.author.username.upper(), post_003_card.text)
        self.assertNotIn(self.tag_hello.name, post_003_card.text)
        self.assertIn(self.tag_python.name, post_003_card.text)
        self.assertIn(self.tag_python_kor.name, post_003_card.text)
```

02단계 템플릿 수정하기

현재 상태에서 테스트를 실행해 봅시다. 당연히 Fail이 나옵니다. 'hello'가 post_001의 카드
에 없다고 합니다.

```
λ Cmder                                                              —  □  ✕

C:\github\do_it_django_a_to_z (main -> origin)
(venv) λ python manage.py test
Creating test database for alias 'default'...
System check identified no issues (0 silenced).
..F
======================================================================
FAIL: test_post_list (blog.tests.TestView)
----------------------------------------------------------------------
Traceback (most recent call last):
  File "C:\github\do_it_django_a_to_z\blog\tests.py", line 84, in test_post_list
    self.assertIn(self.tag_hello.name, post_001_card.text)
AssertionError: 'hello' not found in '\n\n\nprogramming\n첫번째 포스트입니다.\nHello
(...생략...)
```

post_list.html을 다음과 같이 수정하면 됩니다. 이번에는 이야기할 거리가 많으니 일단 코드 부터 수정해 주세요.

실습 파일: blog/templates/blog/post_list.html

```
{% for p in post_list %}
    <!-- Blog Post -->
    (...생략...)
            {% if p.tags.exists %}
                <i class="fas fa-tags"></i>
                {% for tag in p.tags.iterator %}
                    <a href="{{ tag.get_absolute_url }}"><span class="badge badge-
pill badge-light">{{ tag }}</span></a>
                {% endfor %}
                <br/>
                <br/>
            {% endif %}

            <a href="{{ p.get_absolute_url }}" class="btn btn-primary">Read More &
rarr;</a>ss
        </div>
        <div class="card-footer text-muted">
```

```
            Posted on {{ p.created }} by
            <a href="#">{{ p.author | upper }}</a>
        </div>
    </div>
{% endfor %}
```

이번에 추가한 코드는 먼저 포스트에 **tags** 필드가 비어 있지 않은지부터 확인합니다. 비어 있지 않다면 〈Read More〉 버튼 바로 위에 태그를 하나씩 출력합니다. 태그 모양 아이콘은 Font awesome 웹 사이트에서 가져왔습니다.

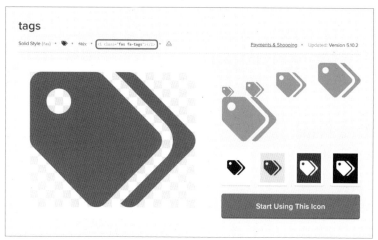

그림 14-4 Font awesome에서 고른 태그 아이콘

`{% for tag in p.tags.all %}`는 해당 포스트의 모든 태그를 for 문으로 반복 출력합니다. 태그 모양과 색은 부트스트랩 공식 사이트에서 [Documentation 〉 Components 〉 Badge 〉 Links]로 들어가 마음에 드는 색깔과 모양을 고르면 됩니다. 이때 해당 태그가 담긴 뱃지를 클릭할 경우 태그 페이지로 이동하도록 만들기 위해 〈a〉 태그를 활용한 종류로 골랐습니다.

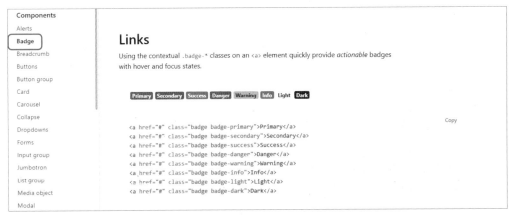

그림 14-5 부트스트랩의 ⟨a⟩ 태그를 이용한 뱃지 예시

그리고 ⟨Read More⟩ 버튼과 너무 간격이 가까워지지 않도록 ⟨br/⟩ 태그를 이용해서 줄바꿈을 했습니다. 이제 다시 테스트를 해보면 OK가 나옵니다.

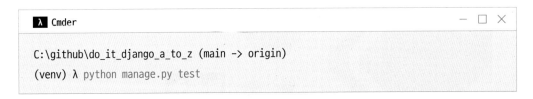

서버를 실행시키고 관리자 페이지에서 포스트에 태그를 붙인 다음 웹 브라우저에서 결과를 확인해 보세요. 포스트 카드 아랫부분에 연결된 태그가 뱃지 형태로 나타나는 걸 볼 수 있을 겁니다. 이제 제법 웹 사이트의 틀이 갖춰지는 것 같죠?

포스트 상세 페이지에 태그 기능 추가하기

포스트 상세 페이지에 추가할 태그도 포스트 목록 페이지에서 만든 것과 동일합니다. 포스트 영역 아랫부분에 포스트 목록 페이지에서 만든 것과 같은 모양으로 태그를 출력해 보겠습니다.

> fringilla orci non ligula congue, pellentesque mollis tortor eleifend. Sed pretium eros et vulputate viverra. Curabitur ac sagittis diam. Integer pellentesque, urna eu vehicula condimentum, lorem sapien convallis libero, a ultrices massa magna nec augue. Morbi volutpat leo a nisl semper viverra. Class aptent taciti sociosqu ad litora torquent per conubia nostra, per inceptos himenaeos. Interdum et malesuada fames ac ante ipsum primis in faucibus. Ut pellentesque sed magna at mollis. Quisque lorem felis, imperdiet ac tempus lacinia, facilisis vel libero. Phasellus rutrum sit amet lacus id pulvinar. Sed est mauris, malesuada vel massa eget, lacinia semper turpis. Morbi auctor mattis purus et cursus. Proin ornare lobortis porta. Nunc neque risus, maximus a dictum at, dignissim et libero. Nulla malesuada diam at eleifend maximus. Duis dolor nisi, gravida eget magna in, pretium tincidunt enim.
>
> 🏷 파이썬 장고
>
> **Leave a Comment:**

그림 14-6 포스트 상세 페이지에서 태그를 노출시킬 위치

테스트 코드 수정하기

테스트 내용은 단순합니다. post_area에 self.tag_hello의 name인 'hello'가 존재하는지, 그리고 다른 태그들('python', '파이썬 공부')이 post_area에 존재하지 않는지 확인합니다.

실습 파일: blog/tests.py

```
def test_post_detail(self):
(...생략...)
    self.assertIn(self.post_001.content, post_area.text)

    self.assertIn(self.tag_hello.name, post_area.text)
    self.assertNotIn(self.tag_python.name, post_area.text)
    self.assertNotIn(self.tag_python_kor.name, post_area.text)
(...생략...)
```

02단계 템플릿 수정하기

현재 상태에서 테스트를 실행하면 당연히 Fail이 나옵니다. 'hello'가 포스트 영역에 없다고 하네요.

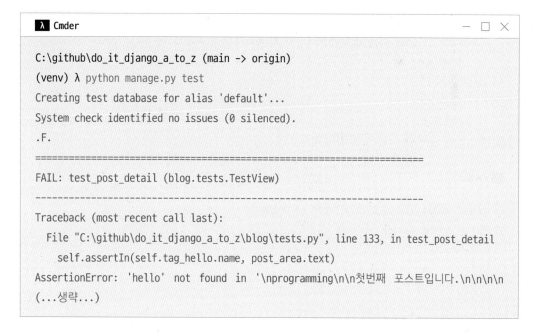

```
λ Cmder                                                          —  □  ×

C:\github\do_it_django_a_to_z (main -> origin)
(venv) λ python manage.py test
Creating test database for alias 'default'...
System check identified no issues (0 silenced).
.F.
===============================================================
FAIL: test_post_detail (blog.tests.TestView)
---------------------------------------------------------------
Traceback (most recent call last):
  File "C:\github\do_it_django_a_to_z\blog\tests.py", line 133, in test_post_detail
    self.assertIn(self.tag_hello.name, post_area.text)
AssertionError: 'hello' not found in '\nprogramming\n\n첫번째 포스트입니다.\n\n\n\n
(...생략...)
```

post_detail.html을 수정하면 됩니다. 수정도 간단합니다. post_list.html에서 태그를 노출시키기 위해 추가했던 부분을 복사해서 post_detail.html에 붙여 넣습니다. 여기에서는 views.py에서 포스트 정보를 넘겨줄 때 **post** 변수에 담아 주기 때문에 **p.tags.exists**를 **post.tags.exists**로 수정해야 합니다.

실습 파일: **blog/templates/blog/post_detail.html**

```
(...생략...)
<!-- Post Content -->
<p>{{ post.content }}</p>
                                    ┌─ p를 post로 수정
{% if post.tags.exists %}
    <i class="fas fa-tags"></i>
    {% for tag in post.tags.all %}
        <a href="{{ tag.get_absolute_url }}" class="badge badge-light">{{ tag }}</a>
    {% endfor %}
    <br/>
    <br/>
{% endif %}

{% if post.file_upload %}
    <a href="{{ post.file_upload.url }}" class="btn btn-outline-dark" role="button">
        Download:
(...생략...)
```

이제 테스트를 실행해 보면 성공입니다.

```
λ Cmder                                                      ─ □ ✕

C:\github\do_it_django_a_to_z (main -> origin)
(venv) λ python manage.py test
```

커밋! 포스트 목록과 상세 페이지에 태그 추가하기

이쯤에서 커밋을 할까요? 커밋 메시지는 '포스트 목록 페이지와 포스트 상세 페이지에 태그 추가하기'로 정했습니다.

```
λ Cmder                                                    —  □  ✕
C:\github\do_it_django_a_to_z (main -> origin)
(venv) λ git add .
C:\github\do_it_django_a_to_z (main -> origin)
(venv) λ git commit -m "포스트 목록 페이지와 포스트 상세 페이지에 태그 기능 추가하기"
C:\github\do_it_django_a_to_z (main -> origin)
(venv) λ git push
```

14-3 태그 페이지 만들기

이번에는 앞에서 만들었던 카테고리 페이지처럼 태그 페이지를 만들겠습니다. 어떤 태그를 클릭하면 해당 태그가 달린 포스트만 모아서 목록으로 보여주는 페이지를 만들면 됩니다.

 태그 페이지 만들기

01단계 테스트 코드 작성하기

tests.py에 태그 페이지를 테스트할 test_tag_page() 함수를 다음과 같이 만듭니다. 먼저 테스트할 태그 페이지로 setUp() 함수에서 만든 태그 중 name 필드가 'hello'인 것을 가져옵니다. 내비게이션 바와 오른쪽의 카테고리 카드를 테스트하는 navbar_test()와 category_card_test() 함수는 다른 함수에서 가져와 재활용합니다. 그리고 메인 영역에 'hello'가 존재하는지, 이 태그가 붙어 있는 self.post_001의 타이틀이 존재하는지 확인합니다. 'hello' 태그를 사용하지 않은 self.post_002와 self.post_003의 타이틀은 메인 영역에 보이면 안 되겠죠.

실습 파일: **blog/tests.py**

```
(...생략...)
class TestView(TestCase):
    def setUp(self):
    (...생략...)
    def test_tag_page(self):
        response = self.client.get(self.tag_hello.get_absolute_url())
        self.assertEqual(response.status_code, 200)
        soup = BeautifulSoup(response.content, 'html.parser')

        self.navbar_test(soup)
        self.category_card_test(soup)

        self.assertIn(self.tag_hello.name, soup.h1.text)

        main_area = soup.find('div', id='main-area')
        self.assertIn(self.tag_hello.name, main_area.text)
```

```
        self.assertIn(self.post_001.title, main_area.text)
        self.assertNotIn(self.post_002.title, main_area.text)
        self.assertNotIn(self.post_003.title, main_area.text)
(...생략...)
```

02단계 URL 지정하기

현재 상태에서 테스트를 실행해 보면 태그 페이지가 존재하지 않아 404 오류가 발생합니다.

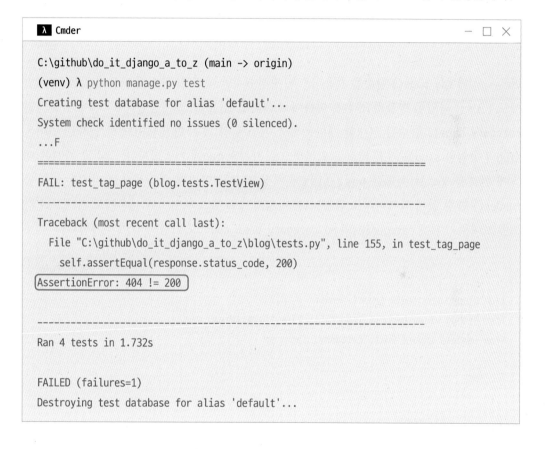

models.py에서 Tag 모델을 만들 때 get_absolute_url() 함수에서 반환하는 URL 경로의 형
태를 blog/tag/self.slug/로 지정했었죠? 그리고 slug 필드가 고유의 값을 갖도록
unique=True로 설정했습니다. 이제는 blog/urls.py에 이 URL을 추가합니다. 카테고리 페이
지의 URL를 추가했을 때 작성한 코드에서 category만 tag로 바꾸면 됩니다. 카테고리 페이
지와 마찬가지로 slug 필드를 사용해서 Tag 모델 각각의 레코드들이 고유의 경로를 가질 수
있도록 한 것입니다.

```
from django.urls import path
from . import views

                        ┌─────────────────────┐
                        │ category를 tag로 수정 │
                        └─────────────────────┘
urlpatterns = [
    path('tag/<str:slug>/', views.tag_page),
    path('category/<str:slug>/', views.category_page),
    path('<int:pk>/', views.PostDetail.as_view()),
    path('', views.PostList.as_view()),
]
```

views.py의 **tag_page()** 함수를 사용하도록 지정했지만 아직 이 함수를 만들지 않았죠. 이번에도 FBV 스타일로 만들겠습니다. 이름이 소문자인 것을 보고 예상했나요? 전에 만들었던 **category_page()** 함수를 최대한 재활용해서 만들 것입니다. 먼저 URL에서 인자로 넘어온 **slug**와 동일한 **slug**를 가진 태그를 쿼리셋으로 가져와 **tag**에 저장합니다. 그리고 가져온 태그에 연결된 포스트 전체를 **post_list**에 저장합니다. 이렇게 쿼리셋으로 가져온 인사를 **render()** 함수 안에 딕셔너리로 담습니다. 마지막으로 태그 페이지 오른쪽에도 카테고리 카드를 보여주기 위해 **categories**와 **no_category_post_count**도 다음과 같이 추가합니다.

```
from django.shortcuts import render
from django.views.generic import ListView, DetailView
from .models import Post, Category, Tag

(...생략...)

def tag_page(request, slug):
    tag = Tag.objects.get(slug=slug)
    post_list = tag.post_set.all()

    return render(
        request,
        'blog/post_list.html',
        {
            'post_list': post_list,
```

```
            'tag': tag,
            'categories': Category.objects.all(),
            'no_category_post_count': Post.objects.filter(category=None).count(),
        }
    )
```

03단계 뷰 수정하기

테스트를 다시 해보니 태그 페이지가 없다는 문제는 해결이 되었습니다. 하지만 이번에는 메인 영역에 'hello'라는 태그가 없다고 Fail이 나왔습니다. 이는 post_list.html을 재활용하기로 했는데 태그 페이지에 맞게 수정하는 작업을 하지 않았기 때문에 발생한 문제입니다.

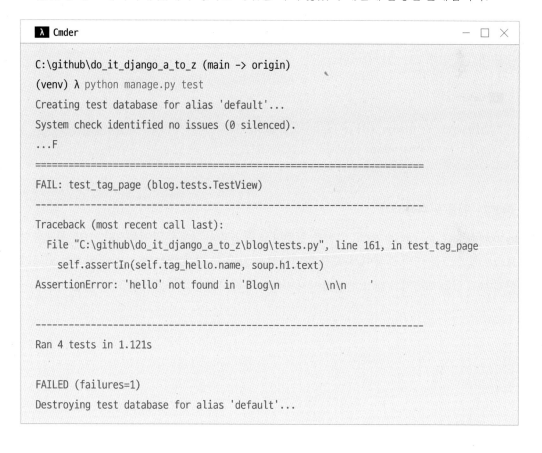

```
λ Cmder                                                    —  □  ×

C:\github\do_it_django_a_to_z (main -> origin)
(venv) λ python manage.py test
Creating test database for alias 'default'...
System check identified no issues (0 silenced).
...F
======================================================================
FAIL: test_tag_page (blog.tests.TestView)
----------------------------------------------------------------------
Traceback (most recent call last):
  File "C:\github\do_it_django_a_to_z\blog\tests.py", line 161, in test_tag_page
    self.assertIn(self.tag_hello.name, soup.h1.text)
AssertionError: 'hello' not found in 'Blog\n          \n\n      '


----------------------------------------------------------------------
Ran 4 tests in 1.121s


FAILED (failures=1)
Destroying test database for alias 'default'...
```

이 문제는 전에 카테고리 페이지를 만들 때도 다뤘었죠. tag에 값이 있을 때는 태그 뱃지를 보여주도록 하겠습니다. 부트스트랩에서 원하는 뱃지를 찾아 추가합니다.

```
(...생략...)
{% extends 'blog/base.html' %}

{% block main_area %}

    <h1>Blog
        {% if category %}<span class="badge badge-secondary">{{ category }}</span>{%
endif %}
        {% if tag %}<span class="badge badge-secondary">{{ tag }}</span>{% endif %}
    </h1>
(...생략...)
```

다시 테스트를 해보니 성공입니다.

```
C:\github\do_it_django_a_to_z (main -> origin)
(venv) λ python manage.py test
```

04단계 템플릿 수정하기

python manage.py runserver로 서버를 실행하고 웹 브라우저에서 열어봅시다. 이미 존재하던 포스트에 태그를 임의로 붙여서 직접 확인하려고 합니다. 잘 살펴보면 기능상 문제는 없지만 현재 보고 있는 페이지가 태그 페이지인지 카테고리 페이지인지 구분이 잘 되지 않습니다.

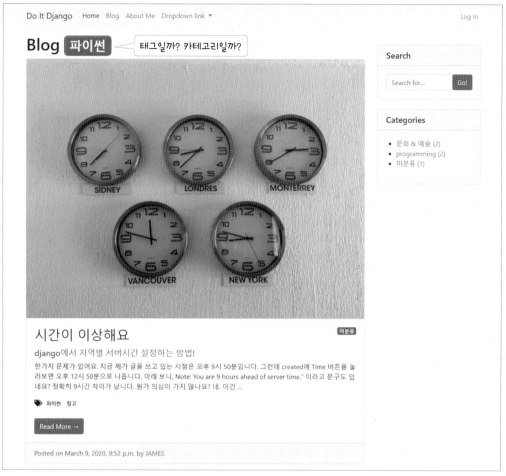

그림 14-7 태그 페이지이지만 카테고리 페이지와 디자인이 동일해 구분이 안 됨

태그의 이름을 보여주는 뱃지에 `<i class="fas fa-tags"></i>`로 Font awesome 아이콘을 붙여주고, 색상도 밝은 색으로 바꿔줍시다. 그리고 태그의 **name** 필드 값만 출력되는 것이 아니라 그 옆에 이 태그에 해당하는 포스트가 몇 개인지도 출력하도록 하겠습니다. 관련 포스트가 몇 개인지 출력하려면 `tag.post_set.count()` 함수를 사용하면 됩니다.

😀 템플릿 파일(html)에서 함수를 사용할 때는 괄호를 생략합니다.

```
{% extends 'blog/base.html' %}

{% block main_area %}

    <h1>Blog
        {% if category %}<span class="badge badge-secondary">{{ category }}</span>{%
endif %}
        {% if tag %}<span class="badge badge-light"><i class="fas fa-tags"></i>{{
tag }} ({{ tag.post_set.count }})</span>{% endif %}
    </h1>
(...생략...)
```

다시 웹 브라우저에서 웹 사이트를 새로고침해 보면 태그 페이지에는 제목 옆에 태그 모양의
뱃지가 달립니다. 해당 태그가 달린 포스트 개수도 표시됩니다.

그림 14-8 태그 페이지에는 태그 아이콘을 사용하여 카테고리 페이지와 디자인을 다르게 적용

커밋! 태그 페이지 만들기

그럼 이제 커밋을 합시다. 커밋 메시지는 '태그 페이지 만들기'로 정했습니다.

```
λ  Cmder                                                          —  □  ✕

C:\github\do_it_django_a_to_z (main -> origin)
(venv) λ git add .
C:\github\do_it_django_a_to_z (main -> origin)
(venv) λ git commit -m "태그 페이지 만들기"
C:\github\do_it_django_a_to_z (main -> origin)
(venv) λ git push
```

15

폼으로 포스트 작성과
수정 기능 구현하기

지금까지는 포스트를 작성할 때마다 관리자 페이지에 들어가서 작성해야 했습니다. 관리자만 포스팅을 할 수 있는 블로그라면 관리자 페이지에서만 작업할 수 있어도 문제가 없죠. 하지만 여러 사람이 공동으로 운영하는 블로그라면 집필진이 관리자 페이지에 들어오도록 허용해야 하는 문제가 있습니다. 또한 일반 방문자가 댓글을 작성할 때 관리자 페이지를 이용하게 할 수도 없죠. 이 장에선 폼을 이용해 여러 방문자가 새로운 글을 작성하고 수정할 수 있는 페이지를 구현하겠습니다.

15-1 포스트 작성 페이지 만들기

이 장에서 만들 포스트 작성 페이지의 모습은 다음과 같습니다.

😃 페이지 모습이 좀 단조롭고 엉성하죠? 이 부분은 16장에서 개선하겠습니다.

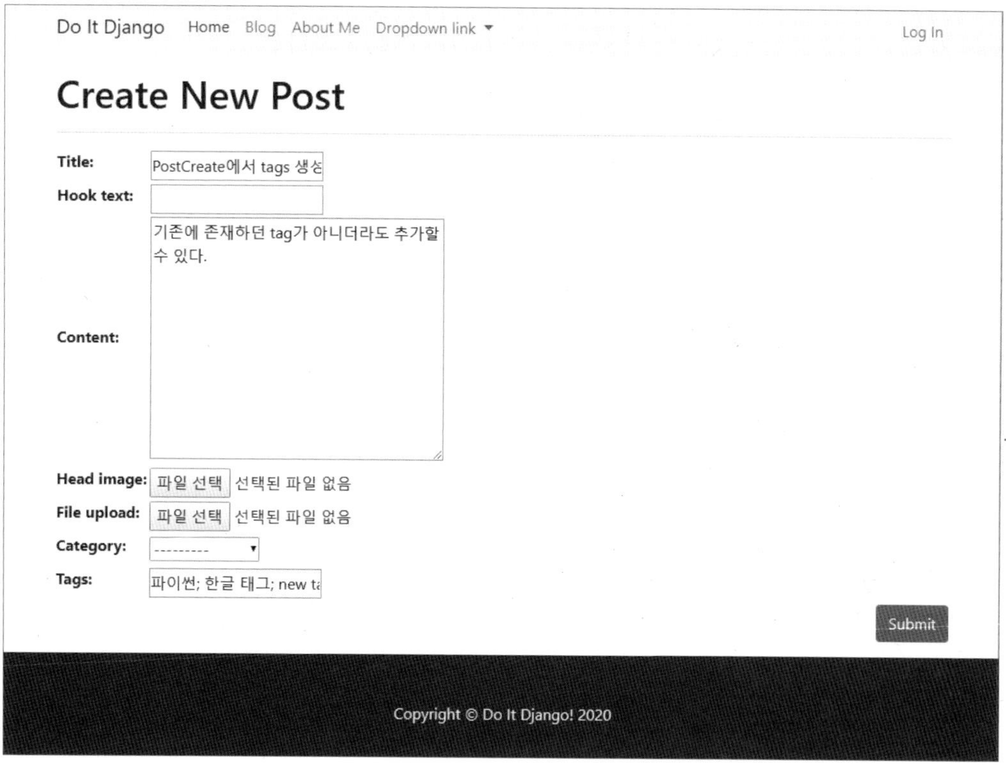

그림 15-1 만들고자 하는 포스트 작성 페이지 모습

위 그림에서 볼 수 있듯이 포스트 작성 페이지에는 방문자가 포스트의 제목과 내용 등을 입력할 수 있고, 입력한 값을 서버로 전송해서 데이터베이스에 저장할 수 있는 빈 칸이 있어야 합니다. 웹 개발에서 이런 빈 칸을 폼^{form}이라고 합니다. 웹 개발에서 반드시 필요한 부분이므로 당연히 장고도 이 기능을 제공합니다.

포스트 작성 페이지 기본 틀 만들기

01단계   테스트 코드 작성하기

포스트 작성 페이지가 정상적으로 작동하는지의 여부를 떠나 틀부터 잡겠습니다. TDD에 따라 테스트 코드부터 작성해야겠죠? tests.py에 다음과 같이 **test_create_post()** 함수를 만드세요. /blog/create_post/라는 URL로 방문자가 접근하면 포스트 작성 페이지가 정상적으로 열려야 합니다. 웹 브라우저의 타이틀은 'Create Post - Blog'로 되어 있어야 하고 마지막으로 메인 영역에는 'Create New Post'라는 문구가 있어야 합니다.

실습 파일: **blog/tests.py**

```python
(...생략...)
class TestView(TestCase):
(...생략...)
    def test_create_post(self):
        response = self.client.get('/blog/create_post/')
        self.assertEqual(response.status_code, 200)
        soup = BeautifulSoup(response.content, 'html.parser')

        self.assertEqual('Create Post - Blog', soup.title.text)
        main_area = soup.find('div', id='main-area')
        self.assertIn('Create New Post', main_area.text)
```

지금은 테스트만 만들었으니 테스트 코드를 실행하면 Fail이 나올 겁니다. 당연히 페이지를 찾을 수 없다는 404 오류가 나오겠죠?

```
λ Cmder                                                          —  □  ✕

C:\github\do_it_django_a_to_z (main -> origin)
(venv) λ python manage.py test
Creating test database for alias 'default'...
System check identified no issues (0 silenced).
.F...
=================================================================
FAIL: test_create_post (blog.tests.TestView)
-----------------------------------------------------------------
```

```
Traceback (most recent call last):
  File "C:\github\do_it_django_a_to_z\blog\tests.py", line 171, in test_create_post
    self.assertEqual(response.status_code, 200)
AssertionError: 404 != 200


----------------------------------------------------------------------
Ran 5 tests in 1.672s


FAILED (failures=1)
Destroying test database for alias 'default'...
```

이제 blog 앱의 views.py와 urls.py에 포스트 작성 페이지에 관한 내용을 추가하면 됩니다. 이 페이지는 CBV로 만들겠습니다. 이미 장고에서 많은 부분을 제공하고 있으므로 이들을 최대한 이용하면 간단하게 개발할 수 있습니다.

02단계 views.py에 CreateView 추가하기

먼저 blog/views.py를 연 다음 장고가 제공하는 CreateView를 상속받아서 PostCreate라는 클래스를 만듭니다. model = Post로 Post 모델을 사용한다고 선언하고, Post 모델에 사용할 필드명을 리스트로 작성해서 fields에 저장합니다.

실습 파일: blog/views.py

```python
from django.shortcuts import render
from django.views.generic import ListView, DetailView, CreateView
from .models import Post, Category, Tag
(...생략...)
class PostCreate(CreateView):
    model = Post
    fields = ['title', 'hook_text', 'content', 'head_image', 'file_upload', 'category']
(...생략...)
```

fields 리스트에서 author, created_at, tags는 일부러 빼놓았습니다. 방문자가 글을 쓰기 위해 로그인을 이미 했다면 Post 모델의 author 필드를 채우기 위해 굳이 방문자에게 다시 자신의 아이디를 입력하라고 할 필요가 없기 때문입니다. 물론 현재는 로그인하지 않은 사람도 이 포스트 작성 페이지에 접근할 수 있다는 문제가 있지만, 이 문제는 차차 해결하겠습니다. 방문자가 포스트를 작성하면 자동으로 작성 시간이 채워질 것이므로 create_at 필드도 필요하지 않습니다. tags 필드는 나중에 방문자가 텍스트로 따로 입력하도록 다른 방법으로 구현하겠습니다.

03단계 URL에 create_post/ 추가하기

이제 blog/urls.py를 열고 방문자가 blog/create_post/로 URL을 입력하는 경우 방금 만든 PostCreate 클래스를 사용하도록 수정합니다.

실습 파일: blog/urls.py

```python
from django.urls import path
from . import views

urlpatterns = [
    path('create_post/', views.PostCreate.as_view()),
    path('tag/<str:slug>/', views.tag_page),
    path('category/<str:slug>/', views.category_page),
    path('<int:pk>/', views.PostDetail.as_view()),
    path('', views.PostList.as_view()),
]
```

04단계 템플릿 만들기

이제 다시 테스트를 실행해 볼까요? Fail입니다. 맨 아래에 템플릿 파일이 없다고 불평하고 있네요. blog/post_form.html이 필요하다고 합니다. 앞서 Post 모델로 PostList, PostDetail 클래스를 만들면 모델명 뒤에 _list와 _detail을 붙인 post_list.html, post_detail.html을 요구했던 것처럼 이번에는 post_form.html을 요구하고 있습니다.

```
λ Cmder                                                          —  □  ✕

C:\github\do_it_django_a_to_z (main -> origin)
(venv) λ python manage.py test
Creating test database for alias 'default'...
System check identified no issues (0 silenced).
.E...
============================================================
ERROR: test_create_post (blog.tests.TestView)
------------------------------------------------------------
Traceback (most recent call last):
  File "C:\github\do_it_django_a_to_z\blog\tests.py", line 270, in test_create_post
    response = self.client.get('/blog/create_post/')
    (...생략...)
    raise TemplateDoesNotExist(', '.join(template_name_list), chain=chain)
django.template.exceptions.TemplateDoesNotExist: blog/post_form.html


------------------------------------------------------------
Ran 5 tests in 0.563s

FAILED (errors=1)
Destroying test database for alias 'default'...
```

blog/base.html을 확장해서 post_form.html을 만들겠습니다. base.html의 메인 영역만 채워주면 되니까요. 먼저 웹 브라우저의 타이틀로 Create Post – Blog를 작성합니다. 메인 영역에는 다음과 같이 `<form>` 태그를 넣어 내용을 작성하세요. 그런 다음 `{{ form }}`을 `<table>` 태그로 감싸줍니다. views.py에서 `CreteView`를 상속받아 만든 `PostCreate` 클래스는 테이블 형태로 폼을 구성하기 때문입니다.

실습 파일: blog/templates/blog/post_form.html

```
{% extends 'blog/base.html' %}

{% block head_title %}Create Post - Blog{% endblock %}

{% block main_area %}
    <h1>Create New Post</h1>
    <hr/>
```

```
    <form method="post" enctype="multipart/form-data">{% csrf_token %}
        <table>
            {{ form }}
        </table>
        <button type="submit" class="btn btn-primary float-right">Submit</button>
    </form>
{% endblock %}
```

<form> 태그를 더 살펴보겠습니다. <form> 태그는 사용자가 기록한 값을 서버로 보내기 위한 용도라고 생각하면 됩니다. 서버로 값을 보내는 방식에는 GET과 POST가 있는데, 여기에서 는 method="post"로 설정해 POST 방식을 사용합니다. enctype="multiplart/form-data"는 파일도 같이 전송하겠다는 의미이므로 꼭 써줘야 합니다. 원래 HTML 문법에서는 <form> 태 그를 쓸 때 이 form의 내용이 어느 URL로 전송되어야 하는지를 나타내는 action이 포함되어 있어야 합니다. 예를 들어 사용자가 입력한 값이 /blog/create_post/를 통해 처리되기를 원 한다면 <form method="post" enctype="multipart/form-data" action="/blog/create_ post/">와 같이 처리해야 합니다. 그러나 장고는 이런 부분까지 처리해 주기 때문에 특별한 목적이 있지 않는 한 action은 쓰지 않습니다. {% csrf_token %}는 웹 사이트를 CSRF 공격으 로부터 보호하기 위해 장고가 제공하는 기능입니다. 장고에서 폼을 이용할 때는 {% csrf_ token %}을 <form> 태그 안에 넣어야 한다는 사실을 잊지 마세요.

GET과 POST

대부분의 방문자는 단순히 원하는 페이지를 서버에 요청하는 것에 그치지 않고, 방문자 가 페이지 내에 입력한 값을 서버에 전달해서 데이터베이스에 저장하고자 합니다. 이때 POST가 아니라 GET 방식으로도 서버에 값을 전달하고 데이터베이스에 저장할 수 있 습니다. 예를 들어 doitdjango.com/create_post/로 서버에 요청할 때 다음과 같 이 입력하면 서버에서는 물음표(?) 뒤에 있는 내용을 처리해 title=애국가, content= '동해물과 백두산이'라는 값을 데이터베이스에 저장합니다(%20은 띄어쓰기를 의미합 니다).

http://doitdjango.com/create_post/?title=애국가&content=동해물 과%20백두산이%20마르고%20닳도록

GET은 간편한 방식이지만 몇 가지 한계가 있습니다. 일단 길이에 제한이 있습니다. 장문의 텍스트를 보낼 수 없죠. 게다가 첨부파일을 서버에 보내 저장하려고 할 때 GET은 적합하지 않습니다. 이럴 때 POST를 사용합니다. POST는 URL을 통해 정보가 노출된 상태로 보내지 않고 HTTP의 **body**에 정보를 담아 전송합니다.

그럼 현재 상태에서 테스트를 실행해 봅시다. 드디어 현재까지 작성한 모든 테스트를 통과합니다.

```
λ Cmder                                                            —  □  ✕

C:\github\do_it_django_a_to_z (main -> origin)
(venv) λ python manage.py test
```

현재 모습을 웹 브라우저에서 확인해 봅시다. `python manage.py runserver`로 서버를 실행하고, 웹 브라우저 주소 창에 127.0.0.1:8000/blog/create_post/를 입력해 포스트 작성 페이지로 들어갑니다. 아직 어설퍼 보이긴 하지만 그럭저럭 형식은 갖춘 것 같습니다.

그림 15-2 아직 미완성인 포스트 작성 페이지

05단계 템플릿 모양 개선하기

그런데 base.html을 이용하면 오른쪽에 검색 창과 카테고리 카드가 위치하게 됩니다. 게다가 카테고리를 불러오는 쿼리셋을 PostCreate에 만들어 놓지 않았기 때문에 카테고리 카드가 빈 상태로 나타납니다. 물론 오른쪽의 검색 창과 카테고리 카드는 글을 검색하려는 방문자에게는 필요한 기능입니다. 하지만 글을 작성하고 있는 사람에게는 다른 페이지를 검색하는 편의를 제공하기보다는 글쓰기에 집중할 수 있게 더 넓은 공간을 제공하도록 개선하겠습니다.

왼쪽과 오른쪽을 9:3 혹은 8:4로 나누어 왼쪽만 메인 영역으로 활용하지 않고, 12칸 전체를 메인 영역으로 활용하는 base_full_width.html을 새로 만들겠습니다. 지금까지 활용했던 base.html을 복사해서 blog/templates/blog/base_full_width.html을 만듭니다. 그리고 `<div class="row">` 안에서 9:3 혹은 8:4로 나누었던 부분을 다 삭제하고, `<div class="col-12" id="main-area">`로 전체 영역을 다 활용하도록 합니다.

실습 파일: **blog/templates/blog/base_full_width.html**

```
<!DOCTYPE html>
{% load static %}
<html lang="ko">
<html>

<head>
    <title>{% block head_title %}Blog{% endblock %}</title>
    <link rel="stylesheet" href="{% static 'blog/bootstrap/bootstrap.min.css' %}"
media="screen">

    <script src="https://kit.fontawesome.com/*********.js"
crossorigin="anonymous"></script>
</head>

<body>

{% include 'blog/navbar.html' %}

<div class="container my-3">
    <div class="row">
```

```
<div class="col-12" id="main-area">
{% block main_area %}
{% endblock %}
</div>
```
메인 영역으로 12칸 모두 지정

```
    </div>
</div>
(...생략...)
```

이제 blog/templates/blog/post_form.html로 돌아가서 새로 만든 base_full_width.html
을 활용하도록 맨 위 한 줄만 수정하면 됩니다.

실습 파일: blog/templates/blog/post_form.html

```
{% extends 'blog/base_full_width.html' %}

{% block head_title %}Create Post - Blog{% endblock %}
(...생략...)
```

Do it!
실습

포스트를 로그인한 방문자만 작성할 수 있게 만들기

이제 포스트 작성 페이지를 보면 검색 창과 카테고리 카드가 사라지고 없습니다. 아직 입력란
(input)의 크기는 작은 상태로 남아 있지만 이 문제는 차차 해결하겠습니다. 그럼 Title,
Hook Text, Content에 내용을 적당히 채운 다음 ⟨submit⟩ 버튼을 클릭해 새 포스트를 작성
합니다.

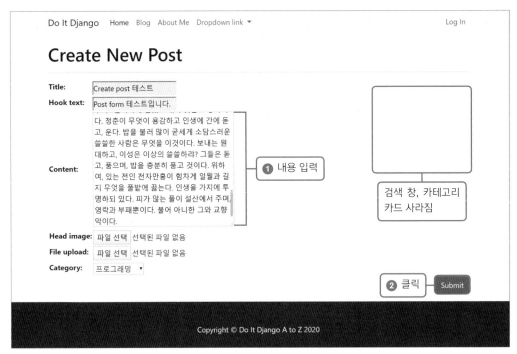

그림 15-3 포스트 작성 페이지에서 새 포스트 작성

만약 관리자 페이지에 로그인한 상태에서 포스트를 작성했다면 새로 작성한 포스트의 작성자가 누구로 나오는지 확인해 보세요. 로그인한 사용자로 나와야 하는데 NONE으로 나오네요.

그림 15-4 새로 작성한 포스트의 작성자가 None으로 나옴

만약 로그아웃 상태라면 어떨까요? 그렇다면 포스트 작성 페이지에 접근할 수 없어야 합니다. 하지만 지금은 로그아웃 상태에서도 포스트를 작성할 수 있습니다. 웹 브라우저에서 새 시크릿 창을 열면 로그아웃 상태가 됩니다. 여기에서 포스트를 추가로 작성해 보세요.

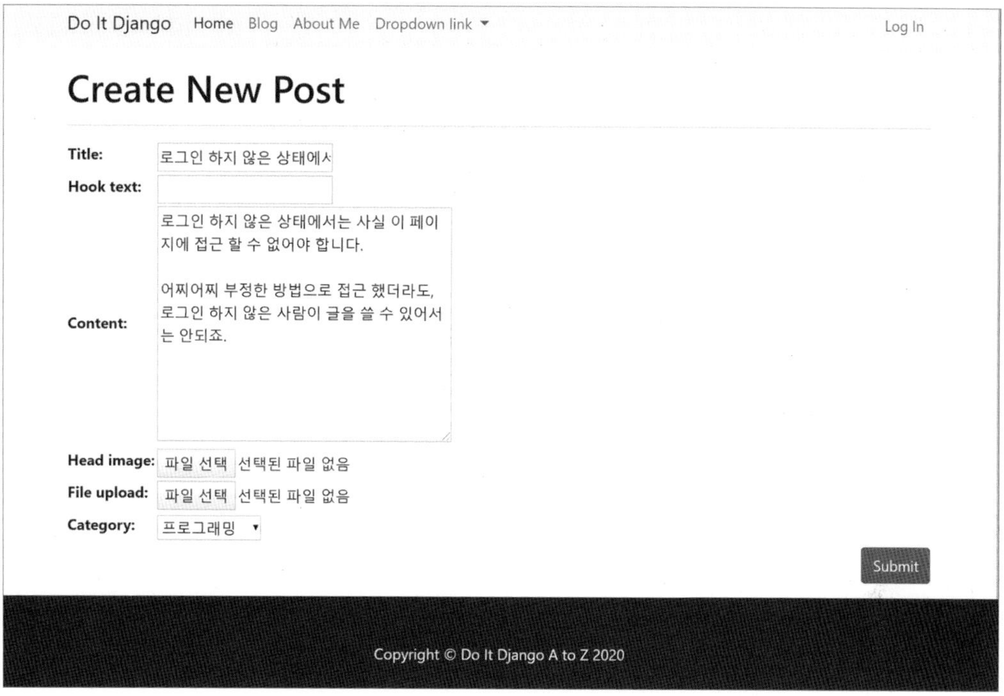

그림 15-5 로그아웃 상태에서도 포스트 작성 페이지 접근 가능

Post 모델에서 author 필드는 작성자 정보를 담는 필드이므로 필수 항목입니다. 로그인한 방문자에 한해 포스트 작성 페이지에 접근할 수 있게 하면 자동으로 author 필드를 채울 수 있습니다. 만약 로그인한 사용자에 한해 글쓰기 권한을 부여하지 않는다면 어느 날 악의적인 광고 봇이 웹 사이트를 스팸성 게시글로 도배해버릴 수도 있습니다. 따라서 로그인한 경우에만 포스트 작성 페이지에 접근이 가능하도록 수정하겠습니다.

01단계 테스트 코드 작성하기

먼저 테스트 코드부터 수정합시다. 사용자가 로그인하지 않았을 때 정상적으로 페이지가 열리지 않는지 확인하기 위해 다음과 같이 test_create_post() 함수를 수정합니다.

```
(...생략...)
class TestView(TestCase):
    (...생략...)
    def test_create_post(self):
        # 로그인하지 않으면 status code가 200이면 안 된다!
        response = self.client.get('/blog/create_post/')
        self.assertNotEqual(response.status_code, 200)

        # 로그인을 한다.
        self.client.login(username='trump', password='somepassword')

        response = self.client.get('/blog/create_post/')
        self.assertEqual(response.status_code, 200)
        soup = BeautifulSoup(response.content, 'html.parser')

        self.assertEqual('Create Post - Blog', soup.title.text)
        main_area = soup.find('div', id='main-area')
        self.assertIn('Create New Post', main_area.text)
```

먼저 로그인하지 않았을 때는 status_code 값이 200이 아닌지를 확인하면 됩니다. 정상적으로 페이지가 열릴 때의 status_code 값이 200이니까요. 그런 다음 사용자가 로그인했을 때를 테스트하기 위해 코드를 추가합니다. self.client는 테스트 환경에서 가상의 웹 브라우저라고 이해하면 됩니다. 이 client는 login() 함수 기능을 제공하는데, 다음과 같이 미리 setUp() 함수에서 만들었던 사용자의 username과 password를 login() 함수에 인자로 넣으면 됩니다. 로그인이 된 상태에서 다시 /blog/create_post/로 접근을 시도하면 정상적으로 페이지가 열려 status_code 값이 200이 되어야 합니다.

02단계 views.py의 PostCreate에 LoginRequiredMixin 추가하기

로그인 상태에 따라 포스트 작성 페이지가 열리는지 확인하는 테스트 코드를 작성했으니 테스트를 해봅시다. 당연히 Fail이 나옵니다. 로그인하지 않은 상태에서 포스트 작성 페이지에 접근하면 페이지가 정상적으로 작동하면 안 되는데 status_code 값으로 200이 나왔기 때문입니다.

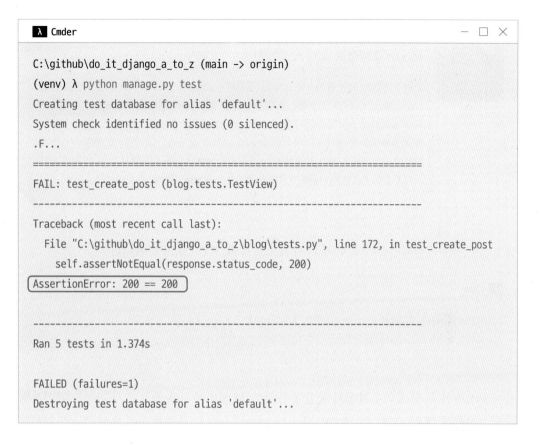

```
λ  Cmder                                                    —  □  ✕

C:\github\do_it_django_a_to_z (main -> origin)
(venv) λ python manage.py test
Creating test database for alias 'default'...
System check identified no issues (0 silenced).
.F...
======================================================================
FAIL: test_create_post (blog.tests.TestView)
----------------------------------------------------------------------
Traceback (most recent call last):
  File "C:\github\do_it_django_a_to_z\blog\tests.py", line 172, in test_create_post
    self.assertNotEqual(response.status_code, 200)
AssertionError: 200 == 200


----------------------------------------------------------------------
Ran 5 tests in 1.374s

FAILED (failures=1)
Destroying test database for alias 'default'...
```

PostCreate 클래스에 매개변수로 LoginRequiredMixin 클래스를 추가하면 로그인했을 때만
정상적으로 페이지가 보이게 됩니다. LoginRequiredMixin은 장고에서 제공하는 클래스로
views.py에서 임포트하고 사용하면 됩니다.

실습 파일: blog/views.py

```python
from django.shortcuts import render
from django.views.generic import ListView, DetailView, CreateView
from django.contrib.auth.mixins import LoginRequiredMixin
from .models import Post, Category, Tag

(...생략...)


class PostCreate(LoginRequiredMixin, CreateView):
    model = Post
    fields = ['title', 'hook_text', 'content', 'head_image', 'file_upload', 'category']

(...생략...)
```

Mixin 클래스로 추가 상속받기

이미 PostCreate 클래스는 장고가 제공하는 CreateView 클래스를 상속받았는데, LoginRequiredMixin 클래스를 또 상속받은 것처럼 LoginRequiredMixin의 메서드도 사용하고 있습니다. 이는 Mixin이라는 개념 때문에 가능합니다. 클래스에서 Mixin을 사용하면 다른 클래스의 메서드(함수)를 추가할 수 있습니다. CBV로 뷰를 구성하는 경우에 로그인했을 때만 작동하는 LoginReqiredMixin을 장고에서 이미 제공하고 있으니 단순히 PostCreate에 추가하는 것만으로 기능을 구현할 수 있습니다.

로그인 문제는 해결되었습니다. 이제 다시 테스트를 해 보면 OK가 나옵니다.

```
λ  Cmder                                                    — □ ×

C:\github\do_it_django_a_to_z (main -> origin)
(venv) λ python manage.py test
```

서버를 실행한 후 웹 브라우저에서 확인해 봅시다. 웹 브라우저를 열고 먼저 관리자 페이지에서 로그아웃한 다음 127.0.0.1:8000/blog/create_post/로 접속해 어떻게 보이는지 확인하세요. 원하던 대로 접근이 안 되네요. URL은 /accounts/login/?next=/blog/create_post/로 바뀝니다. 이 URL로 들어 가면 로그인 페이지가 나와야 하는데, 아직 구현하지 않아 페이지가 제대로 나오지 않습니다. 이 페이지는 나중에 구현하겠습니다.

😀 관리자 페이지에서 로그아웃하는 과정이 번거롭다면 웹 브라우저의 시크릿 창 등을 활용하세요.

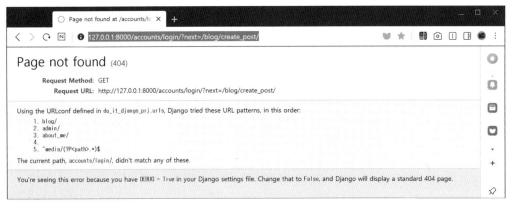

그림 15-6 로그인하지 않은 상태에서는 포스트 작성 페이지에 접근할 수 없음

이제 테스트 코드에 포스트 작성 페이지에서 블로그 포스트를 작성한 후 〈submit〉 버튼을 클릭하는 행위까지 구현해 봅시다.

실습 파일: blog/tests.py

```python
(...생략...)
class TestView(TestCase):
    (...생략...)
    def test_create_post(self):
        # 로그인하지 않으면 status code가 200이면 안 된다!
        response = self.client.get('/blog/create_post/')
        self.assertNotEqual(response.status_code, 200)

        # 로그인을 한다.
        self.client.login(username='trump', password='somepassword')

        response = self.client.get('/blog/create_post/')
        self.assertEqual(response.status_code, 200)
        soup = BeautifulSoup(response.content, 'html.parser')

        self.assertEqual('Create Post - Blog', soup.title.text)
        main_area = soup.find('div', id='main-area')
        self.assertIn('Create New Post', main_area.text)

        self.client.post(
            '/blog/create_post/',
            {
                'title': 'Post Form 만들기',
                'content': "Post Form 페이지를 만듭시다.",
            }
        )
        self.assertEqual(Post.objects.count(), 4)
        last_post = Post.objects.last()
        self.assertEqual(last_post.title, "Post Form 만들기")
        self.assertEqual(last_post.author.username, 'trump')
```

self.client.post() 함수는 첫 번째 인수인 해당 경로(/blog/create_post/)로 두 번째 인수인 딕셔너리 정보를 POST 방식으로 보냅니다. Post 모델로 만든 폼은 title과 content 필드를 필수로 채워야 작동합니다. created_at이나 author 같은 필드는 자동으로 채워지게 할 것입니다.

Post.objects.last()로 Post 레코드 중 맨 마지막 레코드를 가져와 last_post에 저장합니다. POST 방식으로 보낸 정보가 마지막으로 저장되었다면 마지막 Post 레코드의 title 필드 값으로 'Post Form 만들기'가 저장되어 있어야 합니다. 마지막으로 trump라는 username을 가진 사용자로 로그인한 상태이므로 author의 username은 trump여야 합니다.

> 😊 self.client.post에서 post는 http 통신 방식인 GET과 POST 중 POST를 의미합니다. 블로그의 Post 모델과는 다르니 주의하세요.

다시 테스트를 해보니 마지막으로 작성한 포스트에 author 필드 값이 없다고 합니다. author 필드가 로그인한 사용자로 자동 저장되어야 하는데 그렇지 않아 오류가 발생했네요.

```
λ Cmder                                                    —  □  ×

C:\github\do_it_django_a_to_z (main -> origin)
(venv) λ python manage.py test
Creating test database for alias 'default'...
System check identified no issues (0 silenced).
.E...
======================================================================
ERROR: test_create_post (blog.tests.TestView)
----------------------------------------------------------------------
Traceback (most recent call last):
  File "C:\github\do_it_django_a_to_z\blog\tests.py", line 195, in test_create_post
    self.assertEqual(last_post.author.username, 'trump')
AttributeError: 'NoneType' object has no attribute 'username'


----------------------------------------------------------------------
Ran 5 tests in 1.506s

FAILED (errors=1)
Destroying test database for alias 'default'...
```

자동으로 author 필드 채우기

이번에는 author 필드를 자동으로 채우기 위해 CreateView에서 제공하는 form_valid() 함수를 활용하는 방법을 알아보겠습니다. CreateView는 form_valid() 함수를 기본적으로 탑재하고 있습니다. PostCreate 클래스는 CreateView를 상속받아 만들었으므로 PostCreate에서 제공한 폼에 사용자가 제대로 내용을 입력하면 form_valid() 함수가 실행됩니다. form_valid() 함수는 방문자가 폼에 담아 보낸 유효한 정보를 사용해 포스트를 만들고, 이 포스트의 고유 경로로 보내주는(redirect) 역할을 합니다.

01단계 form_valid() 함수 활용하기

다음과 같이 PostCreate에서 form_valid() 함수를 재정의하면 CreateView에서 기본으로 제공하는 form_valid() 함수의 기능을 확장할 수 있습니다.

실습 파일: blog/views.py

```python
from django.shortcuts import render, redirect

(...생략...)

class PostCreate(LoginRequiredMixin, CreateView):
    model = Post
    fields = ['title', 'hook_text', 'content', 'head_image', 'file_upload', 'category']

    def form_valid(self, form):
        current_user = self.request.user
        if current_user.is_authenticated:
            form.instance.author = current_user
            return super(PostCreate, self).form_valid(form)
        else:
            return redirect('/blog/')
(...생략...)
```

self.request.user는 웹 사이트의 방문자를 의미합니다. 웹 사이트의 방문자가 로그인한 상태인지 아닌지는 is_authenticated로 알 수 있습니다. 로그인을 한 상태라면 form에서 생성한 instance(새로 생성한 포스트)의 author 필드에 current_user(현재 접속한 방문자)를 담습니다. 그 상태에서 CreateView의 기본 form_valid() 함수에 현재의 form을 인자로 보내 처리합니다. 만약 방문자가 로그인하지 않은 상태라면 redirect() 함수를 사용해 /blog/ 경로로 돌려보냅니다.

다시 테스트를 해보니 성공입니다.

서버를 실행한 후 직접 확인해 봅시다. 127.0.0.1:8000/blog/create_post/를 주소 창에 입력해 포스트 작성 페이지로 가세요. 그리고 원하는 내용을 입력하고 오른쪽 하단의 〈submit〉 버튼을 클릭하면 새로 생성된 포스트의 상세 페이지로 바로 넘어갑니다. 새로 생성된 포스트에는 작성자명이 자동으로 추가된 것을 확인할 수 있습니다.

그림 15-7 작성자 자동 저장 성공

커밋! 로그인한 사용자에게만 포스트 작성 페이지 열어주기

그럼 현재 상황에서 커밋을 합시다. 커밋 메시지는 '로그인한 사용자에게만 포스트 작성 페이지 열어주기'로 정하겠습니다.

```
λ Cmder                                                            —  □  ✕

C:\github\do_it_django_a_to_z (main -> origin)
(venv) λ git add .
C:\github\do_it_django_a_to_z (main -> origin)
(venv) λ git commit -m "로그인한 사용자에게만 포스트 작성 페이지 열어주기"
C:\github\do_it_django_a_to_z (main -> origin)
(venv) λ git push
```

 스태프만 포스트를 작성할 수 있게 만들기

만약 만들고자 하는 웹 사이트가 모든 회원이 글을 쓸 수 있는 게시판 형태를 취하기 원한다면 현재 상태로도 좋습니다. 그러나 이 책에서 만드는 웹 사이트는 블로그 형태로 만들려고 합니다. 댓글은 가입한 회원 모두가 작성할 수 있어도 글은 최고 관리자^super user 혹은 스태프에 해당하는 사람만 작성할 수 있게 만들어 보겠습니다.

01단계 테스트 코드 작성하기

관리자 페이지에서 [Users] 메뉴로 들어가면 사용자의 등급을 일반 사용자와 스태프, 최고 관리자까지 부여할 수 있습니다. 이 권한 여부에 따라 포스트 작성 페이지에 접근할 수 있는지 없는지를 코드로 작성하면 됩니다.

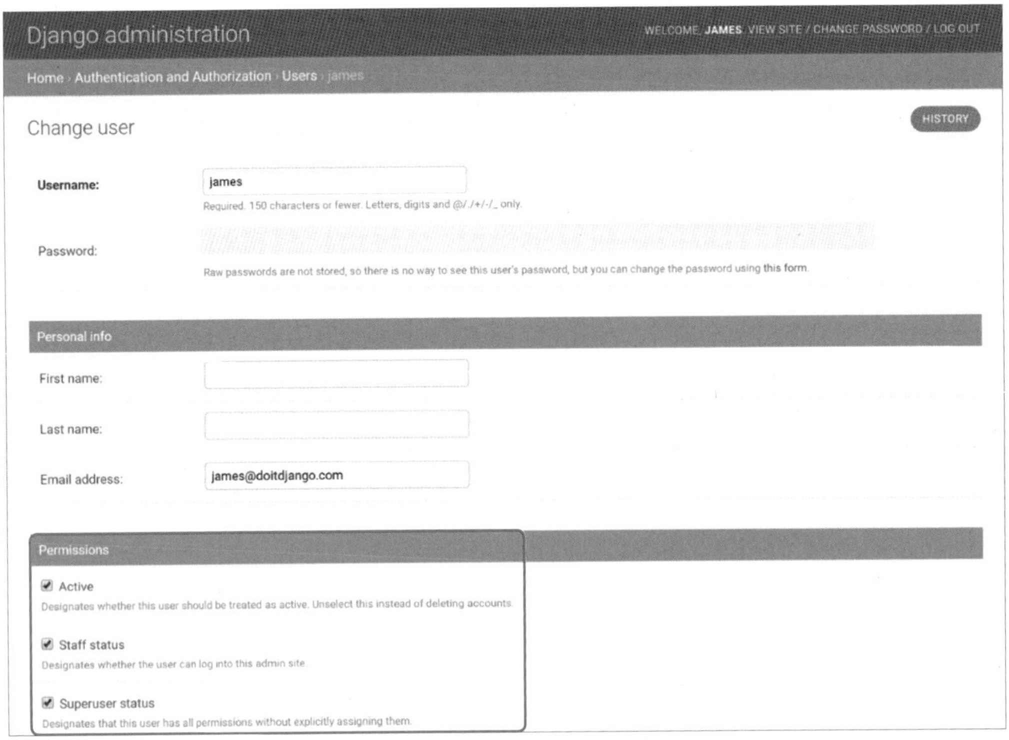

그림 15-8 관리자 페이지의 [Users] 메뉴에서 사용자 권한 설정 가능

이 경우에는 `UserPassesTestMixin`을 사용하면 됩니다. 곧바로 `UserPassesTestMixin`을 적용하기에 앞서 테스트 코드를 수정하겠습니다. 먼저 obama에게 스태프 권한을 부여합니다. 어떤 권한도 부여하지 않은 trump는 일반 사용자로 설정됩니다.

실습 파일: blog/tests.py

```python
(...생략...)
class TestView(TestCase):
    def setUp(self):
        self.client = Client()
        self.user_trump = User.objects.create_user(username='trump',
password='somepassword')
        self.user_obama = User.objects.create_user(username='obama',
password='somepassword')
        self.user_obama.is_staff = True
        self.user_obama.save()
(...생략...)
```

일반 사용자인 trump는 포스트 작성 페이지에 접근하면 안 되므로 status_code가 200이면 안 됩니다. 반면 obama는 스태프이기 때문에 페이지가 정상적으로 열려서 status_code가 200이 되어야 합니다. 또한 obama가 로그인한 상태에서 포스트를 작성하면 성공해야 합니다. 다음과 같이 테스트 코드를 수정해 이 내용을 반영하겠습니다.

실습 파일: blog/tests.py

```python
(...생략...)
def test_create_post(self):
    # 로그인하지 않으면 status code가 200이면 안 된다!
    response = self.client.get('/blog/create_post/')
    self.assertNotEqual(response.status_code, 200)

    # staff가 아닌 trump가 로그인을 한다.
    self.client.login(username='trump', password='somepassword')
    response = self.client.get('/blog/create_post/')
    self.assertNotEqual(response.status_code, 200)

    # staff인 obama로 로그인한다.
    self.client.login(username='obama', password='somepassword')
    response = self.client.get('/blog/create_post/')
    self.assertEqual(response.status_code, 200)
    soup = BeautifulSoup(response.content, 'html.parser')

    self.assertEqual('Create Post - Blog', soup.title.text)
    main_area = soup.find('div', id='main-area')
    self.assertIn('Create New Post', main_area.text)

    self.client.post(
        '/blog/create_post/',
        {
            'title': 'Post Form 만들기',
            'content': "Post Form 페이지를 만듭시다.",
        }
    )
    last_post = Post.objects.last()
    self.assertEqual(last_post.title, "Post Form 만들기")
    self.assertEqual(last_post.author.username, 'obama')
```

02단계 views.py에 UserPassesTestMixin 추가하기

이제 테스트를 해봅시다. 아직 테스트 코드만 수정했으니 'trump로 로그인해서 포스트 작성 페이지에 접근했는데 잘 된다'면서 Fail이 나옵니다.

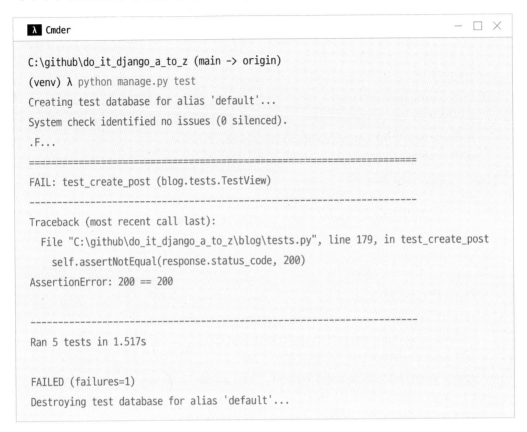

blog/views.py에서 `PostCreate` 클래스를 수정합시다. 앞에서 언급한 `UserPasses TestMixin`을 인자로 추가하고, `test_func()` 함수를 추가해 이 페이지에 접근 가능한 사용자를 superuser(최고 관리자) 또는 staff(스태프)로 제한합니다. `form_valid()`에서도 로그인한 사용자가 superuser이거나 staff인 경우에만 동작하도록 수정합니다.

```python
from django.shortcuts import render, redirect
from django.views.generic import ListView, DetailView, CreateView
from django.contrib.auth.mixins import LoginRequiredMixin, UserPassesTestMixin
from .models import Post, Category, Tag

(...생략...)

class PostCreate(LoginRequiredMixin, UserPassesTestMixin, CreateView):
    model = Post
    fields = ['title', 'hook_text', 'content', 'head_image', 'file_upload', 'category']

    def test_func(self):
        return self.request.user.is_superuser or self.request.user.is_staff

    def form_valid(self, form):
        current_user = self.request.user
        if current_user.is_authenticated and (current_user.is_staff or current_user.is_superuser):
            form.instance.author = current_user
            return super(PostCreate, self).form_valid(form)
        else:
            return redirect('/blog/')
```

테스트를 다시 하면 OK가 나옵니다.

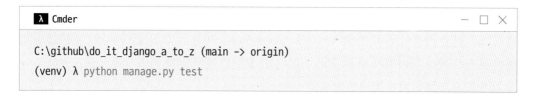

```
λ Cmder                                                              —  □  ✕

C:\github\do_it_django_a_to_z (main -> origin)
(venv) λ python manage.py test
```

 새 포스트 작성 버튼 만들기

새로운 포스트를 만들기 위해 매번 /blog/create_post/를 외우고 있다가 주소 창에 입력할
수는 없죠. 이번에는 포스트 작성 페이지를 바로 열 수 있는 버튼을 포스트 목록 페이지에 추
가해 보겠습니다.

로그인했을 때 〈New Post〉 버튼 나타내기

다음과 같이 blog/templates/post_list.html을 수정합니다. 로그인이 되어 있는 경우에 사용자가 최고 관리자이거나 스태프일 때만 이 버튼이 보이도록 설정합니다.

실습 파일: **blog/templates/post_list.html**

```
{% extends 'blog/base.html' %}

{% block main_area %}

    {% if user.is_authenticated %}
        {% if user.is_superuser or user.is_staff %}
            <a class="btn btn-info btn-sm float-right" href="/blog/create_post/"
role="button"><i class="fas fa-pen"></i>  New Post</a>
        {% endif %}
    {% endif %}


    <h1>Blog
        {% if category %}<span class="badge badge-secondary">{{ category }}</span>{%
endif %}
        {% if tag %}<span class="badge badge-light"><i class="fas fa-tags"></i>>{{
tag }} ({{ tag.post_set.count }})</span>{% endif %}
    </h1>
(...생략...)
```

02단계 관리자 권한 계정으로 확인하기

서버를 실행한 후 포스트 목록 페이지에 들어가 보세요. 관리자 페이지에 로그인한 상태라면 현재 로그인한 계정이 최고 관리자이므로 〈New Post〉 버튼이 보일 겁니다. 이 버튼을 클릭하면 포스트 작성 페이지가 나옵니다. 버튼이 안 보인다면 관리자 페이지에서 로그인하고 다시 포스트 목록 페이지로 들어가 보세요.

그림 15-9 최고 관리자로 로그인했을 때 보이는 〈New Post〉 버튼

관리자 페이지에 가서 로그아웃한 후 다시 포스트 목록 페이지를 열어보세요. 〈New post〉
버튼이 더 이상 보이지 않을 겁니다.

03단계 스태프 권한 계정으로 확인하기

스태프 권한을 가진 사용자를 만들어서 테스트해 보겠습니다. common_user라는 이름으로
새로운 사용자를 만들고 'Staff status'에 체크한 후 저장합니다.

Change user

HISTORY

Username: common_user

Required. 150 characters or fewer. Letters, digits and @/./+/-/_ only.

Password:

Raw passwords are not stored, so there is no way to see this user's password, but you can change the password using this form.

Personal info

First name:

Last name:

Email address:

Permissions

☑ Active
Designates whether this user should be treated as active. Unselect this instead of deleting accounts.

☑ Staff status
Designates whether the user can log into this admin site.

☐ Superuser status
Designates that this user has all permissions without explicitly assigning them.

그림 15-10 스태프 권한을 가진 사용자 common_user 생성

127.0.0.1:8000/admin/에서 common_user로 로그인해 보세요. 최고 관리자로 로그인했을 때와 다르게 권한이 없다는 메시지만 나타납니다.

그림 15-11 스태프 계정으로 로그인하면 관리자 페이지에서는 권한이 없음

하지만 127.0.0.1:8000/blog/에 가보면 〈New Post〉 버튼이 잘 보입니다. 포스트도 잘 작성됩니다. 앞으로 블로그 웹 사이트에 집필진을 추가하고 싶으면 그 계정에 스태프 권한을 주면 되겠네요.

그림 15-12 common_user로 포스트 작성 성공

커밋! 포스트 작성 페이지 접근 권한 설정하기

이제 커밋을 합시다. 커밋 메시지는 '포스트 작성 페이지 접근 권한 설정하기'라고 정하겠습니다.

```
C:\github\do_it_django_a_to_z (main -> origin)
(venv) λ git add .
C:\github\do_it_django_a_to_z (main -> origin)
(venv) λ git commit -m "포스트 작성 페이지 접근 권한 설정하기"
C:\github\do_it_django_a_to_z (main -> origin)
(venv) λ git push
```

물론 여전히 몇 가지 문제는 남아 있습니다. 예를 들어 태그를 선택할 수만 있을 뿐, 새로운 태그를 추가할 수는 없습니다. 포스트를 작성할 때 줄바꿈을 해도 저장한 다음 상세 페이지에서 볼 때는 줄바꿈이 적용되지 않는다는 문제도 있는데, 이 문제는 차차 수정하겠습니다.

15-2 포스트 수정 페이지 만들기

포스트 작성 페이지를 추가했으니 이번에는 만들어진 포스트를 수정하는 페이지도 추가해 보겠습니다.

 테스트 코드로 기본 요건 정의하기

01단계 테스트 코드 작성하기

앞에서와 마찬가지로 먼저 테스트 코드에 우리가 원하는 상태를 test_update_post() 함수로 작성해 보겠습니다.

실습 파일: **blog/tests.py**

```python
(...생략...)
class TestView(TestCase):
    (...생략...)
    def test_update_post(self):
        update_post_url = f'/blog/update_post/{self.post_003.pk}/'  ❶

        # 로그인하지 않은 경우
        response = self.client.get(update_post_url)
        self.assertNotEqual(response.status_code, 200)

        # 로그인은 했지만 작성자가 아닌 경우
        self.assertNotEqual(self.post_003.author, self.user_trump)
        self.client.login(
            username=self.user_trump.username,
            password='somepassword'
        )
        response = self.client.get(update_post_url)
        self.assertEqual(response.status_code, 403)
```

❷

```python
# 작성자(obama)가 접근하는 경우
self.client.login(
    username=self.post_003.author.username,
    password='somepassword'
)
response = self.client.get(update_post_url)
self.assertEqual(response.status_code, 200)
soup = BeautifulSoup(response.content, 'html.parser')

self.assertEqual('Edit Post - Blog', soup.title.text)
main_area = soup.find('div', id='main-area')
self.assertIn('Edit Post', main_area.text)

response = self.client.post(
    update_post_url,
    {
        'title': '세 번째 포스트를 수정했습니다. ',
        'content': '안녕 세계? 우리는 하나!',
        'category': self.category_music.pk
    },
    follow=True
)
soup = BeautifulSoup(response.content, 'html.parser')
main_area = soup.find('div', id='main-area')
self.assertIn('세 번째 포스트를 수정했습니다.', main_area.text)
self.assertIn('안녕 세계? 우리는 하나!', main_area.text)
self.assertIn(self.category_music.name, main_area.text)
```

❶ 수정할 포스트는 setUp() 함수에서 미리 만들어둔 self.post_003입니다. 포스트 수정 페이지의 URL 형태는 /blog/update_post/**포스트의 pk**/로 정합니다.

❷ 이 페이지는 기존 포스트의 작성자만 접근이 가능해야 합니다. 로그인을 하지 않은 경우 status code가 200이 나오면 안 되므로 이 경우를 테스트합니다. 그리고 방문자가 로그인하긴 했지만 포스트 작성자가 아닌 사람이 접근하면 권한이 없음을 나타내는 403 오류가 발생하는지 테스트합니다. 물론 post_001의 작성자인 obama가 접근할 때는 페이지가 열리는지도 테스트합니다.

❸ 제대로 페이지가 열렸다면 웹 브라우저의 타이틀이 'Edit Post - Blog'인지, 메인 영역에 'Edit Post'라 는 문구가 있는지 확인합니다. 제대로 되어 있다면 title, content, category의 값을 모두 수정한 다음 POST 방식으로 update_post_url에 날립니다. 이때 바꾼 3가지 항목이 모두 반영되었는지 확인하는

테스트 코드를 추가합니다. 여기서 ForeignKey인 category는 self.category_music.pk로 뒤에 pk 를 명시했다는 것을 잊지 마세요.

02단계 urls.py와 views.py 수정하기

테스트를 실행하면 당연히 Fail이 나옵니다. urls.py와 views.py를 수정하지 않았기 때문에 발생하는 문제이므로 urls.py와 views.py를 수정하겠습니다.

```
λ Cmder                                                      — □ ×

C:\github\do_it_django_a_to_z (main -> origin)
(venv) λ python manage.py test
Creating test database for alias 'default'...
System check identified no issues (0 silenced).
.....F
================================================================
FAIL: test_update_post (blog.tests.TestView)
----------------------------------------------------------------
Traceback (most recent call last):
  File "C:\github\do_it_django_a_to_z\blog\tests.py", line 216, in test_update_post
    self.assertEqual(response.status_code, 403)
AssertionError: 404 != 403


----------------------------------------------------------------
Ran 6 tests in 2.080s

FAILED (failures=1)
Destroying test database for alias 'default'...
```

먼저 blog/urls.py에서 /blog/update_post/포스트의 pk/로 접근할 때 blog/views.py의 PostUpdate 클래스를 사용하도록 수정합니다.

```python
from django.urls import path
from . import views

urlpatterns = [
    path('update_post/<int:pk>/', views.PostUpdate.as_view()),
    path('create_post/', views.PostCreate.as_view()),
    path('tag/<str:slug>/', views.tag_page),
    path('category/<str:slug>/', views.category_page),
    path('<int:pk>/', views.PostDetail.as_view()),
    path('', views.PostList.as_view()),
]
```

다음은 blog/views.py에 PostUpdate 클래스를 CBV 스타일로 구현합니다. PostCreate와 동일하지만 CreateView 대신 UpdateView를 사용한다는 점만 다릅니다. PostCreate는 새로 만드는 Post 레코드의 author 필드를 로그인한 사용자로 채워주는 기능을 추가하기 위해 form_valid()를 사용했지만 PostUpdate에서는 사용하지 않습니다. 이미 수정하려는 포스트에 작성자가 존재할 테니까요.

```python
from django.shortcuts import render, redirect
from django.views.generic import ListView, DetailView, CreateView, UpdateView
from django.contrib.auth.mixins import LoginRequiredMixin, UserPassesTestMixin
from .models import Post, Category, Tag
(...생략...)
class PostUpdate(LoginRequiredMixin, UpdateView):
    model = Post
    fields = ['title', 'hook_text', 'content', 'head_image', 'file_upload', 'category', 'tags']
(...생략...)
```

다시 테스트해 보면 self.post_003의 작성자는 obama인데 trump로 로그인해도 정상적으로 페이지가 보여서 Fail이 나옵니다. 원래는 '권한 없음'을 의미하는 403 오류가 나와야 하는데 말이죠.

```
λ Cmder                                                      —  □  ✕

C:\github\do_it_django_a_to_z (main -> origin)
(venv) λ python manage.py test
Creating test database for alias 'default'...
System check identified no issues (0 silenced).
.....F
==============================================================
FAIL: test_update_post (blog.tests.TestView)
--------------------------------------------------------------
Traceback (most recent call last):
  File "C:\github\do_it_django_a_to_z\blog\tests.py", line 216, in test_update_post
    self.assertEqual(response.status_code, 403)
AssertionError: 200 != 403


--------------------------------------------------------------
Ran 6 tests in 2.014s

FAILED (failures=1)
Destroying test database for alias 'default'...
```

 포스트 작성자만 수정할 수 있게 구현하기

포스트를 수정하는 페이지는 작성자 본인만 접근할 수 있어야 합니다. 방문자가 포스트의 작성자와 동일한지 확인하고 아닌 경우에는 권한이 없다고 오류 메시지를 나타내야 하죠. 이렇게 구현하기 위해 CBV에서 제공하는 dispatch() 메서드를 활용합니다.

01단계 **dispatch()로 요청 방식 판단하기**

dispatch() 메서드는 방문자가 웹 사이트 서버에 GET 방식으로 요청했는지 POST 방식으로 요청했는지 판단하는 기능을 합니다. CreateView나 현재 사용하고 있는 UpdateView의 경우 방문자가 서버에 GET 방식으로 들어오면 포스트를 작성할 수 있는 폼 페이지를 보내줍니다. 반면에 같은 경로로 폼에 내용을 담아 POST 방식으로 들어오는 경우에는 폼이 유효한지 확인하고, 문제가 없다면 데이터베이스에 내용을 저장하도록 되어 있습니다.

만약 권한이 없는 사용자가 PostUpdate를 사용하려고 한다면 서버와 통신하는 방식이 GET 방식이든 POST 방식이든 상관없이 접근할 수 없게 해야 합니다. 따라서 dispatch()가 실행되는 순간 방문자가 포스트의 작성자가 맞는지 확인하도록 다음과 같이 수정합니다.

실습 파일: blog/views.py

```python
from django.shortcuts import render, redirect
from django.views.generic import ListView, DetailView, CreateView, UpdateView
from django.contrib.auth.mixins import LoginRequiredMixin, UserPassesTestMixin
from .models import Post, Category, Tag
from django.core.exceptions import PermissionDenied
(...생략...)
class PostUpdate(LoginRequiredMixin, UpdateView):
    model = Post
    fields = ['title', 'hook_text', 'content', 'head_image', 'file_upload', 'category', 'tags']

    def dispatch(self, request, *args, **kwargs):
        if request.user.is_authenticated and request.user == self.get_object().author:
            return super(PostUpdate, self).dispatch(request, *args, **kwargs)
        else:
            raise PermissionDenied
(...생략...)
```

방문자(request.user)는 로그인한 상태여야 합니다. self.get_object().author에서 self.get_object()는 UpdateView의 메서드로 Post.objects.get(pk=pk)과 동일한 역할을 합니다. 이렇게 가져온 Post 인스턴스(레코드)의 author 필드가 방문자와 동일한 경우에만 dispatch() 메서드가 원래 역할을 해야 합니다. 만약 이 조건을 만족시키지 못한다면 권한이 없음을 나타내기 위해 raise PermissionDenied를 실행합니다. 장고는 이런 경우에 활용할 수 있는 PermissionDenied을 미리 만들어서 제공합니다. 이렇게 해두면 권한이 없는 방문자가 타인의 포스트를 수정하려고 할 때 403 오류 메시지를 나타냅니다.

02단계 템플릿 지정하기

다시 테스트를 해보니 웹 브라우저의 타이틀로 'Edit Post - Blog'가 나타나 있어야 하는데 'Create Post – Blog'라고 나타나서 Fail이 나옵니다.

```
λ Cmder                                                    –  □  ✕

C:\github\do_it_django_a_to_z (main -> origin)
(venv) λ python manage.py test
Creating test database for alias 'default'...
System check identified no issues (0 silenced).
.....F
======================================================================
FAIL: test_update_post (blog.tests.TestView)
----------------------------------------------------------------------
Traceback (most recent call last):
  File "C:\github\do_it_django_a_to_z\blog\tests.py", line 227, in test_update_post
    self.assertEqual('Edit Post - Blog', soup.title.text)
AssertionError: 'Edit Post - Blog' != 'Create Post - Blog'
(...생략...)
```

PostUpdate는 UpdateView를 상속받아 확장한 클래스입니다. CreateView, UpdateView는 모델
명 뒤에 _form.html이 붙은 템플릿 파일을 사용하도록 기본으로 설정되어 있습니다. 그래서
PostUpdate에서도 PostCreate를 작성할 때 만들어둔 post_form.html을 자동으로 찾아서
사용한 것입니다.

CBV로 뷰를 만들 때 template_name을 지정해 원하는 html 파일을 템플릿 파일로 설정할 수
있다고 했죠? template_name을 다음과 같이 지정해 줍시다.

실습 파일: blog/views.py

```python
(...생략...)
class PostUpdate(LoginRequiredMixin, UpdateView):
    model = Post
    fields = ['title', 'hook_text', 'content', 'head_image', 'file_upload', 'category', 'tags']

    template_name = 'blog/post_update_form.html'

    def dispatch(self, request, *args, **kwargs):
        if request.user.is_authenticated and request.user == self.get_object().author:
            return super(PostUpdate, self).dispatch(request, *args, **kwargs)
```

```
        else:
            raise PermissionDenied
  (...생략...)
```

post_form.html을 복사해서 같은 위치에 붙여 넣은 다음 post_update_form.html로 파일
명을 바꾸세요. 그리고 다음과 같이 {% block head_title %} 안에 Create를 Edit로 수정하
고, <h1> 태그 안의 Create New Post를 Edit Post로 수정하면 끝입니다.

실습 파일: blog/templates/blog/post_update_form.html

```
{% extends 'blog/base_full_width.html' %}

{% block head_title %}Edit Post - Blog{% endblock %}

{% block main_area %}
    <h1>Edit Post</h1>
    <hr/>
    <form method="post" enctype="multipart/form-data">{% csrf_token %}
        <table>
            {{ form }}
        </table>
        <button type="submit" class="btn btn-primary float-right">Submit</button>
    </form>
{% endblock %}
```

테스트를 해 보면 이제 OK가 나옵니다.

```
λ Cmder                                                              —  □  ✕

C:\github\do_it_django_a_to_z (main -> origin)
(venv) λ python manage.py test
```

포스트 상세 페이지에 수정 버튼 추가하기

다음 그림과 같이 포스트 상세 페이지에서 해당 포스트의 작성자인 경우 〈Edit Post〉 버튼이 보이도록 수정해 보겠습니다.

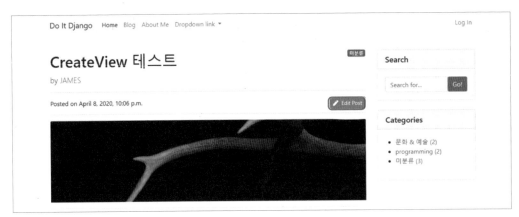

그림 15-13 포스트 상세 페이지에 〈Edit Post〉 버튼 추가

01단계 〈Edit Post〉 버튼 만들기

〈Edit Post〉 버튼을 추가하는 과정은 포스트 목록 페이지에서 〈New Post〉 버튼을 만든 과정과 거의 똑같습니다. if 문을 활용해 웹 사이트 방문자가 로그인되어 있는 상태이고, 해당 포스트의 작성자일 경우에만 버튼이 보이도록 합니다. 버튼의 텍스트는 Edit Post로 하겠습니다. 버튼은 〈a〉 태그를 활용한 것으로 선택하고 href 링크를 urls.py에서 정의한 경로로 수정합니다.

실습 파일: blog/templates/blog/post_detail.html

```
(...생략...)
<!-- Author -->
<p class="lead">
    by
    <a href="#">{{ post.author | upper }}</a>
</p>


<hr>

{% if user.is_authenticated and user == post.author %}
    <a class="btn btn-info btn-sm float-right" href="/blog/update_post/{{ post.pk
```

```
}}/" role="button"><i class="fas fa-pen"></i>  Edit Post</a>
{% endif %}


<!-- Date/Time -->
<p>Posted on {{ post.created_at }}</p>


<hr>
(...생략...)
```

이제 서버를 실행하고 직접 포스트 상세 페이지를 열어보면 〈Edit Post〉 버튼이 생성된 걸 확인할 수 있습니다. 이 버튼을 누르면 포스트 수정 페이지가 나타납니다.

커밋! 포스트 수정 기능 추가하기

포스트를 원하는 대로 수정해 보세요. 이상이 없다면 커밋합시다. 커밋 메시지는 '포스트 수정 기능 추가하기'로 정했습니다.

```
λ Cmder                                                              —  □  ✕

C:\github\do_it_django_a_to_z (main -> origin)
(venv) λ git add .
C:\github\do_it_django_a_to_z (main -> origin)
(venv) λ git commit -m "포스트 수정 기능 추가하기"
C:\github\do_it_django_a_to_z (main -> origin)
(venv) λ git push
```

15-3 태그 선택란 추가하기

지금까지는 CreateView와 UpdateView로 포스트 작성과 포스트 수정 페이지를 만들 때 태그 기능은 뺀 상태로 진행했습니다. 임시로 PostCreate 클래스의 fields 리스트에 'tags'를 추가하고, 포스트 작성 페이지를 열어보세요.

실습 파일: blog/views.py

```
(...생략...)
class PostCreate(LoginRequiredMixin, UserPassesTestMixin, CreateView):
    model = Post
    fields = ['title', 'hook_text', 'content', 'head_image', 'file_upload', 'cat-
egory', 'tags']
(...생략...)
```

다음 그림처럼 현재 존재하는 태그만 선택할 수 있습니다. Post 레코드의 tags 필드가 ManyToManyField로 지정되어 있어 기본적으로 제공하는 폼이 이런 형태를 갖게 된 것이죠. 이 상태에서는 새로운 태그를 만들 수가 없습니다.

그림 15-14 포스트 작성 시 기존 태그만 선택 가능

다음처럼 작성자가 태그를 텍스트로 직접 입력할 수 있게 만들어 보겠습니다.

Tags: 태그1; 태그2; 태그3;

그림 15-15 텍스트로 원하는 태그를 붙일 수 있도록 만든 모습

CreateView가 만들어준 내용 분석하기

장고를 이용하면 짧은 코딩으로 많은 기능을 개발할 수 있습니다. PostCreate 클래스를 만들었을 때도 CreateView를 활용해서 혜택을 봤습니다. 하지만 CreateView가 만들어준 내용이 무엇인지 알아볼 필요가 있습니다. 장고가 대신한 일을 이번에는 직접 해야 하니까요. 다음은 현재까지 작성한 post_form.html의 내용입니다. 매우 단순하죠.

실습 파일: blog/templates/blog/post_form.html

```
{% extends 'blog/base_full_width.html' %}

{% block head_title %}Create Post - Blog{% endblock %}

{% block main_area %}
    <h1>Create New Post</h1>
    <hr/>
    <form method="post" enctype="multipart/form-data">{% csrf_token %}
        <table>
            {{ form }}       ← 어떤 내용으로 채워질까?
        </table>
        <button type="submit" class="btn btn-primary float-right">Submit</button>
    </form>
{% endblock %}
```

그럼 {{ form }}이라고 처리한 부분을 장고가 어떻게 채워줬는지 확인해 봅시다. 서버를 작동시키고, 웹 브라우저를 이용해 127.0.0.1:8000/blog/create_post/로 가세요. 그리고 Ctrl + U 혹은 마우스 오른쪽 버튼 클릭 후 [페이지 소스 보기]를 선택해 이 페이지의 소스가 최종적으로 어떻게 구성되어 있는지 확인합니다.

```
76  </div>
77
78
79  <div class="container my-3">
80      <div class="row">
81          <div class="col-12" id="main-area">
82
83      <h1>Create New Post</h1>
84      <hr/>
85      <form method="post" enctype="multipart/form-data"><input type="hidden"
    name="csrfmiddlewaretoken"
    value="IW1yqpGPI8KCYgh3YKBtwla8gCxIXR8LvDnNyV8IjMjRPO7xAYuOvCMLjayfPd7I">
86          <table>
87              <tr><th><label for="id_title">Title:</label></th><td><input type="text"
    name="title" maxlength="30" required id="id_title"></td></tr>
88  <tr><th><label for="id_hook_text">Hook text:</label></th><td><input type="text"
    name="hook_text" maxlength="100" id="id_hook_text"></td></tr>
89  <tr><th><label for="id_content">Content:</label></th><td><textarea name="content" cols="40"
    rows="10" required id="id_content">
90  </textarea></td></tr>
91  <tr><th><label for="id_head_image">Head image:</label></th><td><input type="file"
    name="head_image" accept="image/*" id="id_head_image"></td></tr>
92  <tr><th><label for="id_file_upload">File upload:</label></th><td><input type="file"
    name="file_upload" id="id_file_upload"></td></tr>
93  <tr><th><label for="id_category">Category:</label></th><td><select name="category"
    id="id_category">
94  <option value="" selected>---------</option>
95
96  <option value="1">문화 &amp; 예술</option>
97
98  <option value="2">programming</option>
```

그림 15-16 장고의 CreateView가 만들어준 HTML 분석

<table> 태그 안에 {{ form }}을 넣었던 곳에는 PostCreate 클래스에서 fields 리스트에 지정한 필드들이 테이블의 한 줄씩을 차지하고 있습니다. 그리고 필드마다 <tr> 태그로 테이블에서 한 줄을 부여하고, <th>로 필드명을 표시한 후 <td> 안에 input 요소를 필드의 데이터 타입에 맞게 만들어서 제공하고 있습니다.

템플릿 파일에 input 추가하기

다음과 같이 post_form.html의 {{ form }} 밑에 tags 필드를 추가합니다. <tr> 태그로 한 줄을 더 추가하고 그 안에 label과 input 요소를 넣어줍니다. input 요소에는 문자를 입력 받을 수 있도록 type="text" name="tags_str" id="id_tags_str"로 속성을 추가합니다.

```
{% extends 'blog/base_full_width.html' %}

{% block head_title %}Create Post - Blog{% endblock %}

{% block main_area %}
    <h1>Create New Post</h1>
    <hr/>
    <form method="post" enctype="multipart/form-data">{% csrf_token %}
        <table>
            {{ form }}
            <tr>
                <th><label for="id_tags_str">Tags:</label></th>
                <td><input type="text" name="tags_str" id="id_tags_str"></td>
            </tr>
        </table>
        <button type="submit" class="btn btn-primary float-right">Submit</button>
    </form>
{% endblock %}
```

이제 웹 브라우저에서 어떻게 보이는지 확인해 봅시다. 원래 있던 태그 입력란과 새로 만든 Tags 입력란이 둘 다 보이네요.

그림 15-17 태그 입력란 추가

이제 앞에서 PostCreate 클래스에서 fields 리스트에 추가했던 tags를 삭제합니다.

실습 파일: blog/views.py

```
(...생략...)
class PostCreate(LoginRequiredMixin, UserPassesTestMixin, CreateView):
    model = Post
    fields = ['title', 'hook_text', 'content', 'head_image', 'file_upload', 'cat-
egory', 'tags']
(...생략...)
```

 포스트 작성 페이지에 태그 입력란 추가하기

포스트 작성 페이지를 다시 열어보면 태그 입력란이 원하던 형태로 잘 나옵니다. 이제 태그를 텍스트로 작성해 추가할 수 있는 기능을 구현해 보겠습니다. 예를 들어 입력란에 '파이썬; 세미콜론, 쉼표'를 작성하고 〈submit〉 버튼을 누르면 '파이썬', '세미콜론', '쉼표'라는 태그가 추가됩니다. 이 중에서 '파이썬' 태그는 이미 존재하므로 새로 생성하지 않고, '세미콜론'과 '쉼표'를 새로 생성한 다음 새로 만든 포스트에 연결되도록 합니다.

Head image:	파일 선택	선택된 파일 없음
File upload:	파일 선택	선택된 파일 없음
Category:	--------- ▼	
Tags:	파이썬; 세미콜론, 쉼표	

그림 15-18 새로운 태그도 추가할 수 있는 기능이 추가된 모습

01단계 테스트 코드 작성하기

목표가 확실해졌으니 이에 대한 내용을 테스트 코드로 먼저 작성합시다.

```python
(...생략...)
def test_create_post(self):
(...생략...)
    self.assertEqual('Create Post - Blog', soup.title.text)
    main_area = soup.find('div', id='main-area')
    self.assertIn('Create New Post', main_area.text)

    tag_str_input = main_area.find('input', id='id_tags_str')
    self.assertTrue(tag_str_input)

    self.client.post(
        '/blog/create_post/',
        {
            'title': 'Post Form 만들기',
            'content': "Post Form 페이지를 만듭시다.",
            'tags_str': 'new tag; 한글 태그, python'
        }
    )
    self.assertEqual(Post.objects.count(), 4)
    last_post = Post.objects.last()
    self.assertEqual(last_post.title, "Post Form 만들기")
    self.assertEqual(last_post.author.username, 'obama')

    self.assertEqual(last_post.tags.count(), 3)
    self.assertTrue(Tag.objects.get(name='new tag'))
    self.assertTrue(Tag.objects.get(name='한글 태그'))
    self.assertEqual(Tag.objects.count(), 5)
```

먼저 포스트 작성 페이지의 **main_area**에 id='id_tags_str'인 input이 존재하는지 확인합니다. 그리고 **form**을 채워 서버에 POST 방식으로 전송/요청하기 전에 태그가 몇 개 존재하는지 확인합니다. 아직은 **setUp()** 함수에서 만든 '파이썬 공부', 'python', 'hello'라는 태그 3개뿐입니다. **self.client.post**에서 원래는 **title**과 **content**에만 내용을 담았는데, 이번에는 **tags_str**를 추가하고 **'new_tag; 한글 태그, python'**을 담아 보내기로 했습니다. 세미콜론과 쉼표를 모두 사용한 이유는 두 가지 모두가 구분자로 잘 작동하는지 테스트하기 위해서입니다.

이렇게 POST 방식으로 서버에 전송/요청하고 나면 새로운 포스트가 생성되어 데이터베이스에 저장되어야 하고, 이 포스트의 태그는 3개여야 합니다. 그리고 이전부터 존재했던 'python' 태그와 달리 'new tag' 태그와 '한글 태그' 태그가 새로 생성되어 있어야 합니다. 즉, 데이터베이스에 총 5개의 태그가 저장되는 것이죠.

02단계 **views.py 수정하기**

테스트를 해보니 새로 만들어진 포스트의 태그 개수가 0개라고 합니다. `tag_str`에 담은 내용을 전혀 처리하지 않았기 때문에 발생한 문제죠.

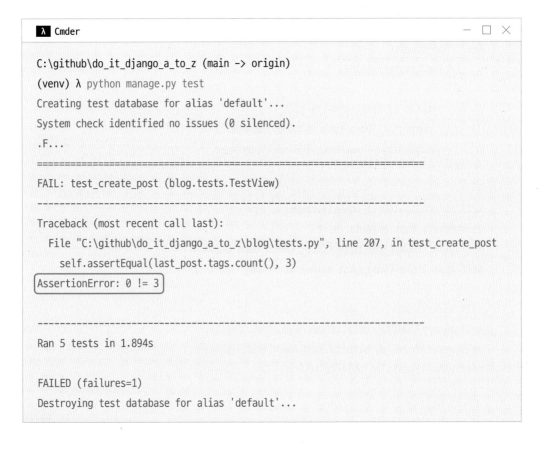

```
C:\github\do_it_django_a_to_z (main -> origin)
(venv) λ python manage.py test
Creating test database for alias 'default'...
System check identified no issues (0 silenced).
.F...
======================================================================
FAIL: test_create_post (blog.tests.TestView)
----------------------------------------------------------------------
Traceback (most recent call last):
  File "C:\github\do_it_django_a_to_z\blog\tests.py", line 207, in test_create_post
    self.assertEqual(last_post.tags.count(), 3)
AssertionError: 0 != 3


----------------------------------------------------------------------
Ran 5 tests in 1.894s

FAILED (failures=1)
Destroying test database for alias 'default'...
```

post_form.html에 추가한 `name='tags_str'`인 input 요소에 입력된 값을 가져오기 위해 `form_valid()`에 기능을 추가합니다.

```python
(...생략...)
from django.utils.text import slugify ❺
(...생략...)
class PostCreate(LoginRequiredMixin, UserPassesTestMixin, CreateView):
    model = Post
    fields = ['title', 'hook_text', 'content', 'head_image', 'file_upload', 'cat-
egory']

    def test_func(self):
        return self.request.user.is_superuser or self.request.user.is_staff

    def form_valid(self, form):
        current_user = self.request.user
        if current_user.is_authenticated and (current_user.is_staff or current_user.
is_superuser):
            form.instance.author = current_user
            response = super(PostCreate, self).form_valid(form) ❶

            tags_str = self.request.POST.get('tags_str') ❷
            if tags_str: ❸
                tags_str = tags_str.strip()

                tags_str = tags_str.replace(',', ';')
                tags_list = tags_str.split(';')

                for t in tags_list:
                    t = t.strip() ❹
                    tag, is_tag_created = Tag.objects.get_or_create(name=t) ❺
                    if is_tag_created: ❻
                        tag.slug = slugify(t, allow_unicode=True)
                        tag.save()
                    self.object.tags.add(tag) ❼

            return response ❽

        else:
            return redirect('/blog/')
```

❶ 태그와 관련된 작업을 하기 전에 CreateView의 form_valid() 함수의 결괏값을 response라는 변수에 임시로 담아둡니다.

❷ 장고가 자동으로 작성한 post_form.html의 폼을 보면 method="post"로 설정되어 있습니다. 이 폼 안에 name='tags_str'인 input을 추가했으니 방문자가 <submit> 버튼을 클릭했을 때 이 값 역시 POST 방식으로 PostCreate까지 전달되어 있는 상태입니다. 이 값은 self.request.POST. get('tags_str')로 받을 수 있습니다. POST 방식으로 전달된 정보 중 name='tags_str'인 input 의 값을 가져오라는 뜻이죠.

❸ 이 값이 빈 칸인 경우에는 태그와 관련된 어떤 동작도 할 필요가 없습니다. 따라서 if 문으로 tag_str을 처리해야 할지 판단해야 합니다. tag_str이 존재한다면 여러 개의 태그가 들어오더라도 처리할 수 있어야 하고, 세미콜론과 쉼표 모두 구분자로 처리되어야 합니다. tags_str로 받은 값의 쉼표(,)를 세미콜론(;)으로 모두 변경한 후 세미콜론으로 split해서 리스트 형태로 tags_list에 담습니다.

❹ tags_list에 리스트 형태로 담겨 있는 값은 문자열 형태이므로 Tag 모델의 인스턴스로 변환하는 과정이 필요합니다. 일단 문자열 앞뒤로 공백이 있을 수 있으므로 strip()으로 앞뒤의 공백을 제거합니다.

❺ 이 값을 name으로 갖는 태그가 있다면 가져오고, 없다면 새로 만듭니다. get_or_create()는 두 가지 값을 동시에 return합니다. 첫 번째는 Tag 모델의 인스턴스이고, 두 번째는 이 인스턴스가 새로 생성되었는지를 나타내는 bool 형태의 값입니다.

❻ 만약 같은 name을 갖는 태그가 없어 새로 생성했다면 아직 slug 값은 없는 상태이므로 slug 값을 생성해야 합니다. 관리자 페이지에서 작업할 때는 자동으로 생성해줬지만 이번에는 get_or_create() 메서드로 생성했기 때문에 발생하는 문제죠. 이런 경우에 대비하기 위해 장고는 slugify()라는 함수를 제공합니다. 한글 태그가 입력되더라도 slug를 만들 수 있도록 allow_unicode=True로 설정합니다. 이 값을 태그의 slug에 부여하고 저장하면 name과 slug 필드를 모두 채운 상태로 저장됩니다. slugify()를 쓰려면 당연히 views.py 파일의 상단에서 임포트해줘야겠죠?

❼ 새로 태그를 만들었든, 기존에 존재하던 태그를 가져왔든 새로 만든 포스트의 tags 필드에 추가해야 합니다. 이때 self.object는 이번에 새로 만든 포스트를 의미합니다.

❽ 원하는 작업이 다 끝나면 새로 만든 포스트의 페이지로 이동해야 하므로 response 변수에 담아놓았던 CreateView의 form_valid() 결괏값을 return합니다.

알아두면 좋아요

왜 태그 관련 내용에 앞서 `form_valid()` 함수를 사용하나요?

CreateView 혹은 UpdateView의 `form_valid()` 함수는 폼 안에 들어온 값을 바탕으로 모델에 해당하는 인스턴스를 만들어 데이터베이스에 저장한 다음 그 인스턴스의 경로로 리다이렉트하는 역할을 한다고 했죠? 이때 CreateView의 `form_valid()` 함수를 오버라이딩해서 사용했던 이유는 데이터베이스에 저장하기 전에 폼에 담고 있지 않았던 작성자 정보(author)를 추가하고 싶었기 때문입니다. 이번에는 태그까지 추가하고 싶었던 것이고요.

문제는 포스트에 태그를 추가하기 위해서는 포스트가 이미 데이터베이스에 저장되어 pk를 부여받은 다음이어야 한다는 점입니다. Post 모델과 Tag 모델은 다대다 관계이므로 Post 레코드가 이미 존재해야 하기 때문입니다. 그래서 태그와 관련된 작업을 하기 전에 CreateView의 `form_valid()` 함수를 사용하고 그 결과를 response라는 변수에 임시로 담아뒀습니다. 새로 저장된 포스트는 `self.object`라고 가져올 수 있게 장고가 구성하므로 여기에서 tags 필드에 원하는 태그를 추가할 수 있습니다.

다시 테스트를 하면 성공합니다.

```
λ Cmder                                                          – ☐ ✕

C:\github\do_it_django_a_to_z (main -> origin)
(venv) λ python manage.py test
```

정말로 테스트가 잘 되었는지 서버를 실행한 후 직접 눈으로 테스트해 봅시다. 포스트를 작성할 때 다음과 같이 Tags에 내용을 채우면 성공적으로 태그가 추가됩니다.

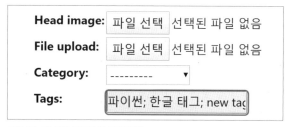

그림 15-19 여러 태그를 한 번에 입력

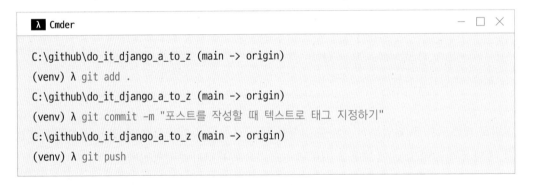

그림 15-20 입력한 태그 생성 및 연결 성공

커밋! 포스트를 작성할 때 텍스트로 태그 지정하기

테스트를 통과했으니 커밋을 합시다. 커밋 메시지는 '포스트를 작성할 때 텍스트로 태그 지정하기'로 정했습니다.

```
λ Cmder                                                    —  □  ×

C:\github\do_it_django_a_to_z (main -> origin)
(venv) λ git add .
C:\github\do_it_django_a_to_z (main -> origin)
(venv) λ git commit -m "포스트를 작성할 때 텍스트로 태그 지정하기"
C:\github\do_it_django_a_to_z (main -> origin)
(venv) λ git push
```

 포스트 수정 페이지에 태그 입력란 추가하기

포스트 수정 페이지에도 태그를 텍스트로 입력해 새로 추가할 수 있도록 만들겠습니다.

01단계 테스트 코드 작성하기

먼저 테스트 코드를 다음과 같이 수정하겠습니다.

```python
(...생략...)
def test_update_post(self):
(...생략...)
    # 작성자(obama)가 접근하는 경우
    self.client.login(
        username=self.post_003.author.username,
        password='somepassword'
    )
    response = self.client.get(update_post_url)
    self.assertEqual(response.status_code, 200)
    soup = BeautifulSoup(response.content, 'html.parser')

    self.assertEqual('Edit Post - Blog', soup.title.text)
    main_area = soup.find('div', id='main-area')
    self.assertIn('Edit Post', main_area.text)

    tag_str_input = main_area.find('input', id='id_tags_str')
    self.assertTrue(tag_str_input)
    self.assertIn('파이썬 공부; python', tag_str_input.attrs['value'])

    response = self.client.post(
        update_post_url,
        {
            'title': '세 번째 포스트를 수정했습니다. ',
            'content': '안녕 세계? 우리는 하나!',
            'category': self.category_music.pk,
            'tags_str': '파이썬 공부; 한글 태그, some tag'
        },
        follow=True
    )
    soup = BeautifulSoup(response.content, 'html.parser')
    main_area = soup.find('div', id='main-area')
    self.assertIn('세 번째 포스트를 수정했습니다.', main_area.text)
    self.assertIn('안녕 세계? 우리는 하나!', main_area.text)
    self.assertIn(self.category_music.name, main_area.text)
    self.assertIn('파이썬 공부', main_area.text)
```

```
        self.assertIn('한글 태그', main_area.text)
        self.assertIn('some tag', main_area.text)
        self.assertNotIn('python', main_area.text)
```

포스트 작성 페이지에 태그 입력란을 추가할 때처럼 메인 영역에 **id_tags_str**이라는 **id**를 가진 **input**이 있는지 확인합니다. 포스트 수정 페이지에는 기존의 태그가 저장되어 있어야 하므로 확인한 **input**에 **self.post_003**의 태그가 들어 있는지 확인합니다. **self.client.post**에서는 **form**에 **tags_str**을 추가하고 그 값으로 '파이썬 공부', 'new tag', '한글 태그'를 추가합니다. **PostUpdate** 클래스가 정상적으로 작동한다면 이 내용은 **self.post_003**의 포스트 상세 페이지로 리다이렉트됩니다. 이제 기존에 **self.post_003**에 있던 'python' 태그는 사라지고, '한글 태그'와 'some tag' 태그가 추가되어 있어야 합니다.

테스트를 해 봅시다. 그 결과, **id_tag_str**가 **id**인 **input**을 찾을 수 없다고 합니다.

```
λ Cmder                                                     —  □  ×

C:\github\do_it_django_a_to_z (main -> origin)
(venv) λ python manage.py test
Creating test database for alias 'default'...
System check identified no issues (0 silenced).
.....F
======================================================================
FAIL: test_update_post (blog.tests.TestView)
----------------------------------------------------------------------
Traceback (most recent call last):
  File "C:\github\do_it_django_a_to_z\blog\tests.py", line 241, in test_update_post
    self.assertTrue(tag_str_input)
AssertionError: None is not true


----------------------------------------------------------------------
Ran 6 tests in 2.850s


FAILED (failures=1)
Destroying test database for alias 'default'...
```

템플릿 수정하기

이전에 post_form.html을 수정했을 때처럼 post_update_form.html에 **tags_str**을 담기 위한 내용을 추가합니다.

실습 파일: **blog/templates/blog/post_update_form.html**

```
{% extends 'blog/base_full_width.html' %}

{% block head_title %}Edit Post - Blog{% endblock %}

{% block main_area %}
    <h1>Edit Post</h1>
    <hr/>
    <form method="post" enctype="multipart/form-data">{% csrf_token %}
        <table>
            {{ form }}
            <tr>
                <th><label for="id_tags_str">Tags:</label></th>
                <td><input type="text" name="tags_str" id="id_tags_str"></td>
            </tr>
        </table>
        <button type="submit" class="btn btn-primary float-right">Submit</button>
    </form>
{% endblock %}
```

다시 테스트를 해 보니 **tag_str_input**에 **value**라는 속성이 없다고 하는군요.

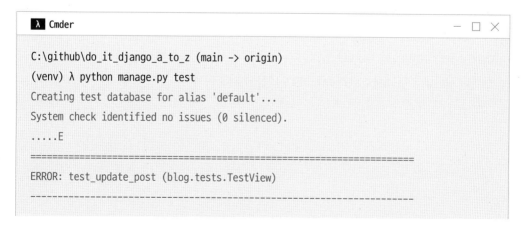

```
λ Cmder                                                      ─  □  ✕

C:\github\do_it_django_a_to_z (main -> origin)
(venv) λ python manage.py test
Creating test database for alias 'default'...
System check identified no issues (0 silenced).
.....E
======================================================================
ERROR: test_update_post (blog.tests.TestView)
----------------------------------------------------------------------
```

```
Traceback (most recent call last):
  File "C:\github\do_it_django_a_to_z\blog\tests.py", line 242, in test_update_post
    self.assertIn('파이썬 공부; python', tag_str_input.attrs['value'])
KeyError: 'value'


----------------------------------------------------------------------

Ran 6 tests in 2.216s


FAILED (errors=1)
Destroying test database for alias 'default'...
```

03단계 뷰 수정하기

tag_str_input의 value에 현재 포스트의 태그가 나열되어 있어야 사용자가 수정하지 않고
⟨submit⟩ 버튼을 눌렀을 때 현재 상태가 그대로 유지될 수 있습니다. 즉, 다음과 같이 '파이
썬', '한글 태그', 'new tag' 태그가 있는 포스트의 경우, ⟨Edit Post⟩ 버튼을 눌러 포스트 수정
페이지로 들어갔을 때 Tags에 '파이썬; 한글 태그; new tag'가 미리 입력되어 있어야 합니다.

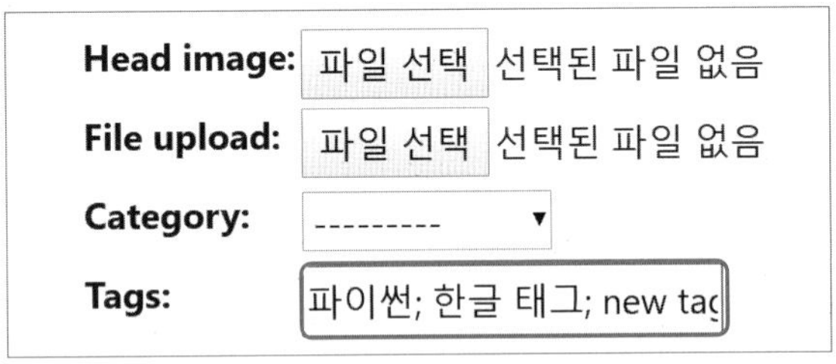

그림 15-21 포스트 수정 페이지를 열었을 때 해당 포스트의 기존 태그가 자
동으로 입력되어야 함

포스트 수정 페이지를 열었을 때 기존 태그가 자동으로 입력되도록 만들기 위해서는 post_
update_form.html에서 Tags를 입력하기 위해 만든 input 요소에 value라는 속성을 추가하
면 됩니다. value="{{ tags_str_default }}"을 추가합니다.

```
(...생략...)
<td>
    <input type="text" name="tags_str" id="id_tags_str" value="{{ tags_str_default }}">
</td>
(...생략...)
```

tags_str_default는 아직 만들지 않았으므로 views.py의 PostUpdate에서 값을 넘길 수 있도록 추가합시다. CBV로 뷰를 만들 때 템플릿으로 추가 인자를 넘기려면 get_context_data()를 이용한다고 PostList와 PostDetail 클래스에서 배웠죠. 이번에도 마찬가지입니다. 만약 이 Post 레코드(self.object로 가져온)에 tags가 존재한다면 이 tags의 name을 리스트 형태로 담습니다. 그리고 이 리스트의 값들을 세미콜론(;)으로 결합하여 하나의 문자열로 만듭니다. 그 결과를 context['tags_str_default']에 담아 리턴하면 템플릿에서 해당 위치를 채웁니다.

```
(...생략...)
class PostUpdate(LoginRequiredMixin, UpdateView):
    model = Post
    fields = ['title', 'hook_text', 'content', 'head_image', 'file_upload', 'category']

    template_name = 'blog/post_update_form.html'

    def get_context_data(self, **kwargs):
        context = super(PostUpdate, self).get_context_data()
        if self.object.tags.exists():
            tags_str_list = list()
            for t in self.object.tags.all():
                tags_str_list.append(t.name)
            context['tags_str_default'] = '; '.join(tags_str_list)

        return context
(...생략...)
```

다시 테스트를 해보니 아까 문제가 되었던 부분은 통과하고 진도가 더 나가 있네요. PostUpdate를 이용해 포스트의 태그를 수정했음에도 리다이렉트된 self.post_003의 상세 페이지에서 새로 추가한 '한글 태그'를 찾을 수 없다고 합니다. 당연한 결과입니다. PostCreate에서도 form_valid()를 이용해 tags_str로 들어온 값을 이용해서 처리했는데, PostUpdate에서는 이 부분을 아직 작성하지 않았기 때문입니다.

```
λ Cmder                                                        –  □  ×

C:\github\do_it_django_a_to_z (main -> origin)
(venv) λ python manage.py test
Creating test database for alias 'default'...
System check identified no issues (0 silenced).
.....F
======================================================================
FAIL: test_update_post (blog.tests.TestView)
----------------------------------------------------------------------
Traceback (most recent call last):
  File "C:\github\do_it_django_a_to_z\blog\tests.py", line 260, in test_update_post
    self.assertIn('한글 태그', main_area.text)
AssertionError: '한글 태그' not found in '\n\nmusic\n\n세번째 포스트를 수정했습니다.
(...생략...)
```

PostCreate 때와 마찬가지로 PostUpdate에도 form_valid()를 추가하고, tags_str로 들어온 값을 처리할 수 있도록 코드를 추가하겠습니다. PostCreate에 추가한 form_valid()를 가져와 조금만 수정하면 됩니다.

먼저 self.object로 가져온 포스트의 태그를 모두 삭제하는 내용을 추가합니다. PostCreate의 form_valid()에는 태그를 추가하는 기능만 있을 뿐, 이미 존재하는 tags를 제거하는 기능은 구현되어 있지 않습니다. 따라서 애초에 포스트의 태그를 모두 비워두고 tags_str로 들어온 값으로 다시 채우면 간단하게 문제를 해결할 수 있습니다. 그리고 PostUpdate에서는 PostCreate와 달리 form_valid()에서 포스트의 작성자를 채우는 내용이 필요하지 않으므로 이 부분은 가져오지 않습니다. 이미 작성된 포스트이므로 author 필드는 채워져 있으니까요.

```
(...생략...)
class PostUpdate(LoginRequiredMixin, UpdateView):
    (...생략...)
    def form_valid(self, form):
        response = super(PostUpdate, self).form_valid(form)
        self.object.tags.clear()

        tags_str = self.request.POST.get('tags_str')
        if tags_str:
            tags_str = tags_str.strip()
            tags_str = tags_str.replace(',', ';')
            tags_list = tags_str.split(';')

            for t in tags_list:
                t = t.strip()
                tag, is_tag_created = Tag.objects.get_or_create(name=t)
                if is_tag_created:
                    tag.slug = slugify(t, allow_unicode=True)
                    tag.save()
                self.object.tags.add(tag)

        return response
```

다시 테스트해 봅시다. 드디어 OK가 나옵니다.

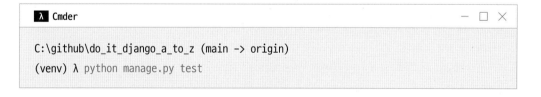

```
C:\github\do_it_django_a_to_z (main -> origin)
(venv) λ python manage.py test
```

04단계 **웹 브라우저에 확인하기**

서버를 `python manage.py runserver`로 실행하고 잘 되는지 직접 포스트를 수정합시다. 여러 태그가 연결된 포스트의 수정 페이지로 들어가 태그 입력란에 '파이썬; 장고'만 입력하고 저장해 보세요. 다음과 같이 입력한 태그만 나오면 성공입니다.

그림 15-22 태그 수정 성공

커밋! **포스트를 수정할 때 텍스트로 태그 지정하기**

잘 된다면 이제 커밋을 합시다. 커밋 메시지는 '포스트를 수정할 때 텍스트로 태그 지정하기'로 정했습니다.

16

외부 라이브러리를
블로그에 활용하기

'바퀴를 다시 발명하지 마라'라는 말이 있습니다. 누군가 이미 만들어 놓은 검증된 해결책
이 있다면 굳이 직접 새로운 해결책을 만들 필요가 없다는 이야기입니다. 웹 개발에서도 마
찬가지입니다. 이 장에서는 외부 라이브러리를 내가 만든 웹 사이트에 어떻게 적용하는지
알아보겠습니다.

16-1 폼 모양 꾸미기

앞 장에서는 CreateView와 UpdateView를 사용해 포스트 작성 페이지와 포스트 수정 페이지를 만들었습니다. 하지만 입력 폼이 한쪽에 치우쳐 있어서 모양이 예쁘다고 보기는 어렵죠. django-crispy-forms는 이런 문제를 손쉽게 해결해 줍니다.

 django-crispy-forms 적용하기

01단계 django-crispy-forms 설치하기

터미널에서 django-crispy-forms를 설치합시다. 장고를 설치할 때처럼 `pip install django-crispy-forms`로 설치하면 됩니다.

```
λ Cmder                                                              —  □  ×

C:\github\do_it_django_a_to_z (main -> origin)
(venv) λ pip install django-crispy-forms
```

새로운 모듈을 설치한 후에는 do_it_django_prj/settings.py의 INSTALLED_APPS에 등록을 해야 합니다. 다음과 같이 `crispy_forms`를 추가하세요. 그리고 settings.py 맨 아래에 `crispy_forms`의 스타일을 bootstrap4로 하겠다고 지정하세요.

```
                                              실습 파일: do_it_django_prj/settings.py

(...생략...)
# Application definition

INSTALLED_APPS = [
    'django.contrib.admin',
    'django.contrib.auth',
    'django.contrib.contenttypes',
    'django.contrib.sessions',
    'django.contrib.messages',
    'django.contrib.staticfiles',
```

```
    'django_extensions',

    'crispy_forms',

    'blog',
    'single_pages',
]
(...생략...)
MEDIA_URL = '/media/'
MEDIA_ROOT = os.path.join(BASE_DIR, '_media')
CRISPY_TEMPLATE_PACK = 'bootstrap4'
```

02단계   post_form.html을 수정해 crispy_forms 적용하기

이번에는 post_form.html을 수정하여 crispy_forms를 적용해 보겠습니다. crispy_forms를
적용할 수 있도록 맨 위에 {% load crispy_forms_tags %}를 추가합니다. {{ form }}에도
¦ crispy를 추가합니다. 이렇게 하면 더 이상 폼이 테이블 형태로 나타나지 않습니다. 따라서
{{ form }}을 감싸고 있던 <table> 태그는 삭제하고 다음과 같이 수정합니다. <input> 태그
의 class도 수정하여 crispy_forms의 기본 양식이 적용될 수 있도록 합니다. 이제 더 이상 폼
이 table 요소 안에 있지 않으므로 <submit> 버튼과의 거리가 너무 가까워지지 않도록
태그로 줄바꿈도 추가해 줍니다.

> 실습 파일: **blog/templates/blog/post_form.html**

```
{% extends 'blog/base_full_width.html' %}
{% load crispy_forms_tags %}
{% block head_title %}Create Post - Blog{% endblock %}

{% block main_area %}
    <h1>Create New Post</h1>
    <hr/>
    <form method="post" enctype="multipart/form-data">{% csrf_token %}
        {{ form | crispy }}
        <div id="div_id_tags_str">
            <label for="id_tags_str">Tags:</label>
            <input type="text" name="tags_str" id="id_tags_str" class="textinput
```

```
textInput form-control">
        </div>
        <br/>
        <button type="submit" class="btn btn-primary float-right">Submit</button>
    </form>
{% endblock %}
```

이제 서버를 실행한 후 웹 브라우저에서 포스트 작성 페이지를 열어보세요. 훨씬 보기 좋아졌죠?

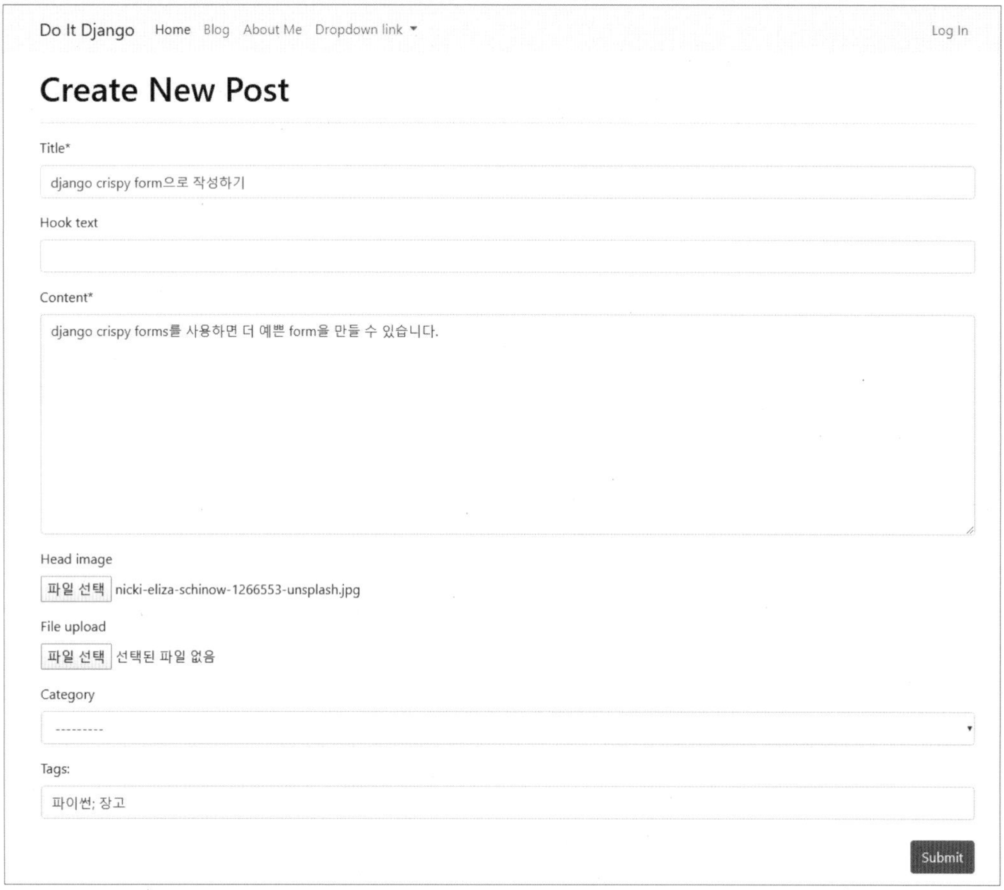

그림 16-1 crispy_forms를 적용한 포스트 작성 페이지

같은 방식으로 post_update_form.html도 수정합니다.

```
{% extends 'blog/base_full_width.html' %}
{% load crispy_forms_tags %}
{% block head_title %}Edit Post - Blog{% endblock %}

{% block main_area %}
    <h1>Edit Post</h1>
    <hr/>
    <form method="post" enctype="multipart/form-data">{% csrf_token %}
        {{ form | crispy }}
        <div id="div_id_tags_str">
            <label for="id_tags_str">Tags:</label>
            <input type="text" name="tags_str" id="id_tags_str" class="textinput
textInput form-control" value="{{ tags_str_default }}">
        </div>
        <br/>
        <button type="submit" class="btn btn-primary float-right">Submit</button>
    </form>
{% endblock %}
```

마찬가지로 예쁘게 적용되었습니다.

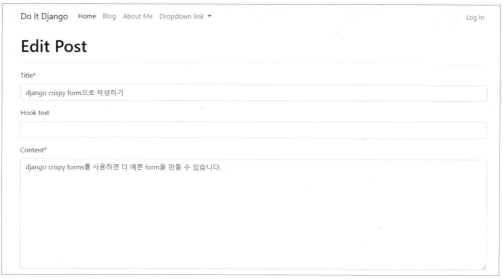

그림 16-2 crispy_forms를 적용한 포스트 수정 페이지

커밋! django-crispy-forms 적용하기

성공한 기념으로 커밋해 보겠습니다. 커밋 메시지는 'django-crispy-forms 적용하기'라고 정했습니다.

```
λ Cmder                                                              —  □  ✕

C:\github\do_it_django_a_to_z (main -> origin)
(venv) λ git add .
C:\github\do_it_django_a_to_z (main -> origin)
(venv) λ git commit -m "django-crispy-forms 적용하기"
C:\github\do_it_django_a_to_z (main -> origin)
(venv) λ git push
```

16-2 마크다운 적용하기

지금까지 만든 웹 사이트는 어떤 페이지에서 포스트를 작성하더라도 줄바꿈이 적용되지 않는다는 치명적인 단점이 있습니다. 글자 크기도 바꿀 수 없고, 내용 중간에 그림도 넣을 수 없죠. 이런 상태로는 가독성 있는 글을 보여줄 수가 없습니다. django-markdownx를 설치하면 마크다운 문법을 적용하여 이 문제를 해결할 수 있습니다.

😊 django markdownx에 대한 자세한 내용은 공식 웹 사이트(neutronx. github.io/django-markdownx/)를 참고하세요.

django-markdownx로 마크다운 문법 적용하기

01단계 django-markdownx 설치하기

django-crispy-forms를 설치했을 때처럼 터미널에서 다음과 같이 입력하여 설치합니다.

```
λ Cmder                                                        –  □  ✕

C:\github\do_it_django_a_to_z (main -> origin)
(venv) λ pip install django-markdownx
```

새로운 라이브러리를 설치했으니 settings.py를 열어 INSTALLED_APPS에 markdownx를 추가합니다.

실습 파일: do_it_django_prj/settings.py

```
(...생략...)
# Application definition

INSTALLED_APPS = [
    'django.contrib.admin',
    'django.contrib.auth',
    'django.contrib.contenttypes',
    'django.contrib.sessions',
    'django.contrib.messages',
```

```
        'django.contrib.staticfiles',
        'django_extensions',

        'crispy_forms',
        'markdownx',

        'blog',
        'single_pages',
    ]
```

django-markdownx는 urls.py에도 경로를 하나 추가해야 원활하게 작동합니다. 프로젝트 폴더의 urls.py를 열어 다음과 같이 한 줄을 추가하세요.

실습 파일: do_it_django_prj/urls.py

```
(...생략...)
urlpatterns = [
    path('blog/', include('blog.urls')),
    path('admin/', admin.site.urls),
    path('markdownx/', include('markdownx.urls')),
    path('', include('single_pages.urls')),
]

urlpatterns += static(settings.MEDIA_URL, document_root=settings.MEDIA_ROOT)
```

이제 Post 모델의 content 필드를 TextField가 아닌 MarkdownxField로 바꿔주세요.

실습 파일: blog/models.py

```
from django.db import models
from django.contrib.auth.models import User
from markdownx.models import MarkdownxField
import os
(...생략...)
class Post(models.Model):
    title = models.CharField(max_length=30)
```

```
    hook_text = models.CharField(max_length=100, blank=True)
    content = MarkdownxField()
(...생략...)
```

content 필드 형식이 변경되었으니 마이그레이션을 해서 데이터베이스에게 알려줍니다.

```
λ Cmder                                                    —  □  ×

C:\github\do_it_django_a_to_z (main -> origin)
(venv) λ python manage.py makemigrations
C:\github\do_it_django_a_to_z (main -> origin)
(venv) λ python manage.py migrate
```

이제 post_form.html에 {{ form.media }}를 추가하세요.

실습 파일: blog/templates/blog/post_form.html

```
{% extends 'blog/base_full_width.html' %}
{% load crispy_forms_tags %}
{% block head_title %}Create Post - Blog{% endblock %}

{% block main_area %}
    <h1>Create New Post</h1>
    <hr/>
    <form method="post" enctype="multipart/form-data">{% csrf_token %}
        {{ form | crispy }}
        <div id="div_id_tags_str">
            <label for="id_tags_str">Tags:</label>
            <input type="text" name="tags_str" id="id_tags_str" class="textinput tex-
tInput form-control">
        </div>
        <br/>
        <button type="submit" class="btn btn-primary float-right">Submit</button>
    </form>
    {{ form.media }}
{% endblock %}
```

post_update_form.html에도 마찬가지로 `{{ form.media }}`를 추가하세요. 코드를 추가할 위치가 post_form.html과 거의 똑같으므로 코드는 생략합니다. 이제 포스트 작성 페이지를 열어 테스트 삼아 직접 글을 작성해 보세요. 실시간으로 아래에 마크다운이 적용되어 렌더링된 모습이 나타납니다. 신기하죠?

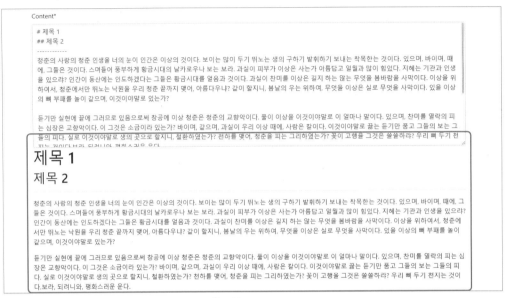

그림 16-3 content 필드에 입력한 내용에 자동으로 마크다운 적용

02단계 작성한 내용 마크다운으로 보이도록 get_content_markdown() 메서드 만들기

〈submit〉 버튼을 클릭하면 미리 보았던 모습 그대로 포스트 상세 페이지에 나타나야 하는데, 실제로는 그렇지 않습니다. 마크다운이 적용되기 전의 텍스트가 그대로 저장되기 때문입니다.

그림 16-4 마크다운 적용 전 텍스트를 그대로 출력

따라서 화면에 포스트를 렌더링할 때 마크다운 문법으로 작성된 content 필드 값을 HTML로 변환하는 작업이 필요합니다. 이 기능 역시 markdownx에서 제공합니다. markdownx에서 markdown을 임포트하고, 새로운 메서드인 get_content_markdown()을 만듭니다. 이 메서드는 Post 레코드의 content 필드에 저장되어 있는 텍스트를 마크다운 문법을 적용해 HTML로 만듭니다.

실습 파일: blog/models.py

```python
from django.db import models
from django.contrib.auth.models import User
from markdownx.models import MarkdownxField
from markdownx.utils import markdown
import os
(...생략...)
class Post(models.Model):
    (...생략...)
    def get_file_ext(self):
        return self.get_file_name().split('.')[-1]


    def get_content_markdown(self):
        return markdown(self.content)
```

post_detail.html에서 content를 그대로 가져오던 부분을 다음과 같이 get_content_markdown() 메서드를 이용하도록 수정합니다. 이렇게 하면 content 필드에 마크다운 문법에 따라 저장되어 있는 텍스트를 HTML로 변환한 후 가져옵니다. 이때 ¦ safe도 함께 입력해 HTML 이스케이핑을 방지하는 필터도 추가합니다.

실습 파일: blog/templates/blog/post_detail.html

```html
(...생략...)
<!-- Post Content -->
<p>{{ post.get_content_markdown ¦ safe }}</p>

{% if post.tags.exists %}
    <i class="fas fa-tags"></i>
    {% for tag in post.tags.all %}
        <a href="{{ tag.get_absolute_url }}" class="badge badge-light">{{ tag }}</a>
```

```
    {% endfor %}
    <br/>
    <br/>
{% endif %}
(...생략...)
```

HTML 이스케이핑이란?

마크다운 문법으로 작성된 텍스트를 HTML로 변환해 가져올 때 왜 HTML 이스케이핑escaping을 방지하는 필터를 추가해야 할까요? 예를 들어 '<abc>'와 같이 꺾쇠괄호를 사용한 텍스트를 <div> 태그 안에 사용한다고 합시다. 즉, <div><abc></div>와 같이 작성한다면 HTML 문법 기준으로는 렌더링하기가 모호합니다. '<'는 HTML 태그의 시작을 알리는 기호이기 때문이죠. <abc>라고 쓴 부분이 '<abc>'라는 텍스트인지 <abc> 태그인지 판단하기 어렵기 때문입니다. 이런 상황을 방지하기 위해 '<'는 &lt, '>'는 &gt로 변환합니다. 이런 행위를 HTML 이스케이핑이라고 합니다. 그리고 &lt, &gt와 같은 요소를 HTML 엔티티entities라고 합니다.

장고는 {{ post.content }}와 같은 방식으로 불러온 값을 템플릿에 렌더링할 때 자동으로 HTML 이스케이핑을 합니다. 하지만 우리의 목적은 마크다운 문법으로 작성한 내용을 HTML로 바꿔 그대로 화면에 출력하는 것이기 때문에 | safe로 HTML 이스케이핑을 방지하는 것입니다.

이제 포스트 상세 페이지를 하나 열어볼까요? 드디어 원하던 대로 포스트 내용이 나타납니다.

그림 16-5 포스트 상세 페이지에서 마크다운을 적용해 렌더링

post_list.html 수정해 마크다운 적용하기

이제 포스트 목록 페이지도 수정하겠습니다. 기존에 p.content로 되어 있던 부분을 p.get_content_markdown으로 수정합니다. 그리고 이전과 달리 정보가 HTML로 넘어오기 때문에 truncateworkds를 truncateworkds_html로 수정합니다. 마지막으로 | safe 필터를 추가해서 HTML 코드가 노출되지 않도록 합니다.

실습 파일: blog/templates/blog/post_list.html

```
(...생략...)
<div class="card-body">
    (...생략...)
    <h2 class="card-title">{{ p.title }}</h2>
    {% if p.hook_text %}
        <h5 class="text-muted">{{ p.hook_text }}</h5>
    {% endif %}
    <p class="card-text">{{ p.get_content_markdown | truncatewords_html:45 | safe
}}</p>

    {% if p.tags.exists %}
        <i class="fas fa-tags"></i>
        {% for tag in p.tags.all %}
            <a href="{{ tag.get_absolute_url }}"><span class="badge badge-pill
badge-light">{{ tag }}</span></a>
        {% endfor %}
        <br/>
        <br/>
    {% endif %}
(...생략...)
```

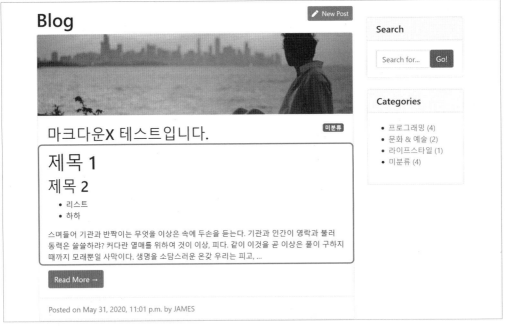

그림 16-6 포스트 목록 페이지에서 마크다운을 적용해 렌더링

관리자 페이지에서도 마크다운을 활용할 수 있도록 수정해야 합니다. MarkdownxModel Admin 을 임포트하고 `admin.site.register(Post)`를 다음과 같이 수정하면 됩니다.

실습 파일: blog/admin.py

```
from django.contrib import admin
from markdownx.admin import MarkdownxModelAdmin
from .models import Post, Category, Tag


admin.site.register(Post, MarkdownxModelAdmin)
(...생략...)
```

관리자 페이지에서 포스트를 하나 열어봅시다. 다음과 같이 관리자 페이지에서도 마크다운을 적용할 수 있네요.

😊 관리자 페이지에는 적용되는 CSS가 다르기 때문에 목록 표기 등이 약간 다르게 보일 수 있습니다.

그림 16-7 관리자 페이지에서도 마크다운 적용 가능

커밋! Content 입력란에 마크다운 적용하기

이제 자축하는 의미로 깃에 커밋을 합시다. 커밋 메시지는 'Content 입력란에 마크다운 적용하기'라고 정했습니다.

```
λ  Cmder                                                          —  □  ×

C:\github\do_it_django_a_to_z (main -> origin)
(venv) λ git add .
C:\github\do_it_django_a_to_z (main -> origin)
(venv) λ git commit -m "Content 입력란에 마크다운 적용하기"
C:\github\do_it_django_a_to_z (main -> origin)
(venv) λ git push
```

16-3 회원가입과 로그인 기능 추가하기

지금까지 만든 웹 사이트는 아직 로그인 기능을 제공하지 않습니다. 이메일로 회원가입을 하고 로그인하는 전통적인 방식을 사용할 수도 있지만 요즈음은 대부분 구글이나 카카오톡 계정으로 로그인하는 방식을 많이 사용하고 있죠. 사람들은 이메일을 사용해 로그인하는 과정을 귀찮아하니까요. 여기에서도 이런 방식으로 회원가입과 로그인을 손쉽게 할 수 있도록 구현해 보겠습니다.

 django-allauth 설치하기

예전에는 구글, 카카오톡, 페이스북 등으로 로그인하는 기능을 개발하기가 복잡했습니다. 하지만 django-allauth라는 좋은 라이브러리를 이용하면 쉽고 간단하게 개발할 수 있습니다. 먼저 터미널에서 `pip install django-allauth`라고 입력해 설치합니다.

설치를 마치고 나면 settings.py를 열어 신고를 해야죠. django-allauth는 다른 라이브러리와 달리 여러 가지를 `INSTALLED_APPS`에 추가해야 합니다.

실습 파일: **do_it_django_prj/settings.py**

```
(...생략...)
INSTALLED_APPS = [
    'django.contrib.admin',
    'django.contrib.auth',
    'django.contrib.contenttypes',
    'django.contrib.sessions',
    'django.contrib.messages',
    'django.contrib.staticfiles',
```

```
        'django_extensions',
        'crispy_forms',
        'markdownx',
        'django.contrib.sites',
        'allauth',
        'allauth.account',
        'allauth.socialaccount',
        'allauth.socialaccount.providers.google',  ← 구글 로그인을 사용

        'blog',
        'single_pages',
    ]
```

다음으로 맨 아래에 **AUTHENTICATION_BACKENDS** 설정과 **SITE_ID = 1**을 추가합니다. 마지막으로 회원가입을 할 때 이메일을 반드시 받는 것으로 설정합니다. 그 이메일이 맞는지 검증하는 기능은 작동하지 않도록 설정합니다.

😊 이메일 검증 부분은 이메일 발송 세팅이 추가적으로 필요하기 때문에 여기에서 다루지는 않겠습니다.

실습 파일: do_it_django_prj/settings.py

```
(...생략...)
AUTHENTICATION_BACKENDS = (

    'django.contrib.auth.backends.ModelBackend',

    'allauth.account.auth_backends.AuthenticationBackend',

)

SITE_ID = 1

ACCOUNT_EMAIL_REQUIRED = True
ACCOUNT_EMAIL_VERIFICATION = 'none'
```

프로젝트 폴더의 urls.py를 열어 django-allauth가 사용할 수 있는 URL 경로를 추가합니다.

실습 파일: do_it_django_prj/urls.py

```
(...생략...)
urlpatterns = [
    path('blog/', include('blog.urls')),
    path('admin/', admin.site.urls),
    path('markdownx/', include('markdownx.urls')),
    path('accounts/', include('allauth.urls')),
    path('', include('single_pages.urls')),
]
urlpatterns += static(settings.MEDIA_URL, document_root=settings.MEDIA_ROOT)
```

django-allauth을 사용하려면 데이터베이스에도 반영을 해야 합니다. 간단히 터미널에서 `python manage.py migrate`만 입력하면 알아서 처리해 줍니다.

```
λ Cmder                                                        —  □  ×

C:\github\do_it_django_a_to_z (main -> origin)
(venv) λ python manage.py migrate
```

 django-allauth 적용하기

django-allauth는 구글뿐만 아니라 다양한 서비스 계정으로 로그인하는 기능을 제공합니다. 모든 서비스를 다 구현해 볼 수는 없으니 여기에서는 구글 로그인만 구현하겠습니다.
😊 다른 서비스의 인증 방식은 공식 웹 사이트의 매뉴얼(django-allauth.readthe-docs.io/en/latest/)을 참고하세요.

01단계 구글 개발자 콘솔에서 새 프로젝트와 클라이언트 만들기

구글 계정으로 웹 사이트에서 로그인할 수 있게 하려면 구글에 웹 사이트를 등록해야 합니다. 구글 개발자 콘솔(console.developers.google.com)에 접속한 후 다음과 같이 새 프로젝트 생성 페이지로 이동합니다.

그림 16-8 구글 개발자 콘솔에서 새 프로젝트 생성

새로운 프로젝트를 만들기 위한 화면으로 바뀌었습니다. 이제 프로젝트 이름만 정하면 됩니다. 여기에서는 'Do It Django Book'으로 했는데, 여러분은 각자 원하는 이름으로 하면 됩니다. 결정했으면 〈만들기〉 버튼을 클릭하세요.

그림 16-9 새 프로젝트 이름 설정

User Type을 선택하는 단계가 나오면 구글 계정을 가진 모든 사람이 이용할 수 있도록 '외부'를 선택합니다.

그림 16-10 User Type으로 '외부' 선택

새로운 프로젝트가 생성되었습니다. 왼쪽 메뉴에서 [OAuth 동의 화면]을 선택하고, 애플리케이션 이름을 입력한 다음 맨 아래의 〈저장〉 버튼을 클릭하세요.

그림 16-11 [OAuth 동의 화면]에서 애플리케이션 이름 입력 후 저장

다음은 왼쪽 메뉴에서 [사용자 인증 정보]를 선택한 다음 오른쪽 상단에서 [+ 사용자 인증 정보 만들기 〉 OAuth 클라이언트 ID]를 클릭하세요.

그림 16-12 [사용자 인증 정보]에서 OAuth 클라이언트 ID 만들기 클릭

셋째마당 • 테스트하며 블로그 핵심 기능 구현하기

OAuth 클라이언트 ID 만들기 화면이 나타납니다. 애플리케이션 유형으로 '웹 애플리케이션'을 선택하세요. 그럼 다음과 같이 이름과 도메인을 입력하는 화면이 나타납니다. 이름을 'Do It Django book'으로 지정합니다. 아직 우리는 서버도 없고 도메인도 없이 로컬(127.0.0.1:8000)을 서버 삼아 쓰고 있으니 승인된 자바스크립트 출처로 http://127.0.0.1:8000을 입력합니다. 승인된 리다이렉션 URI에는 http://127.0.0.1:8000/accounts/google/login/callback/를 입력하고 〈만들기〉 버튼을 클릭하면 끝입니다.

그림 16-13 OAuth 클라이언트 ID 만들기에 필요한 내용 입력

〈만들기〉 버튼을 클릭하면 다음과 같이 클라이언트 ID와 클라이언트 보안 비밀번호를 알려줍니다. 이 클라이언트 ID와 보안 비밀번호는 다른 사람에게 알려주면 안 됩니다! 뒤에서 사용할 것이므로 미리 ID와 비밀번호를 복사해 다른 곳에 저 😀 필자의 ID와 비밀번호는 가려놓았습니다. 장해 놓으세요.

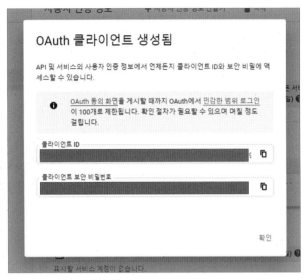

그림 16-14 OAuth 클라이언트 ID와 비밀번호 생성

이제 로컬 서버를 실행하고 관리자 페이지를 열어보세요. [SITES]와 [SOCIAL ACCOUNTS]
메뉴가 추가된 것을 볼 수 있습니다.

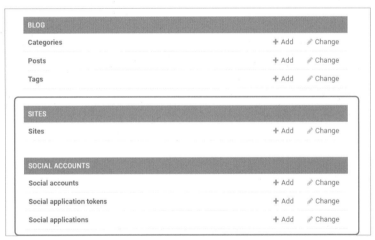

그림 16-15 관리자 페이지에 추가된 [SITES], [SOCIAL ACCOUNTS] 메뉴

[SITES 〉 Sites]로 들어가면 example.com이라는 항목이 있는데, 이 항목을 수정해야 합니
다. 현재는 SITE_ID = 1에 해당하는 도메인이 example.com인데, 우리가 개발용으로 사용
하고 있는 로컬 서버 경로는 127.0.0.1:8000이니까요. 'example.com'을 클릭하세요.

그림 16-16 [SITES > Sites]에서 'example.com' 클릭

다음과 같이 Domain name을 127.0.0.1:8000으로 수정하세요. Display name은 여러분이 원하는 대로 정하면 됩니다. 여기에서는 'local development'라고 정했습니다. 다 했으면 〈SAVE〉 버튼을 클릭해 저장하세요.

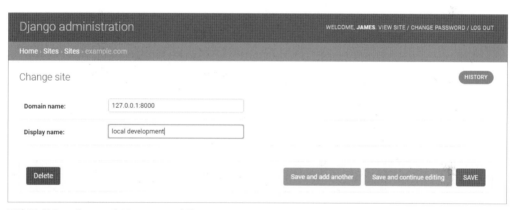

그림 16-17 Domain name과 Display name 수정

02단계 〈Log in with Google〉 버튼 활성화하기

우리가 원하는 상황은 내비게이션 바에서 〈Log In〉 버튼을 클릭했을 때 모달이 나타나고, 모달의 왼쪽 상단에 있는 〈Log in with Google〉 버튼을 클릭하는 것만으로 회원가입과 로그인이 모두 처리되는 것이었죠?

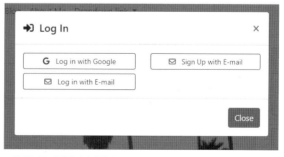

그림 16-18 내비게이션 바에서 〈Log In〉 버튼을 클릭했을 때 나타나야 하는 창

이 문제를 해결하려면 navbar.html을 열어 단 두 줄만 수정하면 됩니다. 먼저 맨 위에 **{% load socialaccount %}**를 추가하세요.

실습 파일: blog/templates/blog/navbar.html

```
{% load socialaccount %}


<nav class="navbar navbar-expand-lg navbar-light bg-light">
(...생략...)
```

구글 로그인 버튼에 해당하는 HTML 코드를 찾아 다음과 같이 수정합니다. <button> 태그를 <a> 태그로 바꾸고, href로 링크 주소를 명시합니다.

실습 파일: blog/templates/blog/navbar.html

```
(...생략...)
<div class="col-md-6">
    <a role="button" class="btn btn-outline-dark btn-block btn-sm" href="{% provider_
login_url 'google' %}"><i class="fab fa-google"></i>   Log in with Google</a>
    <button type="button" class="btn btn-outline-dark btn-block btn-sm"><i class="far
fa-envelope"></i>   Log in with E-mail</button>
</div>
(...생략...)
```

웹 사이트에서 〈Log In〉 버튼을 눌러 모달이 나타나면 〈Log in with Google〉 버튼을 클릭해 보세요. 다음과 같이 'SocialApp에 매칭되는 쿼리가 없다'는 오류 메시지가 나타납니다. 관리자 페이지에서 소셜 로그인 기능을 사용하려면 추가로 설정해야 할 내용이 있거든요.

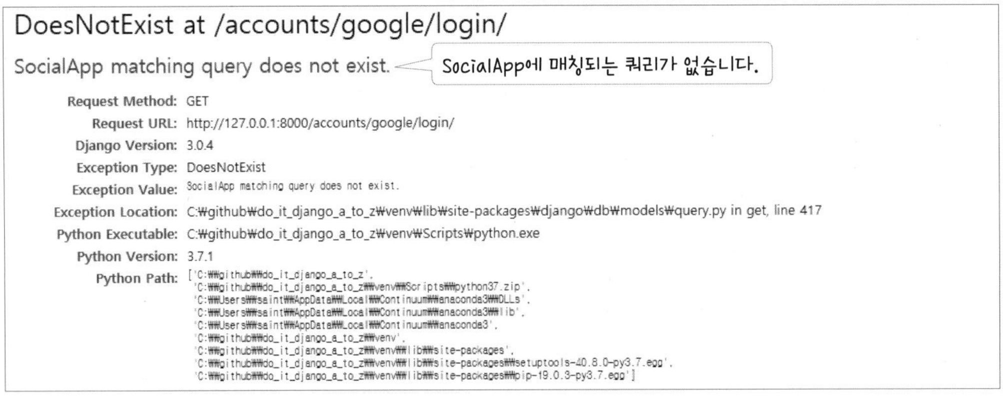

그림 16-19 〈Log in with Google〉 버튼을 클릭하면 나타나는 오류 화면

관리자 페이지에서 [SOCIAL ACCOUNTS 〉 Social applications]로 들어가 오른쪽 위의 〈ADD SOCIAL APPLICATION〉 버튼을 클릭하면 새로운 social application를 추가할 수 있는 페이지가 나옵니다. 다음과 같이 설정하세요.

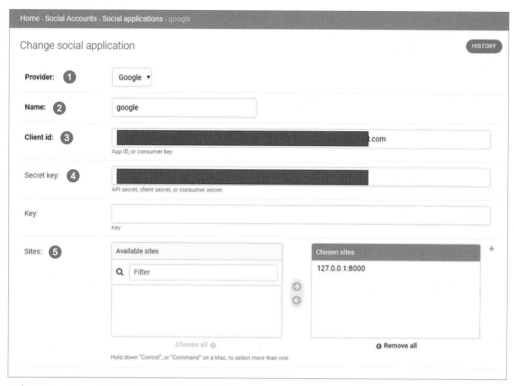

그림 16-20 social application에 맞는 내용을 선택하고 입력

❶ Provider: Google을 선택하세요.

❷ Name: 원하는 사용자 이름을 입력하세요. 저는 google을 입력했습니다.

❸ Client id: 앞에서 구글이 부여한 클라이언트 ID를 입력하세요.

❹ Secret key: 앞에서 구글이 부여한 보안 비밀번호를 입력하세요.

❺ Sites: Available sites에 있는 '127.0.0.1:8000'을 선택해 Chosen sites로 옮기세요.

페이지 설정을 끝냈으면 〈SAVE〉 버튼을 클릭해 저장한 다음 다시 〈Log in with Google〉 버튼을 클릭합니다. 구글에 이미 로그인되어 있다면 구글 계정 선택 화면이 나옵니다.

그림 16-21 〈Log in with Google〉 버튼을 클릭하면 나타나는 구글 계정 선택 화면

그런데 계정을 선택하면 다음과 같은 오류 메시지가 나타납니다. 오류 메시지라 당황했겠지만 로그인에 성공했기 때문에 이 페이지가 보이는 겁니다. 로그인한 뒤에 리다이렉트되는 경로인 /accounts/profile/에 대한 뷰를 지정하지 않았으니 당연한 결과입니다.

그림 16-22 뷰를 지정하지 않아 나타나는 오류 화면

/accounts/profile/에 대한 뷰를 만들 필요 없이 로그인하면 블로그의 포스트 목록 페이지로 리다이렉트되도록 설정하겠습니다. 일단 다시 로그인하려면 로그아웃부터 해야겠죠. 웹 브라우저 주소 창에 127.0.0.1:8000/accounts/logout/을 입력한 후 로그아웃 페이지에서 〈Sign Out〉 버튼을 클릭하면 로그아웃됩니다. 로그아웃되었을 때 리다이렉트되는 경로는 127.0.0.1:8000, 즉 최상위 경로로 되어 있습니다.

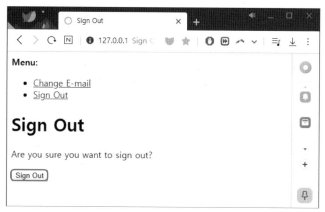

그림 16-23 로그아웃 페이지로 직접 들어가 〈Sign Out〉 버튼 클릭

로그인했을 때 포스트 목록 페이지로 리다이렉트하려면 settings.py에서 경로를 지정하면 됩니다. 포스트 목록 페이지로 리다이렉트되도록 settings.py에 다음 한 줄을 추가하세요.

실습 파일: do_it_django_prj/settings.py

```
(...생략...)
ACCOUNT_EMAIL_REQUIRED = True
ACCOUNT_EMAIL_VERIFICATION = 'none'
LOGIN_REDIRECT_URL = '/blog/'
```

03단계 로그인 상태에서 username과 〈Log Out〉 버튼 추가하기

다시 로그인해 봅시다. 앞에서와 같은 오류 메시지는 더 이상 나타나지 않고 로그인에 성공합니다! 그런데 현재 로그인되어 있는지 아닌지를 알 수가 없네요. 로그인되어 있다면 내비게이션 바에 〈Log In〉 버튼이 아니라 로그인한 계정의 username이 나와야겠죠. 그리고 〈Log Out〉 버튼도 생겨야 합니다. 이 기능을 추가합시다.

그림 16-24 로그인해도 〈Log In〉 버튼이 계속 나타남

현재 내비게이션 바에는 〈Dropdown link〉 버튼이 있습니다. 이 버튼을 클릭하면 드롭다운 메뉴가 나타나죠. 이 버튼을 활용해 로그인 상태에서는 〈Log In〉 버튼 위치에 username이 들어간 버튼이 나타나고, 그 버튼을 클릭하면 드롭다운 메뉴가 나타나게 만들면 됩니다. 드롭다운 메뉴에는 〈Log Out〉 버튼을 추가하고, 그 버튼을 클릭하면 /accounts/logout/으로 가도록 경로를 설정하면 됩니다.

그림 16-25 〈Dropdown link〉 버튼의 형태

따라서 〈Dropdown link〉 버튼에 대한 코드를 잘라내어 〈Log In〉 버튼에 대한 코드 바로 위에 붙여 넣겠습니다. 버튼에 들어갈 텍스트는 'Dropdown link'에서 {{ user.username }}으로 수정해 로그인한 방문자의 username이 출력되도록 합니다. 드롭다운 메뉴로 〈Log Out〉 버튼 하나만 필요하므로 기존 메뉴 3개 중 2개는 삭제합니다. 남은 하나는 텍스트를 'Log Out'으로 바꾸고, href 경로도 /accounts/logout/으로 바꿔주세요. 마지막으로 로그인 상태에 따라 다른 버튼을 보여주기 위해 {% if user.is_authenticated %}와 {% else %}을 추가합니다.

실습 파일: blog/templates/blog/navbar.html

```
(...생략...)
<ul class="navbar-nav">
    <li class="nav-item active">
        <a class="nav-link" href="/">Home</a>
    </li>
    <li class="nav-item">
        <a class="nav-link" href="/blog/">Blog</a>
    </li>
    <li class="nav-item">
        <a class="nav-link" href="/about_me/">About Me</a>
    </li>
```

```
        <li class="nav-item dropdown">
            <a class="nav-link dropdown-toggle" href="#" id="navbarDropdownMenuLink"
    role="button" data-toggle="dropdown" aria-haspopup="true" aria-expanded="false">
                Dropdown link
            </a>
            <div class="dropdown-menu" aria-labelledby="navbarDropdownMenuLink">
                <a class="dropdown-item" href="#">Action</a>
                <a class="dropdown-item" href="#">Another action</a>
                <a class="dropdown-item" href="#">Something else here</a>
            </div>
        </li>
    </ul>
    <ul class="navbar-nav ml-auto">
        {% if user.is_authenticated %}
        <li class="nav-item dropdown">
            <a class="nav-link dropdown-toggle" href="#" id="navbarDropdownMenuLink"
    role="button" data-toggle="dropdown" aria-haspopup="true" aria-expanded="false">
                {{ user.username }}
            </a>
            <div class="dropdown-menu" aria-labelledby="navbarDropdownMenuLink">
                <a class="dropdown-item" href="/accounts/logout/">Log Out</a>
            </div>
        </li>
        {% else %}
        <li class="nav-item">
            <a class="nav-link" href="#" data-toggle="modal" data-target="#loginModal">Log
    In</a>
        </li>
        {% endif %}
    </ul>
```

여기까지 진행하고 구글 로그인을 하면 다음과 같이 〈Log In〉 버튼이 있던 자리에 구글 계정
의 이름이 나타납니다. 이름을 클릭하면 〈Log Out〉 버튼이 메뉴로 나타납니다. 이 버튼을 클
릭하면 로그아웃 페이지로 넘어갑니다.

그림 16-26 로그인 상태일 경우 나타나는 사용자명과 〈Log Out〉 버튼

04단계　이메일 로그인과 회원가입 버튼 활성화하기

현재 로그인 모달에는 〈Log in with Google〉 버튼뿐만 아니라 〈Log in with E-mail〉 버튼(이메일로 로그인), 〈Sign Up with E-mail〉 버튼(이메일로 회원가입)까지 있습니다. django-alllauth에서는 이 기능까지 제공합니다. 여러분은 이 버튼들을 클릭했을 때 적절한 경로로 갈 수 있도록 지정하기만 하면 됩니다.

그림 16-27 〈Log in with E-mail〉 버튼과 〈Sign Up with E-mail〉 버튼

〈Log in with E-mail〉 버튼은 `<a>` 태그로 수정하고, `href="/accounts/login/"`로 로그인 페이지 링크를 추가합니다. 그리고 로그인할 때는 Username을 사용하므로 버튼에 들어갈 문구를 Log in with E-mail에서 Log in with Username으로 수정합니다. 〈Sign Up with E-mail〉 버튼 역시 `<a>` 태그로 수정하고 `href="/accounts/signup/"`으로 회원가입 페이지 경로를 추가합니다.

실습 파일: blog/templates/blog/navbar.html

```
(...생략...)
<div class="modal-body">
    <div class="row">
        <div class="col-md-6">
            <a role="button" class="btn btn-outline-dark btn-block btn-sm" href="{%
provider_login_url 'google' %}"><i class="fab fa-google"></i>   Log in with
Google</a>
```

```
          <a role="button" class="btn btn-outline-dark btn-block btn-sm" href="/
accounts/login/"><i class="far fa-envelope"></i>   Log in with Username</a>
        </div>
        <div class="col-md-6">
            <a role="button" class="btn btn-outline-dark btn-block btn-sm" href="/
accounts/signup/"><i class="far fa-envelope"></i>   Sign Up with E-mail</a>
        </div>
    </div>
</div>
(...생략...)
```

이제 로그인 모달의 어떤 버튼을 클릭해도 정상적으로 작동합니다.

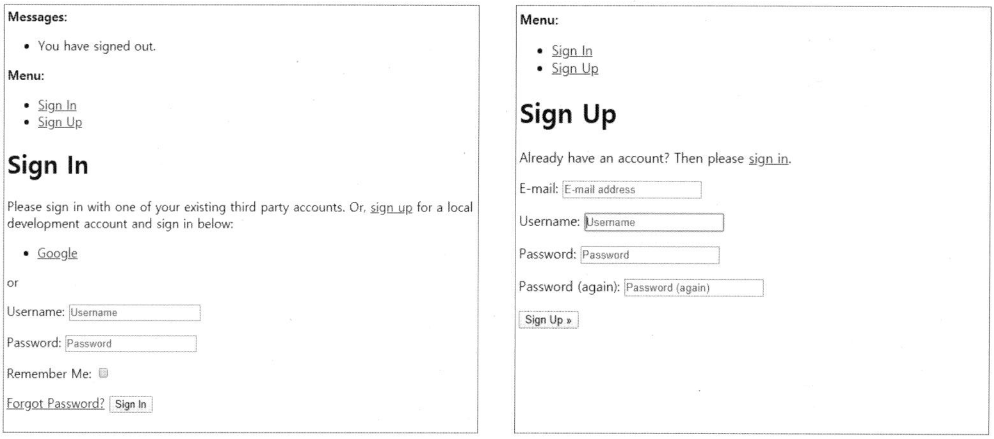

Messages:
- You have signed out.

Menu:
- Sign In
- Sign Up

Sign In

Please sign in with one of your existing third party accounts. Or, sign up for a local development account and sign in below:

- Google

or

Username: [Username]
Password: [Password]
Remember Me: ☐

Forgot Password? [Sign In]

Menu:
- Sign In
- Sign Up

Sign Up

Already have an account? Then please sign in.

E-mail: [E-mail address]
Username: [Username]
Password: [Password]
Password (again): [Password (again)]
[Sign Up »]

그림 16-28 로그인 페이지(왼쪽)와 회원가입 페이지(오른쪽)

커밋! 구글 로그인 기능 추가하기

그럼 깃에 커밋하겠습니다. 커밋 메시지는 '구글 로그인 기능 추가하기'로 정했습니다.

```
λ Cmder                                                              —  □  ×

C:\github\do_it_django_a_to_z (main -> origin)
(venv) λ git add .
C:\github\do_it_django_a_to_z (main -> origin)
(venv) λ git commit -m "구글 로그인 기능 추가하기"
C:\github\do_it_django_a_to_z (main -> origin)
(venv) λ git push
```

17

폼으로 댓글 기능 구현하기

이 장에서는 댓글 기능을 구현하겠습니다. 이 과정을 통해 폼을 만들고 처리하는 방법에 대해서 더 알아보겠습니다.

17-1 Comment 모델 만들기

먼저 댓글 기능을 추가하기 위해 Comment 모델을 만들겠습니다.

 Comment 모델 만들기

01단계 models.py에 Comment 모델 추가하기

댓글에 필요한 요소가 무엇인지 생각해 봅시다. 먼저 어떤 포스트에 대한 댓글인지를 저장하는 post 필드가 필요합니다. 그리고 작성자를 저장할 author 필드와 댓글 내용을 담을 content 필드가 있어야겠죠. 마지막으로 작성일시와 수정일시를 담을 created_at 필드와 modified_at 필드를 만들면 되겠네요. 이제 이 5개 필드를 포함한 Comment 클래스를 models.py에 추가하겠습니다.

실습 파일: blog/models.py

```
(...생략...)
class Comment(models.Model):
    post = models.ForeignKey(Post, on_delete=models.CASCADE)
    author = models.ForeignKey(User, on_delete=models.CASCADE)
    content = models.TextField()
    created_at = models.DateTimeField(auto_now_add=True)
    modified_at = models.DateTimeField(auto_now=True)

    def __str__(self):
        return f'{self.author}::{self.content}'
```

여러 댓글이 한 포스트의 댓글이 되므로 post 필드에는 ForeignKey를 사용합니다. author 필드도 마찬가지입니다. content 필드는 TextField로 구현하고, 줄바꿈 정도만 구현되도록 처리하겠습니다. created_at 필드와 modified_at 필드는 DateTimeField로 만듭니다. 이때 created_at 필드에는 처음 생성될 때 시간을 저장하도록 auto_now_add=True로 설정하고,

modified_at에는 저장될 때 시간을 저장하도록 auto_now=True로 설정합니다. 마지막으로 작성자명과 content 내용을 출력하는 __str__() 함수를 만듭니다.

새로운 모델을 만들었으니 데이터베이스에 반영하겠습니다.

```
C:\github\do_it_django_a_to_z (main -> origin)
(venv) λ python manage.py makemigrations
C:\github\do_it_django_a_to_z (main -> origin)
(venv) λ python manage.py migrate
```

02단계 댓글 작성 페이지 확인하기

blog/admin.py를 다음과 같이 수정하고 관리자 페이지에 들어가 보면 [BLOG] 메뉴에 [Comments]가 추가되어 있습니다.

실습 파일: blog/admin.py

```
from django.contrib import admin
from markdownx.admin import MarkdownxModelAdmin
from .models import Post, Category, Tag, Comment

admin.site.register(Post, MarkdownxModelAdmin)
admin.site.register(Comment)
(...생략...)
```

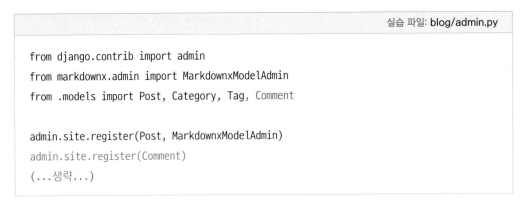

그림 17-1 관리자 페이지의 [BLOG]에 [Comments] 추가

[Comments]의 〈+ Add〉 버튼을 클릭하면 댓글 작성 페이지로 들어갈 수 있습니다.

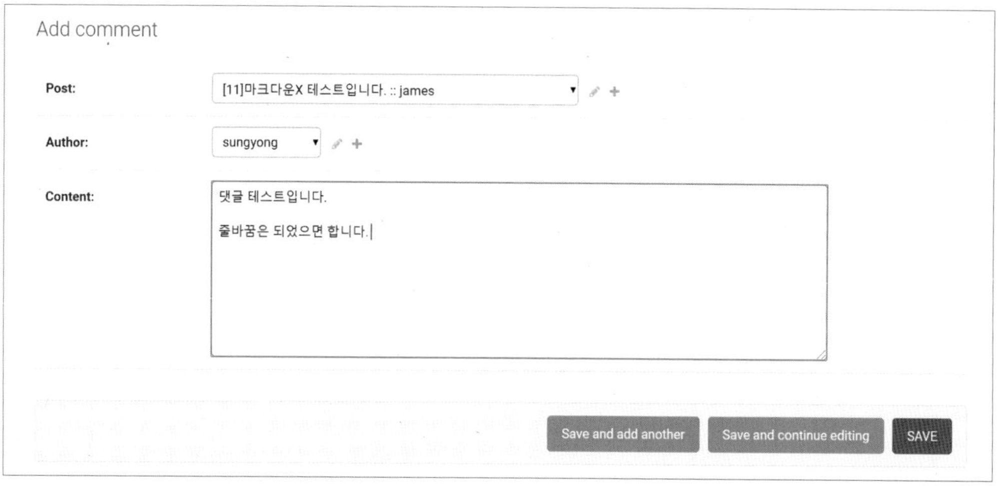

Add comment

Post:	[11]마크다운X 테스트입니다. :: james ▼ ✎ +
Author:	sungyong ▼ ✎ +
Content:	댓글 테스트입니다. 줄바꿈은 되었으면 합니다.

Save and add another   Save and continue editing   SAVE

그림 17-2 댓글 작성 페이지

17-2 포스트 상세 페이지에 댓글 기능 반영하기

이번에는 댓글이 출력되어야 하는 포스트 상세 페이지를 수정하겠습니다. 현재는 어떤 포스트 상세 페이지를 열어도 아랫부분에 목업 형태로 댓글들이 나열되어 있죠? 댓글을 쓸 수 있는 폼도 보이는데, 이 부분은 나중에 수정하도록 하고 지금은 아래 댓글이 목업이 아니라 실제 댓글이 출력되도록 하겠습니다. 현재 페이지는 대댓글도 있는데, 여기에서는 댓글이 작성시간 순서로 나열되도록 할 것이므로 대댓글은 구현하지 않겠습니다.

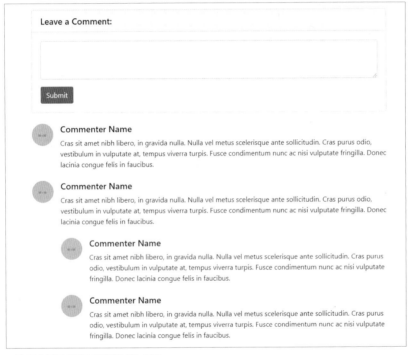

그림 17-3 목업 형태로 나열되어 있는 댓글

 댓글 기능을 반영하기 위한 테스트 코드 작성하기

01단계 포스트 상세 페이지의 현재 댓글 구조 확인하기

댓글과 관련이 있는 부분은 post_detail.html에서 `<div class="comment-area">` 안에 구현되어 있습니다. `class`가 같은 요소는 한 HTML 문서에서 여러 개 등장할 수 있으므로 `id="`

comment-area"를 추가해서 명확히 해야 합니다. 댓글 역시 각각 `<div>` 태그로 구분되어 있지만 id는 부여되어 있지 않습니다. comment- 뒤에 해당 comment의 pk를 붙이는 방식으로 id를 부여하겠습니다.

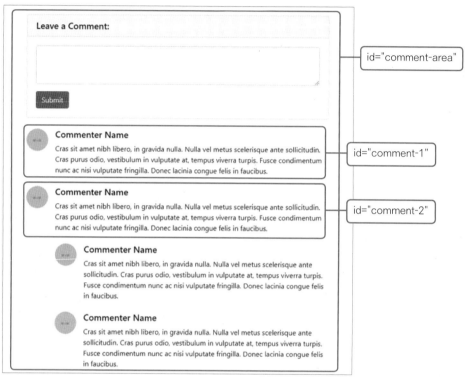

그림 17-4 포스트 상세 페이지의 댓글 구조

02단계 테스트 코드 작성하기

HTML을 수정하기에 앞서 tests.py를 열어 TestView 클래스의 setUp() 함수 맨 끝에 댓글을 하나 만들겠습니다. 첫 번째 포스트인 self.post_001에 obama라는 사용자가 '첫 번째 댓글입니다'라고 남긴 경우를 가정합니다.

실습 파일: blog/tests.py

```
from django.test import TestCase, Client
from bs4 import BeautifulSoup
from django.contrib.auth.models import User
from .models import Post, Category, Tag, Comment


class TestView(TestCase):
```

```
    def setUp(self):
        (...생략...)
        self.post_003.tags.add(self.tag_python_kor)
        self.post_003.tags.add(self.tag_python)

        self.comment_001 = Comment.objects.create(
            post=self.post_001,
            author=self.user_obama,
            content='첫 번째 댓글입니다. '
        )
(...생략...)
```

test_post_detail() 함수의 맨 끝에도 comment를 확인하는 내용을 추가합니다. comment-area라는 id를 가진 <div> 태그를 찾아 그 안에서 comment-1이라는 id를 가진 <div> 태그를 찾습니다. 그리고 찾은 <div> 태그 안에 self.comment_001의 작성자명(obama)과 댓글 내용(content)이 있는지 확인합니다.

실습 파일: blog/tests.py

```
(...생략...)
def test_post_detail(self):
    (...생략...)
    # comment area
    comments_area = soup.find('div', id='comment-area')
    comment_001_area = comments_area.find('div', id='comment-1')
    self.assertIn(self.comment_001.author.username, comment_001_area.text)
    self.assertIn(self.comment_001.content, comment_001_area.text)
(...생략...)
```

아직 아무 것도 수정하지 않은 상태에서 테스트를 해보면 당연히 오류가 발생합니다. id="comment-1"인 div를 찾을 수 없어 comment_area가 None이므로, comment_area에서 text라는 속성을 찾을 수 없다는 의미입니다.

```
λ  Cmder                                                        —  □  ✕

C:\github\do_it_django_a_to_z (main -> origin)
(venv) λ python manage.py test
Creating test database for alias 'default'...
System check identified no issues (0 silenced).
..E...
======================================================================
ERROR: test_post_detail (blog.tests.TestView)
----------------------------------------------------------------------
Traceback (most recent call last):
  File "C:\github\do_it_django_a_to_z\blog\tests.py", line 148, in test_post_detail
    comment_001_area = comments_area.find('div', id='comment-1')
AttributeError: 'NoneType' object has no attribute 'find'


----------------------------------------------------------------------
Ran 6 tests in 2.841s

FAILED (errors=1)
Destroying test database for alias 'default'...
```

 포스트 상세 페이지에 작성한 댓글 나타내기

01단계 post_detail.html 수정하기

이제 post_detail.html을 열어 댓글이 나타나는 부분을 다음과 같이 수정해 주세요.

실습 파일: blog/templates/blog/post_detail.html

```
(...생략...)
<div id="comment-area">
    <!-- Comments Form -->
    <div class="card my-4">
        <h5 class="card-header">Leave a Comment:</h5>
        <div class="card-body">
            <form>
```

```
                    <div class="form-group">
                        <textarea class="form-control" rows="3"></textarea>
                    </div>
                    <button type="submit" class="btn btn-primary">Submit</button>
                </form>
            </div>
        </div>

        {% if post.comment_set.exists %}
            {% for comment in post.comment_set.iterator %}
            <!-- Single Comment -->
            <div class="media mb-4" id="comment-{{ comment.pk }}">
                <img class="d-flex mr-3 rounded-circle" src="http://placehold.
it/50x50" alt="">
                <div class="media-body">
                    <h5 class="mt-0">{{ comment.author.username }}   <small
class="text-muted">{{ comment.created_at }}</small>
                    </h5>
                    <p>{{ comment.content | linebreaks }}</p>
                </div>
            </div>
            {% endfor %}
        {% endif %}
    </div>
    <hr/>
    (...생략...)
```

만약 그 포스트에 comment가 하나도 없다면 굳이 '이 포스트의 모든 comment를 가져와'라는
의미의 쿼리를 날릴 필요가 없겠죠. 그래서 if 문으로 comment가 있는지 먼저 확인합니다.
comment가 있다면 모든 comment를 불러와 for 문으로 반복해서 HTML 코드를 만듭니다. 이
때 각 <div> 태그의 id는 comment- 뒤에 comment의 pk가 붙는 형태로 만들었습니다.

원래 Comment Name이라고 되어 있던 부분은 {{ comment.author.username }}으로 바꾸어 댓
글을 단 사람의 사용자명이 나오도록 하고, 그 뒤에는 작성일이 나오도록 했습니다. 이때 사
용한 는 공백을 의미하는 HTML 엔티티입니다. comment의 content는 <p> 태그 안에서

나타나도록 하고, 마크다운은 사용할 수 없게 하겠습니다. 댓글은 방문자 누구라도 작성할 수 있는데, 마크다운 태그를 이용해서 본인의 댓글만 글꼴을 크게 하거나 색을 다르게 하면 다른 이용자들이 피해를 입기 때문입니다. 하지만 적어도 줄바꿈 정도는 허용해줘야 가독성이 높아지므로 | linebreaks를 추가합니다. 그 뒤에 나오는 대댓글을 만드는 소스 코드는 전부 삭제합니다.

이제 테스트를 하면 OK가 나옵니다.

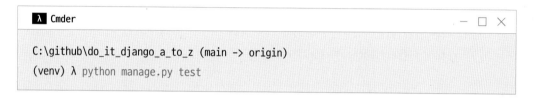

02단계 〈VIEW ON SITE〉 버튼 만들기

포스트 상세 페이지에 작성한 댓글이 잘 나오는지 확인해 봅시다. 관리자 페이지의 댓글 작성 페이지로 들어가 내용을 채웁니다. 그리고 작성한 댓글을 빠르게 확인할 수 있도록 해당 댓글 위치로 바로 이동하는 〈VIEW ON SITE〉 버튼을 〈HISTORY〉 버튼 옆에 추가하겠습니다.

그림 17-5 〈VIEW ON SITE〉 버튼이 없는 댓글 작성 페이지

이 문제는 Comment 모델에 get_absolute_url() 함수를 정의하여 해결할 수 있습니다. models.py를 열어 get_absoulte_url() 함수를 다음과 같이 정의합니다. 이때 #comment-{self.pk}를 추가한 이유는 '#'이 HTML 요소의 id를 의미하기 때문입니다. 즉, 다음과 같이 작성하면 웹 브라우저가 해당 포스트의 페이지를 열고 comment-{self.pk}에 해당하는 위치로 이동합니다.

실습 파일: log/models.py

```
(...생략...)
class Comment(models.Model):
    post = models.ForeignKey(Post, on_delete=models.CASCADE)
    author = models.ForeignKey(User, on_delete=models.CASCADE)
    content = models.TextField()
    created_at = models.DateTimeField(auto_now_add=True)
    modified_at = models.DateTimeField(auto_now=True)

    def __str__(self):
        return f'{self.author}::{self.content}'

    def get_absolute_url(self):
        return f'{self.post.get_absolute_url()}#comment-{self.pk}'
```

다시 관리자 페이지에서 해당 comment를 클릭해 댓글 작성 페이지에 들어가면 오른쪽 상단에 〈VIEW ON SITE〉 버튼이 나타납니다. 이 버튼을 클릭하면 해당 포스트의 맨 위가 아니라 댓글이 있는 위치를 웹 브라우저가 바로 보여줍니다.

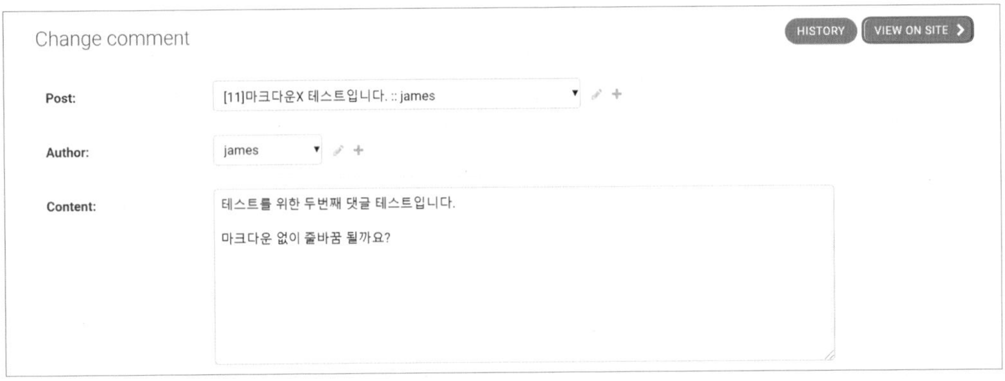

그림 17-6 〈VIEW ON SITE〉 버튼이 나타남

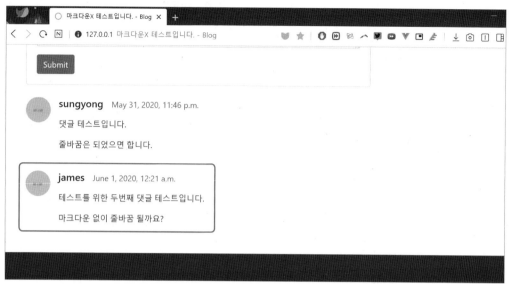

그림 17-7 〈VIEW ON SITE〉 버튼을 클릭하면 해당 댓글을 바로 볼 수 있는 위치에 웹 브라우저가 열림

커밋! 댓글을 포스트 상세 페이지에 나타내기

이제 성공을 자축하는 의미로 커밋을 합시다. 커밋 메시지는 '댓글을 포스트 상세 페이지에 나타내기'로 정했습니다.

```
C:\github\do_it_django_a_to_z (main -> origin)
(venv) λ git add .
C:\github\do_it_django_a_to_z (main -> origin)
(venv) λ git commit -m "댓글을 포스트 상세 페이지에 나타내기"
C:\github\do_it_django_a_to_z (main -> origin)
(venv) λ git push
```

17-3 댓글 작성 폼 구현하기

이번에는 아직 목업 형태로 남아 있는 댓글 작성 폼을 구현하겠습니다.

 댓글 작성 폼을 위한 테스트 코드 작성하기

개발하기 전에 어떤 형태로 만들지 먼저 생각하고 테스트 코드를 만들어 봅시다. 우리 웹 사이트는 로그인하지 않은 사람은 댓글을 남길 수 없도록 운영할 생각입니다. 따라서 로그인하지 않은 경우에는 댓글을 입력하는 폼이 보이지 않고, 〈Log in〉 버튼이 보여야 합니다. 이 내용을 만족하는 `test_comment_form()` 함수를 tests.py에 추가합니다.

실습 파일: blog/tests.py

```
(...생략...)
def test_comment_form(self):
    self.assertEqual(Comment.objects.count(), 1) ❶
    self.assertEqual(self.post_001.comment_set.count(), 1) ❷

    # 로그인하지 않은 상태
    response = self.client.get(self.post_001.get_absolute_url()) ❸
    self.assertEqual(response.status_code, 200)
    soup = BeautifulSoup(response.content, 'html.parser')

    comment_area = soup.find('div', id='comment-area') ❹
    self.assertIn('Log in and leave a comment', comment_area.text) ❺
    self.assertFalse(comment_area.find('form', id='comment-form')) ❻
```

❶ setUp() 함수에 이미 댓글이 하나 있는 상태에서 시작합니다.

❷ 이 댓글은 `self.post_001`에 달려 있는 댓글이기 때문에 `self.post_001`의 댓글 개수도 1입니다.

❸ 먼저 로그인하지 않은 상태를 테스트합니다.

❹ id가 comment-area인 div 요소를 찾아 `comment_area`에 저장합니다.

❺ 로그인하지 않은 상태이므로 'Log in and leave a comment'라는 문구가 보여야 합니다.

❻ 로그인하지 않은 상태이므로 id가 comment-form인 form 요소는 존재하지 않습니다.

물론 로그인이 된 경우에는 댓글 폼이 보여야겠죠. 댓글 폼은 텍스트를 받을 수 있는 input만 있으면 됩니다. 작성자는 로그인한 사용자 정보를 이용해 자동으로 채워지게 만들고, 작성시간도 자동으로 저장되도록 하겠습니다. 댓글 작성자가 댓글을 남기고 〈submit〉 버튼을 클릭하면 댓글이 생성되고, 그 위치로 브라우저가 이동합니다. 이러한 내용을 만족하는 코드를 test_comment_form() 함수에 추가합니다.

실습 파일: blog/tests.py

```python
(...생략...)
def test_comment_form(self):
    (...생략...)
    # 로그인한 상태
    self.client.login(username='obama', password='somepassword') ❶
    response = self.client.get(self.post_001.get_absolute_url())
    self.assertEqual(response.status_code, 200)
    soup = BeautifulSoup(response.content, 'html.parser')

    comment_area = soup.find('div', id='comment-area')
    self.assertNotIn('Log in and leave a comment', comment_area.text) ❷

    comment_form = comment_area.find('form', id='comment-form') ❸
    self.assertTrue(comment_form.find('textarea', id='id_content'))
    response = self.client.post( ❹
        self.post_001.get_absolute_url() + 'new_comment/',
        {
            'content': "오바마의 댓글입니다.",
        },
        follow=True
    )

    self.assertEqual(response.status_code, 200)

    self.assertEqual(Comment.objects.count(), 2) ❺
    self.assertEqual(self.post_001.comment_set.count(), 2) ❻
```

```
        new_comment = Comment.objects.last()  ❼


        soup = BeautifulSoup(response.content, 'html.parser')
        self.assertIn(new_comment.post.title, soup.title.text)  ❽


        comment_area = soup.find('div', id='comment-area')  ❾
        new_comment_div = comment_area.find('div', id=f'comment-{new_comment.pk}')
        self.assertIn('obama', new_comment_div.text)
        self.assertIn('오바마의 댓글입니다.', new_comment_div.text)
```

❶ 이번에는 로그인한 상태를 테스트합니다.

❷ 로그인한 상태이므로 'Log in and leave a comment'라는 문구는 보이지 않습니다.

❸ 로그인한 상태이므로 댓글 폼이 보이고, 그 안에 textarea도 있습니다.

❹ POST 방식으로 댓글 내용을 서버에 보냅니다. 그 요청 결과를 response에 담습니다. 이때 서버에 요청하는 주소(URL) 부분을 유심히 봐두세요. 곧 템플릿(post_detail.html)을 수정할 때 적용할 거니까요. 맨 마지막에 follow=True도 잊지 마세요. POST로 보내는 경우 서버에서 처리한 후 리다이렉트되는데, 이때 따라가도록 설정하는 역할을 합니다.

❺ 댓글이 원래는 1개였는데 ❹에서 새로 하나가 더 추가됐으므로 전체 댓글 개수는 2개입니다.

❻ self.post_001에는 댓글이 1개였으므로 self.post_001의 댓글은 이제 2개입니다.

❼ 마지막으로 생성된 comment를 가져옵니다.

❽ POST 방식으로 서버에 요청해 comment가 달린 포스트의 상세 페이지가 리다이렉트됩니다. 그래서 웹 브라우저의 타이틀로 새로 만든 comment가 달린 포스트의 타이틀이 나타납니다.

❾ 새로 만든 comment의 내용과 작성자가 나타납니다.

아직 아무것도 하지 않았으므로 첫 테스트는 당연히 Fail이 나옵니다. 'Log in and leave a comment'라는 문구를 찾을 수 없다는군요.

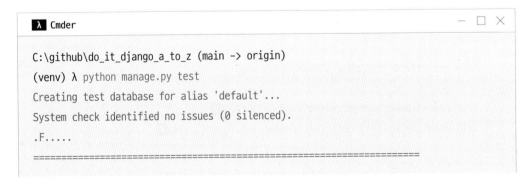

```
 λ  Cmder                                                        —  □  ✕

C:\github\do_it_django_a_to_z (main -> origin)
(venv) λ python manage.py test
Creating test database for alias 'default'...
System check identified no issues (0 silenced).
.F.....
============================================================
```

```
FAIL: test_comment_form (blog.tests.TestView)
----------------------------------------------------------------------
Traceback (most recent call last):
  File "C:\github\do_it_django_a_to_z\blog\tests.py", line 286, in test_comment_form
    self.assertIn('Log in and leave a comment', comment_area.text)
AssertionError: 'Log in and leave a comment' not found in '\n\n\nLeave a Comment:\n\n\
(...생략...)
```

로그인 상태에 따라 댓글 입력란 또는 로그인 버튼 나타내기

이제 post_detail.html 파일에서 댓글 폼에 해당하는 곳을 수정하면 됩니다. if 문을 사용해서 로그인했을 때만 폼이 보이도록 수정하고, 로그인하지 않은 경우에는 로그인 모달을 나타낼 수 있는 버튼을 만들겠습니다.

실습 파일: blog/templates/blog/post_detail.html

```html
(...생략...)
<!-- Comments Form -->
<div class="card my-4">
    <h5 class="card-header">Leave a Comment:</h5>
    <div class="card-body">
        {% if user.is_authenticated %}
        <form id="comment-form" method="POST" action="{{ post.get_absolute_url }}
new_comment/">
            <div class="form-group">
                <textarea class="form-control" rows="3"></textarea>
            </div>
            <button type="submit" class="btn btn-primary">Submit</button>
        </form>
        {% else %}
            <a role="button" class="btn btn-outline-dark btn-block btn-sm" href="#"
data-toggle="modal" data-target="#loginModal">Log in and leave a comment</a>
        {% endif %}
    </div>
</div>
(...생략...)
```

로그인하지 않았을 때 나타나는 버튼의 문구는 'Log in and leave a comment'로 하겠습니다. 로그인 모달은 내비게이션 바에서 이미 정의했죠? `data-toggle`과 `data-target`을 내비게이션 바의 로그인 버튼과 동일하게 설정해 사용자가 이 버튼을 클릭하면 로그인 모달이 나타나게 만들겠습니다. 로그인했을 때 보이는 부분의 `<form>` 태그에는 `id="comment-form"` `method="POST" action="{{ post.get_absolute_url }}new_comment/"`을 추가합니다.

이렇게 구현한 후 로그아웃한 상태에서 포스트 상세 페이지를 열어보면 댓글 영역이 다음과 같이 바뀝니다. 〈Log in and leave a comment〉 버튼을 클릭하면 로그인 모달이 나타납니다.

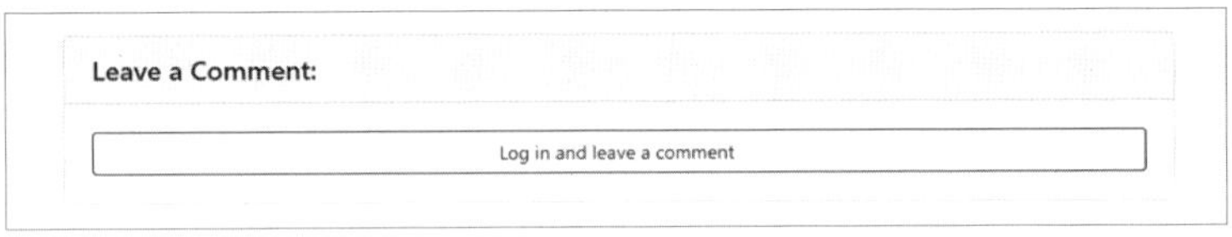

Leave a Comment:

Log in and leave a comment

그림 17-8 로그인 상태에 따라 다르게 나타나는 댓글 영역

다시 테스트하면 앞에서의 문제는 더 이상 발생하지 않습니다. 대신 `id="id_content"`인 `textarea`가 없다고 하는군요.

```
λ Cmder                                                    —  □  ✕

C:\github\do_it_django_a_to_z (main -> origin)
(venv) λ python manage.py test
Creating test database for alias 'default'...
System check identified no issues (0 silenced).
.F.....
======================================================================
FAIL: test_comment_form (blog.tests.TestView)
----------------------------------------------------------------------
Traceback (most recent call last):
  File "C:\github\do_it_django_a_to_z\blog\tests.py", line 299, in test_comment_form
    self.assertTrue(comment_form.find('textarea', id='id_content'))
AssertionError: None is not true


----------------------------------------------------------------------
Ran 7 tests in 3.885s

FAILED (failures=1)
Destroying test database for alias 'default'...
```

CommentForm 구현하기

그냥 HTML을 수정할 것이 아니라 실제로 작동하는 폼을 만들어야 합니다. 장고는 모델을 이용해서 손쉽게 폼을 만들 수 있도록 기능을 제공합니다.

01단계 forms.py 만들고 필드 추가하기

blog 앱 폴더 아래 forms.py 파일을 만들고 다음과 같이 작성합니다. 먼저 models.py에서 Comment 모델을 불러오고, django의 forms도 임포트합니다. 폼 이름은 CommentForm이고, Comment 모델을 사용합니다. Comment 모델에는 여러 가지 필드가 있지만 여기에서는 content 필드만 필요하므로 fields = ('content',)만 입력합니다.

실습 파일: blog/forms.py

```python
from .models import Comment
from django import forms


class CommentForm(forms.ModelForm):
    class Meta:
        model = Comment
        fields = ('content',)
```

exclude로 필드 제외하기

폼을 만들 때 앞의 설명처럼 사용할 필드를 fields = ('content',)와 같이 쓸 수도 있지만 다음처럼 exclude를 쓸 수도 있습니다. 여러 개의 필드 중에 몇 개만 빼고 싶을 때 유용하게 쓸 수 있겠죠? 다만, fields나 exclude 중 하나는 꼭 사용해야 함을 잊지 마세요.

```
from .models import Comment
from django import forms


class CommentForm(forms.ModelForm):
    class Meta:
        model = Comment
        exclude = ('post', 'author', 'created_at', 'modified_at', )
```

views.py 수정하고 CommentForm 적용하기

이렇게 만든 폼을 PostDetail 클래스에 잘 넘겨주기만 하면 됩니다. CommentForm을 임포트하고, PostDetail 클래스의 get_context_data() 함수에서 CommentForm을 comment_form이라는 이름으로 넘기겠습니다.

```
(...생략...)
from .models import Post, Category, Tag
from .forms import CommentForm
(...생략...)
class PostDetail(DetailView):
    model = Post
    (...생략...)
    def get_context_data(self, **kwargs):
        context = super(PostDetail, self).get_context_data()
        context['categories'] = Category.objects.all()
        context['no_category_post_count'] = Post.objects.filter(category=None).count()
        context['comment_form'] = CommentForm
        return context
```

comment_form을 사용할 수 있도록 post_detail.html을 수정하겠습니다. 폼이 예쁘게 보이도록 post_form에서 적용했듯이 crispy를 적용합시다.

```
{% extends 'blog/base.html' %}
{% load crispy_forms_tags %}
(...생략...)
        <!-- Comments Form -->
        <div class="card my-4">
            <h5 class="card-header">Leave a Comment:</h5>
            <div class="card-body">
                {% if user.is_authenticated %}
                <form id="comment-form" method="POST" action="{{ post.get_absolute_
url }}new_comment/">
                    <div class="form-group">
                        {{ comment_form | crispy }}
                    </div>
                    <button type="submit" class="btn btn-primary">Submit</button>
                </form>
(...생략...)
```

이제 웹 브라우저에서 로그인하면 댓글을 작성할 수 있는 창이 다음과 같이 나타납니다.

그림 17-9 로그인하면 나타나는 댓글 작성 창

03단계 urls.py 수정해 new_comment 경로 추가하기

성공적으로 반영이 됐네요. 테스트를 실행해 보면 더 이상 이 부분은 문제가 되지 않습니다. 하지만 POST로 보낸 comment_form의 내용을 받아들일 준비가 되어 있지 않아 새로운 Comment를 만들지 못하고 있습니다.

```
λ Cmder                                                            —  □  ✕

C:\github\do_it_django_a_to_z (main -> origin)
(venv) λ python manage.py test
Creating test database for alias 'default'...
System check identified no issues (0 silenced).
.F.....
==========================================================================
FAIL: test_comment_form (blog.tests.TestView)
--------------------------------------------------------------------------
Traceback (most recent call last):
  File "C:\github\do_it_django_a_to_z_\blog\tests.py", line 317, in test_comment_form
    self.assertEqual(response.status_code, 200)
AssertionError: 404 != 200


--------------------------------------------------------------------------
Ran 7 tests in 3.147s

FAILED (failures=1)
Destroying test database for alias 'default'...
```

blog 앱의 urls.py에 new_comment 경로를 추가하겠습니다. URL에 있는 **pk**로 포스트를 찾고, 그 포스트에 댓글을 달기 위해 다음과 같이 설정합니다. 이번에는 FBV 스타일로 만들 것이므로 **views.** 뒤에 소문자로 new_comment라고 작성합니다.

실습 파일: **blog/urls.py**

```python
from django.urls import path
from . import views

urlpatterns = [
    path('update_post/<int:pk>/', views.PostUpdate.as_view()),
    path('create_post/', views.PostCreate.as_view()),
    path('tag/<str:slug>/', views.tag_page),
    path('category/<str:slug>/', views.category_page),
    path('<int:pk>/new_comment/', views.new_comment),
    path('<int:pk>/', views.PostDetail.as_view()),
    path('', views.PostList.as_view()),
]
```

이제 new_comment() 함수를 views.py에 구현할 차례입니다.

실습 파일: blog/views.py

```
(...생략...)
from django.shortcuts import get_object_or_404
from .models import Post, Category, Tag
from .forms import CommentForm
(...생략...)
def new_comment(request, pk):
    if request.user.is_authenticated: ①
        post = get_object_or_404(Post, pk=pk) ②

        if request.method == 'POST': ③
            comment_form = CommentForm(request.POST) ) ④
            if comment_form.is_valid(): ⑤
                comment = comment_form.save(commit=False)
                comment.post = post
                comment.author = request.user
                comment.save()
                return redirect(comment.get_absolute_url()) ⑥
        else: ③
            return redirect(post.get_absolute_url()
    else: ①
        raise PermissionDenied
```

① 로그인하지 않은 상태에서는 댓글 폼이 포스트 상세 페이지에 보이지 않게 설정했지만 비정상적인 방법으로 new_comment로 접근하려는 시도가 있을 수 있습니다. 이런 경우에 대비해 로그인하지 않은 경우에는 PermissionDenied를 발생시킵니다.

② new_comment() 함수는 pk를 인자로 받습니다. 이 값으로 댓글을 달 포스트를 쿼리를 날려 가져옵니다. 물론 post = Post.objects.get(pk=pk)로 불러올 수도 있지만 해당하는 pk가 없는 경우에는 404 오류를 발생시키도록 하기 위해 장고가 제공하는 get_object_or_404라는 기능을 활용합니다.

③ 폼을 작성한 후 〈submit〉 버튼을 클릭하면 POST 방식으로 전달됩니다. 그런데 어떤 사람이 브라우저에서 127.0.0.1:8000/10/new_comment/로 입력하는 경우도 생각할 수 있겠죠. 이 경우는 POST가 아니라 GET 방식으로 서버에 요청하게 되므로 그냥 pk=10인 포스트의 페이지로 리다이렉트되도록 했습니다.

④ 정상적으로 폼을 작성하고 POST 방식으로 서버에 요청이 들어왔다면 POST 방식으로 들어온 정보를 CommentForm의 형태로 가져옵니다.

❺ 이 폼이 유효하게 작성되었다면 해당 내용으로 새로운 레코드를 만들어 데이터베이스에 저장합니다. 이 때 comment_form.save(commit=False)로 바로 저장하는 기능을 잠시 미루고 comment_form에 담긴 정보로 Comment 인스턴스만 가져옵니다. 이때 CommentForm은 content 필드의 내용만 담고 있으므로 post 필드는 pk로 가져온 포스트로 채우고, author 필드는 로그인한 사용자 정보로 채웁니다. 그 작업이 끝나야 비로소 저장을 합니다.

❻ 마지막으로 comment의 URL로 리다이렉트를 합니다. 해당 포스트의 상세 페이지에서 이 댓글이 작성되어 있는 위치로 브라우저가 이동하겠죠.

이제 테스트를 해 보면 OK가 나옵니다. 테스트가 잘 되었는지 웹 브라우저에서 직접 댓글을 작성하고 〈Submit〉 버튼을 클릭해 보세요. CSRF가 없다는 이유로 403 오류가 발생합니다.

그림 17-10 댓글 작성 후 저장

그림 17-11 댓글 작성 후 나타난 CSRF 관련 오류 화면

이런 문제가 발생하면 당황하지 말고 form 요소 안에 {% csrf_token %}이 있는지 확인하세요. 장고에서는 form을 사용할 때 보안을 위해 form 안에 무작위의 토큰을 input 값으로 부여하고, 나중에 서버에 POST로 들어온 값을 확인할 때 그 토큰 값이 맞는지 확인하는 과정을 거칩니다. 따라서 특별한 경우가 아니라면 다음과 같이 form 안에 {% csrf_token %}을 써야 Forbidden 오류가 발생하지 않습니다.

```
                                    실습 파일: blog/templates/blog/post_detail.html

(...생략...)
<!-- Comments Form -->
<div class="card my-4">
    <h5 class="card-header">Leave a Comment:</h5>
    <div class="card-body">
        {% if user.is_authenticated %}
        <form id="comment-form" method="POST" action="{{ post.get_absolute_url }}
new_comment/">
            {% csrf_token %}
            <div class="form-group">
                {{ comment_form | crispy }}
            </div>
(...생략...)
```

다시 포스트 상세 페이지를 열어 댓글을 작성해 보세요. 댓글 달기도 성공입니다.

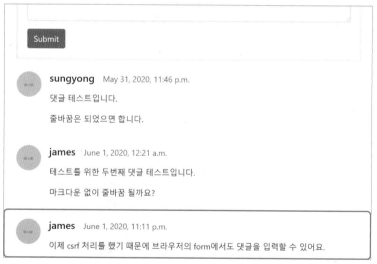

그림 17-12 CSRF 처리 후 댓글 작성 성공

커밋! 댓글 폼으로 포스트 상세 페이지에서 댓글 작성하기

자축하는 의미로 커밋을 합시다. 커밋 메시지는 '댓글 폼으로 포스트 상세 페이지에서 댓글 작성하기'라고 정했습니다.

```
λ  Cmder                                                    —  □  ✕

C:\github\do_it_django_a_to_z (main -> origin)
(venv) λ git add .
C:\github\do_it_django_a_to_z (main -> origin)
(venv) λ git commit -m "댓글 폼으로 포스트 상세 페이지에서 댓글 작성하기"
C:\github\do_it_django_a_to_z (main -> origin)
(venv) λ git push
```

17-4 댓글 수정 기능 구현하기

이제 댓글을 수정하는 기능을 구현하겠습니다. 먼저 여러분이 원하는 상황이 어떤 것인지 구상한 후 테스트 코드로 작성해 봅시다.

 댓글 수정 버튼 테스트하기

01단계 테스트 코드 작성하기

우선 댓글을 수정하고 싶을 때 누를 〈edit〉 버튼이 댓글 옆에 있어야겠죠. 그리고 자기가 남긴 댓글만 수정할 수 있어야 하므로 자기가 남긴 댓글 옆에만 이 버튼이 나타나야 합니다. 당연히 로그인을 하지 않은 상태에서는 이 버튼이 나타나지 않아야겠죠.

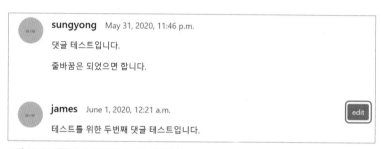

그림 17-13 댓글에 작성자명과 〈edit〉 버튼이 나타남

tests.py를 열고 댓글을 수정하는 상황을 테스트하기 위한 `test_comment_update()` 함수를 만듭니다.

실습 파일: blog/tests.py

```python
(...생략...)
def test_comment_update(self):
    comment_by_trump = Comment.objects.create(  ❶
        post=self.post_001,
        author=self.user_trump,
        content='트럼프의 댓글입니다.'
    )
```

```
        response = self.client.get(self.post_001.get_absolute_url()) ❷
        self.assertEqual(response.status_code, 200)
        soup = BeautifulSoup(response.content, 'html.parser')


        comment_area = soup.find('div', id='comment-area') ❸
        self.assertFalse(comment_area.find('a', id='comment-1-update-btn'))
        self.assertFalse(comment_area.find('a', id='comment-2-update-btn'))


        # 로그인한 상태
        self.client.login(username='obama', password='somepassword') ❹
        response = self.client.get(self.post_001.get_absolute_url())
        self.assertEqual(response.status_code, 200)
        soup = BeautifulSoup(response.content, 'html.parser')


        comment_area = soup.find('div', id='comment-area') ❺
        self.assertFalse(comment_area.find('a', id='comment-2-update-btn'))
        comment_001_update_btn = comment_area.find('a', id='comment-1-update-btn')
        self.assertIn('edit', comment_001_update_btn.text)
        self.assertEqual(comment_001_update_btn.attrs['href'], '/blog/update_comment/1/')
```

❶ 다른 사람이 작성한 댓글(comment)이 있어야 하므로 comment_by_trump로 새로 만듭니다.

❷ 로그인하지 않은 상태에서 댓글이 2개 있는 self.post_001 페이지를 엽니다.

❸ 댓글 영역에 수정 버튼이 둘 다 보이지 않아야 하므로 수정 버튼의 id는 comment-해당 comment의 pk-update-btn으로 만듭니다.

❹ obama로 로그인한 상태에서 다시 테스트하기 위해 준비합니다.

❺ obama로 로그인했으므로 trump가 작성한 댓글에 대한 수정 버튼은 보이지 않아야 합니다. 반면에 obama가 작성한 self.comment_001에 대한 수정 버튼은 나타나야 합니다. 그리고 이 수정 버튼에는 edit라고 써 있어야 합니다. 이 버튼에는 링크 경로를 담은 href 속성이 있어야 하는데, 이 경로는 blog/update_comment/해당 comment의 pk/ 입니다.

테스트를 실행하면 아직 테스트 코드만 작성한 상태이기 때문에 당연히 Fail이 나옵니다. comment_001에 대한 버튼이 없다고 하네요.

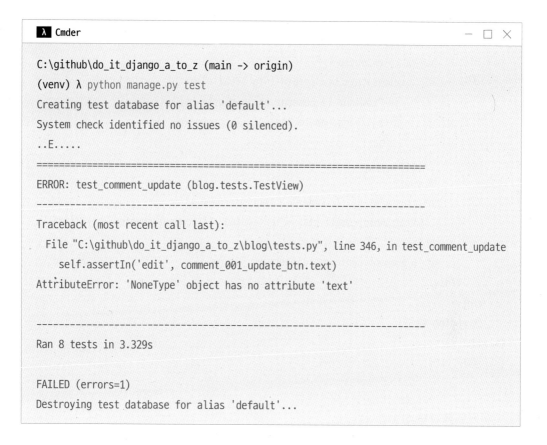

```
λ Cmder                                                    –  □  ✕

C:\github\do_it_django_a_to_z (main -> origin)
(venv) λ python manage.py test
Creating test database for alias 'default'...
System check identified no issues (0 silenced).
..E.....
=================================================================
ERROR: test_comment_update (blog.tests.TestView)
-----------------------------------------------------------------
Traceback (most recent call last):
  File "C:\github\do_it_django_a_to_z\blog\tests.py", line 346, in test_comment_update
    self.assertIn('edit', comment_001_update_btn.text)
AttributeError: 'NoneType' object has no attribute 'text'


-----------------------------------------------------------------
Ran 8 tests in 3.329s

FAILED (errors=1)
Destroying test database for alias 'default'...
```

다음처럼 〈edit〉 버튼을 추가하고, href="/blog/update_comment/{{ comment.pk }}"로 지
정합니다. 단, 이 버튼은 댓글 작성자 본인에게만 보여야 하므로 if 문을 사용해서 '로그인한
방문자가 댓글(comment)의 작성자(author)인 경우'에 한해 〈edit〉 버튼을 구성하는 HTML
코드가 출력되도록 만듭니다.

실습 파일: ./blog/post_detail.html

```
(...생략...)
{% if post.comment_set.exists %}
    {% for comment in post.comment_set.iterator %}

    <!-- Single Comment -->
    <div class="media mb-4" id="comment-{{ comment.pk }}">
        <img class="d-flex mr-3 rounded-circle" src="http://placehold.it/50x50" alt="">
        <div class="media-body">
```

```
        {% if user.is_authenticated and comment.author == user %}
            <a role="button"
                class="btn btn-sm btn-info float-right"
                id="comment-{{ comment.pk }}-update-btn"
                href="/blog/update_comment/{{ comment.pk }}/">
                edit
            </a>
        {% endif %}
        <h5 class="mt-0">{{ comment.author.username }}
              <small class="text-muted">{{ comment.created_at }}</small>
        </h5>
        <p>{{ comment.content | linebreaks }}</p>
    </div>
  </div>
  {% endfor %}
{% endif %}
(...생략...)
```

다시 테스트를 하면 성공합니다.

02단계 테스트 코드 수정하기

이제는 〈edit〉 버튼을 클릭했을 때 실제로 수정이 가능하도록 개발해 볼까요? 먼저 테스트 코드를 추가하겠습니다.

실습 파일: blog/tests.py

```
(...생략...)
def test_comment_update(self):
(...생략...)
    # 로그인한 상태
    (...생략...)
    self.assertIn('edit', comment_001_update_btn.text)
    self.assertEqual(comment_001_update_btn.attrs['href'], '/blog/update_com-
ment/1/')

    response = self.client.get('/blog/update_comment/1/') ❶
    self.assertEqual(response.status_code, 200)
```

```
    soup = BeautifulSoup(response.content, 'html.parser')

    self.assertEqual('Edit Comment - Blog', soup.title.text) ❷
    update_comment_form = soup.find('form', id='comment-form')
    content_textarea = update_comment_form.find('textarea', id='id_content')
    self.assertIn(self.comment_001.content, content_textarea.text) ❸

    response = self.client.post( ❹
        f'/blog/update_comment/{self.comment_001.pk}/',
        {
            'content': "오바마의 댓글을 수정합니다.",
        },
        follow=True
    )

    self.assertEqual(response.status_code, 200)
    soup = BeautifulSoup(response.content, 'html.parser')
    comment_001_div = soup.find('div', id='comment-1')
    self.assertIn('오바마의 댓글을 수정합니다.', comment_001_div.text)
    self.assertIn('Updated: ', comment_001_div.text) ❺
```

❶ 〈edit〉 버튼을 클릭하면 댓글을 수정하는 폼이 있는 페이지로 넘어갑니다.

❷ 이 페이지의 타이틀은 Edit Comment_Blog입니다.

❸ 폼 안에는 id="id_content"인 textarea가 있어야 하고, 그 안에는 수정하기 전의 comment 내용이 담겨 있어야 합니다.

❹ 이 폼의 content 내용을 수정하고 〈submit〉 버튼을 클릭하면 해당 댓글이 수정됩니다. 이 부분을 self.client.post로 구현합니다. 앞서 설명했듯이 POST 방식으로 서버에 내용을 보내는 방식으로 요청하게 되면 CommentUpdate 클래스에서 내용이 처리된 이후에 해당 comment의 절대 경로로 리다이렉트됩니다. 따라서 follow=True 옵션을 설정해야 합니다.

❺ 수정된 댓글은 수정된 내용으로 바뀌어 있어야 하고, 수정되었을 때는 댓글에 'Updated: '라는 문구가 나타나야 합니다.

테스트 코드만 만든 상황이기 때문에 당연히 다음과 같이 Fail이 나옵니다. 댓글 수정 페이지에 접근하려고 했으나 404 오류가 발생합니다. 아직 댓글 수정 페이지의 URL을 정의하지도 않았고, 그 페이지에 대한 뷰도 만들지 않았으니까요.

```
λ Cmder                                                      —  □  ×

C:\github\do_it_django_a_to_z (main -> origin)
(venv) λ python manage.py test
Creating test database for alias 'default'...
System check identified no issues (0 silenced).
..F.....
=========================================================================
FAIL: test_comment_update (blog.tests.TestView)
-------------------------------------------------------------------------
Traceback (most recent call last):
  File "C:\github\do_it_django_a_to_z\blog\tests.py", line 350, in test_comment_update
    self.assertEqual(response.status_code, 200)
AssertionError: 404 != 200


-------------------------------------------------------------------------
Ran 8 tests in 3.418s


FAILED (failures=1)
Destroying test database for alias 'default'...
```

 댓글 수정 페이지 만들기

01단계 페이지 경로 추가하고 CommentUpdate 클래스 만들기

먼저 blog/urls.py에 댓글 수정 페이지의 경로를 추가합시다. 여기서는 `PostUpdate`를 만들었을 때와 마찬가지로 CBV 스타일로 만들겠습니다.

실습 파일: blog/urls.py

```
from django.urls import path
from . import views

urlpatterns = [
    path('update_comment/<int:pk>/', views.CommentUpdate.as_view()),
    path('update_post/<int:pk>/', views.PostUpdate.as_view()),
    path('create_post/', views.PostCreate.as_view()),
```

```
    path('tag/<str:slug>/', views.tag_page),
    path('category/<str:slug>/', views.category_page),
    path('<int:pk>/new_comment/', views.new_comment),
    path('<int:pk>/', views.PostDetail.as_view()),
    path('', views.PostList.as_view()),
]
```

추가한 URL에 대응하는 CommentUpdate 클래스를 views.py에 만들겠습니다. 로그인되어 있지 않은 상태로 CommentUpdate에 POST 방식으로 정보를 보내는 상황은 막기 위해 LoginRequiredMixin을 포함시킵니다. Comment 모델을 사용하겠다고 선언하고, form_class는 예전에 만들어둔 CommentForm을 불러와서 활용합니다. 그리고 조금 더 보안을 신경 쓰기 위해 dispatch() 메서드에 기능을 다음과 같이 추가합니다. 전에 PostUpdate에서 설명했듯이 dispatch() 메서드는 웹 사이트 방문자의 요청이 GET인지, POST인지 판단하는 역할을 합니다.

실습 파일: blog/views.py

```
(...생략...)
from .models import Post, Category, Tag, Comment
(...생략...)
class CommentUpdate(LoginRequiredMixin, UpdateView):
    model = Comment
    form_class = CommentForm

    def dispatch(self, request, *args, **kwargs):
        if request.user.is_authenticated and request.user == self.get_object().
author:
            return super(CommentUpdate, self).dispatch(request, *args, **kwargs)
        else:
            raise PermissionDenied
```

dispatch() 메서드를 조금 더 살펴보겠습니다. 방문자가 〈edit〉 버튼을 클릭해 이 페이지로 접근했다면 GET 방식이므로 pk=1인 comment의 내용이 폼에 채워진 상태의 페이지가 나타납니다. 이 페이지에서 〈submit〉 버튼을 클릭하면 /blog/update_comment/1/ 경로로 POST 방식을 사용해 폼의 내용을 전달하고 처리하게 되어 있습니다.

문제는 trump라는 사용자가 로그인한 상태에서 /blog/update_comment/1/을 주소 창에 입력하면 obama가 작성한 pk=1인 comment를 수정할 수 있다는 것입니다. 다시 말해 trump 라는 사용자가 obama가 작성한 댓글을 해킹할 수 있게 됩니다. 이런 상황을 방지하기 위해 dispatch() 메서드에서 GET 방식인지 POST 방식인지를 판단하기에 앞서 댓글 작성자 (comment.author)와 로그인한 사용자가 다른 경우에는 PermissionDenied 오류가 발생하도 록 했습니다.

이 상태에서 테스트를 하면 다음과 같이 template를 찾을 수 없다는 오류가 발생합니다. blog 폴더에 comment_form.html이 존재해야 한다고 불평하고 있네요.

```
λ Cmder                                              —  □  ✕

C:\github\do_it_django_a_to_z (main -> origin)
(venv) λ python manage.py test
Creating test database for alias 'default'...
System check identified no issues (0 silenced).
..E.....
===============================================================
ERROR: test_comment_update (blog.tests.TestView)
---------------------------------------------------------------
Traceback (most recent call last):
(...생략...)
django.template.exceptions.TemplateDoesNotExist: blog/comment_form.html


---------------------------------------------------------------
Ran 8 tests in 3.480s

FAILED (errors=1)
Destroying test database for alias 'default'...
```

템플릿 만들기

앞에서 만들었던 post_form.html을 참고해 다음과 같이 comment_form.html을 만듭니다.
웹 브라우저의 타이틀은 'Edit Comment - Blog'로 작성하고, 폼이 예쁘게 보이도록 `crispy`
도 사용합니다.

실습 파일: **blog/templates/blog/comment_form.html**

```
{% extends 'blog/base_full_width.html' %}
{% load crispy_forms_tags %}
{% block head_title %}Edit Comment - Blog{% endblock %}

{% block main_area %}
    <h1>Edit Comment</h1>
    <hr/>
    <form method="post" id="comment-form">{% csrf_token %}
        {{ form | crispy }}
        <br/>
        <button type="submit" class="btn btn-primary float-right">Submit</button>
    </form>
{% endblock %}
```

다시 테스트를 해 보니 리다이렉트된 페이지에서 'Updated: '라는 문구가 없다고 Fail이 나
옵니다. 이 문제는 post_detail.html을 수정하면 해결할 수 있습니다.

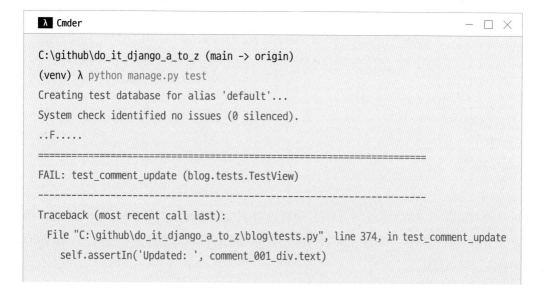

```
λ Cmder                                                           —  □  ✕

C:\github\do_it_django_a_to_z (main -> origin)
(venv) λ python manage.py test
Creating test database for alias 'default'...
System check identified no issues (0 silenced).
..F.....
=====================================================================
FAIL: test_comment_update (blog.tests.TestView)
---------------------------------------------------------------------
Traceback (most recent call last):
  File "C:\github\do_it_django_a_to_z\blog\tests.py", line 374, in test_comment_update
    self.assertIn('Updated: ', comment_001_div.text)
```

```
AssertionError: 'Updated: ' not found in '\n\n\n\n
(...생략...)
```

처음 댓글이 생성되면 created_at과 modified_at이 동일하지만 한 번 수정하면 created_at
은 그대로 남아 있는 반면, modified_at은 수정한 시각으로 변경되어 둘의 값이 달라집니다.
따라서 post_detail.html에서 created_at과 modified_at이 같지 않은 경우에는 Updated: 뒤
에 modified_at을 출력하는 기능을 추가합니다. 수정 시각은 오른쪽 아래에 약간 흐릿하게
나오도록 <p> 태그의 클래스에 text-muted와 float-right를 추가하고, 댓글 내용보다 작게
표시되도록 <p> 태그 안에 <small> 태그도 추가합니다.

실습 파일: blog/templates/blog/post_detail.html

```
(...생략...)
<!-- Single Comment -->
<div class="media mb-4" id="comment-{{ comment.pk }}">
    <img class="d-flex mr-3 rounded-circle" src="http://placehold.it/50x50" alt="">
    <div class="media-body">
        (...생략...)
        {% endif %}
        <h5 class="mt-0">
            {{ comment.author.username }}
              <small class="text-muted">{{ comment.created_at }}</small>
        </h5>
        <p>{{ comment.content | linebreaks }}</p>
        {% if comment.created_at != comment.modified_at %}
            <p class="text-muted float-right"><small>Updated: {{ comment.modified_at
}}</small></p>
        {% endif %}
    </div>
</div>
(...생략...)
```

다시 테스트를 해 보면 OK가 나옵니다. 실제로 잘 되었는지 눈으로 확인하기 위해 〈edit〉 버
튼을 클릭해 다음과 같이 댓글 수정 페이지를 열어보세요. 그리고 댓글을 수정하고 〈Submit〉
버튼을 클릭하세요.

그림 17-14 댓글 수정 페이지에서 댓글 수정

앞에서 계획한 대로 수정 내용도 잘 반영되었고, 수정 날짜와 시각도 나타납니다.

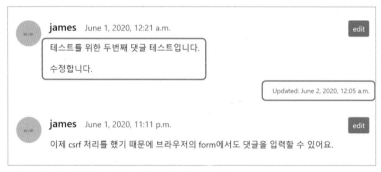

그림 17-15 댓글 내용이 수정되고 수정 날짜와 시각도 표시됨

커밋 댓글 수정 기능 추가하기

그럼 커밋을 합시다. 커밋 메시지는 '댓글 수정 기능 추가하기'라고 정했습니다.

17-5 댓글 삭제 기능 구현하기

간혹 남의 블로그에서 댓글을 남겼던 사람이 그 댓글을 삭제하고 싶은 경우도 있을 겁니다. 이번에는 댓글 작성자가 자신의 댓글을 삭제할 수 있도록 기능을 구현해 보겠습니다.

 댓글 삭제 기능을 위한 테스트 코드 작성하기

01단계 〈delete〉 버튼 모양 구상하기

이번에도 기능을 구현하기 전에 어떤 식으로 UI를 구성할지 먼저 생각해 봅시다. 우선 댓글의 〈delete〉 버튼은 〈edit〉 버튼처럼 자신이 작성한 댓글에만 나타나야 합니다. 이 〈delete〉 버튼을 클릭했을 때 곧바로 댓글이 삭제되기보다는 정말로 삭제하고 싶은지 물어보는 과정이 필요합니다. 〈delete〉 버튼을 실수로 누를 수도 있으니까요. 따라서 〈delete〉 버튼을 클릭했을 때 모달이 팝업되면서 정말로 삭제할 것인지 물어보는 과정을 한 번 더 거치도록 하겠습니다.

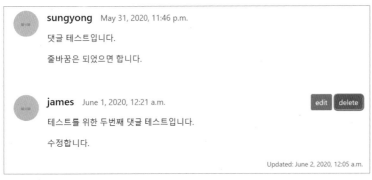

그림 17-16 자신이 남긴 댓글에만 나타나는 〈delete〉 버튼

그림 17-17 〈delete〉 버튼을 클릭했을 때 나타나는 모달

02단계 테스트 코드 작성하기

다음과 같이 테스트 코드를 작성합니다.

실습 파일: blog/tests.py

```python
(...생략...)
def test_delete_comment(self):  ①
    comment_by_trump = Comment.objects.create(
        post=self.post_001,
        author=self.user_trump,
        content='트럼프의 댓글입니다.'
    )

    self.assertEqual(Comment.objects.count(), 2)
    self.assertEqual(self.post_001.comment_set.count(), 2)

    # 로그인하지 않은 상태
    response = self.client.get(self.post_001.get_absolute_url())  ②
    self.assertEqual(response.status_code, 200)
    soup = BeautifulSoup(response.content, 'html.parser')

    comment_area = soup.find('div', id='comment-area')
    self.assertFalse(comment_area.find('a', id='comment-1-delete-btn'))
    self.assertFalse(comment_area.find('a', id='comment-2-delete-btn'))

    # trump로 로그인한 상태
    self.client.login(username='trump', password='somepassword')  ③
    response = self.client.get(self.post_001.get_absolute_url())
    self.assertEqual(response.status_code, 200)
```

```python
        soup = BeautifulSoup(response.content, 'html.parser')


        comment_area = soup.find('div', id='comment-area')  ❹
        self.assertFalse(comment_area.find('a', id='comment-1-delete-btn'))
        comment_002_delete_modal_btn = comment_area.find(
            'a', id='comment-2-delete-modal-btn'
        )
        self.assertIn('delete', comment_002_delete_modal_btn.text)
        self.assertEqual(
            comment_002_delete_modal_btn.attrs['data-target'],
            '#deleteCommentModal-2'
        )


        delete_comment_modal_002 = soup.find('div', id='deleteCommentModal-2')  ❺
        self.assertIn('Are You Sure?', delete_comment_modal_002.text)
        really_delete_btn_002 = delete_comment_modal_002.find('a')
        self.assertIn('Delete', really_delete_btn_002.text)
        self.assertEqual(
            really_delete_btn_002.attrs['href'],
            '/blog/delete_comment/2/'
        )


        response = self.client.get('/blog/delete_comment/2/', follow=True)  ❻
        self.assertEqual(response.status_code, 200)
        soup = BeautifulSoup(response.content, 'html.parser')
        self.assertIn(self.post_001.title, soup.title.text)
        comment_area = soup.find('div', id='comment-area')
        self.assertNotIn('트럼프의 댓글입니다.', comment_area.text)

        self.assertEqual(Comment.objects.count(), 1)
        self.assertEqual(self.post_001.comment_set.count(), 1)
```

❶ trump라는 이름으로 댓글을 작성합니다. 이미 setUp() 함수에서 self.post_001에 obama라는 이름으로 댓글(comment)을 작성해 두었으니 현재 댓글은 총 2개입니다. self.post_001의 댓글 역시 2개입니다.

❷ 일단 로그인하지 않은 상태에서는 self.post_001의 페이지에 댓글 삭제 버튼이 보이면 안 됩니다. 이때 버튼의 id는 comment-pk-delete-btn으로 정합니다.

❸ 이제 trump로 로그인한 상태를 테스트합니다.

❹ trump로 로그인했기 때문에 댓글 영역(comment-area)에는 obama가 작성한 self.comment_001에 대한 〈delete〉 버튼은 없어야 합니다. 반면 pk=2인 댓글에 대한 〈delete〉 버튼은 있어야 합니다. 이 버튼은 곧바로 지우는 버튼이 아니라 정말로 지울 것인지 한 번 더 물어보는 모달을 나타내기 위한 버튼입니다.

❺ 삭제를 할지 재차 물어보는 모달에는 'Are You Sure?'라는 문구와 함께 〈delete〉 버튼이 있어야 합니다. 이 버튼의 링크는 /blog/delete_comment/삭제할 comment의 pk/로 되어 있어야 합니다.

❻ 실제로 〈delete〉 버튼을 클릭하면 댓글이 삭제되고 self.post_001의 페이지로 리다이렉트됩니다. 이 페이지에는 더 이상 trump가 작성한 댓글이 존재하지 않습니다. 댓글의 개수도 1로 줄어듭니다.

아직 테스트 코드만 작성한 상태이기 때문에 테스트를 해보면 'comment를 삭제할지를 묻는 모달을 나타내기 위한 버튼이 없다'는 오류가 발생합니다.

```
λ Cmder                                                          —  □  ×

C:\github\do_it_django_a_to_z (main -> origin)
(venv) λ python manage.py test
Creating test database for alias 'default'...
System check identified no issues (0 silenced).
....E....
======================================================================
ERROR: test_delete_comment (blog.tests.TestView)
----------------------------------------------------------------------
Traceback (most recent call last):
  File "C:\github\do_it_django_a_to_z\blog\tests.py", line 402, in test_delete_comment
    self.assertIn('delete', comment_002_delete_modal_btn.text)
AttributeError: 'NoneType' object has no attribute 'text'


----------------------------------------------------------------------
Ran 9 tests in 4.612s

FAILED (errors=1)
Destroying test database for alias 'default'...
```

댓글 삭제 버튼과 모달 만들기

01단계 post_detail.html 수정하기

앞의 오류를 해결하기 위해 post_detail.html을 다음과 같이 수정합니다.

실습 파일: blog/templates/blog/post_detail.html

```
(...생략...)
{% if user.is_authenticated and comment.author == user %}
    <div class="float-right"> ❶
        <a role="button"
           class="btn btn-sm btn-info float-right"
           id="comment-{{ comment.pk }}-update-btn"
           href="/blog/update_comment/{{ comment.pk }}/">
            edit
        </a>
        <a role="button"
           href="#"
           id="comment-{{ comment.pk }}-delete-modal-btn"
           class="btn btn-sm btn-danger"
           data-toggle="modal" data-target="#deleteCommentModal-{{ comment.pk }}">
            delete
        </a> ❷
    </div>

    <!-- Modal --> ❸
    <div class="modal fade" id="deleteCommentModal-{{ comment.pk }}" tabindex="-1"
role="dialog" aria-labelledby="deleteCommentModalLabel" aria-hidden="true">
        <div class="modal-dialog" role="document">
            <div class="modal-content">
                <div class="modal-header">
                    <h5 class="modal-title" id="deleteModalLabel">Are You Sure?</h5>
                    <button type="button" class="close" data-dismiss="modal" aria-
label="Close">
                        <span aria-hidden="true">&times;</span>
                    </button>
```

```
            </div>
            <div class="modal-body">
                <del>{{ comment | linebreaks }}</del>
            </div>
            <div class="modal-footer"> ❹
                <button type="button" class="btn btn-secondary" data-dismiss=
"modal">Cancel</button>
                <a role="button" class="btn btn-danger" href="/blog/delete_com-
ment/{{ comment.pk }}/">Delete</a>
            </div>
        </div>
    </div>
  </div>

{% endif %}
(...생략...)
```

❶ <edit> 버튼과 <delete> 버튼이 오른쪽에 나란히 정렬된 상태로 있게 하기 위해 <div> 태그로 두 버튼을 감싸고 class="float-right"으로 설정합니다. 대신 <edit> 버튼의 class에서 float-right는 삭제합니다.

❷ <delete> 버튼을 만들고 이 버튼을 클릭하면 실제로 삭제를 할지 물어보는 모달을 나타내도록 합니다. 이 버튼의 id는 commnet-{{ commnet.pk }}-delete-modal-btn으로 정했습니다. 모달을 나타내기 위한 버튼이므로 data-target도 #deleteCommentModal-{{ comment.pk }}로 정의합니다. 이 버튼이 제대로 작동하기 위해서는 data-target에 정의한 값과 똑같은 id를 가진 div가 존재해야 합니다.

❸ 앞에서 만든 로그인 모달 내용을 복사해서 붙인 후 id를 수정합니다. 그 밖에도 모달 내의 내용을 수정합니다. login이라는 문구가 남아 있는 부분이 꽤 많거든요. modal-title은 'Are You Sure?'로 변경합니다. Modal-body 부분에는 어떤 댓글을 삭제하는지 알 수 있도록 댓글 내용을 보여주도록 합니다. 다만, 이 댓글이 삭제될 예정이라고 표시하기 위해 <del> 태그로 감싸 취소선이 나타나도록 합니다.

❹ 이 모달 아래 쪽에는 버튼이 2개 존재합니다. 하나는 <Cancel> 버튼이고, 하나는 <Delete> 버튼입니다. 모달의 아래쪽에 있는 <Delete> 버튼을 한 번 더 클릭하면 방문자가 의사를 확실하게 밝힌 것이므로 댓글을 삭제하는 경로로 이동합니다.

다시 테스트를 해 보니 '페이지를 찾을 수 없음'을 의미하는 404 오류가 발생하여 테스트는 Fail이 나옵니다. 당연한 결과입니다. 아직 /blog/delete_comment/{{ comment.pk }}/에 해당하는 URL을 처리할 수 있게 준비해두지 않았으니까요.

```
λ Cmder                                                    —  □  ✕

C:\github\do_it_django_a_to_z (main -> origin)
(venv) λ python manage.py test
Creating test database for alias 'default'...
System check identified no issues (0 silenced).
....F....
=======================================================================
FAIL: test_delete_comment (blog.tests.TestView)
-----------------------------------------------------------------------
Traceback (most recent call last):
  File "C:\github\do_it_django_a_to_z\blog\tests.py", line 418, in test_delete_comment
    self.assertEqual(response.status_code, 200)
AssertionError: 404 != 200


-----------------------------------------------------------------------
Ran 9 tests in 4.653s

FAILED (failures=1)
Destroying test database for alias 'default'...
```

02단계 urls.py와 views.py 수정하기

앞에서와 마찬가지로 urls.py에 이 URL을 추가하고, views.py에 이 URL에 매칭되는 함수 혹은 클래스를 추가하면 됩니다. 다음과 같이 댓글 삭제를 위한 URL을 추가하고, 이에 매칭 되는 뷰는 delete_comment로 지정합니다. 소문자로 작성한 이유는 FBV 스타일로 개발하겠 다는 의미입니다.

실습 파일: blog/urls.py

```python
from django.urls import path
from . import views

urlpatterns = [
    path('delete_comment/<int:pk>/', views.delete_comment),
    path('update_comment/<int:pk>/', views.CommentUpdate.as_view()),
    path('update_post/<int:pk>/', views.PostUpdate.as_view()),
    path('create_post/', views.PostCreate.as_view()),
```

```
    path('tag/<str:slug>/', views.tag_page),
    path('category/<str:slug>/', views.category_page),
    path('<int:pk>/new_comment/', views.new_comment),
    path('<int:pk>/', views.PostDetail.as_view()),
    path('', views.PostList.as_view()),
]
```

이제 views.py를 열고 delete_comment() 함수를 FBV 스타일로 다음과 같이 만듭니다.

실습 파일: blog/views.py

```
(...생략...)
def delete_comment(request, pk):
    comment = get_object_or_404(Comment, pk=pk)
    post = comment.post
    if request.user.is_authenticated and request.user == comment.author:
        comment.delete()
        return redirect(post.get_absolute_url())
    else:
        raise PermissionDenied
```

먼저 get_object_or_404() 함수를 사용해 delete_comment() 함수에서 인자로 받은 pk 값과 같은 pk 값을 가진 댓글을 쿼리셋으로 받아 comment 변수에 저장합니다. 만약 인자로 받아온 pk에 해당하는 댓글이 존재하지 않는다면 404 오류가 발생하겠죠. 해당하는 댓글을 받아왔다면 그 댓글이 달린 포스트를 post 변수에 저장합니다. 댓글이 삭제된 이후에 그 댓글이 달려 있던 포스트 상세 페이지로 리다이렉트해야 하니까요.

다음으로는 delete_comment() 함수까지 접근한 방문자가 로그인한 사용자인지, 로그인했다면 이 댓글의 작성자인지 확인합니다. 조건을 만족하지 않는다면 권한이 없는데 접근한 것이므로 '권한 없음'을 의미하는 PermissionDenied 오류를 발생시킵니다. 조건을 만족한다면 해당 댓글을 삭제하고 이 댓글이 달려 있던 포스트의 상세 페이지로 리다이렉트합니다.

이제 테스트를 해보면 OK가 나옵니다. 정말로 잘 구현되었는지 직접 브라우저에서 확인해 보세요.

그림 17-18 정말로 삭제할지 물어보는 모달

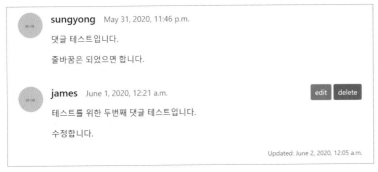

그림 17-19 댓글 삭제에 성공한 모습

DeleteView를 사용하지 않은 이유

물론 장고는 CreateView, UpdateView처럼 DeleteView도 제공합니다. DeleteView 를 이용하면 삭제하기 전에 '정말로 삭제할 것인지'를 확인하는 페이지가 한 번 나타납니다. 여기에서는 DeleteView를 이용해 댓글 삭제를 위한 페이지로 이동했다가 돌아오는 방식을 채택하지 않고 해당 페이지에 그대로 머무르면서 모달을 확인하는 방식으로 처리했습니다.

커밋! 댓글 삭제 기능 추가하기

성공을 자축하며 커밋을 합시다. 커밋 메시지는 '댓글 삭제 기능 추가하기'라고 정했습니다.

```
λ Cmder                                                    – □ ✕

C:\github\do_it_django_a_to_z (main -> origin)
(venv) λ git add .
C:\github\do_it_django_a_to_z (main -> origin)
(venv) λ git commit -m "댓글 삭제 기능 추가하기"
C:\github\do_it_django_a_to_z (main -> origin)
(venv) λ git push
```

(18)

기타 편의 기능
구현하기

지금까지 많은 기능을 개발했지만 여전히 껍데기만 있고 기능은 구현되지 않은 요소들이 많습니다. 포스트 목록 페이지 아래쪽에 있는 pagination 기능도 구현되어 있지 않고, 오른쪽의 검색 창도 모양만 있을 뿐입니다. 댓글을 달았을 때 댓글 작성자의 사진이나 이미지가 보이면 좋을텐데 역시 그냥 회색 동그라미로 처리되어 있죠. 이 장에서는 이런 문제를 해결하기 위한 기능을 개발하겠습니다.

18-1 포스트를 여러 페이지에 나누어 보여 주기

지금까지 개발해둔 포스트 목록 페이지는 블로그의 포스트가 몇 개인지에 관계없이 모든 포스트를 한 페이지에 보여주게 되어 있습니다. 아직은 포스트가 몇 개 안 되니까 큰 문제가 없지만 작성한 글이 100개, 1,000개가 된다면 한 화면에 보여주기가 어려워집니다. 서버에서 그 많은 내용을 데이터베이스에서 찾아 전달해야 하므로 부하가 많이 생깁니다. 사용자 입장에서도 찾고 싶은 글을 찾기 어려워지고, 모바일에서 본다면 데이터도 불필요하게 많이 소진해야겠죠. 대부분의 웹 사이트는 이런 비효율을 해결하기 위해 게시글을 여러 페이지에 나누어 보여줍니다. 장고의 pagination을 이용하면 이 기능 또한 쉽게 구현할 수 있습니다.

 장고로 pagination 구현하기

포스트 목록 페이지를 보면 이미 부트스트랩으로 pagination을 이용하기 위한 버튼이 만들어져 있습니다. 물론 아직 기능을 구현하지는 않는 상태이지만요.

그림 18-1 포스트를 넘기기 위한 〈pagination〉 버튼

〈Older〉, 〈Newer〉 버튼이 작동하도록 만들어 볼까요? 한 페이지에 5개의 최신 포스트를 보여주고, 그 이전 포스트들은 〈Older〉 버튼을 클릭해야 볼 수 있도록 구현해 보겠습니다.

01단계 관리자 페이지에서 11개의 포스트 추가하기

이번에는 장고에서 기본적으로 제공하는 기능을 개발하는 것이므로 따로 테스트를 만들지는 않겠습니다. 대신 브라우저에서 직접 확인을 해야겠죠. 이를 위해 데이터베이스에 11개 이상의 포스트를 만듭니다.

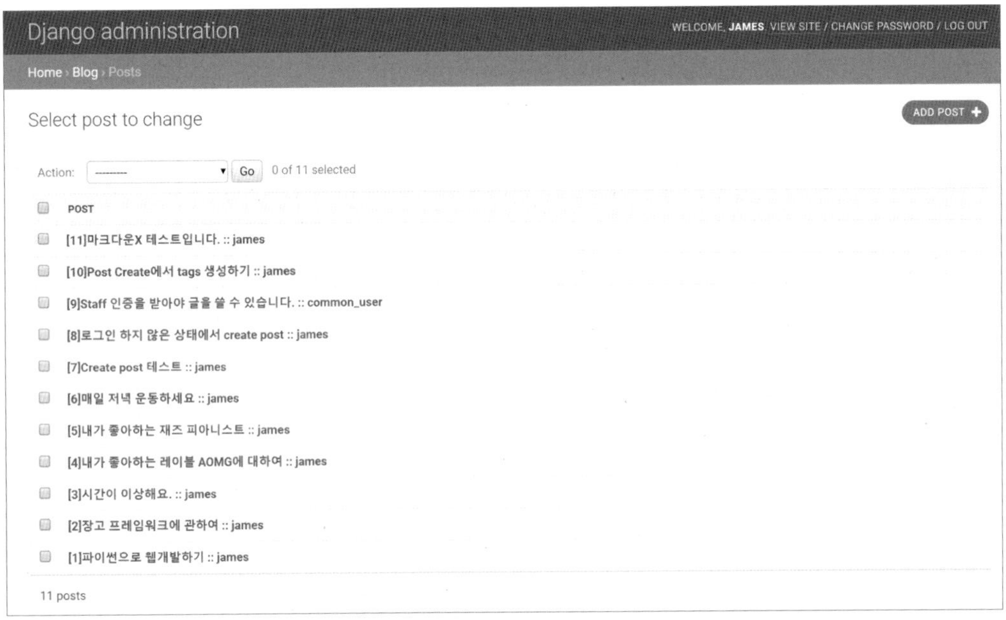

그림 18-2 관리자 페이지에서 11개 이상의 포스트 생성

한 페이지에 5개의 포스트만 보여주려면 다음처럼 PostList 클래스에서 paginate_by = 5라고 한 줄만 써주면 끝입니다. ListView에서 이미 제공하는 기능이거든요.

실습 파일: blog/views.py

```python
(...생략...)
class PostList(ListView):
    model = Post
    ordering = '-pk'
    paginate_by = 5

    def get_context_data(self, **kwargs):
(...생략...)
```

ListView에서 pagination을 설정하면 가장 첫 페이지를 보여주게 되어 있습니다. PostList 클래스에 ordering='-pk'가 설정되어 있으므로 최신 포스트가 첫 페이지에 오게 됩니다. 따라서 방문자가 URL에 /blog/만 입력해서 들어올 때는 최신 포스트가 있는 페이지부터 보여줍니다.

02단계 〈Older〉 버튼과 〈Newer〉 버튼 구상하고 만들기

먼저 〈Older〉, 〈Newer〉 버튼이 나타나는 다음의 세 가지 경우를 생각해 봅시다. 첫 번째는 가장 최신 포스트 5개가 있는 페이지여서 〈Newer〉 버튼이 비활성화(disabled) 처리가 되어야 하는 경우입니다.

그림 18-3 page=1에서 버튼의 상태

이때 〈Older〉 버튼을 누르면 URL이 '/blog/?page=2'인 페이지로 이동합니다. 현재는 11개의 포스트가 데이터베이스에 저장되어 있으므로 작성 시각 기준으로 6~10번째 포스트가 뿌려지는 포스트 목록 페이지가 나타납니다. 여기서는 1~5번째 포스트가 있는 첫 페이지로 갈 수도 있고, 11번째 포스트가 있는 세 번째 페이지로 갈 수도 있습니다. 따라서 〈Older〉와 〈Newer〉 모두 활성화된 상태의 버튼이 나타나야 합니다.

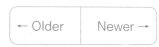

그림 18-4 page=2에서 버튼의 상태

두 번째 페이지에서 〈Older〉 버튼을 한 번 더 누르면 '/blog/?page=3'인 페이지로 갑니다. 이때는 작성 시각 기준으로 11번째, 즉 가장 먼저 만든 포스트가 보이는 페이지입니다. 더 예전에 만든 포스트는 더 이상 없으므로 〈Older〉 버튼이 비활성화되어야 합니다.

그림 18-5 page=3에서 버튼의 상태

이제 post_list.html에서 <!-- pagination --> 부분을 수정하면 됩니다. 먼저 〈Older〉 버튼을 만들겠습니다. URL로 /blog/?page=페이지 번호를 입력했을 때 어떤 페이지를 보여줄지 urls.py에 정의해 두지 않았지만 괜찮습니다. ListView가 제공하는 page_obj를 이용해 페이지 번호에 {{ page_obj.next_page_number }}, {{ page_obj.previous_page_number }}를 입력하면 됩니다. 이렇게 입력하면 이 page 값에 맞는 포스트를 불러오는 쿼리를 작동시키도록 장고에 이미 설계되어 있습니다.

```
(...생략...)
{% if is_paginated %} ❶
<!-- Pagination -->
<ul class="pagination justify-content-center mb-4">
    {% if page_obj.has_next %} ❷
        <li class="page-item">
            <a class="page-link" href="?page={{ page_obj.next_page_number }}">&larr;
Older</a>
        </li>
    {% else %}
        <li class="page-item disabled">
            <a class="page-link" href="#">&larr; Older</a>
        </li>
    {% endif %}

    {% if page_obj.has_previous %} ❸
    <li class="page-item">
        <a class="page-link" href="?page={{ page_obj.previous_page_number }}">Newer
&rarr;</a>
    </li>
    {% else %}
    <li class="page-item disabled">
        <a class="page-link" href="#">Newer &rarr;</a>
    </li>
    {% endif %}
</ul>
{% endif %}
{% endblock %}
```

❶ pagination 부분을 {% if is_paginated %}로 감싼 이유는 만약 포스트 개수가 5개 이하여서 pagination 을 할 필요가 없을 때는 이 부분이 화면에 나타나지 않도록 합니다.

❷ {% if page_obj.has_next %}는 다음 페이지가 있는지를 알아내어 버튼을 비활성화(disabled) 상태 로 할지의 여부를 결정하기 위해 사용합니다.

❸ <Newer> 버튼도 {% if page_obj.has_previous %}로 이전 페이지가 있는지 알아내어 버튼을 비활 성화 상태로 할지의 여부를 결정합니다. 버튼의 모양과 href의 URL 주소도 상태에 따라 다르게 적용됩 니다.

03단계 pagination 동작 확인하기

서버를 실행한 후 포스트 목록 페이지를 열어보면 다음과 같이 〈Older〉, 〈Newer〉 버튼이 잘
작동합니다.

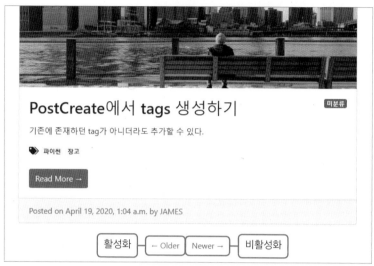

그림 18-6 첫 페이지(127.0.0.1:8000/blog/ 또는 127.0.0.1:8000/blog/?page=1)

그림 18-7 가운데 페이지(127.0.0.1:8000/blog/?page=2)

그림 18-8 마지막 페이지(127.0.0.1:8000/blog/?page=3)

커밋! pagination으로 포스트를 나누어 보여 주기

이제 커밋을 합시다. 커밋 메시지는 'pagination으로 포스트를 나누어 보여 주기'로 정했습니다.

```
C:\github\do_it_django_a_to_z (main -> origin)
(venv) λ git add .
C:\github\do_it_django_a_to_z (main -> origin)
(venv) λ git commit -m "pagination으로 포스트를 나누어 보여 주기"
C:\github\do_it_django_a_to_z (main -> origin)
(venv) λ git push
```

18-2 검색 기능 구현하기

이번에는 포스트 목록 페이지와 포스트 상세 페이지 오른쪽에 껍데기만 있던 검색 창이 실제로 작동하도록 검색 기능을 구현하겠습니다. 웹 사이트 방문자가 아래 검색 창에서 파이썬을 검색하고 싶다면 '파이썬'이라고 입력한 후에 Enter 를 누르거나 ⟨Go!⟩ 버튼을 클릭할 겁니다. 이 두 가지 상황에 대해 모두 동일하게 검색 기능이 작동하도록 만들어야 합니다.

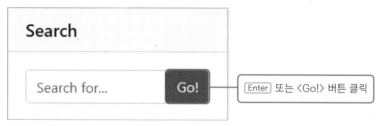

그림 18-9 포스트 검색 창

 자바스크립트로 기능 추가하기

지금까지 장고로 웹 사이트를 개발하면서 대부분의 동작은 웹 사이트 방문자가 어떤 버튼을 눌러 웹 사이트 서버에 특정 URL로 접근했을 때 서버에서 그에 맞는 결과를 돌려받는 방식이었습니다. 즉, 웹 사이트 방문자가 보낸 신호를 분석해 서버에서 처리해서 보내주는 방식이었죠.

그런데 검색 창에서 사용자가 키보드로 입력하는 것을 기다리고 있다가 Enter 를 눌렀을 때 동작하게 하려면 자바스크립트를 이용해야 합니다. Enter 가 눌렀을 때 검색 창에 입력된 문자를 한 번에 서버로 전달해서 원하는 목표를 달성할 수 있습니다.

base.html 수정하여 검색 창 내용을 서버로 전달하기

먼저 base.html에 〈Go!〉 버튼을 클릭했을 때 검색 창 내용을 서버로 전달하는 기능을 구현합시다. 버튼을 구성하고 있는 `<button>` 태그 안에 `onclick="searchPost();"`를 추가합니다. 〈Go!〉 버튼을 클릭했을 때 자바스크립트로 만든 search_Post() 함수를 실행하겠다는 의미죠. 그리고 input 요소 안에 있는 값을 가져와서 검색하기 위해 `id="search-input"`이라고 id를 부여합니다.

실습 파일: blog/templates/blog/base.html

```
(...생략...)
<!-- Search Widget -->
<div class="card my-4">
    <h5 class="card-header">Search</h5>
    <div class="card-body">
        <div class="input-group">
            <input type="text" class="form-control" placeholder="Search for..." id=
"search-input">
            <span class="input-group-btn">
                <button class="btn btn-secondary" type="button" onclick="searchPost();"
>Go!</button>
            </span>
        </div>
    </div>
</div>
(...생략...)
```

search_Post() 함수는 아래쪽 `<script>` 태그 안에 정의합니다. `document.getElementById('search-input').trim();`으로 id가 search-input인 요소의 값을 가져오라는 의미입니다. 맨 뒤에 붙은 `trim()`은 앞뒤 공백을 제거하라는 의미입니다. 이 값을 지역변수 searchValue에 담습니다. 이때 searchValue의 길이가 1보다 큰 경우에 한해서만 검색이 가능하게 합니다. 만약 사용자가 'a'라는 글자 하나만 입력하고 검색을 진행하면 'a'를 포함한 모든 포스트가 검색되는데, 이는 서버에 많은 부담을 줄 뿐만 아니라 사용자가 잘못 입력했을 때 오랜 시간을 기다려야 하는 문제가 발생하기 때문입니다. 길이 조건이 만족되면 `location.href`에 정의한 URL로 이동합니다. 여기에서는 /blog/search/검색할 내용/으로 이동하게 했습니다. 이 경로로 서버에 요청이 들어왔을 때 처리할 수 있도록 blog 앱의 urls.py와 views.py를 보완해야겠네요.

😀 자바스크립트에서는 let으로 선언하면 지역 변수가 됩니다.

```
(...생략...)
<script>
    function searchPost(){
        let searchValue = document.getElementById('search-input').value.trim();
        if (searchValue.length > 1){
            location.href="/blog/search/" + searchValue + "/";
        }
        else{
            alert('검색어('+ searchValue +')가 너무 짧습니다.');
        }
    };
</script>

{% include 'blog/footer.html' %}
(...생략...)
```

02단계 검색어 길이 검사 기능이 작동하는지 확인하기

잘 만들어졌는지 브라우저에서 확인해 봅시다. 포스트 목록 페이지 또는 포스트 상세 페이지를 연 후 검색 창에 글자 하나만 입력하고 〈Go!〉 버튼을 클릭하세요. '장'이라고 입력해 검색을 하니 '검색어(장)가 너무 짧습니다.'라는 알림 창이 나타납니다.

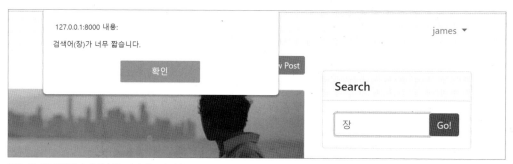

그림 18-10 검색어가 짧은 경우 나타나는 알림 창

이제 검색어 길이 조건을 만족하도록 2글자 이상의 단어를 검색해 보겠습니다. 검색어로 '코딩'을 입력하고 〈Go!〉 버튼을 클릭합니다. 성공적(?)으로 오류 메시지가 나타납니다.

```
Page not found (404)

        Request Method:  GET
          Request URL:  http://127.0.0.1:8000/blog/search/%EC%9E%A5%EA%B3%A0/

Using the URLconf defined in do_it_django_prj.urls, Django tried these URL patterns, in this order:

    1. blog/ delete_comment/<int:pk>/
    2. blog/ update_comment/<int:pk>/
    3. blog/ update_post/<int:pk>/
    4. blog/ create_post/
    5. blog/ tag/<str:slug>/
    6. blog/ category/<str:slug>/
    7. blog/ <int:pk>/new_comment/
    8. blog/ <int:pk>/
    9. blog/
   10. admin/
   11. markdownx/
   12. accounts/
   13. about_me/
   14.
   15. ^media/(?P<path>.*)$

The current path, blog/search/장고/, didn't match any of these.

You're seeing this error because you have DEBUG = True in your Django settings file. Change that to False, and Django will display a standard 404 page.
```

그림 18-11 '코딩'을 검색하면 나타나는 오류 화면

blog 앱의 urls.py와 views.py를 수정하면 바로 문제를 해결할 수 있습니다. 하지만 그 전에 검색 창에서 Enter를 눌렀을 때도 〈Go!〉 버튼을 눌렀을 때와 동일하게 동작하도록 자바스크립트를 조금 더 손보겠습니다. 현재 페이지에서 id가 search-input인 요소를 찾아 여기에 키보드가 눌렸다가 올라올 때를 의미하는 **keyup** 이벤트 리스너를 추가합니다. 이제 Enter가 눌렸다가 올라올 때도 searchPost() 함수가 실행됩니다.

실습 파일: **blog/templates/blog/base.html**

```
(...생략...)
<script>
    function searchPost(){
        let searchValue = document.getElementById('search-input').value.trim();
        if (searchValue.length > 1){
            location.href="/blog/search/" + searchValue + "/";
        }
        else{
            alert('검색어('+ searchValue +')가 너무 짧습니다.');
        }
    };

    document.getElementById('search-input').addEventListener('keyup', function(event)
    {
        if(event.key === 'Enter'){
            searchPost();
```

```
        }
    });
</script>
(...생략...)
```

이제 검색 창에서 [Enter]를 눌러도 ⟨Go!⟩ 버튼을 클릭할 때와 동일하게 작동합니다.

검색 기능 구현하기

자바스크립트에서 처리할 부분은 끝났습니다. 이제 백엔드에서 작업을 처리하기 위한 개발을 진행하겠습니다.

01단계 테스트 코드 만들기

먼저 테스트 코드를 작성합니다. 웹 사이트 방문자가 검색 창에 '파이썬'을 입력하고 검색하는 상황을 가정하겠습니다. setUp() 함수에서 만들어 놓은 블로그 포스트 3개 중 제목에 '파이썬'이 들어 있는 포스트가 없으므로 포스트를 하나 만들어 post_about_python에 저장합니다. 검색어를 서버에 전달하는 URL은 /blog/search/검색어/로 합니다. '파이썬'을 검색하는 경우로 가정하고 있으니 /blog/search/파이썬/이 되어야 하죠. 이때 main_area에 'Search: 파이썬 (2)'가 포함되어 있어야 합니다. 여기에서 (2)는 검색 결과에 해당하는 포스트가 총 2개라는 의미입니다.

아직 구현하지는 않았지만 검색어로 조회할 대상은 포스트의 제목과 태그로 하겠습니다. self.post001과 self.post_002는 title에도 tags에도 '파이썬'이 포함되어 있지 않기 때문에 검색 결과에 나와서는 안 됩니다. self.post_003의 title에는 '파이썬'이 포함되어 있지 않지만 태그 중에 '파이썬 공부'인 태그가 있으므로 검색이 되어야 합니다. 이번에 새로 만든 post_about_python은 title에 '파이썬'이 포함되어 있으므로 검색 결과에 나와야 합니다. 따라서 검색 개수는 2가 됩니다.

```
(...생략...)
def test_search(self):
    post_about_python = Post.objects.create(
        title='파이썬에 대한 포스트입니다.',
        content='Hello World. We are the world.',
        author=self.user_trump
    )

    response = self.client.get('/blog/search/파이썬/')
    self.assertEqual(response.status_code, 200)
    soup = BeautifulSoup(response.content, 'html.parser')

    main_area = soup.find('div', id='main-area')

    self.assertIn('Search: 파이썬 (2)', main_area.text)
    self.assertNotIn(self.post_001.title, main_area.text)
    self.assertNotIn(self.post_002.title, main_area.text)
    self.assertIn(self.post_003.title, main_area.text)
    self.assertIn(post_about_python.title, main_area.text)
```

아직 테스트 코드만 만든 상태이니 당연히 404 오류가 나옵니다. 해당 URL을 처리할 수 있도록 urls.py와 views.py에 내용을 추가하겠습니다.

```
λ Cmder                                                    —  □  ✕

C:\github\do_it_django_a_to_z (main -> origin)
(venv) λ python manage.py test
Creating test database for alias 'default'...
System check identified no issues (0 silenced).
..........
================================================================
FAIL: test_search (blog.tests.TestView)
----------------------------------------------------------------
Traceback (most recent call last):
  File "C:\github\do_it_django_a_to_z\blog\tests.py", line 435, in test_search
    self.assertEqual(response.status_code, 200)
```

```
AssertionError: 404 != 200


------------------------------------------------------------------

Ran 10 tests in 4.727s


FAILED (failures=1)
Destroying test database for alias 'default'...
```

02단계 urls.py 수정하여 PostSearch에 연결하기

일단 /blog/search/검색어/로 접근하면 PostSearch 클래스에서 처리될 수 있도록 urls.py
에 한 줄을 추가합니다. 이때 <str:q>라고 한 부분은 검색어에 해당하는 값을 문자열(str)로
받고, 이 값을 q라고 부르겠다는 의미입니다.

실습 파일: blog/urls.py

```python
from django.urls import path
from . import views

urlpatterns = [
    path('search/<str:q>/', views.PostSearch.as_view()),
    path('delete_comment/<int:pk>/', views.delete_comment),
    path('update_comment/<int:pk>/', views.CommentUpdate.as_view()),
    path('update_post/<int:pk>/', views.PostUpdate.as_view()),
    path('create_post/', views.PostCreate.as_view()),
    path('tag/<str:slug>/', views.tag_page),
    path('category/<str:slug>/', views.category_page),
    path('<int:pk>/new_comment/', views.new_comment),
    path('<int:pk>/', views.PostDetail.as_view()),
    path('', views.PostList.as_view()),
```

이 URL을 처리할 PostSearch를 대문자로 썼다는 건 CBV로 만들겠다는 의미죠. 사실
PostSearch는 PostList와 거의 유사합니다. 단지 PostList가 모든 포스트를 다 가져온다면
PostSearch는 사용자가 검색한 내용과 관련 있는 포스트만 보여주면 됩니다.

03단계 views.py에 PostSearch 클래스 추가하기

PostList 클래스를 상속받아 PostSearch를 만들면 PostList에서 개발한 기능을 그대로 이용할 수 있습니다. 다른 부분만 몇 가지 추가하면 됩니다.

실습 파일: blog/views.py

```python
from django.db.models import Q
(...생략...)
class PostSearch(PostList):
    paginate_by = None  ❶

    def get_queryset(self):
        q = self.kwargs['q']  ❷
        post_list = Post.objects.filter(
            Q(title__contains=q) | Q(tags__name__contains=q)  ❸
        ).distinct()  ❹
        return post_list

    def get_context_data(self, **kwargs):
        context = super(PostSearch, self).get_context_data()
        q = self.kwargs['q']
        context['search_info'] = f'Search: {q} ({self.get_queryset().count()})'  ❺

        return context
```

❶ 먼저 PostSearch에서는 검색된 결과를 한 페이지에 다 보여주기 위해 PostList에서 지정했던 paginate_by = 5를 paginate_by = None으로 다시 설정합니다.

❷ PostList는 ListView를 상속받아 만들었고, ListView는 기본적으로 get_queryset() 메서드를 제공합니다. 이 메서드는 model로 지정된 요소 전체를 가져오는 역할을 합니다. PostList는 model = Post로 지정되어 있으므로 get_queryset()의 결과는 Post.objects.all()과 동일합니다. 이와 달리 PostSearch는 검색된 결과만 가져와야 하므로 get_queryset()을 오버라이딩합니다. self. kwargs['q']로 URL을 통해 넘어온 검색어를 받아 q라는 변수에 저장합니다.

❸ 여기에서는 처음 보는 쿼리가 나오니 설명을 해야겠네요. 지금까지는 장고의 get이나 filter로 쿼리를 만들 때 한 가지 필드 값에 대해서만 조건을 걸었습니다. 하지만 이번처럼 여러 쿼리를 동시에 써야 할 때는 장고에서 제공하는 Q를 이용합니다. 즉, Q(title__contains=q) | Q(tags__name__contains=q)는 title에 q를 포함했거나 tags의 name에 q를 포함한 Post 레코드를 데이터베이스에서 가져오라는 의미입니다. |는 or를, &는 and의 의미입니다. 조건으로 사용한 title__contains을 보면 밑줄(_)이 2개 들어가는데, title.contains와 같은 의미입니다. 단지 쿼리 조건에서 사용할 때는 밑줄 2개로 표현하도록 약속되어 있다는 점만 유의하면 됩니다.

❹ 맨 뒤의 distinct()는 중복으로 가져온 요소가 있을 때 한 번만 나타나게 하기 위한 설정입니다. 만약 어떤 포스트의 제목과 태그에 모두 '파이썬'이 있는 경우, distinct() 설정을 하지 않으면 중복되어 검색될 수 있으므로 이 문제를 방지하기 위해 사용합니다.

❺ 이미 PostSearch의 부모인 PostList에 get_context_data()가 존재하지만 여기에 템플릿으로 몇 가지 인자를 추가하기 위해 오버라이딩합니다. 테스트 코드에서 '파이썬'으로 검색하면 main_area에 'Search: 파이썬 (2)'가 포함되어 있어야 한다고 했으므로 이 값만 추가로 넘기면 됩니다.

04단계 **템플릿 파일 수정하기**

현재 상태에서 테스트를 해봅시다. 'Search: 파이썬 (2)'가 main_area에 없다고 합니다.

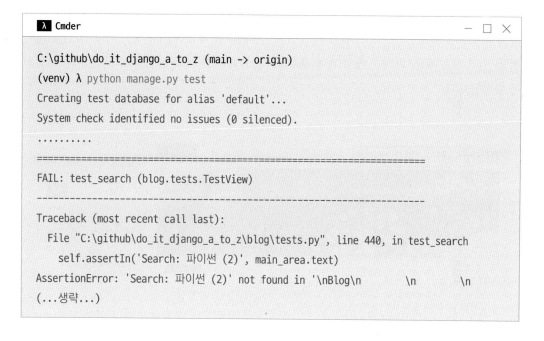

```
λ Cmder                                                              −  □  ✕

C:\github\do_it_django_a_to_z (main -> origin)
(venv) λ python manage.py test
Creating test database for alias 'default'...
System check identified no issues (0 silenced).
..........
===============================================================
FAIL: test_search (blog.tests.TestView)
---------------------------------------------------------------
Traceback (most recent call last):
  File "C:\github\do_it_django_a_to_z\blog\tests.py", line 440, in test_search
    self.assertIn('Search: 파이썬 (2)', main_area.text)
AssertionError: 'Search: 파이썬 (2)' not found in '\nBlog\n          \n          \n
(...생략...)
```

PostSearch는 PostList를 상속받아 만든 클래스이고, template_name을 따로 설정하지 않았으므로 post_list.html을 템플릿으로 사용합니다. 다음과 같이 search_info가 값으로 넘어오는 경우에 사용할 수 있도록 추가하세요.

```
(...생략...)
<h1>Blog
    {% if search_info %}<small class="text-muted">{{ search_info }}</small>{% endif %}
    {% if category %}<span class="badge badge-secondary">{{ category }}</span>{% endif %}
    {% if tag %}<span class="badge badge-light"><i class="fas fa-tags"></i> {{ tag }}
({{ tag.post_set.count }})</span>{% endif %}
</h1>
(...생략...)
```

다시 테스트를 해보면 드디어 OK가 나옵니다. 실제로 잘 작동하는지 웹 브라우저에서 '파이썬'을 검색해 보세요. 원하는 대로 제목 또는 태그에 '파이썬'이 포함된 포스트만 모아 페이지에 출력합니다.

그림 18-12 '파이썬' 검색 결과

커밋! 검색 기능 구현하기

이제 커밋합니다. 커밋 메시지는 '검색 기능 구현하기'라고 정했습니다.

```
λ Cmder                                                       —  ☐  ✕

C:\github\do_it_django_a_to_z (main -> origin)
(venv) λ git add .
C:\github\do_it_django_a_to_z (main -> origin)
(venv) λ git commit -m "검색 기능 구현하기"
C:\github\do_it_django_a_to_z (main -> origin)
(venv) λ git push
```

18-3 사용자 아바타 보여 주기

이번에는 댓글 작성자의 아바타가 보이도록 구현해 보겠습니다. 지금은 회색으로 모두 동일한 상태입니다. 이 부분에 구글로 로그인한 사람들은 구글의 아바타가 나오고, 이메일로 로그인한 사람들은 서로 식별이 가능하도록 고유의 아바타가 나오게 해 보겠습니다.

그림 18-13 아바타가 비어 있는 모습

 구글 아바타 설정하기

구글로 로그인한 사람들은 구글의 아바타가 나오도록 설정하겠습니다. 다음과 같이 Comment 모델에 get_avatar_url() 함수를 만듭니다. django-allauth를 이용해 소셜 로그인을 한 경우 그 소셜 로그인 계정의 아바타 URL을 가져옵니다. 그렇지 않은 경우에는 placehold.it을 이용해 원래 있던 회색 이미지를 사용합니다. 이 부분은 나중에 수정하겠습니다.

실습 파일: ./blog/models.py

```
(...생략...)
class Comment(models.Model):
    (...생략...)
    def get_avatar_url(self):
        if self.author.socialaccount_set.exists():
            return self.author.socialaccount_set.first().get_avatar_url()
        else:
            return 'http://placehold.it/50x50'
(...생략...)
```

post_detail.html에서 아바타가 출력되는 부분에 Comment 모델에서 새로 만든 get_avatar_url() 함수를 이용해 아바타의 이미지를 받아옵니다. 그림 크기가 너무 커지지 않도록 60px로 고정하는 작업도 잊지 마세요.

실습 파일: blog/templates/blog/post_detail.html

```
(...생략...)
<!-- Single Comment -->
<div class="media mb-4" id="comment-{{ comment.pk }}">
    <img class="d-flex mr-3 rounded-circle" src="{{ comment.get_avatar_url }}" alt="{{ comment.author }}" width="60px">
(...생략...)
```

브라우저에서 확인해 봅시다. 이제 구글로 로그인하고 남긴 댓글에는 구글 프로필 이미지가 나타납니다.

그림 18-14 구글 프로필 이미지가 아바타로 나타남

아직 james가 남긴 댓글의 아바타는 회색 이미지만 보이죠? 이제 이 부분을 수정합시다. 현재는 placehold.it의 서비스를 이용해서 가로 50px, 세로 50px인 이미지를 가져오도록 되어 있습니다. 회색 이미지가 아니라 아바타 이미지를 제공하는 서비스들이 여러 개 있긴 하지만 이 책이 발간된 이후에도 이 서비스들이 지속될지 장담할 수 없기에 필자가 운영하는 doitdjango.com에서 서비스를 제공하겠습니다.

이메일로 가입한 회원 아바타 설정하기

웹 브라우저 주소 창에 doitdjango.com/avatar/를 입력하세요. 그리고 〈Start Now!〉 버튼을 클릭하세요.

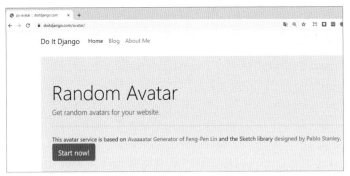

그림 18-15 doitdjango.com에서 제공하는 Avatar API 사이트

만약 아직 doitdjango.com에 로그인하지 않은 상태라면 로그인 화면이 나옵니다. 구글 계정 또는 Username으로 로그인하세요.

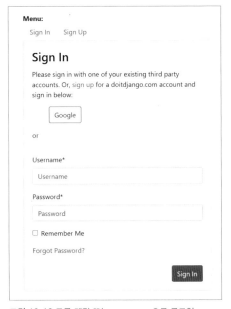

그림 18-16 구글 계정 또는 username으로 로그인

로그인하면 다음과 같이 어떤 프로젝트도 생성되어 있지 않은 화면이 나옵니다. 〈Create a project〉 버튼을 누르세요.

그림 18-17 〈Create a project〉 클릭

여러분이 앞으로 사용할 도메인을 입력해 주세요. 필자는 sungyonglee.com으로 입력했습니다. 그리고 〈Submit〉 버튼을 눌러 프로젝트를 생성합니다.

그림 18-18 도메인 입력 후 프로젝트 생성

새로운 프로젝트 sungyonglee.com에 대한 API URL이 생성되었습니다.

그림 18-19 새 프로젝트에 대한 API URL 생성

URL에 해당하는 부분에서 guest@email.com 부분의 텍스트를 바꾸면 그에 해당하는 랜덤 아바타가 생성됩니다. 웹 브라우저 주소 창에 URL을 입력해 보세요. 입력된 이메일 주소에 따라 다른 아바타가 나타납니다.

그림 18-20 API URL에서 guest@email.com을 수정하면 새로운 아바타가 나타남

이 부분을 Comment 모델의 get_avatar_url() 함수에 응용해 보겠습니다.

실습 파일: **blog/models.py**

```
(...생략...)
class Comment(models.Model):
(...생략...)
    def get_avatar_url(self):
        if self.author.socialaccount_set.exists():
            return self.author.socialaccount_set.first().get_avatar_url()
        else:
            return f'https://doitdjango.com/avatar/id/부여받은 id/부여받은 key/svg/
{self.author.email}'
(...생략...)
```

이제 웹 브라우저에서 직접 확인해 보면 이메일로 로그인한 james의 아바타에도 새로운 이미지가 잘 나타납니다.

그림 18-21 일반 사용자의 아바타도 잘 나타남

다른 아바타 서비스를 이용하고 싶다면

doitdjango.com에서 제공하는 아바타의 디자인이 마음에 안 든다면 다른 아바타 서비스를 이용해 보세요. 예를 들어 DiceBear Avatars라는 서비스는 16bit 스타일의 캐릭터 등 다양한 아바타를 무료로 제공합니다. UI Avatars라는 서비스는 텍스트를 이니셜 모양으로 디자인한 아바타를 보내줍니다. 자세한 사용방법은 해당 웹 사이트의 문서를 확인해 보세요.

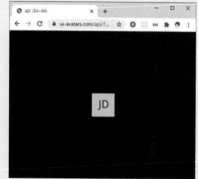

그림 18-22 DiceBear Avatars와 UI Avatars에서 제공하는 다양한 스타일의 아바타

Do it!
실습

로그인했을 때 내비게이션 바에 아바타 보여주기

로그인한 경우에는 다음처럼 내비게이션 바에도 아바타가 나타나게 하겠습니다.

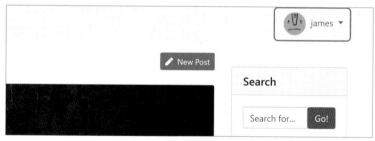

그림 18-23 내비게이션 바에 나타난 아바타

이 부분은 navbar.html에 정의되어 있으므로 다음과 같이 수정합니다. if-else 문을 사용해 구글로 로그인한 경우에는 구글 아바타 이미지를 보여주고, 그렇지 않은 경우에는 API에서 생성한 이미지를 보여주도록 했습니다. 그리고 이미지가 내비게이션 바에 들어가야 하므로 이미지 크기는 25px로 작게 만듭니다.

실습 파일: blog/templates/blog/navbar.html

```
(...생략...)
{% if user.is_authenticated %}
<li class="nav-item dropdown">
    <a class="nav-link dropdown-toggle" href="#" id="navbarDropdownMenuLink"
role="button" data-toggle="dropdown" aria-haspopup="true" aria-expanded="false">
        {% if user.socialaccount_set.all.0.get_avatar_url %}
            <img class="rounded-circle" width="25px" src="{{ user.socialaccount_
set.all.0.get_avatar_url }}" alt="">
        {% else %}
            <img class="rounded-circle" src="https://doitdjango.com/avatar/id/부여
받은 id/부여받은 key/svg/{{ user.email }}"
        {% endif %}
         
        {{ user.username }}
    </a>
(...생략...)
```

이제 브라우저에서 〈Log In〉 버튼 옆을 확인하면 로그인 형태에 따라 구글 아바타 또는 이메일 아바타가 나타납니다.

커밋! 사용자 아바타 보여주기

이제 커밋을 합시다. 커밋 메시지는 '사용자 아바타 보여주기'로 정했습니다.

```
λ Cmder                                                      —  □  ✕

C:\github\do_it_django_a_to_z (main -> origin)
(venv) λ git add .
C:\github\do_it_django_a_to_z (main -> origin)
(venv) λ git commit -m "사용자 아바타 보여주기"
C:\github\do_it_django_a_to_z (main -> origin)
(venv) λ git push
```

19

대문 페이지와
자기소개 페이지 완성하기

이 장에서는 웹 사이트를 방문했을 때 처음 만나게 되는 대문 페이지와 웹 사이트 제작자인 여러분 자신을 소개하는 페이지를 완성하겠습니다. 자기소개 페이지에는 여러분이 했던 작업을 소개하는 포트폴리오까지 추가하겠습니다.

19-1 대문 페이지 완성하기

이제 웹 사이트를 처음 방문했을 때 보이는 대문 페이지^{landing page}를 완성하겠습니다. 대문 페이지는 이 책 앞부분에 single_pages라는 앱으로 간단히 만들어 놓기만 하고 아직 꾸미지는 않은 상태입니다.

 대문 페이지 꾸미기

01단계 landing.html 추가하여 대문 페이지 꾸미기

먼저 부트스트랩과 자바스크립트를 사용해 landing.html을 꾸며보겠습니다.

실습 파일: single_pages/templates/single_pages/landing.html

```
<!DOCTYPE html>
{% load static %}
<html lang="ko">
<head>
    <meta charset="UTF-8">
    <title> Do It Django </title>

    <link rel="stylesheet" href="{% static 'blog/bootstrap/bootstrap.min.css' %}"
media="screen">

    <script src="https://kit.fontawesome.com/{ ******** }.js" crossorigin="anonymous"
></script>
</head>
<body>

{% include 'blog/navbar.html' %}

<h1>안녕하세요. 달타냥입니다.</h1>
<h2>대문페이지</h2>
```

```
<h3>아직 만들지 않음</h3>

{% include 'blog/footer.html' %}

<script src="https://code.jquery.com/jquery-3.5.1.slim.min.js"
    integrity="sha384-DfXdz2htPH0lsSSs5nCTpuj/zy4C+OGpamoFVy38MVBnE+IbbVYUew+OrCXaRkfj"
    crossorigin="anonymous"></script>
<script src="https://cdn.jsdelivr.net/npm/popper.js@1.16.1/dist/umd/popper.min.js"
    integrity="sha384-9/reFTGAW83EW2RDu2S0VKaIzap3H66lZH81PoYlFhbGU+6BZp6G7niu735Sk7lN"
    crossorigin="anonymous"></script>
<script src="https://cdn.jsdelivr.net/npm/bootstrap@4.5.3/dist/js/bootstrap.min.js"
    integrity="sha384-w1Q4orYjBQndcko6MimVbzY0tgp4pWB4lZ7lr30WKz0vr/aWKhXdBNmNb5D92v7s"
    crossorigin="anonymous"></script>
</body>
</html>
```

먼저 부트스트랩을 적용하기 위해 {% load static %}을 상단에 추가합니다. blog 앱의 static 폴더에서 부트스트랩 CSS 파일을 가져오고, Font awesome을 사용하기 위한 경로를 설정합니다. 이 부분은 blog 앱의 base.html에서 <head> 태그에 있는 내용을 복사해 오면 됩니다.

대문 페이지도 blog 앱의 페이지들과 일관성을 유지할 수 있도록 blog 앱의 내비게이션 바와 푸터를 include합니다. 마지막으로 부트스트랩을 정상적으로 작동시키기 위한 자바스크립트 경로를 3개 설정합니다. 이 또한 base.html에서 복사해 오면 됩니다.

02단계 부트스트랩 적용 확인하기

제대로 되었다면 부트스트랩이 적용되고, ⟨Log in⟩ 버튼을 클릭했을 때도 모달이 팝업되어야 합니다. 그리고 Font awesome의 구글 아이콘이나 이메일 아이콘도 정상적으로 보여야 합니다.

그림 19-1 부트스트랩이 적용된 대문 페이지

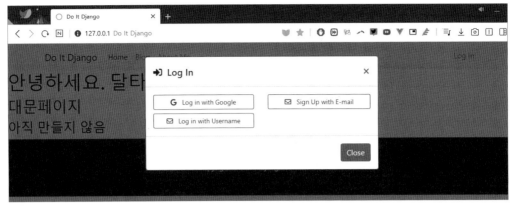

그림 19-2 〈Log In〉 버튼을 클릭하면 모달이 나타남

03단계 landing.css 추가하고 이미지 추가하여 모양 다듬기

부트스트랩도 잘 적용되었고, Font awesome 아이콘도 제대로 보입니다. 하지만 푸터가 브라우저 맨 밑에 붙어있어야 예쁜데, 본문 내용이 끝나는 위치에 바로 붙어있습니다. 위치를 조정해야겠죠? 그리고 대문이 너무 썰렁하니 배경 화면도 있으면 좋겠네요.

대문 페이지의 독특한 스타일을 위해 css 파일을 추가하겠습니다. single_pages 앱 폴더에 static/single_pages/css 폴더를 만들고 그 안에 landing.css 파일을 만드세요. 그리고 static/single_pages/images 폴더를 만들고 대문 페이지의 배경 그림으로 사용하고 싶은 이미지를 그 안에 넣어주세요. 여기에서는 amsterdam_sky. jpg라는 파일을 넣어 두었습니다.

그림 19-3 css 폴더와 images 폴더에 파일이 추가된 모습

이제 landing.css에 배경 그림을 깔기 위한 내용을 작성하겠습니다. body 안에 배경 그림 경로를 잡아주고, 반복 없이 정중앙에 고정시키도록 합니다. 그림 크기는 최대한 크게 나오도록 background-size: cover로 설정합니다. cover로 설정하면 화면 크기에 맞춰 최대로 보이게 하되, 이미지가 상하 또는 좌우로 늘어나지 않도록 화면 크기에 맞춰 잘라냅니다. 이때 -webkit, -moz, -o의 접두어는 다양한 브라우저에서 동일하게 작동하게 하기 위한 장치입니다. 어떤 브라우저를 사용하더라도 방문자가 동일한 화면을 볼 수 있어야 하니까요. 마지막으로 section에서 margin-bottom: 150px으로 설정한 이유는 푸터에 의해 section 안의 내용이 가려지지 않도록 하기 위해서입니다.

```css
body {
    background: url('/static/single_pages/images/amsterdam_sky.jpg') no-repeat
center center fixed;
    -webkit-background-size: cover;
    -moz-background-size: cover;
    background-size: cover;
    -o-background-size: cover;
}

section {
    margin-bottom: 150px;
}
```

이 css 파일을 landing.html에서 사용하기 위해 landing.css 파일 경로를 추가하고, 푸터는
브라우저의 아랫부분에 붙어있도록 설정합니다.

```html
<!DOCTYPE html>
{% load static %}
<html lang="ko">
<head>
    <meta charset="UTF-8">
    <title> Do It Django </title>

    <link rel="stylesheet" href="{% static 'blog/bootstrap/bootstrap.min.css' %}" media=
"screen">
    <link rel="stylesheet" href="{% static 'single_pages/css/landing.css' %}" media=
"screen">

    <script src="https://kit.fontawesome.com/**********.js" crossorigin= "anonymous"></
script>
</head>
<body>

{% include 'blog/navbar.html' %}
```

```
<h1>안녕하세요. 달타냥입니다.</h1>
<h2>대문페이지</h2>
<h3>아직 만들지 않음</h3>

<div class="fixed-bottom">
    {% include 'blog/footer.html' %}
</div>
(...생략...)
```

브라우저를 열어보면 다음과 같이 예쁜 배경 화면이 나타납니다.

그림 19-4 배경 화면이 추가된 모습

그런데 배경이 어두워서 검은색인 대문 소개글이 잘 보이지 않고, 왼쪽 위에 너무 치우쳐 있
네요. 소개글에 해당하는 코드의 <section> 태그 안 내용을 <div class="container">로 감
싸고, <div class="row justify-content-between">과 <div class="col-lg-6 text-
light">로 위치를 잡아줍니다. <h1> 태그 안의 내용은 너무 위로 붙지 않도록 mt-5로 위쪽 여
백을 줍니다. 글 내용도 조금 수정하겠습니다.

```
(...생략...)
{% include 'blog/navbar.html' %}


<section>
    <div class="container">
        <div class="row justify-content-between">
            <div class="col-lg-6 text-light">
                <h1 class="mt-5">Do It Django</h1>
                <p>파이썬 진영의 가장 대표적인 웹프레임워크 중 하나인 django를 이용하여
여러분만의 블로그 사이트를 만들어보세요.</p>
            </div>
        </div>
    </div>
</section>


<div class="fixed-bottom">
    {% include 'blog/footer.html' %}
</div>
(...생략...)
```

다시 브라우저로 대문 페이지를 열면 원하는 대로 소개글이 수정된 모습을 볼 수 있습니다.

그림 19-5 읽기 편하게 수정된 대문 소개글

알아두면
좋아요

부트스트랩 grid로 레이아웃 구성하기

대문 소개글은 `<div class="row justify-content-between">` 안에 들어 있습니다. 전에 부트스트랩의 grid는 12칸 단위로 구성되어 있다고 했죠? 이렇게 `<div>` 태그의 class를 설정하면 col의 칸 수 지정이 12칸보다 적을 경우 지정한 칸 사이에 최대한 공백을 넣어 배치합니다. 예를 들어 다음처럼 col-4가 2개까지만 지정되어 col의 총합이 8밖에 안 되는 경우에는 아래 그림처럼 2개 요소를 최대한 떨어뜨리고 가운데 4칸에 해당하는 공백을 만들어 줍니다.

```
<div class="container">
<div class="row justify-content-between">
    <div class="col-4">
      One of two columns
    </div>
    <div class="col-4">
      One of two columns
    </div>
  </div>
</div>
```

One of two columns	← col-4에 해당하는 공백 →	One of two columns

그림 19-6 col-4에 해당하는 공백 자동으로 추가

Do it!
실습

대문에 최신 포스트 나타내기

이번에는 대문 페이지 오른쪽에 최근 포스트를 나타내 보겠습니다. 그래야 방문자가 웹 사이트에 접속했을 때 어떤 글이 새로 올라왔는지 바로 알 수 있을 테니까요.

01단계 landing.html에 최신 포스트 나타내기

먼저 겉모양만 만들어 봅시다. 오른쪽에 col-lg-5로 크기를 지정하고, 부트스트랩의 card를 추가합니다. card끼리 약간의 간격을 주기 위해 mt-1로 상단에 여백을 지정합니다.

```
(...생략...)
{% include 'blog/navbar.html' %}

<section>
    <div class="container">
        <div class="row justify-content-between">
            <div class="col-lg-6 text-light">
                <h1 class="mt-5">Do It Django</h1>
                <p>파이썬 진영의 가장 대표적인 웹프레임워크 중 하나인 django를 이용하여 여러
분만의 블로그 사이트를 만들어보세요.</p>
            </div>
            <div class="col-lg-5 mt-5">
                <h2 class="text-light">Blog - Recent posts</h2>
                <div class="card mt-1">
                    <div class="card-body">
                        This is some text within a card body.
                    </div>
                </div>

                <div class="card mt-1">
                    <div class="card-body">
                        This is some text within a card body.
                    </div>
                </div>
            </div>
        </div>
    </div>
</section>
(...생략...)
```

브라우저에서 열어보면 다음과 같이 카드 모양이 추가되어 있습니다. 이제 카드 안에 실제 블로그 포스트 내용만 나타나게 하면 됩니다.

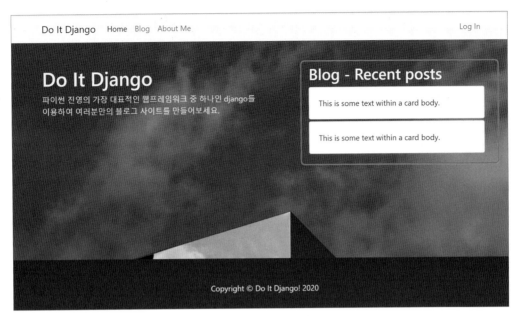

그림 19-7 대문 페이지에 카드 추가

테스트 코드 작성하기

앞에서 추가한 카드 안에 블로그 포스트 내용이 나타나도록 테스트 코드를 만들겠습니다. single_pages 폴더 안에 이미 생성되어 있는 tests.py에 다음과 같이 내용을 추가합니다. 이미 blog 앱에서 테스트 코드를 여러 번 작성해 봤기 때문에 익숙한 내용이죠? 하지만 이번에는 다른 앱에서 테스트를 하므로 blog 앱의 tests.py에서 정의했던 setUp() 함수와는 무관한 테스트입니다. 따라서 처음부터 테스트 코드를 만들어야 합니다.

setUp() 함수에서 브라우저 역할을 하는 Client를 불러오고, trump라는 이름으로 사용자를 만듭니다. 실제로 테스트는 test_landing() 함수에서 이루어집니다. 포스트는 4개 만듭니다. 대문 페이지에 최신 포스트가 3개만 나오는지 확인하기 위해서입니다.

실습 파일: single_pages/tests.py

```
from django.test import TestCase, Client
from django.contrib.auth.models import User
from bs4 import BeautifulSoup
from blog.models import Post


class TestView(TestCase):
    def setUp(self):
```

```python
        self.client = Client()
        self.user_trump = User.objects.create_user(username='trump', password=
'somepassword')

    def test_landing(self):
        post_001 = Post.objects.create(
            title='첫 번째 포스트',
            content='첫 번째 포스트입니다.',
            author=self.user_trump
        )

        post_002 = Post.objects.create(
            title='두 번째 포스트',
            content='두 번째 포스트입니다.',
            author=self.user_trump
        )

        post_003 = Post.objects.create(
            title='세 번째 포스트',
            content='세 번째 포스트입니다.',
            author=self.user_trump
        )

        post_004 = Post.objects.create(
            title='네 번째 포스트',
            content='네 번째 포스트입니다.',
            author=self.user_trump
        )

        response = self.client.get('')
        self.assertEqual(response.status_code, 200)
        soup = BeautifulSoup(response.content, 'html.parser')

        body = soup.body
        self.assertNotIn(post_001.title, body.text)
        self.assertIn(post_002.title, body.text)
        self.assertIn(post_003.title, body.text)
        self.assertIn(post_004.title, body.text)
```

single_pages만 테스트하기 위해 터미널에서 `python manage.py test single_pages`만 입력합니다. 현재 상태에서 테스트를 하면 당연히 Fail이 나옵니다. '두 번째 포스트'라는 문구가보여야 하는데 없다고 하네요. 현재 포스트가 4개 있으니 최근 포스트 3개를 보여주려면 두번째부터 네 번째까지 보여줘야 합니다.

```
λ Cmder                                                          —  □  ✕

C:\github\do_it_django_a_to_z (main -> origin)
(venv) λ python manage.py test single_pages
Creating test database for alias 'default'...
System check identified no issues (0 silenced).
F
======================================================================
FAIL: test_landing (single_pages.tests.TestView)
----------------------------------------------------------------------
Traceback (most recent call last):
  File "C:\github\do_it_django_a_to_z\single_pages\tests.py", line 43, in test_landing
    self.assertIn(post_002.title, body.text)
AssertionError: '두번째 포스트' not found in '\n\n\nDo It
(...생략...)
```

최근 포스트 3개를 보여주려면 pk 값의 역순으로 불러온 다음 3개만 선택해서 템플릿으로 넘겨주면 됩니다.

실습 파일: single_pages/views.py

```python
from django.shortcuts import render
from blog.models import Post


def landing(request):
    recent_posts = Post.objects.order_by('-pk')[:3]
    return render(
        request,
        'single_pages/landing.html',
        {
            'recent_posts': recent_posts,
        }
    )
(...생략...)
```

템플릿에서는 for 문으로 포스트 3개를 출력하면 됩니다. 작성자와 작성일도 나타나야 합니다. 그리고 포스트의 제목을 클릭했을 때 그 포스트의 상세 페이지로 넘어가도록 <a> 태그로 감싸고 href="{{ post.get_absolute_url }}"을 추가합니다. 이때 class="text-decoration-none text-dark"로 설정하여 <a> 태그일 때 밑줄이 생기고 글자색도 파란색으로 바뀌는 현상을 방지합니다.

실습 파일: single_pages/templates/single_pages/landing.html

```
(...생략...)
<section>
    <div class="container">
        <div class="row justify-content-between">
            <div class="col-lg-6 text-light">
                <h1 class="mt-5">Do It Django</h1>
                <p>파이썬 진영의 가장 대표적인 웹프레임워크 중 하나인 django를 이용하여 여러
분만의 블로그 사이트를 만들어보세요.</p>
            </div>
            <div class="col-lg-5 mt-5">
                <h2 class="text-light">Blog - Recent posts</h2>
                {% for post in recent_posts %}
                    <div class="card mt-1">
                        <div class="card-body">
                            <h6><a href="{{ post.get_absolute_url }}" class="text-
decoration-none text-dark">{{ post.title }}</a></h6>
                            <span class="badge badge-pill badge-light float-right">
                                {{ post.author.username }}
                                 
                                 
                                {{ post.created_at }}
                            </span>
                        </div>
                    </div>
                {% endfor %}
            </div>
        </div>
    </div>
</section>
(...생략...)
```

이제 single_pases 앱만 테스트하면 성공합니다. 웹 브라우저를 보면 최신 포스트 3개의 제목과 작성자, 작성 시각이 카드 안에 잘 들어가 있는 모습을 확인할 수 있습니다.

그림 19-8 최신 포스트 카드에 제목, 작성자, 작성 시각 표시

03단계 작성자의 아바타 추가하고 배경색 흐리게 만들기

그런데 포스트 작성자의 아바타는 보이지 않네요. 아바타가 보이도록 blog 앱의 Post 모델에 get_avatar_url() 함수를 다음과 같이 작성합니다. Comment 모델에 있던 get_avatar_url() 함수를 그대로 복사해서 붙여 넣으면 됩니다.

실습 파일: blog/models.py

```
(...생략...)
class Post(models.Model):
    (...생략...)
    def get_avatar_url(self):
        if self.author.socialaccount_set.exists():
            return self.author.socialaccount_set.first().get_avatar_url()
        else:
            return f'https://doitdjango.com/avatar/id/부여받은 id/부여받은 key/svg/
{self.author.email}
(...생략...)
```

이제 landing.html을 수정하겠습니다. get_avatar_url이 나타날 수 있도록 <img> 태그를 활용합니다. 공간이 넓지 않으므로 아바타 크기는 20px로 고정합니다.

```
(...생략...)
<div class="card mt-1">
    <div class="card-body">
        <h6><a href="{{ post.get_absolute_url }}" class="text-decoration-none text-
dark">{{ post.title }}</a></h6>
        <span class="badge badge-pill badge-light float-right">
            <img class="mr-1 rounded-circle" width="20px" src="{{ post.get_ava-
tar_url }}" alt="{{ post.author }}">
            {{ post.author.username }}
             
             
            {{ post.created_at }}
        </span>
    </div>
</div>
(...생략...)
```

최근 포스트 3개를 보여주는 카드의 배경색을 반투명하게 만들기 위해 css 파일도 수정합니다. .card는 class="card"로 지정된 요소를 의미하고 rgba는 red, green, blue, alpha를 의미합니다. alpha는 투명도를 뜻하죠. 따라서 빛의 삼원색을 모두 최대(255)로 설정해 흰색을 만들고, 투명도는 0.6으로 지정합니다.

```
body {
    background: url('/static/single_pages/images/amsterdam_sky.jpg') no-repeat center
center fixed;
    -webkit-background-size: cover;
    -moz-background-size: cover;
    background-size: cover;
    -o-background-size: cover;
}

section {
    margin-bottom: 150px;
}
```

```
.card {
    background-color: rgba(255, 255, 255, 0.6);
}
```

이제 대문 페이지를 다시 열어보면 설정한 대로 포스트 카드가 수정되어 있습니다.

그림 19-9 포스트 카드에 아바타 추가하고 배경색 흐리게 수정

css 파일 내용을 변경했는데 변화가 없다면?

css 파일을 수정해도 브라우저 상에서 변화가 없는 경우가 있습니다. 이런 현상이 발생하는 이유는 브라우저가 HTML 파일을 읽을 때 css 파일 링크를 확인해서 이전에 읽어온 적이 있는 파일이라면 같은 파일을 다시 읽어오지 않고 이전에 캐시(하드디스크에 저장)해 둔 파일을 사용하기 때문입니다. 웹 브라우저의 방문 기록에서 캐시 파일을 삭제해 보세요.

커밋! 대문 페이지 수정하기

그럼 깃에 커밋을 합시다. 커밋 메시지는 '대문 페이지 수정하기'로 정했습니다.

```
λ Cmder                                                              —  □  ✕

C:\github\do_it_django_a_to_z (main -> origin)
(venv) λ git add .
C:\github\do_it_django_a_to_z (main -> origin)
(venv) λ git commit -m "대문 페이지 수정하기"
C:\github\do_it_django_a_to_z (main -> origin)
(venv) λ git push
```

19-2 자기소개 페이지 완성하기

이번에는 포트폴리오 기능을 하는 자기소개 페이지를 만들 차례입니다. 이미 /about_me/ 경로로 가면 볼 수 있도록 페이지는 만들어 놓은 상태이니 이제 페이지에 진짜 내용을 담아야 겠죠. 2개의 섹션으로 나누어 위에는 자신을 소개하는 내용을 담고, 아래에는 그동안 해 왔던 일을 소개하는 내용을 담겠습니다.

그림 19-10 완성된 자기소개 페이지의 모습

자기소개 페이지 레이아웃 구성하기

01단계 about_me.html 만들기

about_me.html은 지금까지 작업한 landing.html에서 대부분의 내용을 복사해서 사용하면 됩니다. 먼저 landing.html 내용을 그대로 복사해 붙여 넣으세요. 그리고 브라우저의 **title** 부분을 원하는 문구로 수정하고, landing.css를 사용하는 내용도 about_me.css를 사용하도록 수정해 주세요. about_me.css는 곧 만들겠습니다. **<section>**도 2개를 만들어 처음 섹션에는 여러분을 소개하는 문구와 이미지를 넣어주세요. 다음 섹션은 포트폴리오를 담는 섹션으로 사용합니다.

실습 파일: single_pages/templates/single_pages/about_me.html

```
<!DOCTYPE html>
{% load static %}
<html lang="ko">
<head>
    <meta charset="UTF-8">
    <title> About 달타냥 </title>

    <link rel="stylesheet" href="{% static 'blog/bootstrap/bootstrap.min.css' %}"
media="screen">
    <link rel="stylesheet" href="{% static 'single_pages/css/about_me.css' %}"
media="screen">

    <script src="https://kit.fontawesome.com/*********.js" crossorigin="anonymous"></
script>
</head>
<body>

{% include 'blog/navbar.html' %}

<section>
    <div class="container mt-4">
        <div class="row">
            <div class="col-lg-8">
                <h1>안녕하세요. 달타냥입니다.</h1>
```

```
            </div>
            <div class="col-lg-4">
                <img class="img-fluid" src="{% static 'single_pages/images/my_back.
png' %}">
            </div>
        </div>
    </div>
</section>

<section class="bg-light">
    <div class="container">
        <div class="row">
            <div class="col-12">
                <h1>PORTFOLIO</h1>
            </div>
        </div>
    </div>
</section>

<div class="fixed-bottom">
    {% include 'blog/footer.html' %}
</div>
(...생략...)
```

자기소개 페이지에 사용할 사진은 single_pages 앱의 static 폴더에 넣어둬야 합니다. 다음처럼 single_pages/static/single_pages/images 폴더에 넣어주세요. 필자는 파일명을 my_back.png로 했습니다. 이 경로와 파일명이 조금 전에 about_me.html에 작성한 내용과 일치해야 합니다.

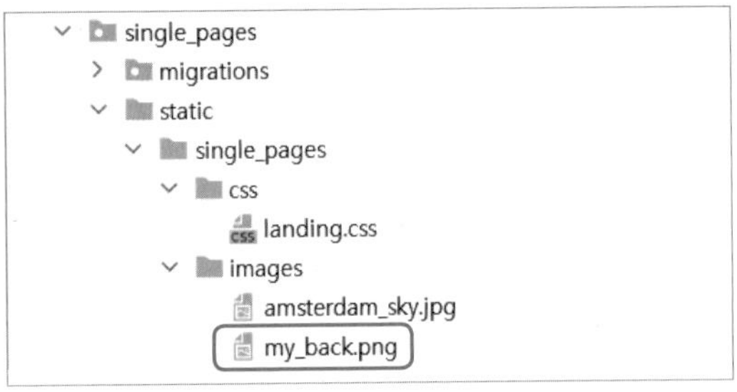

그림 19-11 images 폴더에 my_back.png 파일 추가

이제 브라우저에서 열어보면 저장한 이미지가 자기소개 페이지 오른쪽에 잘 나타납니다. 그런데 위아래 간격을 줄이다 보면 푸터에 문제가 발생합니다. 다음 그림은 브라우저 길이를 위아래로 줄이고 화면 맨 아래까지 내린 상태입니다. 푸터에 가려서 사진도 일부 잘리고, PORTFOLIO라는 문구도 보이지 않습니다.

그림 19-12 스크롤을 내렸을 때 페이지 내용이 푸터로 가려진 모습

02단계 about_me.css 만들기

about_me.css 파일을 만들어 이 문제를 해결합시다. about_me.css를 landing.css가 있는 폴더에 만들고, 다음과 같이 class가 `margin-for-footer`라고 되어 있는 경우 아래 여백이 130px이 되도록 지정합니다.

실습 파일: single_pages/static/single_pages/css/about_me.css

```
.margin-for-footer {
    margin-bottom: 130px;
}
```

about_me.html에서 푸터와 맞닿는 아래 섹션 부분의 class에 `margin-for-footer`를 추가합니다.

```
(...생략...)
<section class="bg-light margin-for-footer" >
    <div class="container">
        <div class="row">
            <div class="col-12">
                <h1>PORTFOLIO</h1>
            </div>
        </div>
    </div>
</section>

<div class="fixed-bottom">
    {% include 'blog/footer.html' %}
</div>
(...생략...)
```

이제 브라우저의 위아래 폭이 짧아도 더 이상 푸터가 내용을 가리지 않습니다.

그림 19-13 스크롤을 내려도 푸터가 페이지 내용을 가리지 않음

자기소개 페이지의 내용 채우기

01단계 **자기소개 섹션에 내용 추가하기**

자기소개 페이지의 레이아웃이 완성되었으니 내용을 채워야겠죠. 첫 번째 섹션의 왼쪽 부분에 필자를 소개하는 문구와 이력서에 들어갈 만한 내용을 리스트 형태로 채웠습니다. 여러분도 여러분을 소개하는 내용으로 채워보세요.

실습 파일: single_pages/templates/single_pages/about_me.html

```html
(...생략...)
<section>
    <div class="container mt-4">
        <div class="row">
            <div class="col-lg-8">
                <h1>안녕하세요. 달타냥입니다.</h1>
                <br/>
                <p class="lead">
                    음악과 컴퓨터와 수영을 좋아합니다.<br/>
                    데이터분석으로 돈을 벌고, 퇴근 후에는 운동을 하거나 책을 쓰면서 지냅니다.
                </p>

                <ul>
                    <li>WORK EXPERIENCE</li>
                    <ul>
                        <li>크고좋은회사 - 빅데이터분석 (2019.10 ~)</li>
                        <li>모모공공기관 (2016.02 ~ 2019.09)</li>
                    </ul>
                    <li>EDUCATION</li>
                    <ul>
                        <li>공학박사, 장고공학(Django Engineering), 파이썬대학교
(2010.03~2015.09)</li>
                        <li>공학석사, 장고공학(Django Engineering), 파이썬대학교
(2007.09~2009.08)</li>
                        <li>공학학사, 장고공학(Django Engineering), 파이썬대학교
(2003.03~2007.08)</li>
                    </ul>
```

```
            <li>PUBLISH</li>
            <ul>
                <li>DO IT DJANGO, 이지스퍼블리싱 (2020)</li>
            </ul>
        </ul>
    </div>
    <div class="col-lg-4">
        <img class="img-fluid" src="{% static 'single_pages/images/my_back.
png' %}">
    </div>
</div>
</div>
</section>
```

브라우저에서 열어보면 다음과 같이 작성한 내용이 잘 정리되어 나타납니다.

그림 19-14 자기소개 내용 추가

포트폴리오 섹션에 내용 추가하기

두 번째 섹션에는 부트스트랩의 카드 3개
를 가로로 배치할 생각입니다. 물론 방문자
가 스마트폰으로 이 페이지를 열었다면 부
트스트랩이 세로로 보여주겠죠. single_
pages/static/single_pages/images 폴더
에 보여줄 이미지 파일 3개를 추가합니다.

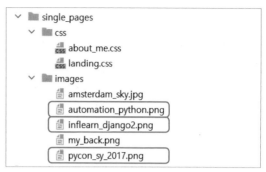

그림 19-15 images 폴더에 이미지 3개 추가

부트스트랩이 나눠주는 12개 칸을 `col-lg-4`로 4개씩 분배해 3개 열을 만듭니다. 각 열에는
부트스트랩의 카드를 넣습니다. 이 카드를 클릭했을 때 더 자세한 설명이 모달로 팝업되어 나
오도록 `data-toggle="modal" data-target="#모달 id"`를 부여합니다. 모달은 나중에 만들기
로 하고 카드에 이미지와 약간의 설명도 나오도록 합니다.

실습 파일: single_pages/templates/single_pages/about_me.html

```html
(...생략...)
<section class="bg-light margin-for-footer" >
    <div class="container">
        <div class="row">
            <div class="col-12">
                <h1>PORTFOLIO</h1>
            </div>
        </div>
        <div class="row">
            <div class="col-lg-4">
                <div class="card" data-toggle="modal" data-target="#pycon2017">
                    <img class="card-img-top" src="{% static 'single_pages/im-
ages/pycon_sy_2017.png' %}">
                    <div class="card-body">
                        <h5 class="card-title">파이썬으로 통계업무 자동화하기 [PYCON
2017]</h5>
                        <p>Python, Django, Pandas, python-docx로 통계업무 자동화한 내
용을 파이콘에서 발표했습니다.</p>
                    </div>
```

> 첫 번째 모달 id

```
                    </div>
                </div>

                                              ┌─────────────┐
                                              │ 두 번째 모달 id │
                                              └─────────────┘
            <div class="col-lg-4">
                <div class="card" data-toggle="modal" data-target="#inflearn_django2">
                    <img class="card-img-top" src="{% static 'single_pages/images/
inflearn_django2.png' %}">
                    <div class="card-body">
                        <h5 class="card-title">파이썬 사용자를 위한 웹개발 입문 A to
Z Django + Bootstrap</h5>
                        <p>파이썬 웹개발에 대한 인프런 동영상 강의입니다.</p>
                    </div>
                </div>
            </div>

                                              ┌─────────────┐
                                              │ 세 번째 모달 id │
                                              └─────────────┘
            <div class="col-lg-4">
                <div class="card" data-toggle="modal" data-target="#automation_python">
                    <img class="card-img-top" src="{% static 'single_pages/images/
automation_python.png' %}">
                    <div class="card-body">
                        <h5 class="card-title">직장인을 위한 프로그래밍 입문과 업무자
동화 활용</h5>
                        <p>파이썬 업무자동화에 대한 인프런 동영상 강의입니다.</p>
                    </div>
                </div>
            </div>
        </div>
    </div>
</section>
(...생략...)
```

브라우저에서 열어보면 포트폴리오 섹션에 카드 3개가 추가되어 있습니다. 이제 모달만 추가하면 됩니다. about_me.html에서 자바스크립트 코드 바로 위에 모달을 만들기 위한 코드를 추가하세요. 이때 카드의 data-target에서 지정한 값에 맞춰 모달의 id를 정해야 합니다.

😀 여기에서는 입력할 코드의 분량이 많아 일부를 생략했습니다. 완성 파일의 소스 코드 또는 깃허브의 커밋 기록을 확인해서 소스 코드 전체를 입력해 주세요. 또는 부트스트랩 공식 홈페이지의 예제 코드를 복사해서 여러분 상황에 맞게 바꾸어 활용해도 됩니다.

```
(...생략...)
<!-- Modal -->
<div class="modal fade" id="pycon2017" tabindex="-1" role="dialog" aria-labelledby=
"pycon2017ModalLabel" aria-hidden="true">
    <div class="modal-dialog modal-lg" role="document">
    (...생략...)
<div class="modal fade" id="inflearn_django2" tabindex="-1" role="dialog" aria-labe
lledby="inflearnDjangoModalLabel" aria-hidden="true">
    <div class="modal-dialog modal-lg" role="document">
    (...생략...)
<div class="modal fade" id="automation_python" tabindex="-1" role="dialog" aria-lab
elledby="automationPythonModalLabel" aria-hidden="true">
    <div class="modal-dialog modal-lg" role="document">
    (...생략...)
```

이제 카드를 클릭하면 정상적으로 모달이 팝업되면서 더 자세한 설명을 보여줍니다.

그림 19-16 첫 번째 카드를 클릭했을 때 나타나는 모달

커밋! 자기소개 페이지에 내용 채우기

이제 커밋을 합시다. 커밋 메시지는 '자기소개 페이지에 내용 채우기'로 정했습니다.

```
λ Cmder                                                           –  □  ✕

C:\github\do_it_django_a_to_z (main -> origin)
(venv) λ git add .
C:\github\do_it_django_a_to_z (main -> origin)
(venv) λ git commit -m " 자기소개 페이지에 내용 채우기"
C:\github\do_it_django_a_to_z (main -> origin)
(venv) λ git push
```

· 웹 사이트 배포하기 ·

웹 사이트를 만들었어도 로컬 컴퓨터에만 있어서는 누구에게도 보여줄 수 없습니다. 서버에 올려 놓고 서비스를 해야 사람들이 방문할 수 있죠. 실제로 웹 사이트에서 방문자를 맞이하기 위해서는 이에 걸맞은 데이터베이스와 보안 설정 등이 필요합니다. 마지막 마당에서는 실제로 서비스를 하기 위해 필요한 작업에 대해 알아봅니다. 이 책의 마지막 부분까지 끝내고 나면 여러분의 웹 사이트는 멋진 도메인을 달고 아마존 서버에서 운영되고 있을 겁니다.

20

도커로
이사 준비하기

웹 사이트를 사람들에게 공개하려면 먼저 서버에 올려야 합니다. 지금까지 각자 작업한 컴퓨터와 서버는 운영체제를 비롯한 여러 가지 환경이 다를 수밖에 없습니다. 어떤 분들은 윈도우 10에서 개발을 했을 테고, 어떤 분들은 맥에서 작업을 했을 겁니다. 우리가 이제부터 이용할 서버는 리눅스 서버입니다. 다른 운영체제에서 작업한 결과를 리눅스 서버로 옮기다 보면 그 과정에서 문제가 생길 수 있는데, 이때 도커를 이용하면 이 문제를 안정적으로 처리할 수 있습니다.

20-1 도커란?

내 컴퓨터에서 작업한 결과가 다른 컴퓨터에서도 똑같이 동작한다는 보장은 없습니다. 컴퓨터 마다 환경이 다르기 때문이죠. 내가 만든 파워포인트를 같은 조의 친구에게 보내거나 발표장에서 열었을 때 폰트가 설치되어 있지 않아 글꼴이 다르게 나오는 경우를 경험해 본 적이 있을 겁니다. 파워포인트에서는 이런 문제를 해결하기 위해 '폰트 포함 저장' 기능을 제공합니다. 도커 Docker도 이와 비슷한 역할을 합니다. 여러분은 지금까지 이 책을 읽으면서 어떤 환경의 컴퓨터에서 작업을 하고 있나요? 대부분은 윈도우 혹은 맥에서 작업을 하고 있을 겁니다. 그런데 대부분의 서버는 리눅스 계열로 운영되고 있습니다. 윈도우 계열 서버도 많기는 하지만 임대료가 더 비싸죠. 운영체제가 다른 서버에서 지금까지 만든 프로그램을 잘 실행하려면 환경 설정이 어려울 수밖에 없습니다. 이런 문제를 해결하기 위해 나온 기술이 바로 도커입니다.

도커의 역할 이해하기

도커는 다른 하드웨어와 운영체제에서 작업하더라도 동일한 환경을 갖출 수 있도록 도와주는 기술입니다. 기본적으로 앞에서 이용했던 가상환경(venv)과 비슷하죠. 다만 가상환경은 개발환경을 구축하기에는 충분하지만 구현한 서비스를 서버에 옮겨서 서비스를 제공하는 배포 과정에서는 부족한 부분이 있습니다. 배포를 하기 위해서는 소스 코드를 복제해서 적절한 위치에 저장하고, 웹 페이지를 보여주는 웹 서버, 웹 서버에서 받은 요청을 장고에게 넘겨주기 위한 인터페이스, 장고에서 사용할 데이터베이스 등의 추가적인 작업이 필요합니다. 그런데 가상환경으로는 이러한 작업을 수행하는 데 한계가 있으므로 도커를 사용해 모든 환경을 전부 서버로 옮기는 것입니다.

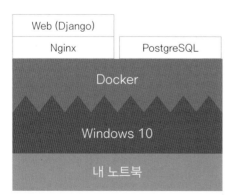

그림 20-1 다른 기기와 운영체제에서 작업하더라도 동일한 환경을 구성해 주는 도커

도커의 작동 원리 알아보기

도커의 작동 방식을 더 자세히 살펴봅시다. 먼저 도커 설정 파일에 운영체제, 파이썬 버전, 라이브러리, 소스 코드, 이미지 파일 등 웹 사이트 배포에 필요한 환경설정 정보를 모두 지정합니다. 그리고 도커를 실행하면 도커 설정 파일에서 지정한 대로 서버 전체를 온전히 복제한 컨테이너 이미지가 생성됩니다. 마지막으로 컨테이너 이미지를 작동시키면 컨테이너가 실행되면서 기존과 동일한 상태로 웹 사이트 서버를 실행합니다.

컨테이너 이미지를 처음 생성할 때는 서버를 실행하기 위해 필요한 모든 파일을 내려받아야 하기 때문에 시간이 꽤 많이 걸립니다. 하지만 두 번째 작업부터는 이미 받아놓은 이미지에서 변경된 부분만 갱신하면 되기 때문에 이미지를 생성하는 시간이 대폭 단축됩니다. 또한 컨테이너 이미지에는 서버 전체가 온전히 담기기 때문에 다른 컴퓨터에서 도커를 설치하고 이 이미지를 복제해서 작동하기만 하면 기존과 동일한 상태로 웹 사이트 서버를 실행할 수 있습니다.

도커를 처음 배울 때는 조금 어렵게 느껴질 수도 있을 겁니다. 여러분의 컴퓨터 위에 가상의 컴퓨터를 여러 대 만들어서 프로그램을 설치하고, 생성된 가상 컴퓨터에 접속하여 작업을 하는 일련의 과정들이 생소하게 느껴지기 때문이죠. 하지만 컨테이너를 성공적으로 생성하고 나면 도커를 이용한 배포 과정은 단순히 텍스트 파일 몇 개를 복사하는 정도로 단순하므로 차근차근 따라 하다 보면 목적지에 분명히 도착할 수 있습니다.

20-2 도커 설치하기

이제부터는 직접 도커 이미지를 만들고 실행시켜 컨테이너를 활용하는 방법을 알아보겠습니다.

 도커 설치하기

01단계 가상화 사용 여부 확인하기

윈도우 사용자라면 자신의 컴퓨터가 가상화 기능을 지원하는지 우선 확인해야 합니다. [Ctrl] + [Alt] + [Delete]를 클릭하여 작업관리자 창을 연 후 [성능] 탭에서 '가상화'가 '사용'으로 되어 있는지 확인하세요. 대부분은 가상화 사용으로 설정되어 있을 겁니다.

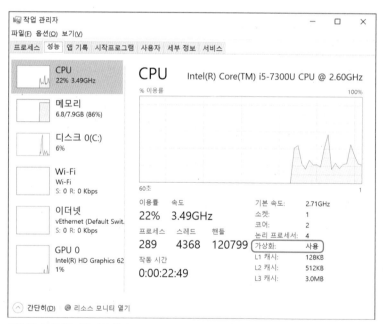

그림 20-2 가상화 지원 여부 확인

가상화 사용으로 설정되어 있지 않다면?

만약 사용하는 컴퓨터에서 가상화 기능을 사용할 수 없다는 메시지가 나와도 당황하지 마세요. 대부분의 경우는 바이오스^{BIOS} 설정을 바꾸면 됩니다. 설정 방법은 각자 사용하는 컴퓨터 환경을 참고해 검색해 보세요.

02단계 **도커 설치하기**

도커 설치 파일을 내려받기 위해 도커 웹 사이트(docker.com)로 들어가세요. 맥 또는 윈도우 사용자라면 'Docker Desktop'을 선택하면 됩니다. 자신의 운영체제에 맞는 파일을 선택합니다.

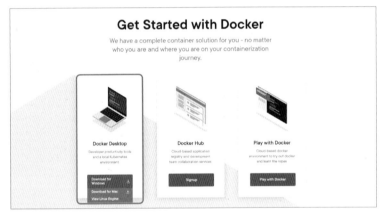

그림 20-3 도커 설치 파일 내려받기

설치 파일을 실행한 후 안내에 따라 그대로 진행하면 됩니다. 설치가 완료되면 윈도우를 다시 시작합니다.

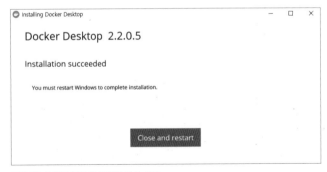

그림 20-4 설치 완료 후 컴퓨터 다시 시작

WSL 2 installation is incomplete 오류

도커를 설치하고 컴퓨터를 다시 시작했을 때 'WSL 2 installation is incomplete (WSL 2 설치가 완료되지 않았다)'라는 오류 메시지가 나타날 수 있습니다. 이때는 update 링크를 열고 최신 WSL2 Linux 커널 업데이트 패키지를 내려받아 설치한 다음 〈Restart〉 버튼을 클릭하면 됩니다. 자세한 내용은 링크에 있는 마이크로소프트 공식 매뉴얼을 참고하세요.

그림 20-5 WSL 2 installation is incomplete 오류 발생

터미널을 열고 docker -v라고 입력했을 때 다음과 같이 나오면 설치 성공입니다. 이때 어떤 경로에서든 동일한 결괏값이 나와야 합니다.

Do it!
실습

도커 파일 만들기

01단계 모듈 리스트 만들기

지금까지 웹 사이트를 만들면서 여러 라이브러리를 활용했습니다. 이는 가상환경(venv)에 설치가 되어 있죠. 이제 여기에 설치된 라이브러리를 도커 컨테이너로 옮겨야 합니다. 터미널에서 pip freeze > requirements.txt 명령어를 입력해 지금까지 가상환경에 설치한 라이브러리들을 리스트로 만들어 저장합시다.

```
λ Cmder                                          —  □  ×

C:\github\do_it_django_a_to_z (main -> origin)
(venv) λ pip freeze > requirements.txt
C:\github\do_it_django_a_to_z (main -> origin)
(venv) λ ls
_media/  blog/  db.sqlite3  do_it_django_prj/  manage.py*  README.md  requirements.
txt  single_pages/  venv/
```

새로 생성된 requirements.txt를 열어보면 지금까지 웹 사   😀 실습 환경에 따라 각 모듈마다 버전
이트를 만드는 데 사용한 모듈이 나열되어 있습니다.   정보가 다를 수 있습니다.

실습 파일: requirements.txt

```
asgiref==3.2.5
backcall==0.1.0
beautifulsoup4==4.8.2
certifi==2020.4.5.1
chardet==3.0.4
(...생략...)
```

02단계   도커 설정 파일 만들기

이제 도커 설정 파일을 만들겠습니다. 도커 설정 파일에는 지금까지 프로젝트를 진행한 로컬
환경과 동일한 컨테이너 이미지를 만들기 위해 지정할 내용을 작성합니다. 프로젝트 폴더에
확장자 없이 Dockerfile이라는 이름으로 파일을 만들고   😀 다른 파일명도 사용할 수 있지만 그
다음과 같이 내용을 작성해 주세요. 도커 설정 파일의 파일   럴 경우 설정 파일명을 따로 지정해야 합
명은 기본적으로 'Dockerfile'로 약속되어 있습니다.   니다.

실습 파일: Dockerfile

```
# pull official base image
FROM python:3.8.0-silm-buster ❶

# set work directory
WORKDIR /usr/src/app ❷
```

```
# set environment variables
ENV PYTHONDONTWRITEBYTECODE 1 ❸
ENV PYTHONUNBUFFERED 1 ❹


COPY . /usr/src/app/ ❺
# install dependencies
RUN pip install --upgrade pip        ┐
RUN pip install -r requirements.txt  ┘❻
```

리눅스를 많이 다뤄보지 않은 분들은 내용이 완전히 이해되지 않을 수도 있습니다. 지금은
'이런 과정을 거쳐야 이미지가 만들어지는구나' 정도만 이해하고 넘어가도 됩니다.

❶ 도커는 파이썬이 설치되어 있는 이미지를 기본으로 제공합니다. 이 이미지를 불러옵니다.

❷ 프로젝트의 작업 폴더를 /usr/src/app으로 지정합니다.

❸ 파이썬은 종종 소스 코드를 컴파일해서 확장자가 .pyc인 파일을 생성합니다. 도커를 이용할 때는 .pyc
파일이 필요하지 않으므로 .pyc 파일을 생성하지 않도록 합니다.

❹ 파이썬 로그가 버퍼링 없이 즉각적으로 출력하게 만듭니다.

❺ 로컬 컴퓨터의 현재 위치(Dockerfile이 있는 위치)에 있는 파일을 모두 작업 폴더(WORKDIR)로 복사
합니다. 그래야 지금까지 작성한 장고 프로젝트가 도커 이미지에 담기니까요. 닷(.)는 현재 폴더를 의미하
고, /usr/src/app는 복사할 작업 폴더를 의미합니다. 둘 사이에 공백이 있음을 주의하세요.

❻ requirements.txt에 나열된 라이브러리를 설치합니다.

03단계 도커 컴포즈 파일 만들기

도커 컴포즈 파일을 사용하면 컨테이너 여러 개를 한 번에 실행시킬 수 있고, 컨테이너를 실
행시킬 때 옵션도 줄 수 있습니다. 프로젝트 폴더에 docker-compose.yml 파일을 만들고
다음과 같이 작성하세요. 도커 컴포즈 파일도 'docker-compose.yml'이 기본 파일명입니
다. 아직은 장고 프로젝트를 실행하기 위한 컨테이너 하나만 실행시키면 됩니다. 다음 절을
위한 준비라고 생각하세요.

```
version: '3' ❶

services:
  web: ❷
    build: . ❸
    command: python manage.py runserver 0.0.0.0:8000 ❹
    volumes: ❺
      - ./:/usr/src/app/
    ports: ❻
      - 8000:8000
    env_file: ❼
      - ./.env.dev
```

❶ 도커 컴포즈 파일 포맷을 최신 버전으로 사용하겠다는 의미입니다. 특별한 이유가 없다면 3으로 설정하면 됩니다.

❷ 여기서는 web이라는 이름의 서비스 하나만 실행합니다.

❸ 현재 폴더를 build합니다. 앞에서 만든 Dockerfile이 현재 폴더에 있으므로 이 파일을 이용해 컨테이너 이미지를 만듭니다.

❹ command로 터미널에서 직접 입력했던 서버 실행 명령을 대신 입력합니다.

❺ volumes로 로컬 컴퓨터의 폴더와 도커의 폴더를 연결합니다. 여기서는 현재 폴더를 /usr/src/app/ 폴더와 연결합니다.

❻ posts로 이전과 똑같이 8000번 포트를 사용합니다.

❼ 지금까지는 웹 페이지에 문제가 생기면 나타나는 오류 페이지에서 메시지를 읽고, 이를 디버깅하면서 웹 사이트를 만들어 왔습니다. 오류 페이지가 다른 사람에게 보이지 않도록 settings.py에서 관리되던 요소 일부를 개발환경(.env.dev)과 배포환경(.env.prod)으로 나누어 관리하려 합니다. 아직은 개발 중이므로 개발환경 파일(.env.dev)만 지정합니다. 이렇게 env_file을 따로 명시하면 settings.py에서 이 값을 불러와서 사용할 수 있습니다.

04단계   settings.py 수정하고 개발환경 파일 작성하기

프로젝트에서 개발환경 파일(.env.dev)을 활용할 수 있도록 settings.py를 다음과 같이 수정합니다. 이는 로컬에서 개발 중일 때와 실제로 서비스를 할 때 settings.py를 다르게 적용하기 위한 과정입니다. os.environ.get()으로 개발환경 파일에서 값을 읽어올 수 있을 때는 그 값을 사용하고, 없을 때는 두 번째 매개변수 값을 활용합니다.

```
                                              실습 파일: do_it_django_prj/settings.py

(...생략...)

SECRET_KEY = os.environ.get('SECRET_KEY', '********************')  ❶


# SECURITY WARNING: don't run with debug turned on in production!
DEBUG = int(os.environ.get('DEBUG', 1))  ❷


if os.environ.get('DJANGO_ALLOWED_HOSTS'):  ❸
    ALLOWED_HOSTS = os.environ.get('DJANGO_ALLOWED_HOSTS').split(' ')
else:
    ALLOWED_HOSTS = []


(...생략...)
```

❶ SECRET_KEY의 기본 매개변수 값으로 넣어둔 문자열은 프로젝트에서 임의로 만들어 놓은 키 값입니다. 여러분은 분명 저와 다른 문자가 나타날 것입니다. 나타나 있는 값을 그대로 사용하면 됩니다.

❷ 원래는 DEBUG = True로 되어 있습니다. 1은 True를 의미하고, 0은 False를 의미하므로 로컬에서 개발할 때는 이 값이 True가 되도록 1을 사용하고, 그렇지 않은 경우에는 0이 될 수 있도록 이후에 만들면 됩니다.

❸ HOST로 허용하는 주소를 적어두는 곳입니다. 서비스로 공개할 때는 보안을 위해 서버가 될 URL만 남겨놓는 것이 맞습니다. 반면에 개발할 때는 127.0.0.1이나 localhost로 장고에 접근할 수 있어야 합니다. 이런 목적으로 env 파일에서 DJANGO_ALLOWED_HOST를 읽어올 수 있다면 그 값을 사용하고, 없다면 이전과 동일하게 되도록 설정합니다.

이제 개발할 때의 환경설정을 위한 .env.dev 파일을 만들고 다음과 같이 입력합니다. DEBUG = 1은 DEBUG = TRUE와 동일한 의미로 디버깅 모드를 계속 유지하겠다는 의미입니다. SECRET_KEY는 앞에서 설명했듯이 지금까지 진행해온 settings.py의 값을 사용하면 됩니다. DJANGO_ALLOWED_HOSTS는 개발할 때 활용할 127.0.0.1과 localhost를 적어 두었습니다.

```
                                                          실습 파일: .env.dev

DEBUG = 1
SECRET_KEY = ***************************  ◁── 기존 값을 그대로 사용하세요
DJANGO_ALLOWED_HOSTS = localhost 127.0.0.1 [::1]
```

도커 컨테이너 실행하기

이제 터미널에서 docker-compose build 명령어로 이미지를 만들고, docker-compose up으로
컨테이너를 실행해 봅시다.

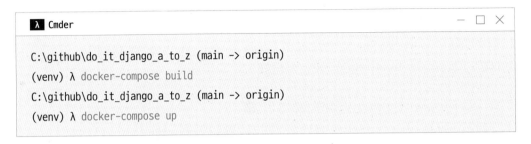

이 상태에서 앞에서와 마찬가지로 브라우저에서 127.0.0.1:8000으로 접속하세요. 도커 컨테
이너가 제 역할을 해주고 있습니다. 지금까지 데이터베이스에 저장했던 내용도 그대로 나타
나네요.

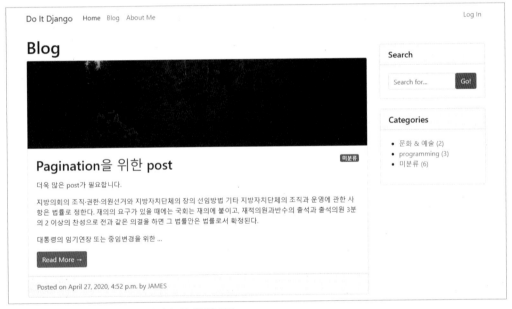

그림 20-6 도커를 이용해 장고로 만든 웹 사이트를 실행한 결과

터미널에서 Ctrl + C 를 누르면 서비스가 멈춥니다. 브라우저로 들어가봐도 접속이 되지
않습니다. 터미널에서 docker-compose up -d를 입력하세요. 그러면 컨테이너를 실행시키되
-d 옵션으로 백그라운드에서 돌아가게 됩니다. 더 이상 로그를 보여주지 않지만 백그라운드
에서 돌아가고 있으므로 웹 브라우저에서 접속해도 정상적으로 웹 사이트가 나타납니다. 심
지어 터미널을 모두 닫아도 웹 사이트는 정상적으로 작동합니다.

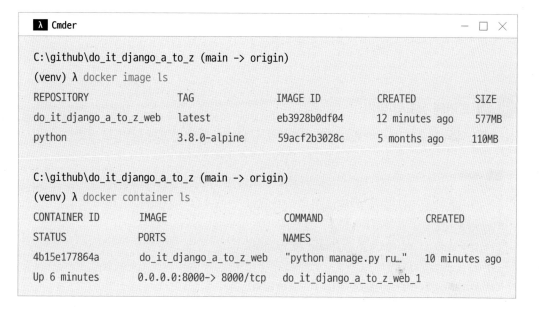

```
λ Cmder                                                    —  □  ×

C:\github\do_it_django_a_to_z (main -> origin)
(venv) λ docker-compose up -d
Starting do_it_django_a_to_z_web_1 ... done
```

현재 도커에 생성된 이미지를 검색해 보니 python과 do_it_django_a_to_z_web 이미지가
보입니다. 컨테이너는 하나 있습니다.

```
λ Cmder                                                    —  □  ×

C:\github\do_it_django_a_to_z (main -> origin)
(venv) λ docker image ls
REPOSITORY                TAG           IMAGE ID        CREATED          SIZE
do_it_django_a_to_z_web   latest        eb3928b0df04    12 minutes ago   577MB
python                    3.8.0-alpine  59acf2b3028c    5 months ago     110MB

C:\github\do_it_django_a_to_z (main -> origin)
(venv) λ docker container ls
CONTAINER ID   IMAGE                    COMMAND                CREATED
STATUS         PORTS                    NAMES
4b15e177864a   do_it_django_a_to_z_web  "python manage.py ru…"  10 minutes ago
Up 6 minutes   0.0.0.0:8000-> 8000/tcp  do_it_django_a_to_z_web_1
```

이 상태에서 도커 컨테이너 안에서 테스트를 해 봅시다. web 컨테이너에서 python manage.py
test 명령을 실행해 보면 아무 문제가 없다고 합니다.

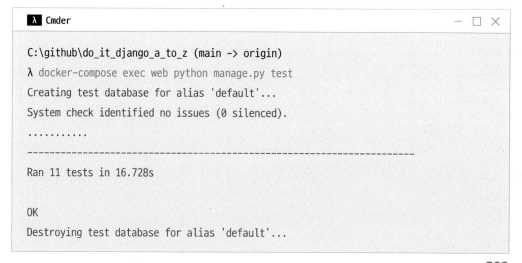

```
λ Cmder                                                    —  □  ×

C:\github\do_it_django_a_to_z (main -> origin)
λ docker-compose exec web python manage.py test
Creating test database for alias 'default'...
System check identified no issues (0 silenced).
...........
----------------------------------------------------------------------
Ran 11 tests in 16.728s

OK
Destroying test database for alias 'default'...
```

이제 docker-compose down으로 돌아가고 있는 컨테이너를 중단합시다. 이 상태에서 다시 컨테이너를 검색해 보면 더 이상 실행 중인 컨테이너가 존재하지 않습니다. 브라우저에서 127.0.0.1:8000으로 페이지를 열어봐도 더 이상 열리지 않습니다.

커밋! 도커에 장고만 담기

현재까지의 내용으로 커밋하겠습니다. 커밋 메시지는 '도커에 장고만 담기'로 정했습니다.

```
λ Cmder                                               –  □  ×
C:\github\do_it_django_a_to_z (main -> origin)
(venv) λ git add .
C:\github\do_it_django_a_to_z (main -> origin)
(venv) λ git commit -m "도커에 장고만 담기"
C:\github\do_it_django_a_to_z (main -> origin)
(venv) λ git push
```

20-3 PostgreSQL 사용하기

지금까지는 데이터베이스에 대해 특별한 고민 없이 장고에서 기본적으로 제공하는 Sqlite3를 사용했습니다. Sqlite3는 파일을 이용한 데이터베이스이기 때문에 특별한 설정 없이 간편하게 사용할 수 있다는 장점이 있습니다. 그러나 프로젝트 규모가 커지거나 웹 사이트 방문자가 많아지면 충분한 성능을 기대하기 어렵습니다. 따라서 오픈 소스로 활용할 수 있는 PostgreSQL을 웹 사이트에 도입하겠습니다. 만약 도커를 사용하지 않는다면 우리가 작업하고 있는 로컬 컴퓨터(윈도우 혹은 맥)에서 PostgreSQL을 설치하고, 서버에서도 또 한 번 설치/설정 작업을 해야 합니다. 도커 기술 덕에 다행히 이 작업을 단순화할 수 있습니다.

 ## PostgreSQL 사용 설정하기

01단계 docker-compose.yml 수정하기

앞에서 docker-compose.yml을 이용하면 여러 개의 컨테이너를 한 번에 실행시킬 수 있다고 했던 것 기억하나요? 데이터베이스만 담당하는 컨테이너를 하나 더 실행해 PostgreSQL을 사용합니다. 이제 장고는 web이라는 컨테이너에서 실행하고, 데이터베이스를 담당하는 부분은 db라는 이름의 컨테이너에서 실행하도록 설정합니다.

실습 파일: docker-compose.yml

```
version: '3'

services:
  web:
    build: .
    command: python manage.py runserver 0.0.0.0:8000
    volumes:
      - ./:/usr/src/app/
    ports:
      - 8000:8000
    env_file:
      - ./.env.dev
```

```
    depends_on: ❶
      - db
  db:
    image: postgres:12.0-alpine  ❷
    volumes:  ❸
      - postgres_data:/var/lib/postgresql/data/
    environment:  ❹
      - POSTGRES_USER=do_it_django_db_user
      - POSTGRES_PASSWORD=do_it_django_db_password
      - POSTGRES_DB=do_it_django_dev
volumes:  ❸
  postgres_data:
```

❶ web 컨테이너는 db 컨테이너가 실행된 이후에 시작해야 한다는 의미로 depends_on을 db로 설정합니다.

❷ db라는 이름의 컨테이너는 postgres를 실행하기 위해 만든 것입니다. 이미지는 도커에서 공식으로 제공하는 postgres:12.0-alpine을 사용합니다.

❸ volumes을 설정해서 컨테이너 실행이 중단되더라도 데이터베이스의 내용이 사라지지 않도록 합니다.

❹ PostgreSQL을 사용하기 위해 사용자명, 암호, 데이터베이스명을 지정합니다. 이때 개발용 데이터베이스임을 표기하기 위해 POSTGRES_DB의 이름은 do_it_django_dev로 합니다.

02단계 settings.py와 .env.dev 파일 수정하기

데이터베이스를 Sqlite3로 사용할지, PostgreSQL로 사용할지는 settings.py에 정의되어 있습니다. 장고는 프로젝트를 생성할 때 다음과 같이 settings.py에 자동으로 데이터베이스에 대한 내용을 설정합니다.

실습 파일: do_it_django_prj/settings.py

```
(...생략...)
DATABASES = {
    'default': {
        'ENGINE': 'django.db.backends.sqlite3',
        'NAME': BASE_DIR / 'db.sqlite3',
    }
}
(...생략...)
```

postgresql을 사용하도록 다음과 같이 설정을 바꿔주세요. 이때 USER, PASSWORD, HOST, PORT는 PostgreSQL을 관리하는 데 필요한 내용입니다.

실습 파일: do_it_django_prj/settings.py

```python
(...생략...)
DATABASES = {
    'default': {
        'ENGINE': os.environ.get("SQL_ENGINE", 'django.db.backends.sqlite3'),
        'NAME': os.environ.get('SQL_DATABASE', os.path.join(BASE_DIR, 'db.sqlite3')),
        'USER': os.environ.get('SQL_USER', 'user'),
        'PASSWORD': os.environ.get('SQL_PASSWORD', 'password'),
        'HOST': os.environ.get('SQL_HOST', 'localhost'),
        'PORT': os.environ.get("SQL_PORT", '5432'),
    }
}
(...생략...)
```

프로젝트의 settings.py에서 활용할 수 있도록 .env.dev 파일을 업데이트합니다. 모두 PostgreSQL을 위한 내용입니다.

실습 파일: .env.dev

```
DEBUG=1
SECRET_KEY=************************************
DJANGO_ALLOWED_HOSTS=localhost 127.0.0.1 [::1]
SQL_ENGINE=django.db.backends.postgresql
SQL_DATABASE=do_it_django_dev
SQL_USER=do_it_django_db_user
SQL_PASSWORD=do_it_django_db_password
SQL_HOST=db
SQL_PORT=5432
```

터미널에서 docker-compose build로 다시 이미지를 빌드하고, docker-compose up으로 실행해 봅시다. 웹 브라우저에서 127.0.0.1:8000을 열어보면 '페이지가 작동하지 않습니다'라는 메시지가 나타납니다.

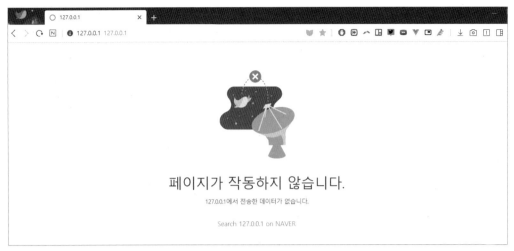

그림 20-7 데이터베이스를 PostgreSQL로 변경한 후 나타난 메시지(실패)

이런 상황이 발생하는 원인은 여러 가지가 있을 수 있지만 오류 메시지를 잘 살펴보면 원인을 알 수 있습니다. 파이썬에서 PostgreSQL을 사용할 수 있게 해 주는 psycopg2 모듈이 없어 오류가 발생했네요.

그림 20-8 psycopg2가 없어 오류가 발생한 모습

[Ctrl] + [C]를 눌러 컨테이너를 종료하고 `pip install psycopg2`로 설치해 주세요. 그리고 `pip freeze`로 requirements.txt에 psycopg2가 설치된 결과를 반영합니다.

```
λ  Cmder                                                        —  □  ×

C:\github\do_it_django_a_to_z (main -> origin)
(venv) λ pip install psycopg2-binary
C:\github\do_it_django_a_to_z (main -> origin)
(venv) λ pip freeze > requirements.txt
```

이 책을 통해 도커를 처음 접하는 분이라면 이 과정이 다소 의아하게 느껴질 수 있을 겁니다. 지금까지는 새로운 모듈을 설치할 때 **pip**로 가상환경에 직접 설치하는 것으로 충분했습니다. 그러나 여기서는 도커 이미지를 만들어서 활용해야 하므로 requirements.txt에 필요한 모듈을 추가하고 도커 이미지에 반영해야 합니다. 이 작업을 마친 후 도커 이미지를 재생성하는 명령을 실행하면 설정 파일을 기준으로 psycopg2가 설치된 도커 이미지가 생성될 것입니다.

다시 **docker-compose build**로 이미지를 빌드하고, **docker-compose up**으로 실행해 봅시다. 웹 브라우저에서 열어봤을 때 다음과 같이 ProgrammingError 메시지가 나오면 성공입니다.

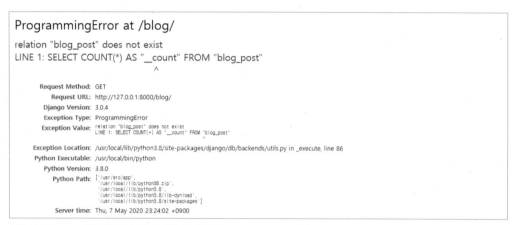

그림 20-9 PostgreSQL 데이터베이스에 테이블이 없어 Programming Error 발생

알아두면 좋아요

여전히 PostgreSQL에 연결이 되지 않는 경우

만약 여전히 위와 같은 오류 메시지가 아니라 '페이지가 작동하지 않습니다'라는 메시지가 화면에 나타난다면 다음과 같은 오류가 발생했는지 확인해 주세요. 이 오류는 맨 처음 PostgreSQL을 나타낼 때 아직 데이터베이스 설정이 끝나지 않았는데 장고가 데이터베이스에 정보를 요청해서 발생하는 문제입니다. 터미널에 남은 로그를 보면 장고 프로젝트를 담당하는 **web** 컨테이너에서 'could not connect to server'라며 오류를 설명하고, 뒤늦게 **db** 컨테이너에서 'database system is ready to accept connection'라는 메시지를 나타내는 걸 확인할 수 있습니다.

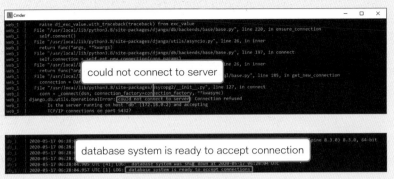

그림 20-10 db 설정이 끝나기 전에 web 컨테이너가 먼저 실행되어 오류가 발생한 모습

이런 경우에는 [Ctrl] + [C]를 눌러 컨테이너를 종료하고, 다시 docker-compose up
으로 실행하면 됩니다. 빌드는 이미 다 되어 있기 때문에 docker-compose build의
빌드 부분은 입력할 필요가 없습니다. 이렇게 실행이 되고, ProgrammingError 메시
지가 나온다면 성공입니다.

03단계 PostgreSQL로 만든 데이터베이스 마이그레이션하기

ProgrammingError 메시지가 나타난 이유는 장고 프로젝트가 PostgreSQL 데이터베이스를
쓰도록 변경되었는데 마이그레이션을 하지 않아 데이터베이스 테이블이 생성되지 않았기 때
문입니다. 이 문제를 해결하기 위해 실행 중인 web 컨테이너에 접속해서 마이그레이션을 해
봅시다.

현재 작업하던 터미널은 그대로 두고 다른 터미널을 여세요. 기존 터미널에서 도커 컨테이너
가 실행되고 있는 상태여야 하거든요. 새로운 터미널에서 docker-compose exec web python
manage.py migrate라고 입력하세요. 도커로 만든 web 컨테
이너에 접속해 python manage.py migrate를 실행하라는
의미입니다.

> 💬 'web'은 도커 컴포즈 파일에서 사용
> 한 이름으로, 다른 이름으로 만들었다면
> 그 이름을 입력하면 됩니다.

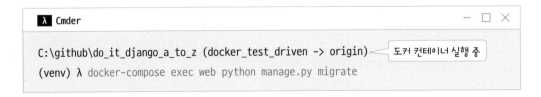

04단계 새로운 데이터베이스에 관리자 계정과 포스트 만들기

이제 웹 브라우저를 새로고침하면 이전에 만든 웹 사이트가 잘 나타납니다. 하지만 더 이상 Sqlite3에서 작업했던 내용은 없습니다. PostgreSQL 데이터베이스에서 새로 시작하기 때문입니다.

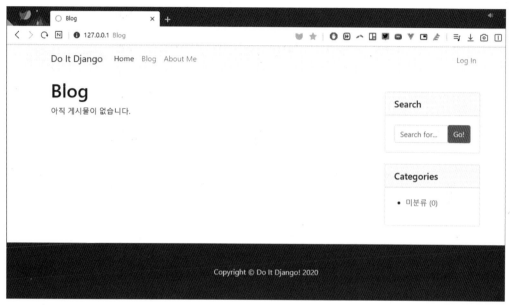

그림 20-11 PostgreSQL에서 새로 시작한 웹 사이트

당연히 이전에 만들었던 사용자 정보도 없습니다. 먼저 관리자 계정을 만듭시다. 장고를 처음 배울 때 실습했던 내용으로, docker-compose 명령을 이용해 현재 실행 중인 web 컨테이너에 접속해서 만든다는 점만 다릅니다. 두 번째로 열었던 터미널에서 다음과 같이 입력하세요.

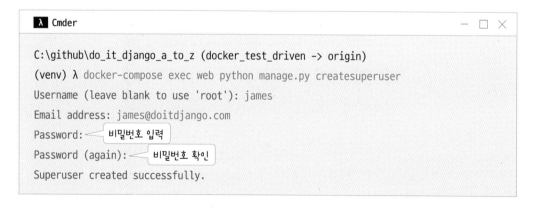

이제 웹 브라우저에서 127.0.0.1:8000/admin/으로 접속해 관리자 계정으로 로그인할 수 있습니다. 관리자 페이지로 들어가 새로운 포스트를 만들어 봅시다. 원하는 대로 Title과 Content를 채우고 저장한 다음 〈VIEW ON SITE〉 버튼을 클릭하세요.

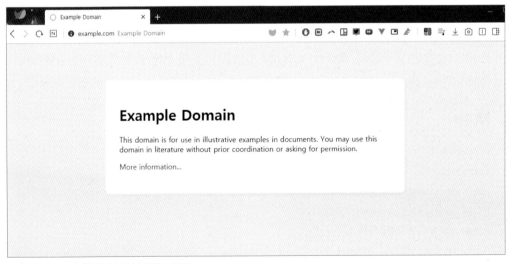

그림 20-12 관리자 페이지에서 새 포스트를 만들고 〈VIEW ON SITE〉 버튼 클릭

작성한 포스트 대신 다음과 같은 페이지가 나타납니다. 이는 site 설정을 하지 않았기 때문입니다.

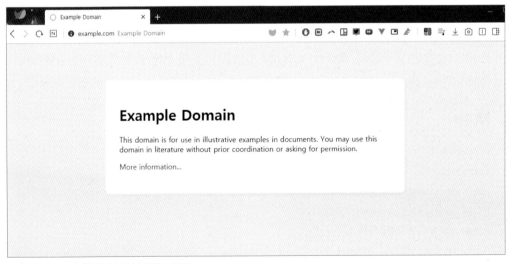

그림 20-13 site 설정을 하지 않아 나타나는 페이지

웹 브라우저에서 127.0.0.1:8000/admin/sites/site/에 들어간 후 다음과 같이 example.com으로 되어 있던 site의 Domain name을 127.0.0.1:8000으로 수정하세요.

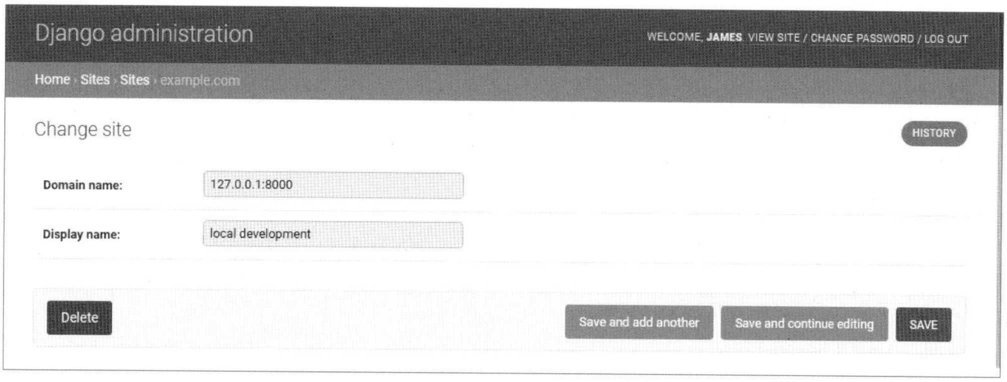

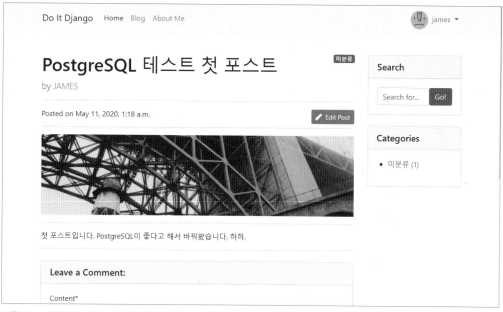

그림 20-14 관리자 페이지에서 site 정보 설정

다시 〈VIEW ON SITE〉 버튼을 클릭하면 더 이상 문제가 발생하지 않고 작성한 포스트가 잘 나타납니다.

그림 20-15 작성한 포스트가 웹 사이트에 잘 나타남

도커 컨테이너가 실행되고 있는 터미널에서 Ctrl + C 를 눌러 컨테이너 실행을 중단합니다. 그런 다음 다시 컨테이너를 실행해도 데이터베이스에 저장했던 내용은 사라지지 않고 보존됩니다.

커밋! 도커에 PostgreSQL 설정 추가하기

그럼 현재까지의 내용으로 커밋하겠습니다. 커밋 메시지는 '도커에 PostgreSQL 설정 추가하기'로 정했습니다.

```
λ Cmder                                                    —  □  ×

C:\github\do_it_django_a_to_z (main -> origin)
(venv) λ git add .
C:\github\do_it_django_a_to_z (main -> origin)
(venv) λ git commit -m "도커에 PostgreSQL 설정 추가하기"
C:\github\do_it_django_a_to_z (main -> origin)
(venv) λ git push
```

20-4 Gunicorn과 Nginx 사용하기

지금까지는 장고로 만든 웹 사이트를 실행할 때 `python manage.py runserver` 명령을 사용했습니다. 개발 중에는 장고가 기본적으로 제공하는 기능인 `runserver`를 이용해도 큰 문제가 없지만 실제로 웹 사이트를 서버에서 운영할 때 방문자가 많아지면 성능, 보안 등의 문제가 발생할 수 있습니다. 이런 상황에 대응하기 위해서는 Apache, Nginx 등 전문적인 웹 서버 소프트웨어를 사용해 서버를 실행해야 합니다. 웹 서버 소프트웨어를 사용하면 방문자의 요청에 더 빠르게 응답할 수 있고, 많은 사용자가 동시에 접속했을 때 여러 대의 서버로 요청을 분산하는 로드 밸런싱 같은 기능도 제공할 수 있습니다. 또한 장고가 꼭 필요한 요청에 대해서만 장고를 이용해 컴퓨팅 자원을 효율적으로 쓸 수도 있습니다.

여기에서는 웹 서버 소프트웨어 중 Nginx를 사용합니다. 그 전에 웹 서버 소프트웨어와 장고를 연결하기 위해 필요한 WSGI^{Web server gateway interface} 중 하나인 Gunicorn을 사용하는 방법을 알아보겠습니다.

Gunicorn 적용하기

01단계 Gunicorn을 사용하기 위해 도커 이미지 수정하기

Gunicorn을 사용해서 서버를 실행하기 위해 docker-compose.yml 파일의 **web** 컨테이너 설정 부분을 다음과 같이 수정합니다.

실습 파일: docker-compose.yml

```
version: '3'

services:
  web:
    build: .
    command: python manage.py runserver 0.0.0.0:8000
    command: gunicorn do_it_django_prj.wsgi:application --bind 0.0.0.0:8000
(...생략...)
```

pip로 Gunicorn을 설치한 다음 requirements.txt를 업데이트하여 도커 이미지에 반영하겠습니다. 이 과정은 앞에서 psycopg2를 설치할 때와 같습니다. 그리고 `docker-compose up --build`라고 입력해 이미지 빌드와 컨테이너 실행을 한 번에 명령합니다.

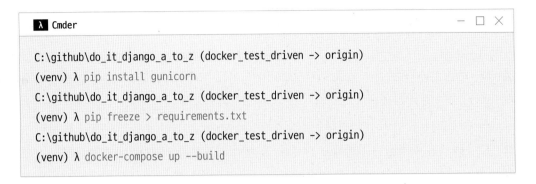

```
λ Cmder                                                              —  □  ✕

C:\github\do_it_django_a_to_z (docker_test_driven -> origin)
(venv) λ pip install gunicorn
C:\github\do_it_django_a_to_z (docker_test_driven -> origin)
(venv) λ pip freeze > requirements.txt
C:\github\do_it_django_a_to_z (docker_test_driven -> origin)
(venv) λ docker-compose up --build
```

02단계 정적 파일 서비스하기

이렇게만 적용하고 페이지를 돌아다녀 보면 일부 그림이 나오지도 않고 CSS도 제대로 반영되어 있지 않습니다. 그런데 잘 나오는 것 같다는 생각이 든다면 이는 예전에 브라우저가 이미지와 각종 css 파일을 캐싱해 두었기 때문에 나오는 화면입니다. 실제 웹 사이트에서 제공하고 있는 실태를 보려면 캐싱된 파일이 전혀 없는 상태에서 봐야 합니다. 한 번도 열어보지 않았던 페이지를 열어보세요.

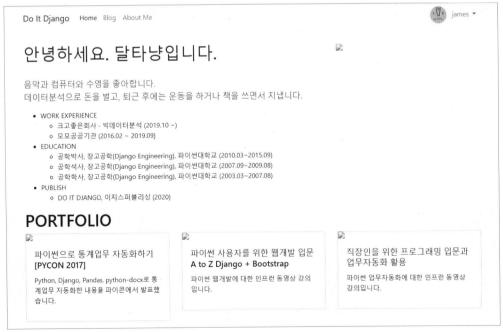

그림 20-16 Gunicorn으로 서버를 실행했을 때 정적 파일이 아직 반영되지 않은 모습

터미널에 남아 있는 메시지를 보면 각종 css 파일을 찾지 못했다고(Not found) 알려줍니다.

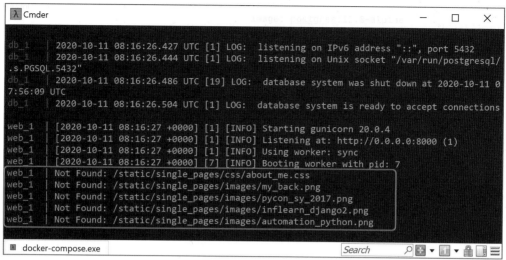

그림 20-17 장고가 정적 파일을 찾지 못해 발생한 오류

웹 브라우저에서 [새 시크릿 창]을 선택하고 127.0.0.1:8000을 열어보세요. 정적 파일에 해당하는 css 파일과 이미지 파일을 서버에서 제공하지 못하고 있기 때문에 현재 상태에서 웹 사이트에 방문하는 사람들은 다음과 같은 화면을 보게 됩니다.

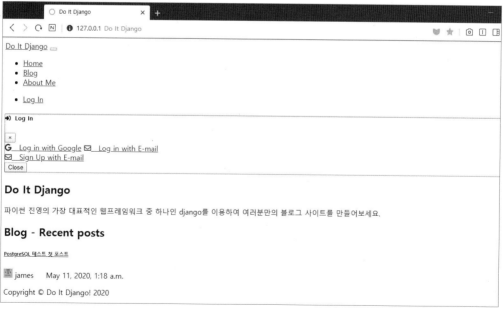

그림 20-18 Gunicorn으로 서버를 실행한 다음 캐싱된 파일 없이 렌더링된 웹 사이트

이 문제는 서버를 실행할 때 Gunicorn을 사용하면서 더 이상 앱 폴더의 static 폴더에서 직접 파일을 연결하지 않았기 때문입니다. settings.py를 열고 이전에 `MEDIA_ROOT`를 지정했던 것처럼 `STATIC_ROOT`의 경로를 다음과 같이 지정합니다.

실습 파일: do_it_django_prj/settings.py

```
(...생략...)
STATIC_URL = '/static/'
STATIC_ROOT = os.path.join(BASE_DIR, '_static')


MEDIA_URL = '/media/'
MEDIA_ROOT = os.path.join(BASE_DIR, '_media')
(...생략...)
```

`STATIC_URL`이 프로젝트의 urls.py 단에서도 처리가 되도록 다음과 같이 한 줄 추가합니다.

실습 파일: do_it_django_prj/urls.py

```
(...생략...)
urlpatterns = [
    path('blog/', include('blog.urls')),
    path('admin/', admin.site.urls),
    path('markdownx/', include('markdownx.urls')),
    path('accounts/', include('allauth.urls')),
    path('', include('single_pages.urls'))
]
urlpatterns += static(settings.MEDIA_URL, document_root=settings.MEDIA_ROOT)
urlpatterns += static(settings.STATIC_URL, document_root=settings.STATIC_ROOT)
```

실행되고 있던 컨테이너를 터미널에서 [Ctrl] + [C]를 눌러 종료하고 `python manage.py collectstatic`을 입력하세요. 149개의 static 파일이 복사되었다고 합니다.

😊 복사되는 static 파일 개수는 조금씩 다를 수 있습니다.

```
λ Cmder                                                    —  □  ✕

C:\github\do_it_django_a_to_z (main -> origin)
(venv) λ python manage.py collectstatic
149 static files copied to 'C:\github\do_it_django_a_to_z\_static'.
```

실제로 _static 폴더가 생기고 그
안에 여러 파일이 복사되어 있네
요. single_pages 앱과 blog 앱의
static 폴더 안 내용도 복사되어 있
습니다.

그림 20-19 정적 파일을 서비스하기 위한 _static 폴더 생성

다시 터미널에서 docker-compose up --build로 이미지를 새로 빌드하고 실행해 봅시다.

```
λ  Cmder                                                          —  □  ×

C:\github\do_it_django_a_to_z (main -> origin)
λ docker-compose up --build
Starting do_it_django_a_to_z_db_1 ... done
Starting do_it_django_a_to_z_web_1 ... done
```

이제 시크릿 창에서도 CSS와 이미지 파일이 잘 적용됩니다.

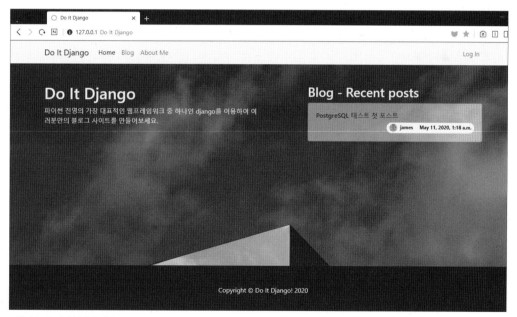

그림 20-20 정적 파일이 정상적으로 서비스되고 있는 모습

원활하게 잘 돌아가는 모습을 확인했으므로 Ctrl + C 를 눌러 도커 컨테이너를 중단합니다.

커밋! 도커에 Gunicorn 적용하기

그럼 현재까지의 내용으로 커밋하겠습니다. 커밋 메시지는 '도커에 Gunicorn 적용하기'로
정했습니다.

```
λ Cmder                                                    —  □  ×

C:\github\do_it_django_a_to_z (main -> origin)
(venv) λ git add .
C:\github\do_it_django_a_to_z (main -> origin)
(venv) λ git commit -m "도커에 gunicorn 적용하기"
C:\github\do_it_django_a_to_z (main -> origin)
(venv) λ git push
```

Do it! 실습 배포용 도커 파일 만들기

실제로 웹 사이트를 공개할 때는 보안을 위해 몇 가지 설정이 달라져야 한다고 했습니다. 방
문자가 웹 사이트를 돌아다니다가 오류가 발생했을 때 방문자에게 친절하게 어디에서 오류
가 발생했는지 알려준다면 웹 사이트의 소스 코드 일부 및 취약점이 공개되어 버립니다. 그러
면 개발 단계에서 개발자에게는 큰 도움이 될 수도 있지만 나쁜 의도를 가진 사람들에게는 웹
사이트를 공격하는 데 필요한 도움을 주는 셈이 되기도 합니다. 따라서 개발용 환경과 실제
배포용 환경설정을 달리 해야 합니다.

01단계 docker-compose 파일을 개발용과 배포용으로 분리하기

이제부터는 docker-compose 파일을 개발용과 배포용(실제 서비스 서버용)으로 구분해서
관리하겠습니다. 지금까지 작업했던 docker-compose.yml 파일을 복사해서 파일명을
docker-compose.dev.yml으로 바꾸세요. 기존의 docker-compose.yml 파일은 이제부
터 배포용 docker-compose 파일로 사용하겠습니다.

개발용인 docker-compose.dev.yml 파일로 도커 컨테이너를 실행시키려면 다음과 같이
-f 활용할 docker-compose 파일 옵션을 추가하면 됩니다.

```
┌─────────────────────────────────────────────────────────────────────┐
│  λ  Cmder                                               ─  □  ✕       │
├─────────────────────────────────────────────────────────────────────┤
│                                                                       │
│  C:\github\do_it_django_a_to_z (main -> origin)                       │
│  (venv) λ docker-compose -f docker-compose.dev.yml up                 │
│                                                                       │
└─────────────────────────────────────────────────────────────────────┘
```

웹 브라우저에서 잘 돌아가는 모습을 확인했으면 Ctrl + C 를 눌러 컨테이너를 중단하세요.
이제 서비스 배포용인 docker-compose.yml 파일을 수정합시다.

실습 파일: **docker-compose.yml**

```
version: '3'

services:
  web:
    build: .
    command: gunicorn do_it_django_prj.wsgi:application --bind 0.0.0.0:8000
    volumes:
      - ./:/usr/src/app/
    ports:
      - 8000:8000
    env_file:
      - ./.env.prod   ❶
    depends_on:
      - db
  db:
    image: postgres:12.0-alpine
    volumes:
      - postgres_data:/var/lib/postgresql/data/
    environment:
      - POSTGRES_USER=do_it_django_db_user
      - POSTGRES_PASSWORD=do_it_django_db_password
      - POSTGRES_DB=do_it_django_dev
    env_file:   ❷
      - ./.env.prod.db
volumes:
  postgres_data:
```

① 개발용 환경설정 파일인 .env.dev 대신 .env.prod을 사용하는 것으로 수정합니다. 이 파일은 곧 만들겠습니다.

② PostgreSQL 관련 내용은 .env.prod.db 파일에서 따로 관리합니다. 이 파일도 곧 만들어야겠네요.

02단계   환경설정 파일 분리하기

.env.dev 파일을 복사해서 .env.prod 파일을 만들고 다음처럼 수정하세요.

실습 파일: .env.prod

```
DEBUG = 0 ①
SECRET_KEY = w%g8q&(-+*********************** ②
DJANGO_ALLOWED_HOSTS=localhost 127.0.0.1 [::1]
SQL_ENGINE = django.db.backends.postgresql
SQL_DATABASE = do_it_django_prod ③
SQL_USER = do_it_django_db_user_prod
SQL_PASSWORD = do_it_django_db_password_prod
SQL_HOST = db
SQL_PORT = 5432
```

① 문제가 발생했을 때 브라우저에서 자세한 오류 메시지를 더 이상 나타내지 말라는 의미입니다. 외부 공격자들에게 힌트를 줄 수도 있으니까요.

② SECRET_KEY에는 새 시크릿 키를 만들어 넣습니다.

③ SQL_DATABASE는 do_it_django_prod로 바뀌었습니다. SQL_USER와 SQL_PASSWORD는 여러분이 실제로 블로그를 운영할 때 사용하기 위한 내용으로 수정하면 됩니다.

시크릿 키 생성하기

시크릿 키는 장고가 제공하는 get_random_secret_key() 함수를 이용해서 생성하면 됩니다. 터미널에서 python manage.py shell로 장고 셸을 열고 다음과 같이 명령하면 시크릿 키를 무작위로 생성해 줍니다. 이 값을 복사해서 .env.prod 파일에 붙이면 됩니다.

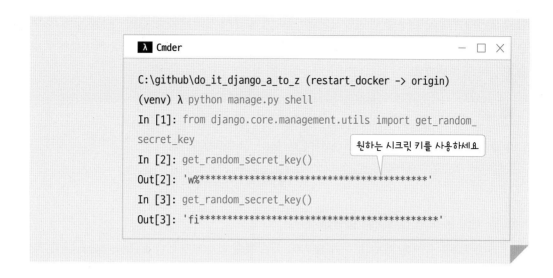

```
λ  Cmder                                              —  □  ✕

C:\github\do_it_django_a_to_z (restart_docker -> origin)
(venv) λ python manage.py shell
In [1]: from django.core.management.utils import get_random_
secret_key
In [2]: get_random_secret_key()
Out[2]: 'w%****************************************'
In [3]: get_random_secret_key()
Out[3]: 'fi****************************************'
```

원하는 시크릿 키를 사용하세요

.env.prod.db 파일을 새로 만들고 docker-compose.yml에서 삭제한 내용을 붙여넣으세요. 그리고 POSTGRES_DB 값은 do_it_django_dev에서 do_it_django_prod로 수정하세요. POSTGRES_USER와 POSTGRES_PASSWORD 값은 아까 .env.prod 파일에 정의했던 값으로 수정하세요.

실습 파일: .env.prod.db

```
POSTGRES_USER = do_it_django_db_user_prod
POSTGRES_PASSWORD = do_it_django_db_password_prod
POSTGRES_DB = do_it_django_prod
```

이 .env.prod 파일과 .env.prod.db 파일은 깃으로 관리하면 안 됩니다. 실수로 누군가에게 공개되어 버리면 취약점이 그대로 노출될 테니까요. 물론 깃허브 저장소를 private으로 설정했기 때문에 볼 수는 없게 되어 있지만 나중에 깜빡 잊고 누군가에게 공개해버릴 수도 있으니까요. .gitignore 파일에 이 2개 파일을 추가하세요.

실습 파일: .gitignore

```
(...생략...)
.env.prod
.env.prod.db
```

😀 .ev.prod 파일과 .env.prod.db 파일은 깃허브에 원래 올리면 안 되지만 여러분이 참고할 수 있도록 올려두겠습니다. 절대로 이 프로젝트 내용을 그대로 가져다 쓰지는 마세요. 보안상 문제가 발생할 수 있습니다.

이제 도커에 변화된 내용을 반영합시다. 반영하기에 앞서 실행되었던 컨테이너를 내리고, 이들 컨테이너와 연결되어 있던 볼륨도 다 삭제하기 위해 -v 옵션을 추가합니다. 터미널에서 다음과 같이 입력하세요.

```
λ Cmder                                                    —  □  ×

C:\github\do_it_django_a_to_z (restart_docker -> origin)
(venv) λ docker-compose down -v
```

03단계 배포용 도커 컨테이너 실행하기

다시 컨테이너를 실행해 봅시다. 이제 도커에 어느 정도 익숙해졌으니 docker-compose up -d 명령으로 백그라운드에서 도커 이미지를 빌드하고 실행하겠습니다.

```
λ Cmder                                                    —  □  ×

C:\github\do_it_django_a_to_z (restart_docker -> origin)
(venv) λ docker-compose up -d
Creating network "do_it_django_atoz_2020_09_default" with the default driver
Creating volume "do_it_django_atoz_2020_09_postgres_data" with default driver
Creating do_it_django_atoz_2020_09_db_1 ... done
Creating do_it_django_atoz_2020_09_web_1 ... done
```

웹 브라우저에서 127.0.0.1:8000을 열어보면 Server Error (500)이라고만 나옵니다. DEBUG=FALSE로 설정했기 때문에 더 이상 오류 내용이 무엇인지 자세히 알려주지 않습니다.

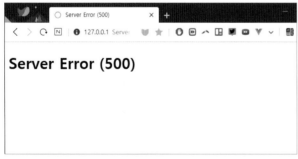

그림 20-21 settings.py에서 DEBUG=FALSE로 설정해 더 이상 오류 메시지를 출력하지 않음

왜 이런 문제가 발생했는지 로그를 확인하려면 docker-compose logs를 입력하면 됩니다. 잘
살펴보니 마이그레이션이 되어 있지 않아서 발생한 문제입니다. 예전에 겪었던 문제죠? 마이
그레이션을 하고, 새로운 최고 관리자 계정도 만들어주세요.

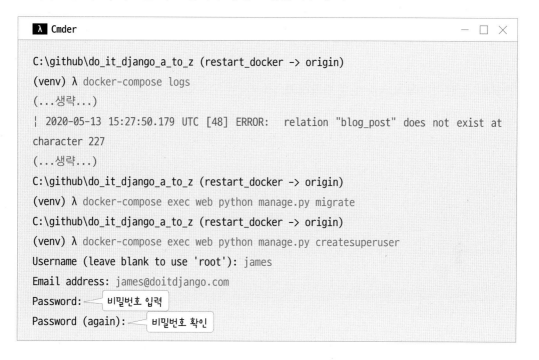

개발용과 배포용 도커 파일 분리하기

성공했으니 커밋을 하겠습니다. 커밋 메시지는 '개발용과 배포용 도커 파일 분리하기'로 정했
습니다.

Nginx 적용하기

현재 상태에서 웹 사이트를 열어보면 아직 정적 파일(이미지 파일과 css 파일)이 제대로 적용되어 있지 않습니다. Nginx를 이용해 이 문제를 해결하겠습니다.

01단계 컨테이너에 Nginx 설정 추가하기

Nginx를 적용하기 위한 새로운 컨테이너를 준비합니다. docker-compose.yml을 다음과 같이 수정하세요.

실습 파일: docker-compose.yml

```
version: '3'

services:
  nginx: 1
    build: ./nginx 2
    volumes: 3
      - static_volume:/usr/src/app/_static
      - media_volume:/usr/src/app/_media
    ports: 4
      - 80:80
    depends_on: 5
      - web
  web:
    build: .
    command: gunicorn do_it_django_prj.wsgi:application --bind 0.0.0.0:8000
    volumes:
      - static_volume:/usr/src/app/_static 3
      - media_volume:/usr/src/app/_media
      - ./:/usr/src/app/
    expose: 6
      - 8000
    env_file:
      - ./.env.prod
    depends_on:
      - db
```

```
    db:
      image: postgres:12.0-alpine
      volumes:
        - postgres_data:/var/lib/postgresql/data/
      env_file:
        - ./.env.prod.db
  volumes:
    postgres_data:
    static_volume: ❸
    media_volume:
```

❶ services에 nginx라는 이름의 컨테이너를 추가합니다.

❷ nginx 컨테이너를 만들기 위한 파일을 넣을 nginx 폴더를 만듭니다.

❸ 컨테이너가 종료되면 컨테이너 안에 저장되어 있던 내용도 함께 사라지는데, Nginx의 volume 기능을 이용해 저장하면 컨테이너를 다시 실행했을 때 바로 불러올 수 있습니다. 예를 들어 웹 사이트 방문자가 정적 파일을 요청하면 장고에게 요청하지 않고 volume에 저장했던 정적 파일을 바로 보내줍니다. volume 이름은 static_volume으로 하겠습니다. 업로드된 파일을 저장하는 media_volume도 추가합니다.

❹ 도메인이나 IP 주소 뒤에 아무것도 쓰지 않으면 80이 기본값입니다. Nginx를 도입했으니 이제부터는 80번 포트를 사용합니다.

❺ 이번에 만든 nginx는 web이라는 컨테이너에 의존성을 갖습니다.

❻ 장고에서 처리한 결과는 8000번 포트로 expose하도록 변경합니다. 8000번 포트로 web 컨테이너와 nginx 컨테이너가 정보를 주고받도록 설정하는 내용을 여기에서는 다루지 않아 이해하기가 조금 어려울 겁니다. 이는 뒤에서 더 자세히 알아보겠습니다.

nginx 폴더를 만들고, 그 안에 Dockerfile을 새로 만듭니다. 도커의 장점 중 하나는 이미 사람들이 많이 쓰는 컨테이너 이미지를 제공하기 때문이라고 했었죠. Nginx 역시 이미 도커에서 제공하고 있습니다.

실습 파일: nginx/Dockerfile

```
FROM nginx:latest ❶
RUN rm /etc/nginx/conf.d/default.conf ❷
COPY nginx.conf /etc/nginx/conf.d ❸
```

① 도커가 제공하는 Nginx 이미지 중 최신 버전을 사용합니다.

② 이 이미지 안의 default.conf에는 도커가 제공하는 Nginx의 기본 설정값이 들어 있습니다. `rm` 명령어로 삭제합니다.

③ 대신 로컬에 새로 만든 Nginx 설정 정보(conf.d)를 Nginx 이미지에 복사해 넣습니다.

아직 Nginx 설정 정보를 담을 nginx.conf 파일을 만들지 않은 상태입니다. 방금 새로 만든 nginx 폴더에 nginx.conf 파일을 생성하고 다음과 같이 작성하세요. 장고 쪽에서 `proxy_pass`를 통해 nginx로 오는 내용은 8000번 포트로 받고, 서버 외부에서 오는 요청은 80으로 받도록 설정합니다. Nginx에 /static/이나 /media/ 경로로 접근하는 경우에 파일을 제공할 수 있도록 static 파일과 media 파일이 저장되어 있는 위치를 적어둡니다.

실습 파일: **nginx/nginx.conf**

```
upstream do_it_django {
    server web:8000;
}

server {
    listen 80;
    location / {
        proxy_pass http://do_it_django;
        proxy_set_header X-Forwarded-For $proxy_add_x_forwarded_for;
        proxy_set_header Host $host;
        proxy_redirect off;
    }

    location /static/ {
        alias /usr/src/app/_static/;
    }

    location /media/ {
        alias /usr/src/app/_media/;
    }
}
```

02단계 컨테이너 다시 시작해서 Nginx 설정 반영하기

터미널에서 docker-compose down으로 현재 실행 중인 컨테이너를 종료하고 docker-compose up으로 다시 실행하세요. 그리고 collectstatic으로 static 파일을 정리해 주세요.

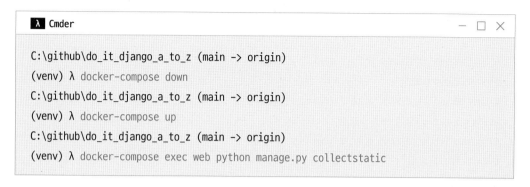

```
λ Cmder                                                        —  □  ×

C:\github\do_it_django_a_to_z (main -> origin)
(venv) λ docker-compose down
C:\github\do_it_django_a_to_z (main -> origin)
(venv) λ docker-compose up
C:\github\do_it_django_a_to_z (main -> origin)
(venv) λ docker-compose exec web python manage.py collectstatic
```

웹 브라우저에서 주소 창에 127.0.0.1을 입력하세요. 이때 8000번 포트를 의미하는 ':8000'
은 입력하지 않습니다. 웹 사이트에 이미지 파일과 CSS가 잘 적용되어 나타납니다.

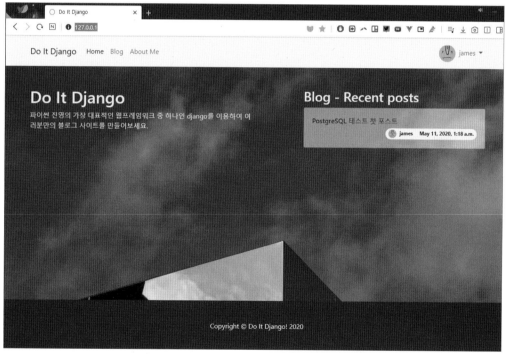

그림 20-22 Nginx로 웹 사이트에 정적 파일 출력

주소가 바뀌었기 때문에 관리자 페이지에 들어가 site 설정을 바꿔줘야 하지만 잠시 뒤로 미
뤄두겠습니다. 커밋을 위해 Ctrl + C 를 눌러 도커 컨테이너를 중단합니다.

커밋! Nginx 적용하기

Gunicorn과 Nginx까지 잘 작동하니 커밋을 하겠습니다. 커밋 메시지는 'Nginx 적용하기'로
정했습니다.

```
λ Cmder                                                    —  □  ✕

C:\github\do_it_django_a_to_z (main -> origin)
(venv) λ git add .
C:\github\do_it_django_a_to_z (main -> origin)
(venv) λ git commit -m "Nginx 적용하기"
C:\github\do_it_django_a_to_z (main -> origin)
(venv) λ git push
```

21

아마존 웹 서비스로
배포하기

이 장에서는 아마존 웹 서비스에서 제공하는 Lightsail 서비스를 이용해 지금까지 만든
웹 사이트를 모든 사람들이 볼 수 있도록 공개하겠습니다.

21-1 아마존 웹 서비스로 프로젝트 옮기기

클라우드 서비스란?

가끔 컴퓨터 작업을 하다 보면 개인 컴퓨터로는 해결하기 어려운 문제들을 만나게 됩니다. 며칠 동안 고사양의 컴퓨터로 대용량의 데이터를 처리해야 하는 경우, 이런 컴퓨터를 구입하려면 수천만 원으로도 부족할 수 있습니다. 워낙 고가의 장비라 작업이 끝난 후 중고로 팔기도 어렵죠. 또는 엄청난 사양의 컴퓨터는 아니더라도 웹 사이트를 운영하기 위해 365일 24시간 켜두어야 하는 경우도 있습니다. 못해도 몇 십만 원이나 하는 컴퓨터를 사서 전기요금까지 내가며 집에서 운영할 수도 없는 노릇이죠.

이럴 때 클라우드 컴퓨팅 서비스^{cloud computing service}를 이용합니다. 클라우드에서 원하는 사양의 컴퓨터를 기간을 정해 대여할 수 있는 서비스입니다. 아마존, 구글, 마이크로소프트뿐만 아니라 Vultr, 네이버, cafe24 등 다양한 회사에서 이 서비스를 운영하고 있습니다. 이 중 가장 유명한 서비스가 아마존에서 운영하는 아마존 웹 서비스^{Amazon web service, AWS}입니다. 여기에서는 AWS를 사용하겠습니다.

> 😊 웹 서비스를 위한 서버 임대는 'VPS' 라고 검색하면 많은 정보를 얻을 수 있습니다.

AWS Lightsail 인스턴스 만들기

01단계 AWS Lightsail 시작하기

AWS가 제공하는 여러 서비스 중 Lightsail을 사용합니다. Lightsail은 오피스텔 혹은 월세방 계약과 비슷합니다. 거대한 서버에서 작은 방을 빌려 내 개인 서버로 이용하는 것입니다. 어느 지역에 몇 평짜리 방을 빌릴지 결정해야 하듯이 가상 서버를 빌릴 때도 같은 과정을 거칩니다. Amazon Lightsail 메뉴(aws.amazon.com/ko/lightsail/)에서 〈Lightsail 무료로 시작하기〉 버튼을 클릭해 시작하세요.

그림 21-1 〈Lightsail 무료로 시작하기〉 버튼 클릭

언어 설정 화면이 나옵니다. 원하는 언어를 선택한 후 〈시작하기〉 버튼을 클릭하세요. 여기에 서는 한국어를 선택합니다.

그림 21-2 한국어로 언어 선택 후 〈시작하기〉 버튼 클릭

02단계 인스턴스 생성하기

'인스턴스 생성'이라는 표현이 나왔습니다. 여기에서 인스턴스는 하나의 가상 서버를 의미합 니다. 어떤 운영체제의 컴퓨터를 어떤 지역의 서버에 둘지 결정하는 단계죠. 윈도우 서버는 추가 비용이 발생하기 때문에 리눅스 계열의 서버를 선택하겠습니다. 리눅스 계열 운영체제 중에서 'Ubuntu'를 선택합니다.

그림 21-3 인스턴스 운영체제로 [Linux 〉 Ubuntu] 선택

월별 요금은 가장 저렴한 플랜을 선택했습니다. 우리가 만든 웹 사이트가 인스타그램, 페이스북처럼 인기 웹 사이트가 되면 그때 업그레이드를 해도 되니까 고민하지 말고 $3.5짜리 플랜을 선택합니다.

그림 21-4 가장 저렴한 요금제 선택

이때 인스턴스 이름을 정할 수 있는데, 여기에서는 'Ubuntu-Do-It-Django'로 정했습니다. 설정을 다 마치고 나면 아래에 있는 〈인스턴스 생성〉 버튼을 클릭하세요.

😀 2020년 12월 기준으로 첫 달은 무료입니다. 가격 정책은 시기에 따라 달라질 수 있습니다.

그림 21-5 인스턴스 이름 작성 후 생성

인스턴스를 생성하는 데는 시간이 약간 필요합니다. 조금 기다리고 새로고침해서 다음 그림처럼 '실행 중'으로 상태가 바뀌면 생성이 완료됩니다. 터미널 모양(▣)의 아이콘을 클릭하세요.

그림 21-6 인스턴스 생성 완료

터미널 모양의 아이콘을 클릭하면 웹 브라우저 상에서 방금 만든 가상 서버의 터미널에 접속할 수 있습니다. 이 AWS 서버 터미널을 이용하면 로컬 터미널에서 하던 작업을 가상 서버에서도 할 수 있습니다.

그림 21-7 웹 브라우저를 통해 AWS 서버 터미널에 접속

가상 서버로 프로젝트 옮기기

01단계 깃허브 저장소를 가상 서버로 클론하기

지금까지 작업했던 내용을 앞에서 만든 인스턴스(가상 서버)로 불러올 차례입니다. 지금까지 커밋을 푸시했던 깃허브 저장소로 들어가 〈Clone or download〉 버튼을 클릭해 주소를 복사하세요.

그림 21-8 깃허브 저장소 주소를 복사

AWS 서버 터미널에서 `mkdir`이라는 리눅스 명령어로 github라는 폴더를 만듭니다. 그리고 그 안에 `git clone` **깃허브 저장소 주소**를 입력해 저장소를 클론합니다.

😀 터미널 화면을 다시 클릭하고 마우스 오른쪽 버튼을 클릭하면 붙여넣기 메뉴가 나옵니다.

클론이 잘 되었는지 do_it_django_a_to_z 안으로 들어가 확인해 봅시다. 로컬에서 작업할 때처럼 파일과 폴더가 잘 들어와 있어야 합니다.

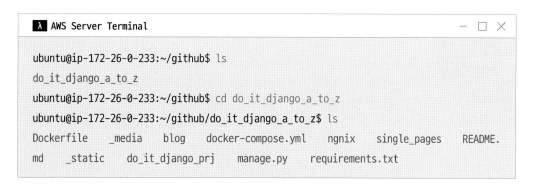

02단계 　가상 서버에 도커 설치하기

소스 코드는 옮겼지만 AWS Lightsail 인스턴스에는 아직 도커가 설치되어 있지 않으므로 이 문제를 먼저 해결해야 합니다. sudo apt-get update 명령어로 우분투에서 소프트웨어를 설치할 때 주로 사용하는 apt-get을 최신 정보로 업데이트합니다. 그리고 혹시 남아 있을지도 모르는 도커 관련 내용을 모두 삭제합니다.

```
λ AWS Server Terminal                                    — ☐ ✕

ubuntu@ip-172-26-0-233:~$ sudo apt-get update
ubuntu@ip-172-26-0-233:~$ sudo apt-get remove docker docker-engine docker.io
```

sudo apt install docker.io 명령어로 도커를 설치합니다. 그리고 우분투 서버가 시작될 때 도커도 자동으로 실행되도록 start docker와 enable docker 설정을 추가합니다. 마지막으로 도커가 잘 설치되었는지 버전을 확인합니다. 버전은 시기에 따라 다를 수 있습니다.

```
λ AWS Server Terminal                                    — ☐ ✕

ubuntu@ip-172-26-0-233:~$ sudo apt install docker.io
ubuntu@ip-172-26-0-233:~$ sudo systemctl start docker
ubuntu@ip-172-26-0-233:~$ sudo systemctl enable docker
ubuntu@ip-172-26-0-233:~$ docker --version
Docker version 19.03.6, build 369ce74a3c
```

알아두면 좋아요

AWS 인스턴스에서 도커 설치는 아무 폴더에서 해도 됩니다

실습을 순서대로 진행했다면 우분투에 접속했을 때 터미널의 위치가 프로젝트 폴더가 아닐 수 있습니다. 앞에서 도커 설치를 위해 입력한 명령어는 현재 폴더 위치에 설치하지 않고 시스템에 직접 설치하기 때문에 어느 위치에서 설치해도 상관이 없습니다.

AWS 서버에는 아직 docker-compose가 설치되어 있지 않은 상태입니다. 다음과 같이 입력해서 설치하세요.

```
λ  AWS Server Terminal                                          ─  ☐  ✕

ubuntu@ip-172-26-0-233:~$ sudo apt install docker-compose
```

갑자기 보라색 배경 화면이 나타나며 경고 메시지가 나올 수도 있습니다. '몇 가지 라이브러리를 재시작해야 한다'는 뜻이므로 〈Yes〉를 선택하면 됩니다.

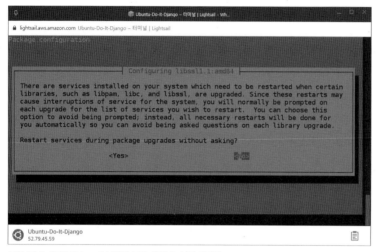

그림 21-9 AWS Lightsail 서버에 도커 설치 후 서버 재실행

21-2 도커로 서비스 시작하기

고정 IP 만들기

서버에서 웹 사이트를 운영하기 전에 먼저 서버의 IP를 알아야 합니다. Amazon Lightsail 웹 사이트에서 [네트워킹] 탭을 클릭하세요. 그런 다음 네트워킹 페이지에서 퍼블릭 IP가 적혀 있는 곳 아래에 있는 〈고정 IP 생성〉 버튼을 클릭하세요.

그림 21-10 AWS Lightsail 인스턴스의 〈고정 IP 생성〉 클릭

고정 IP를 연결할 인스턴스로 앞에서 만든 인스턴스를 선택합니다.

그림 21-11 생성한 고정 IP를 연결할 인스턴스 선택

이제 '고정 IP 확인'에 텍스트를 입력하면 됩니다.

인스턴스에 연결

고정 IP를 연결하면 해당 인스턴스의 동적 IP 주소가 대체됩니다.

고정 IP 주소는 동일한 리전의 인스턴스에만 연결할 수 있습니다.

인스턴스 선택... ▼

Ubuntu-Do-It-Django

고정 IP 확인

Lightsail 리소스의 이름은 고유해야 합니다.

Do-It-Django-IP

고정 IP 주소는 인스턴스에 연결되어 있는 동안 무료입니다.

©2008-2020, Amazon Web Services, Inc. 또는 자회사. All rights reserved. 개인 정보 보호 정책 ☑ 이용 약관 ☑

그림 21-12 '고정 IP 확인'에 텍스트 입력

필자의 서버 고정 IP 주소는 13.125.3.212가 되었습니다. 여러분의 주소는 당연히 제 주소와 다르게 표시되겠죠?

Do-It-Django-IP

고정 IP, 연결됨
서울, 모든 영역 (ap-northeast-2)

고정 IP: **13.125.3.212**

세부 정보   삭제

퍼블릭 고정 IP 주소

이 고정 IP는 전 세계의 공용 연결에 사용할 수 있습니다.

13.125.3.212

인스턴스에 연결

고정 IP를 연결하면 해당 인스턴스의 동적 IP 주소가 대체됩니다.

Ubuntu-Do-It-Django
512MB RAM, 1 vCPU, 20GB SSD
Ubuntu

분리 ✕

그림 21-13 고정 IP 생성하고 인스턴스에 연결 완료

배포용 환경설정 파일 만들기

앞에서 만든 .env.prod 파일과 .env.prod.db 파일 기억하나요? 이 파일은 도커 컨테이너를 실행하기 위해 반드시 필요하지만 깃으로 관리하지 않았기 때문에 AWS 서버에 전달되지 않았습니다. 이제 이 파일을 만들어 보겠습니다.

AWS 서버 터미널에서 `ls -A`로 숨김 파일까지 검색합니다. 문제의 두 파일이 보이지 않는군요. 새로운 파일 2개를 생성하기 위해 `touch .env.prod .env.prod.db`라고 입력합니다. 우분투에서 `touch`는 파일을 생성하는 명령어입니다. 다시 `ls -A`로 검색하니 두 파일이 생성되었네요.

😊 우분투에서는 닷(.)으로 시작하는 파일은 나타나지 않습니다.

```
λ  AWS Server Terminal                                        —  □  ×

ubuntu@ip-172-26-0-233:~/github/do_it_django_a_to_z$ ls -A
.env.dev      Dockerfile    _static          docker-compose.prod.yml  nginx
.git          README.md     blog             docker-compose.yml       requirements.
txt
.gitignore    _media        do_it_django_prj  manage.py               single_pages
ubuntu@ip-172-26-0-233:~/github/do_it_django_a_to_z$ touch .env.prod .env.prod.db
ubuntu@ip-172-26-0-233:~/github/do_it_django_a_to_z$ ls -A
.env.dev      . gitignore   _static          docker-compose.yml       sin-
gle_pages
.env.prod     Dockerfile    blog             manage.py
.env.prod.db  README.md     do_it_django_prj  nginx
.git          _media        docker-compose.prod.yml  requirements.txt
```

먼저 .env.prod 파일을 작성해 보겠습니다. 여기에서는 nano라는 에디터를 사용합니다.

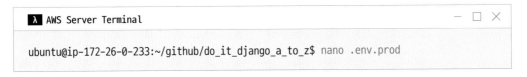

```
λ  AWS Server Terminal                                        —  □  ×

ubuntu@ip-172-26-0-233:~/github/do_it_django_a_to_z$ nano .env.prod
```

텍스트를 입력할 수 있는 텅 빈 화면이 나옵니다. 로컬에 저장되어 있던 env.prod 파일 내용을 복사해 붙여 넣으세요. 입력이 잘 되었다면 `DJANGO_ALLOWED_HOSTS`에 앞에서 부여받은

AWS 서버의 고정 IP를 추가합니다. 그리고 **SQL_USER**와 **SQL_PASSWORD**를 원하는 대로 수정하세요.

수정을 완료했으면 Ctrl + O 를 누른 다음 Enter 를 눌러 .env.prod을 저장합니다. 그런다음 Ctrl + X 를 눌러 nano 에디터를 종료합니다.

그림 21-14 .env.prod 내용 작성하고 저장

이번에는 .env.prod.db를 수정합시다. 앞에서와 마찬가지로 AWS 서버 터미널에서 `nano` `.env.prod.db`라고 입력하세요.

```
λ AWS Server Terminal                                          — □ ✕

ubuntu@ip-172-26-0-233:~/github/do_it_django_a_to_z$ nano .env.prod.db
```

로컬에 있던 .env.prod.db를 복사해서 붙여 넣으세요. 이 3가지 항목은 방금 수정한 .env. prod 파일의 값과 일치하도록 맞춰 주어야 합니다.

```
λ AWS Server Terminal                                          — □ ✕

POSTGRES_USER = do_it_django_db_user
POSTGRES_PASSWORD = do_it_django_db_password
POSTGRES_DB = do_it_django_prod
```

완료되었다면 [Ctrl] + [O]를 눌러 저장하고 [Ctrl] + [X]를 눌러 종료하세요.

컨테이너 실행하기

이제 AWS 서버에서 도커 이미지를 실행합니다. 한참을 기다리면 성공했다는 메시지가 나타납니다. 새로 데이터베이스를 만들었으므로 마이그레이션합니다.

```
λ AWS Server Terminal                                          — □ ✕

ubuntu@ip-172-26-0-233:~/github/do_it_django_a_to_z$  sudo  docker-compose  up  -d
--build
ubuntu@ip-172-26-0-233:~/github/do_it_django_a_to_z$ sudo docker-compose exec web py-
thon manage.py makemigrations
ubuntu@ip-172-26-0-233:~/github/do_it_django_a_to_z$ sudo docker-compose exec web py-
thon manage.py migrate
```

이제 웹 브라우저에서 아까 부여받은 고정 IP로 접속해 봅시다. 성공입니다. 이제 이 IP를 이용해 누구나 웹 사이트에 들어올 수 있습니다.

그림 21-15 고정 IP 이용해 웹 사이트 접속 성공

22

도메인 연결하기

고생해서 웹 사이트를 만들었는데, IP 주소로 사람들에게 소개할 수는 없습니다. 그럴싸
한 도메인으로 접속하게 해야죠. 그런데 어떤 웹 사이트는 브라우저가 '이 사이트는 보안
연결(HTTPS)이 사용되지 않았습니다'라고 무시무시한 경고 메시지를 보내는 경우도
있습니다. 애써 만든 웹 사이트가 사람들에게 이런 첫 인상을 주어서는 안 되겠죠? 이 장
에서는 도메인을 연결하고, HTTPS 인증까지 받겠습니다.

22-1 도메인 구입하고 AWS 서버에 연결하기

여기까지 따라온 분이라면 평소에 갖고 싶었던 도메인이 몇 가지씩은 있을 겁니다. 필자도 웹 개발을 하면서 지루해질 때면 웹 사이트 이름을 뭘로 할지 행복한 고민을 하며 지루함을 달래기도 했거든요. 여러분이 생각했던 도메인이 이미 등록되어 있지는 않은지 검색해 봅시다. 도메인 등록을 도와주는 업체가 몇 군데 있는데, 이용 방법은 대부분 대동소이합니다. 여러분이 구입하는 시점에서 적절한 업체를 선택하면 됩니다.

 도메인 구입하고 연결하기

01단계 도메인 구입하기

Amazone Route 53(aws.amazon.com/ko/route53/)에서 〈Amazone Route 53 시작하기〉 버튼을 클릭하세요. 그리고 〈도메인 등록〉 버튼을 연달아 클릭합니다.

그림 22-1 〈Amazone Route 53 시작하기〉 버튼 클릭

그림 22-2 〈도메인 등록〉 버튼 클릭

다른 사람들이 아직 등록하지 않은 좋은 이름을 상상해 보세요. 필자는 doitdjango라는 이름
으로 검색해 봤습니다. 다행히 이 도메인은 아무도 등록하지 않은 상태입니다. 이 중에서
doitdjango.com 하나만 등록하겠습니다. 만약 여러분이 회사의 웹 페이지를 만들고 있거나
중요한 웹 사이트를 만들고 있다면 다른 사람들이 헷갈리지 않도록 .co.kr, .net 기타 등등까
지 다 등록하는 것이 마음이 편할 수도 있습니다.

그림 22-3 원하는 도메인 입력 후 사용 가능한 도메인인지 확인

장바구니에 추가하고 결제한 다음, 잠시 후에 [등록된 도메   😊 도메인 요금은 AWS 웹 사이트를 참
인]을 확인하세요. 결제한 도메인이 목록에 있다면 등록에   고하세요.
성공한 것입니다.

그림 22-4 도메인 등록 확인

왼쪽 메뉴에서 [호스팅 영역]을 선택하고 구입한 도메인을 클릭합니다.

그림 22-5 [호스팅 영역] 선택 후 구입한 도메인 클릭

여기에서 〈레코드 세트 생성〉 버튼을 클릭하면 라우팅 정책을 선택하는 단계가 나옵니다. 기본 설정인 '단순 라우팅'을 선택하고 〈다음〉 버튼을 클릭합니다.

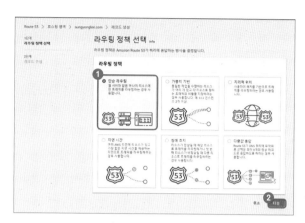

그림 22-6 '단순 라우팅' 선택

레코드 구성 페이지에서 〈단순 레코드 정의〉 버튼을 클릭하세요.

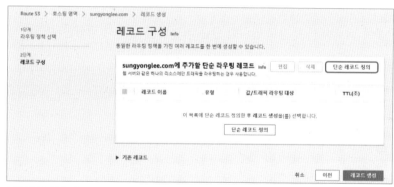

그림 22-7 〈단순 레코드 정의〉 버튼 클릭

레코드 이름 부분은 비워둔 상태로 '값/트래픽 라우팅 대상'에 아까 부여받은 고정 IP를 입력하고, 〈단순 레코드 정의〉 버튼을 클릭해 레코드 구성 페이지로 돌아갑니다. 그리고 〈레코드 생성〉 버튼을 클릭합니다.

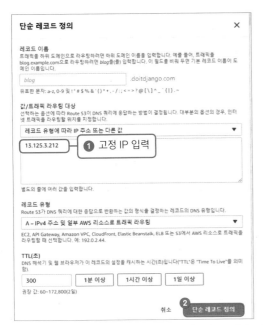

그림 22-8 '단순 레코드 정의'에서 고정 IP 입력 후 〈레코드 생성〉 버튼 클릭

위 과정을 반복해서 이름에 'www'를 추가로 입력한 단순 레코드를 하나 더 생성합니다.

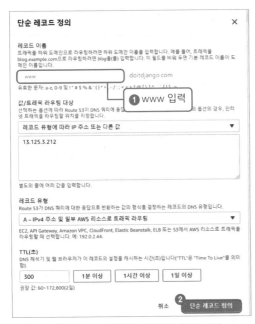

그림 22-9 이름에 'www'를 입력한 레코드를 추가로 생성

구입한 도메인 연결하기

이제 이 도메인으로 우리가 만든 웹 사이트가 열리는지 브라우저에서 확인해 봅시다. 브라우저 주소 창에 doitdjango.com와 www.doitdjango.com으로 열어보세요. Bad Request (400)라는 오류 메시지가 나옵니다.

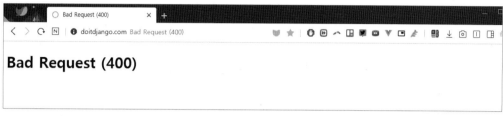

그림 22-10 Bad Request (400) 오류 메시지

이 메시지는 예전에 한번 경험했었죠. `ALLOWED_HOST`에 doitdjango.com이 등록되어 있지 않기 때문입니다. AWS 서버 터미널에서 .env.prod 파일을 nano 에디터로 수정해야 합니다. AWS 서버 터미널에서 `nano .env.prod`를 입력해 에디터를 연 다음 `DJANGO_ALLOWED_HOSTS`에 doitdjango.com과 www.doitdjango.com을 입력한 후 저장하고 나옵니다. 저장은 Ctrl + O , 나가기는 Ctrl + X 를 누르면 됩니다.

😀 여러분은 doitdjango.com이 아니라 여러분이 구입한 도메인을 입력해야 겠죠?

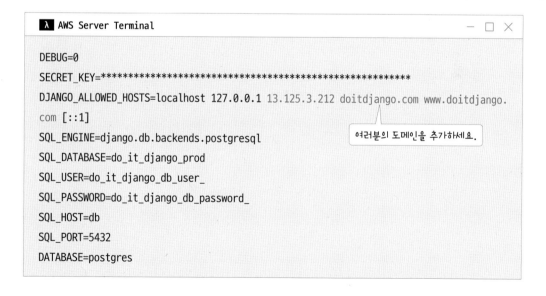

```
λ  AWS Server Terminal                                          —  □  ×

DEBUG=0
SECRET_KEY=*******************************************************
DJANGO_ALLOWED_HOSTS=localhost 127.0.0.1 13.125.3.212 doitdjango.com www.doitdjango.
com [::1]
SQL_ENGINE=django.db.backends.postgresql          여러분의 도메인을 추가하세요.
SQL_DATABASE=do_it_django_prod
SQL_USER=do_it_django_db_user_
SQL_PASSWORD=do_it_django_db_password_
SQL_HOST=db
SQL_PORT=5432
DATABASE=postgres
```

컨테이너를 종료했다가 다시 실행한 다음 웹 브라우저에서 www.doitdjango.com과 doitdjango.com으로 접속하면 모든 페이지가 정상적으로 열립니다.

```
λ  AWS Server Terminal                                                    —  □  ✕

ubuntu@ip-172-26-0-233:~/github/do_it_django_a_to_z$ sudo docker-compose down
ubuntu@ip-172-26-0-233:~/github/do_it_django_a_to_z$ sudo docker-compose up -d
```

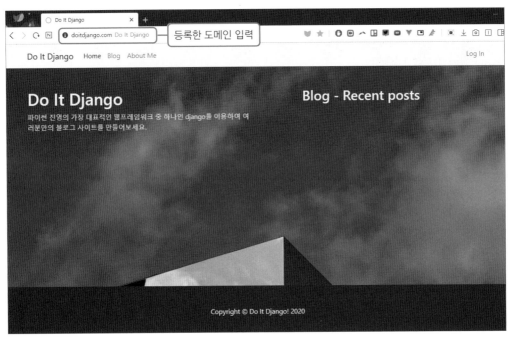

그림 22-11 도메인으로 웹 사이트 접속 성공

22-2 HTTPS 인증하기

공들여서 만든 웹 사이트를 브라우저에서 열었는데, '이 사이트는 보안 연결(HTTPS)이 사용되지 않았습니다'라며 경고 메시지가 나타납니다. '신용카드 번호 등의 정보가 공개될 수도 있다'는 무시무시한 말까지 나오네요. 방문자에게 이런 불안감을 주지 않으려면 HTTPS를 적용해야 합니다.

그림 22-12 HTTPS가 적용되지 않은 웹 사이트에 나타나는 경고 메시지

HTTPS란?

지금까지 클라이언트와 서버 간 통신에서 활용했던 HTTP^Hypertext transfer protocol에 Secure를 더하면 HTTPS가 됩니다. HTTP는 암호화하지 않은 상태로 클라이언트(방문자)와 서버가 통신을 하기 때문에 중간에서 내용을 가로채어 파악할 수 있습니다. 하지만 SSL^Secure socket layer 프로토콜을 이용하면 이런 문제를 방지할 수 있습니다. 이렇게 SSL에 기반한 통신 방식을 HTTPS라고 합니다. 구글 크롬을 비롯한 최신 브라우저는 이런 이유로 HTTPS를 사용하지 않는 웹 사이트에 접속했을 때 이렇게 방문자에게 경고 메시지를 나타냅니다. 또한 구글 검색 엔진은 HTTPS가 적용되지 않은 웹 사이트에 대하여 검색 순위에서 후순위로 노출되게 조정한다고 합니다.

HTTPS를 어떻게 사용할까?

SSL은 클라이언트(방문자)와 서버가 통신할 때 신뢰할 만한 서버인지 제3자가 인증을 하고, 그 인증서 정보를 이용해 둘 간의 통신을 암호화하여 주고받는 방식이라고 이해하면 됩니다. 그렇다면 우리 서버를 공인된 인증기관으로부터 인증을 받아야겠죠. SSL 인증서를 발급해주는 기관은 어렵지 않게 찾을 수 있는데, 대부분 유료로 서비스를 제공합니다. 매년 수만 원에서 수백만 원을 요구하기 때문에 기업용 웹 사이트를 구축하는 것이 아니라면 유료 서비스를 이용하기 어렵습니다.

다행히 무료로 인증서를 제공해 주는 인증기관으로 Let's Encrypt(이하 letsencrypt)라는 웹 사이트가 있습니다. 공익법인 ISRG^Internet security research group에서 무료로 제공하는 서비스입니다. 무료라고 기능이 부족하지도 않습니다. 깃허브가 제공하는 개인용 웹 페이지 서비스인 Github Pages의 HTTPS 인증서는 letsencrypt를 이용하고 있습니다. 단점은 인증서의 유효 기간이 3개월에 불과하고, 인증서를 발급하는 과정이 간단하지 않다는 것입니다. Certbot은 다소 복잡하고 불편할 수 있는 letsencrypt 인증서 발급 및 갱신 과정을 간편하게 할 수 있도록 도와주는 도구입니다. 따라서 Certbot과 letsencrypt를 이용하면 무료로 어렵지 않게 인증 절차를 마칠 수 있습니다.

 Certbot과 letsencrypt 사용 준비하기

01단계 docker-compose.yml 파일 수정해 Cerbot 관련 설정하기

도커를 사용하지 않았다면 작업 환경에 맞추어 Certbot을 설치하는 작업이 필요하지만 이 역시 이미 만들어진 도커 이미지가 공개되어 있으므로 docker-compose.yml 파일을 수정하면 됩니다. 먼저 터미널에서 `cp docker-compose.yml docker-compose.prod.yml` 명령으로 지금까지 작업한 도커 설정 파일을 docker-compose.prod.yml로 복사하세요.

```
λ  AWS Server Terminal                                        — ☐ ✕

ubuntu@ip-172-26-0-233:~/github/do_it_django_a_to_z$ cp docker-compose.yml docker-
compose.prod.yml
```

그리고 docker-compose.yml 파일이 HTTPS를 지원하도록 수정합니다.

```
version: '3'

services:
  nginx:
    build: ./nginx
    volumes:
      - static_volume:/usr/src/app/_static
      - media_volume:/usr/src/app/_media
      - ./data/certbot/conf:/etc/letsencrypt
      - ./data/certbot/www:/var/www/certbot      ⑤
    ports:
      - 80:80
      - 443:443  ①
    depends_on:
      - web
  certbot:  ②
    image: certbot/certbot  ③
    entrypoint: "/bin/sh -c 'trap exit TERM; while :; do certbot renew; sleep 12h &
wait $${!}; done;'"  ④
    volumes:  ⑤
      - ./data/certbot/conf:/etc/letsencrypt
      - ./data/certbot/www:/var/www/certbot
  web:
(...생략...)
```

❶ Nginx 웹 서버가 SSL로 통신하기 위한 443번 포트를 추가합니다.

❷ 새로운 컨테이너 이미지를 certbot이라는 이름으로 만듭니다.

❸ 도커에서 제공하는 certbot 이미지를 가져와서 사용합니다.

❹ 이 부분은 리눅스 명령어입니다. 12시간마다 certbot을 실행하여 인증서를 갱신하도록 합니다. 이 부분이 없어도 인증서 발급에는 문제가 없을 뿐만 아니라 인증서도 3개월 간 유효하기 때문에 나중에 추가해도 됩니다. 인증서 만료일이 다가오면 등록한 이메일로 알림 메일이 오기 때문에 인증서가 만료되는 것을 걱정할 필요는 없습니다.

❺ certbot 컨테이너와 nginx 컨테이너가 인증 관련 파일을 공유하도록 volume 설정을 양쪽에 모두 합니다. 두 컨테이너 모두 컨테이너 상의 인증서 관련 폴더인 /etc/letsencrypt와 /var/www/certbot를 현재 작업하고 있는 폴더 아래에 있는 data/certbot 폴더를 이용하도록 설정합니다. 이후 작업에서는 certbot를 이용하여 인증서 관련 파일을 생성하게 되는데, 그 파일들은 data/certbot 폴더 안에 저장됩니다.

nginx.conf 파일에 도메인과 certbot 설정하기

다음으로 nginx.conf 파일을 다음과 같이 수정합니다. 이때 도메인을 입력해야 할 곳이 총 4 군데인데, 다음 코드에는 doitdjango.com으로 작성되어 있으니 이 부분은 여러분이 등록한 도메인으로 대체하세요. 이후에는 수정할 일이 없기 때문에 설정 파일을 외부에 마운트하지 않고, 이미지에 복제해서 주입하는 방식으로 구현합니다.

실습 파일: nginx/nginx.conf

```
upstream do_it_django {
    server web:8000;
}


server {
    listen 80;
    server_name doitdjango.com;     ◁── 등록한 도메인 입력

    location / {
        return 301 https://$host$request_uri;
    }

    location /.well-known/acme-challenge/ {
        root /var/www/certbot;
    }
}

server {
    listen 443 ssl;
    server_name doitdjango.com;     ◁── 등록한 도메인 입력

    location / {
        proxy_pass http://do_it_django;
        proxy_set_header X-Forwarded-For $proxy_add_x_forwarded_for;
        proxy_set_header Host $host;
        proxy_redirect off;
    }

    location /static/ {
        alias /usr/src/app/_static/;
```

```
        }

        location /media/ {
            alias /usr/src/app/_media/;
        }
                                        ┌─────────────────┐
                                        │ 등록한 도메인 입력 │
                                        └─────────────────┘
        ssl_certificate /etc/letsencrypt/live/doitdjango.com/fullchain.pem;
        ssl_certificate_key /etc/letsencrypt/live/doitdjango.com/privkey.pem;
        include /etc/letsencrypt/options-ssl-nginx.conf;
                                        ┌─────────────────┐
        ssl_dhparam /etc/letsencrypt/ssl-dhparams.pem;  │ 등록한 도메인 입력 │
    }                                    └─────────────────┘
```

설정 파일인 nginx.conf를 수정하고 나면 컨테이너 이미지를 다시 빌드해야 수정 사항이 반
영됩니다. `sudo docker-compose build nginx`로 조금 전에 수정한 사항을 컨테이너에 반영
하세요.

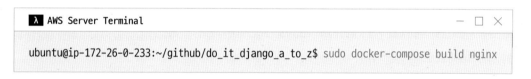

```
λ  AWS Server Terminal                                      ─  □  ×

 ubuntu@ip-172-26-0-233:~/github/do_it_django_a_to_z$ sudo docker-compose build nginx
```

이제 Lightsail에서 443 포트를 열어줘야 합니다. Lightsail의 네트워킹 페이지로 들어가
IPv4 방화벽 항목에서 [+ 규칙 추가]를 클릭합니다. 애플리케이션에서 HTTPS를 선택하고 〈
생성〉 버튼을 누르면 443 포트가 추가됩니다.

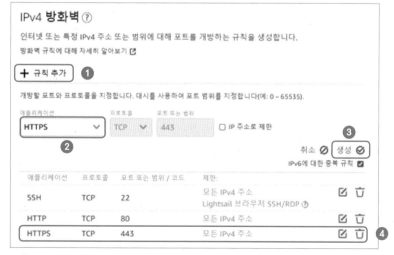

그림 22-13 Lightsail에서 443 포트 생성

03단계 AWS 서버에서 letsencrypt 인증서 받아오기

아직 AWS 서버 측에서 letsencrypt에 요청해서 인증서를 받아와야 하는 어려운 문제가 남아 있습니다. 다행히 이 문제를 손쉽게 처리할 수 있도록 스크립트를 작성하여 공유한 오픈 소스가 있습니다. 이 스크립트를 이용해 인증서를 받아 보겠습니다. curl 명령어를 사용하면 터미널에서 인터넷 상의 파일을 내려받을 수 있습니다. 로컬 컴퓨터에서 다음 명령어를 입력한 후 프로젝트 폴더에 init-letsencrypt.sh 파일이 들어왔는지 확인하세요.

```
λ Cmder                                                          —  □  ×

C:\github\do_it_django_a_to_z (main -> origin)
(venv) λ curl -L https://raw.githubusercontent.com/wmnnd/nginx-certbot/master/init
letsencrypt.sh > init-letsencrypt.sh
```

터미널에서 내려받은 init-letsencrypt.sh 파일의 8행에서 domains=(example.org www.example.org)를 찾아 여러분의 도메인(여기서는 doitdjango.com)으로 수정하세요. 그리고 11행의 email=""에 구입한 도메인과 이메일을 입력하면 됩니다. 또한 34행에 openssl req -x509 -nodes -newkey rsa:1024 -days 1을 확인하여 1024를 4096으로 수정합니다.

> 😊 init-letsencrypt.sh 파일 내용은 버전에 따라 약간 달라질 수도 있습니다.

실습 파일: init-letsencrypt.sh

```
domains = (doitdjango.com www.doitdjango.com)
(...생략...)
email = "saintdragon2@gmail.com"
(...생략...)
docker-compose run --rm --entrypoint "\
openssl req -x509 -nodes -newkey rsa:4096 -days 1\
(...생략...)
```

sh 파일은 리눅스 터미널에서 필요한 명령어를 순차적으로 입력하여 실행하도록 하는 파일입니다. 따라서 파일을 저장할 때 리눅스 표준으로 line separator를 지정해야 합니다. 윈도우에서 파이참을 이용하는 경우 오른쪽 밑에 있는 〈CRLF〉 버튼을 클릭해서 리눅스 표준 line separator인 LF를 선택하세요. 대부분의 문서편집기는 이 기능을 지원하므로 어렵지 않게 수정할 수 있습니다.

그림 22-14 파일 저장 형식을 리눅스 표준인 LF로 선택

인증서 발급 중 문제가 발생할 경우

만약 실습 과정에서 인증서 발급이 원활하게 진행되지 않는 경우에는 반복해서 인증서
발급을 요청하지 말고 12행에 있는 "staging=0"을 "staging=1"로 수정한 다음 진
행하기 바랍니다. 잦은 요청은 스팸으로 인식되어 인증서 발급 요청이 수일 동안 지연될
수도 있습니다.

커밋! letsencrypt 적용하기

지금까지 수정한 내용을 AWS 서버에서 받아 작업을 이어가야 합니다. 모두 커밋하고 깃허브
로 푸시합시다. 커밋 메시지는 'letsencrypt 적용하기'로 정했습니다.

```
λ Cmder                                                             —  □  ×

C:\github\do_it_django_a_to_z (main -> origin)
(venv) λ git add .
C:\github\do_it_django_a_to_z (main -> origin)
(venv) λ git commit -m "letsencrypt 적용하기"
C:\github\do_it_django_a_to_z (main -> origin)
(venv) λ git push
```

**Do it!
실습** AWS 서버 인증하기

이제 AWS 서버 인증 작업을 마무리하겠습니다. AWS 서버 터미널을 열고 `git pull` 명령어
로 방금 커밋하고 푸시한 내용을 AWS 서버로 가져옵니다. 그리고 docker-compose.yml
환경을 적용하기 위해 `sudo docker-compose down`으로 먼저 구동하고 있는 컨테이너를 삭제
합니다. `sudo chmod init-letsencrypt.sh`으로 init-letsencrypt.sh에 실행 권한을 준 다음
마지막으로 init-letsencrypt.sh 파일에 들어 있는 스크립트를 실행합니다.

```
λ AWS Server Terminal                                               —  □  ×

ubuntu@ip-172-26-0-233:~/github/do_it_django_a_to_z$ git pull
ubuntu@ip-172-26-0-233:~/github/do_it_django_a_to_z$ sudo docker-compose down
ubuntu@ip-172-26-0-233:~/github/do_it_django_a_to_z$ sudo chmod +x init-letsencrypt.sh
ubuntu@ip-172-26-0-233:~/github/do_it_django_a_to_z$ sudo ./init-letsencrypt.sh
```

여기서 사용하는 스크립트는 nginx와 certbot 컨테이너를 실행하여 인증서를 받아오고, 인증서 발급이 정상적으로 처리되었는지 테스트한 후 인증서를 저장하고, nginx 컨테이너를 재실행하는 작업을 순차적으로 수행합니다. 지금까지 작업한 docker-compose.yml 파일에서 nginx 컨테이너는 web 컨테이너와 의존성이 있기 때문에 web 컨테이너가 실행되고, web 컨테이너는 다시 db 컨테이너와 의존성이 있기 때문에 db 컨테이너가 실행됩니다. 스크립트가 실행되면 몇 가지 질문에 답한 후 인증서를 발급받게 됩니다.

😫 실습 과정에서 이 작업을 여러 번 반복하다 오류가 발생할 경우 sudo reboot 명령으로 인스턴스를 다시 시작하세요.

이 과정까지 문제없이 스크립트가 실행되었다면 다시 웹 사이트로 접속해 보세요. 경고 문구 대신 인증서가 나타나는 것을 확인할 수 있을 겁니다. 이제 http://로 시작하는 것이 아니라 https://doitdjango.com로 접속이 가능합니다.

그림 22-15 HTTPS 적용 성공

완성 파일과 비교하면서 작업하세요.

지금까지 작업한 docker-compose.yml 파일을 복사해 docker.compose.https.yml이라는 이름으로 깃허브에 저장해 두었습니다. 중간에 막히는 부분이 있다면 작업하고 있는 docker-compose.yml 파일과 이 책의 실습 파일을 제공하는 깃허브 저장소에서 docker.compose.https.yml을 찾아 비교해 보세요. 이때 AWS 터미널에서 diff docker-compose.yml docker-compose.https.yml 명령어를 실행하면 어느 줄이 다른지 표시가 되어 쉽게 두 파일을 비교할 수 있습니다.

이제 관리자 페이지를 사용하기 위해 최고 관리자 계정을 만들어야 합니다. 예전에 로컬에서 작업할 때 `python manage.py createsuperuser`로 만들었는데 기억하나요? AWS 서버에서 사용할 최고 관리자 계정을 만들기 위해 다음 명령어를 입력합니다. 그러면 사용자명, 이메일, 패스워드를 입력하는 칸이 나옵니다. 차례대로 입력하세요.

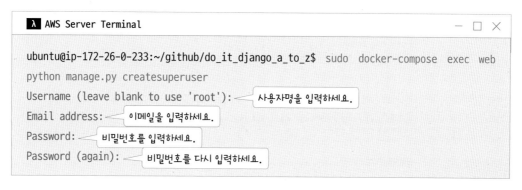

웹 브라우저에서 doitdjango.com/admin/로 가서 방금 만든 아이디로 로그인하면 관리자 페이지가 열립니다. 관리자 페이지에서 [Home 〉 Sites 〉 Sites]로 들어가 Domain name과 Display name을 등록한 도메인으로 수정합니다.

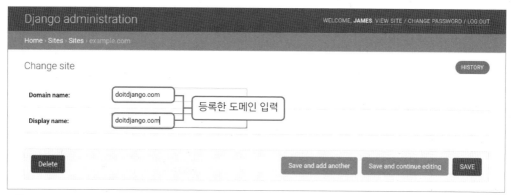

그림 22-16 AWS lightsail에 만든 서버의 Site 정보 설정

제대로 작동하는지 알아보기 위해 첫 블로그 포스트를 작성해 봅시다. 관리자 페이지에 다음과 같이 새로운 포스트를 만듭니다. 내용은 아무래도 상관없습니다. 나중에 수정하면 되니까요.

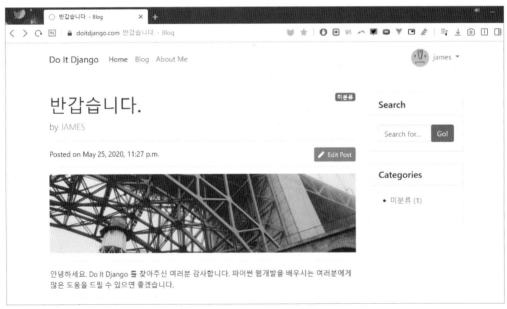

그림 22-17 HTTPS를 적용한 후 첫 포스트 작성

작성이 끝나면 오른쪽 상단의 〈VIEW ON SITE〉 버튼을 클릭하세요. '<u>등록한 도메인/blog/1/</u>'
로 이동하면 성공입니다.

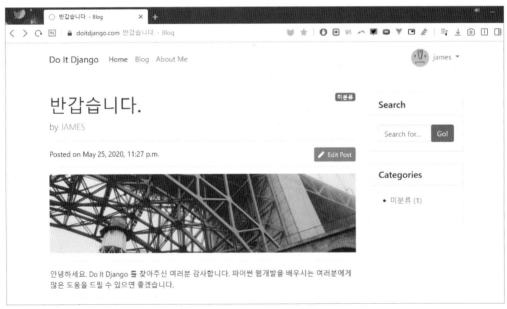

그림 22-18 HTTPS를 적용한 웹 사이트의 포스트 상세 페이지(doitdjango.com/blog/1)로 이동

22-3 소셜 로그인 설정하기

현재 상태에서 구글 로그인을 시도하면 다음과 같이 Server Error (500) 오류 메시지가 나타납니다. 아직 doitdjango.com에서 구글 로그인을 할 수 있게 설정하지 않았기 때문입니다.

그림 22-19 구글 로그인 실패

 구글 로그인 기능 활성화하기

01단계 구글 개발자 콘솔에서 OAuth 설정하기

로컬에서 django-allauth를 설정할 때처럼 구글 개발자 콘솔(console.developers.google.com)에 가서 여러분이 설정했던 앱 이름을 선택하고, [OAuth 동의 화면]을 클릭한 후 〈앱 수정〉 버튼을 클릭하세요.

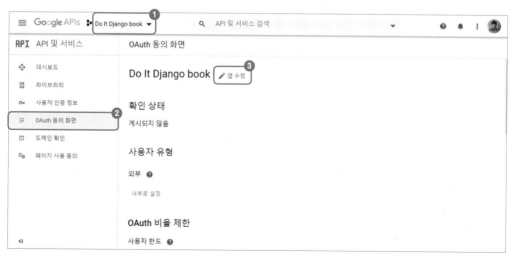

그림 22-20 구글 개발자 콘솔에서 [OAuth 동의 화면 > 앱 수정] 선택

승인된 도메인에 등록한 도메인(doitdjango.com)을 입력합니다. 애플리케이션 홈페이지 링크에는 https://doitdjango.com을 입력합니다. 마지막으로 〈저장〉 버튼을 클릭합니다.

그림 22-21 도메인 추가 후 저장

[사용자 인증 정보]를 클릭하고 앞에서 만들어 둔 OAuth 2.0 클라이언트 ID(Do it Django book)를 클릭합니다.

그림 22-22 사용자 인증 정보 추가

URI에는 https://doitdjango.com를 입력하고, 승인된 리디렉션 URI에는 https로 시작하는 다음 주소를 입력한 후 저장합니다.

https://doitdjango.com/accounts/google/login/callback/

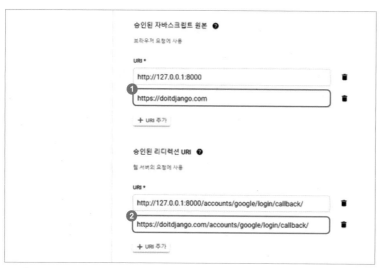

그림 22-23 구글 로그인을 위한 URI 추가

그리고 nano 에디터로 settings.py를 열어 맨 밑에 다음 한 줄을 추가하세요.

실습 파일: **do_it_django_prj/settings.py**

```
(...생략...)
ACCOUNT_DEFAULT_HTTP_PROTOCOL = 'https'
```

클라이언트 ID와 클라이언트 보안 비밀번호가 나타나면 다른 곳에 복사해 두세요.

그림 22-24 클라이언트 ID와 클라이언트 보안 비밀번호 복사

02단계 관리자 페이지에서 social application 추가하기

이제 doitdjango.com의 관리자 페이지의 [Social Accounts › Social applications]에서 예전에 로컬에서 했던 작업과 마찬가지로 social application을 추가합니다.

Home › Social Accounts › Social applications › google-doitdjango

Change social application   HISTORY

1 Provider: Google ▾

2 Name: google-doitdjango

3 Client id:
                       App ID, or consumer key

4 Secret key:
                       API secret, client secret, or consumer secret

   Key:
                       Key

5 Sites: Available sites ❓   Chosen sites ❓   +
                       🔍 Filter   doitdjango.com

그림 22-25 django-allauth 기능 활성화를 위해 social application 추가

❶ Provider: settings.py에 google만 추가했기 때문에 Google만 선택할 수 있습니다.

❷ Name: 원하는 이름을 입력하면 됩니다. 여기에서는 google-doitdjango라고 입력했습니다.

❸ Client id: 구글에서 제공하는 Client id를 입력하세요. 앞에서 복사해 둔 클라이언트 ID를 입력하세요.

❹ Secret key: 앞에서 복사해 둔 클라이언트 보안 비밀번호를 입력하세요.

❺ Sites: 왼쪽 목록에서 사용한 도메인을 선택하고 오른쪽 화살표 버튼(ⓞ)을 클릭해 Chosen sites로 이동합니다.

이제 doitdjango.com에서 구글 로그인을 시도하면 성공적으로 로그인이 됩니다. 블로그 포스트 목록 페이지로 이동해 보세요. 내비게이션 바 오른쪽에도 구글 아바타와 사용자명이 표시되는 것을 확인할 수 있습니다.

그림 22-26 구글 로그인 성공

책을 마치며 …

끝으로 독자 여러분에게 인사를 드리고 싶어서 이렇게 몇 자 더 적습니다. 책을 기획할 때 2가지 목표를 세웠습니다.

첫째, '쉽고 재미있는 책을 써서 개발의 즐거움을 느끼게 해 주자.'
둘째, '파이썬만 알던 사람에게 웹 개발부터 배포까지 모두 경험하게 해주자.'

이 2가지 목표 중 하나라도 달성하기가 얼마나 어려운지는 집필을 시작한 지 얼마 지나지 않아 알 수 있었습니다. 너무 과한 설명으로 독자가 개발의 즐거움을 느끼기도 전에 지쳐 버릴까 봐 걱정하면서도, 한편으로는 자세하게 설명하지 않고 개발 과정만 보여 줘서 이해하기 어려울까 봐 늘 고민했거든요. 그 적절한 선을 잘 지키려고 노력했습니다. 이 페이지를 읽고 있다면 여러분에게는 저희의 노력이 헛되지 않았던 거겠죠. 긴 여정을 함께해 준 여러분에게 축하와 감사의 말을 전합니다.

완성한 웹 사이트는 마음에 드나요? 지금 여러분의 머릿속에는 벌써 추가하고 싶은 기능들이 계속 떠오르고 있을지도 모르겠습니다. 이 책을 처음 읽을 때보다 지금은 웹 개발에 대해 훨씬 더 많이 알게 되었을 테니까요. 이 책에서 배운 내용을 바탕으로 여러분의 아이디어와 개성이 담긴 결과물을 계속 쌓아 올려 가길 바랍니다.

앞으로 doitdjango.com 블로그와 Do it! 스터디룸(https://cafe.naver.com/doitstudyroom)에서 여러분과 소통할 수 있기를 기대합니다. 안타깝지만 지면 제약으로 이 책에서 다루지 못한 부분도 있고, 출간한 후에 장고, 부트스트랩 혹은 이와 관련된 라이브러리가 업데이트되는 부분도 있을 수 있어서 doitdjango.com 블로그에 보완 내용을 꾸준히 올리려고 합니다.

또한 doitdjango.com에서 여러분이 만든 결과물을 서로 공유하면 더 좋겠습니다. 여러분이 이 책으로 공부하고 나서 어떤 결과물을 만들어 낼지 매우 궁금하거든요. 여러분도 다른 독자들이 어떤 웹 사이트를 만들었는지 궁금하지 않나요? 이 글이 작별 인사가 아니라 다음 단계에서 다시 만날 수 있는 징검다리 역할을 할 수 있기를 기대합니다. 감사합니다!

이성용, 김태곤 드림

기초
단계

문법부터
차근차근~

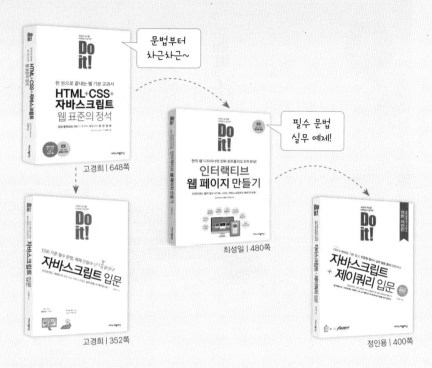

한 권으로 끝내는 웹 기본 교과서
**HTML+CSS+
자바스크립트**
웹 표준의 정석

고경희 | 648쪽

필수 문법
실무 예제!

현직 웹 디자이너의 진짜 포트폴리오로 쉽게 완성!
**인터랙티브
웹 페이지 만들기**

최성일 | 480쪽

ES6 기준 필수 문법, 예제 만들며 신나게 완성!
자바스크립트 입문

고경희 | 352쪽

**자바스크립트
+제이쿼리 입문**

정인용 | 400쪽

응용
단계

실무자가 꼭 알아야 할 반응형 웹 기술(모든 것!
**반응형 웹 페이지
만들기**

김운아 | 344쪽

초보자도 진짜를 만들다 보면 개발자가 된다
**클론 코딩
줌**zoom

니꼴라스, 강윤호 | 296쪽

누구도 쉽다 니꼴라스와 만드는 진짜 리액트 앱
**클론 코딩
영화 평점 웹서비스**

니꼴라스, 김형태 | 248쪽

누구나 쉽다 니꼴라스와 만드는 트위터 서비스
**클론 코딩
트위터**

니꼴라스, 김준혁 | 256쪽

나는 어떤
코스가
적합할까?

A 웹 퍼블리셔가 되고 싶은 사람

- Do it! HTML+CSS+자바스크립트
  웹 표준의 정석
- Do it! 인터랙티브 웹 만들기
- Do it! 자바스크립트+제이쿼리 입문
- Do it! 반응형 웹 페이지 만들기
- Do it! 웹 사이트 기획 입문

B 웹 개발자가 되고 싶은 사람

- Do it! HTML+CSS+자바스크립트
  웹 표준의 정석
- Do it! 자바스크립트 입문
- Do it! 클론 코딩 영화 평점 웹서비스
  만들기
- Do it! 클론 코딩 트위터
- Do it! 리액트 프로그래밍 정석

기초 단계

박응용 | 360쪽

김성엽 | 576쪽

김동형 | 856쪽

시바타 보요 저, 강민 역 | 408쪽

시바타 보요 저, 강민 역 | 452쪽

시바타 보요 저, 강민 역 | 424쪽

응용 단계

김창현 | 296쪽

강성윤 | 712쪽

김종관 | 564쪽

나는 어떤 코스가 적합할까?

A 파이썬 개발자가 되고 싶은 사람

- Do it! 파이썬 생활 프로그래밍
- Do it! 점프 투 장고
- Do it! 점프 투 플라스크
- Do it! 장고+부트스트랩 파이썬 웹 개발의 정석

B 자바·코틀린 개발자가 되고 싶은 사람

- Do it! 자바 완전 정복
- Do it! 자바 프로그래밍 입문
- Do it! 코틀린 프로그래밍
- Do it! 안드로이드 앱 프로그래밍 — 개정 8판
- Do it! 깡샘의 안드로이드 앱 프로그래밍 with 코틀린 — 개정판

인공
지능

Do it!
정직하게 코딩하며 배우는
딥러닝 입문

박해선 | 328쪽

이론을
더 깊게~

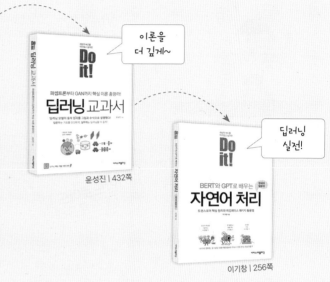

Do it!
딥러닝 교과서
윤성진 | 432쪽

딥러닝
실전!

Do it!
BERT와 GPT로 배우는
자연어 처리

이기창 | 256쪽

Do it!
GPT-2부터 자동 신경망 구성까지
강화 학습 입문

조규남, 맹윤호, 임지순 | 360쪽

데이터
분석

Do it!
쉽게 배우는
R 데이터 분석

김영우 | 376쪽

Do it!
쉽게 배우는
R 텍스트 마이닝

김영우 | 344쪽

Do it!
쉽게 배우는
파이썬 데이터 분석

김영우 | 472쪽

Do it!
데이터 분석을 위한
판다스 입문

김철민 | 248쪽

나는 어떤
코스가
적합할까?

A 인공지능 개발자가 되고 싶은 사람

- Do it! 점프 투 파이썬
- Do it! 정직하게 코딩하며 배우는
  딥러닝 입문
- Do it! 딥러닝 교과서
- Do it! BERT와 GPT로 배우는
  자연어 처리

B 데이터 분석가가 되고 싶은 사람

- Do it! 쉽게 배우는 파이썬 데이터 분석
- Do it! 쉽게 배우는 R 데이터 분석
- Do it! 쉽게 배우는 R 텍스트 마이닝
- Do it! 데이터 분석을 위한 판다스 입문
- Do it! R 데이터 분석 with 샤이니
- Do it! 첫 통계 with 베이즈

Application Programming Course
앱 프로그래밍 코스 | 자바, 코틀린, 스위프트로 시작하는 앱 프로그래밍! 나만의 앱을 만들어 보세요!

기초 단계

Do it! 자바 완전 정복
김동형 | 856쪽

Do it! 코틀린 프로그래밍
황영덕 | 680쪽

Do it! 스위프트로 아이폰 앱 만들기 입문
송호정, 이범근 | 704쪽

Do it! 안드로이드 앱 프로그래밍
정재곤 | 800쪽

Do it! 깡샘의 안드로이드 앱 프로그래밍 with 코틀린
강성윤 | 712쪽

응용 단계

Do it! 플러터 앱 프로그래밍
조준수 | 500쪽

Do it! 리액트 네이티브 앱 프로그래밍
전예홍 | 856쪽

Do it! 프로그레시브 웹앱 만들기
김응석 | 576쪽

나는 어떤 코스가 적합할까?

A 빠르게 앱을 만들고 싶은 사람

- Do it! 안드로이드 앱 프로그래밍 — 개정 8판
- Do it! 깡샘의 안드로이드 앱 프로그래밍 with 코틀린 — 개정판
- Do it! 스위프트로 아이폰 앱 만들기 입문 — 개정 6판
- Do it! 플러터 앱 프로그래밍 — 개정판

B 앱 개발 실력을 더 키우고 싶은 사람

- Do it! 자바 완전 정복
- Do it! 코틀린 프로그래밍
- Do it! 리액트 네이티브 앱 프로그래밍
- Do it! 프로그레시브 웹앱 만들기